ronisław Geremek:
eschichte der Armut
lend und Barmherzigkeit in Europa

Deutscher
Taschenbuch
Verlag

dtv

Aus dem Polnischen von Friedrich Griese
Polnischer Originaltitel: ›Litość i szubienica. Dzieje nędzy i milosierdzia w Europie‹, 1978, unveröffentlicht; in italienischer Übertragung erschienen unter dem Titel ›La pietà e la forca. Storia della miseria e della carità in Europa‹, bei Editori Laterza, Rom und Bari 1986.

Juni 1991
Deutscher Taschenbuch Verlag GmbH & Co, KG, München

ISBN 3-7608-1917-6
Umschlaggestaltung: Celestino Piatti
Vorlage: Bettlerfamilie auf der Landstraße (Ausschnitt) von Lukas van Leyden (Staatliche Museen Preußischer Kulturbesitz, Kupferstichkabinett, Berlin. Foto Jörg P. Anders)
Gesamtherstellung: C. H. Beck'sche Buchdruckerei, Nördlingen
Printed in Germany · ISBN 3-423-04558-2

Das Buch

Die Geschichte der Armut ist auch unsere Geschichte. Mitleid und Barmherzigkeit auf der einen, Angst, Ausgrenzung und Repression auf der anderen Seite bestimmen unseren Umgang mit der Armut und den Armen; dies zeigt zugleich einen tiefgreifenden gesellschaftlichen Wandel an, dessen Ursachen der Historiker Geremek auf den Grund geht. Galt die Armut im Mittelalter als hoher geistiger Wert und gottgewollter Zustand, der die christliche Barmherzigkeit auf den Plan rief, so führten die Wirtschaftskrisen und Hungersnöte des 14. und 15. Jahrhunderts zu einer radikalen Reform. Die städtischen Behörden lösten die Kirche in der Verwaltung der Wohltätigkeit ab; aus der Praxis des Almosens wurde eine gelenkte Fürsorge, die nach immer strengeren Kriterien »echte« Bedürftige und arbeitsfähige Arme unterschied. Zugleich erschienen die Massen der Armen, die vom Lande in die Stadt strömten, als soziale Gefahr. Ein totales Bettelverbot, die Schaffung von Arbeitshäusern und drakonische Strafen markieren die zunehmende Ausgrenzung und Diskriminierung der Armen. Im Umgang mit der Armut, die mit der frühen Industrialisierung einen neuen Charakter erhält, entwickelt der Staat mehr und mehr ein Repressionsinstrumentarium, das unsere heutige, durchweg negative Einstellung zur Armut noch immer prägt.

Der Autor

Bronisław Geremek, geb. 1932, studierte in Warschau und Paris Geschichte und lehrte von 1962 bis 1967 als Dozent an der Sorbonne, dann als Professor in Warschau. Von 1950 bis 1968 war er Mitglied der KP, seit 1978 in der Opposition, nach dem Danziger Werftstreik Berater von Lech Walesa; er wurde aus der Akademie der Wissenschaften und der Universität ausgeschlossen und war mehrmals inhaftiert. Er veröffentlichte zahlreiche historische Studien zu Problemen der Randgruppen; für sein Werk ›Les marginaux parisiens aux XIVe et XVe siècles‹ erhielt er 1976 den Preis der Académie Française.

Inhalt

Einführung
Stigmata des Elends und Haltungen gegenüber der Armut

Das Problem des Elends, seiner Ursachen und der Mittel zu seiner Bekämpfung stand am Anfang der Entwicklung der modernen Sozialwissenschaften und ist seitdem Gegenstand empirischer Untersuchungen und ideologischer Kontroversen. Schon in den ersten Pamphleten und den ersten Werken der frühen Neuzeit, die sich mit der damaligen sozialen Problematik befaßten, schon in den Anfängen des wirtschaftlichen Denkens fragte man nach Mitteln, um die Bettelei zu beseitigen, die Müßiggänger zu einer Tätigkeit zu zwingen und den Armen Arbeit zu geben. Die mit der Entwicklung des Kapitalismus einhergehenden Prozesse der Verarmung und soziale Konflikte konfrontierten die Gelehrten und die Politiker mit dem Problem des Elends als einem sozialen Phänomen. In den daran anknüpfenden Polemiken wurde die Geschichte zu einer Quelle von Beispielen und Argumenten.

In England griff man in der Auseinandersetzung um das »alte« und das »neue« Poor Law immer wieder auf historische Argumente zurück; man suchte in der Vergangenheit nach Erklärungen für die Wachstumsmechanismen des Elends wie auch nach Hinweisen und Mitteln für eine angemessene Sozialpolitik. Die englischen Ökonomen des 18. und 19. Jahrhunderts, insbesondere Adam Smith, Malthus und Ricardo, aber auch Marx und diejenigen, die an ihn anknüpften, sahen einen Zusammenhang zwischen dem Phänomen des Elends und der Funktionsweise des Wirtschaftssystems; ob man nun das Elend zu den unvermeidlichen »sozialen Kosten« der Entwicklung rechnete oder ob man es als Beweis für die »Unfähigkeit« des Systems betrachtete – in beiden Fällen wurde die Geschichte als Kronzeuge angerufen.

In der europäischen Publizistik und Gesellschaftstheorie des 19. Jahrhunderts galt die Armut als eine »schändliche Krankheit« der modernen Gesellschaft, zu deren Bekämpfung immer wieder neue Mittel vorgeschlagen wurden. Allerdings änderte sich der Begriffsapparat der gesellschaftlichen Analyse und der Stil des ideologischen Diskurses. Die Krise der philanthropischen Programme, die Entwicklung des gesellschaftlichen Bewußtseins der Massen und Veränderungen in den Strukturen des politischen Lebens verdrängten den Begriff der Armut und des Elends aus dem wirtschaftlichen und sozialen Sprachgebrauch: Weil in ihm Mitleid mit den Betroffenen mitschwingt, empfand man ihn in den Sozialwissenschaften als unangebracht. Gleichwohl behielt dieser Begriff seine Bedeutung dort, wo es um die historischen Zusammenhänge der Armut ging: zum einen um die Veränderungen der traditionellen psychosozialen Einstellungen im Zuge der »Modernisierungs«-Prozesse, zum anderen um das religiöse Leben, die kirchlichen Lehren und Institutionen, drittens um die Streitfrage, ob die Verelendung der Entwicklung des kapitalistischen Systems immanent sei oder nicht. In der modernen Sozialforschung wurde das Problem der Armut besonders dort aufgegriffen, wo es um die Verelendung und die Entwicklung des kollektiven Bewußtseins der europäischen Gesellschaft ging; in Untersuchungen über die Ursachen der gesellschaftlichen Ungleichheit und die Verteilung des Nationaleinkommens trat die traditionelle Armutsproblematik dagegen in den Hintergrund.

In den fünfziger und sechziger Jahren des 20. Jahrhunderts wandten sich die Sozialwissenschaften erneut dem Problem des Elends zu. Not und Armut erhielten im Sprachgebrauch der Ökonomen und Soziologen wieder ihre alte Bedeutung, empirische und theoretische Untersuchungen schlugen sich in Dutzenden von Publikationen nieder. John K. Galbraith beschrieb in dem 1958 erschienenen Buch ›Gesellschaft im Überfluß‹[1], einem Ausdruck des Optimismus des damaligen Kapitalismus, das Problem der Armut in der amerikanischen Gesellschaft unter dem Gesichtspunkt seiner Überwindung: Die Armut ist keine massenhafte Katastrophe mehr, weder was die Schwere von Einzelfällen *(case poverty)* noch was die soziale Ausdehnung von Armutsgebieten *(insular poverty)* betrifft; der traditionelle Mechanismus, daß die Armut sich selbst fortzeugt, ist außer Kraft gesetzt, die Überflußgesellschaft ist deshalb imstande, sie zu beseitigen. In der Folgezeit haben wissenschaftliche Untersuchungen und sozialpolitische Erfahrungen sowohl den Optimismus der Diagnose als auch das vorgeschlagene Programm zur Beseitigung des Elends in Frage gestellt. Es zeigte sich, daß selbst in den hochindustrialisierten Ländern Mechanismen der Reproduktion des Elends wirksam sind, und Wanderungen von Arbeitskräften, die in den Ländern des »Überflusses« neue Armuts-

[1] The Affluent Society. Boston 1958, dt. München, Zürich 1959.

gebiete entstehen ließen, machten es notwendig, auch die weltweite Dimension des Elends zu berücksichtigen.

War nach all diesen Untersuchungen unstreitig, daß die Armut ein weltweites Problem darstellt, so blieb die Definition der »Armutsgrenze«, des statistischen Indikators der Armut, umstritten. Der in den amerikanischen Untersuchungen gewählte Indikator, das Jahreseinkommen, erwies sich angesichts der unterschiedlichen Lebensverhältnisse selbst innerhalb der USA als wenig geeignet, und er ließ auch keine sinnvollen Vergleiche mit anderen hochentwickelten Ländern zu, ganz zu schweigen von den Ländern der Dritten Welt mit ihrer ganz anders gearteten Situation. Die Verfahren zur Messung der Armut änderten sich je nach den gewählten Prämissen und Programmen. Die äußerste Grenze der materiellen Not, bei der die Individuen und Familien in ihrer Existenz bedroht sind, war leicht zu definieren; weniger eindeutig waren Indikatoren, welche die geschichtliche Veränderlichkeit des Existenzniveaus berücksichtigten.

In seiner klassischen Arbeit über die Armut in York schrieb B. Seebohm Rowntree: »Meine erste Armutsgrenze bestand in dem Einkommen, das gerade ausreichte, um die physische Leistungsfähigkeit aufrechtzuerhalten. Es handelte sich dabei aber weniger um einen Lebensstandard als vielmehr um einen Standard des bloßen Überlebens.«[2] Die auf das unmittelbar Lebensnotwendige beschränkten Ausgaben anzutasten hieß, die Existenz selbst zu gefährden. Als grundlegendes Kriterium wurde daher eine durchschnittliche Nahrungsmenge gewählt, die jedoch von der regionalen Situation, den Kulturtraditionen und den Konsumgewohnheiten abhing. Bei diesen Untersuchungen stellte sich auch heraus, daß es nicht nur schwierig ist, statistische Indikatoren der materiellen Armut zu definieren, sondern daß es außerdem sehr schwer ist, die materielle Armut zu trennen von den außermateriellen Aspekten des Elends, zu denen etwa der Zugang zur Bildung gehört, mit dem sich das Problem der beruflichen Qualifikation und damit der Zugang zur Arbeit selbst verbindet.

Die methodologischen Kontroversen um die Messung der Armut und die wenig befriedigenden Forschungsergebnisse und Vorschläge zu diesem Thema blieben ein Problem für die Sozialpolitik, die für ihre praktischen Maßnahmen technische Kriterien brauchte, anhand derer man jemanden als arm definieren konnte. Dabei fällt es – ein scheinbares Paradoxon – weder der

[2] Poverty and Progress. A Second Social Survey of York. London 1942, S. 102.

soziologischen Forschung noch dem gesellschaftlichen Bewußtsein besonders schwer, die Konturen der Armut zu umreißen und ihre Grenzen sowohl im Rahmen der gesellschaftlichen Schichtung als auch ihrer Verbreitung zu bestimmen. Armut ist in den modernen Gesellschaften ja nicht nur mit materiellen Schwierigkeiten verbunden, sondern sie bestimmt auch den sozialen Status; Veränderungen in der materiellen Existenz und im Familieneinkommen (wie sie sich beispielsweise ergeben, wenn die Kinder selbständig werden) haben vielfach keinen Einfluß auf den Status, die Stellung und die Rolle in der Gesellschaft. Wirtschaftliche Kriterien reichen also allein nicht aus, um zu bestimmen, wen man als arm betrachten kann. Die unterschiedlichen Perspektiven, unter denen die einzelnen sozialwissenschaftlichen Disziplinen an das Problem der Armut herangehen, verdunkelten die Tatsache, daß es um ein und denselben Forschungsgegenstand ging.

In interdisziplinären Untersuchungen versuchte man deshalb, die ökonomischen Probleme der Armut, die Programme der Sozialfürsorge, die Zusammenhänge zwischen Armut und abweichendem Verhalten, die Not von Minderheiten sowie die gesellschaftlich-moralischen Implikationen der Armut miteinander zu verknüpfen. Die Armut erschien dabei als eine Lebensweise, in der mannigfaltige – soziokulturelle, ökonomische, politische, psychologische, physiologische und ökologische – Elemente in einem komplizierten Wechselverhältnis stehen. Ein gemeinsames Merkmal aller Formen der Armut war die damit verbundene Erniedrigung. Dies war in den Diskussionen über die Armut kein gänzlich neues Element. Schon der Philanthropismus des 19. Jahrhunderts wie auch die christliche Soziallehre hatten den Aspekt der moralischen Erniedrigung durch das Elend in den Vordergrund gestellt. Nicht anders sah das Alfred Marshall, ein führender Wirtschaftswissenschaftler um die Wende vom 19. zum 20. Jahrhundert, der den ethischen Aspekt des wirtschaftlichen Fortschritts besonders betonte: »Studiert man die Ursachen der Armut«, schrieb er, »dann studiert man die Ursachen der Erniedrigung eines großen Teils der Menschheit.«[3] In neueren Untersuchungen über die Armut wird die Erniedrigung jedoch nicht nur in ethischen Kategorien verstanden, sondern sie wird auch – vielleicht sogar vor allem – zum sozialen Leben insgesamt und zum Wirtschaftssystem in Bezie-

[3] Principles of Economics. London 1927, S. 2.

hung gesetzt. Als arm definiert John Galbraith diejenigen, »die durch Zufall, Unzulänglichkeit oder Pech von den Segnungen unseres Wirtschaftssystems ausgeschlossen sind«[4], die aber durch eine geeignete Sozialpolitik eingegliedert werden können.

In weniger optimistischen, von der Klassenstruktur ausgehenden Diagnosen der sechziger Jahre erschien der erniedrigende Aspekt der Armut als ein Phänomen der sozialen Ungleichheit, die dazu führte, daß die gesellschaftliche Unterschicht, die zehn bis zwanzig Prozent der Bevölkerung der industrialisierten Länder umfaßt, in einem Zustand der Trennung oder besser der Segregation von der übrigen Gesellschaft lebt. Michael Harrington sprach in seinem berühmten Buch über die Armut in Amerika von der »wirtschaftlichen Unterwelt« der amerikanischen Großstädte und von »Abfällen der Überflußgesellschaft«, d. h. einer ausgebeuteten Masse, die an der Entwicklung und den Lebenszusammenhängen dieser Gesellschaft nicht teil hat.

Untersuchungen über kollektive Verhaltensweisen im Armutsmilieu arbeiteten mit zwei Theorien, von denen die eine landläufig als These von der »Kultur der Armut«, die andere als These von der »situativen« Genese der Eigentümlichkeiten dieses Milieus bezeichnet wird. Die »kulturelle« Betrachtungsweise, die sich vor allem mit dem Namen von Oscar Lewis und, was die USA betrifft, von Michael Harrington verbindet, betont die eigentümlichen kollektiven Verhaltensweisen im städtischen Armutsmilieu. Der abweichende Charakter dieses Verhaltens wird darauf zurückgeführt, daß in diesem Milieu andere Werte und kulturelle Muster gelten als in der übrigen Gesellschaft; diese Werte und Muster, von einer Generation zur anderen weitergegeben, sind subkulturelle Faktoren, die den niederen sozioökonomischen Status der Armen bestimmen. Die »situative« Theorie führt die Verhaltensweisen, die der »Subkultur der Armut« zugeordnet werden können, nicht auf die Subkultur selbst, sondern auf den sozialen Status der Armen zurück, auf ihre Stellung innerhalb der Sozialstruktur; der Zusammenhang zwischen abweichenden Verhaltensweisen und Armutsmilieu ist ein Resultat der herrschenden Sozialstruktur, die dieses Milieu benachteiligt und vom gesellschaftlichen Leben und den in ihm geltenden Werten und Mustern ausschließt.

Die Auseinandersetzungen zwischen den Vertretern der beiden Richtungen führten nicht zu einer Versöhnung der jeweili-

[4] Galbraith, Gesellschaft im Überfluß, S. 350.

gen Standpunkte, die von ganz unterschiedlichen ideologischen Ansätzen ausgingen, aber es wurde doch deutlich, wie wichtig innere und äußere Faktoren für die Herausbildung spezifischer kollektiver Verhaltensweisen sind. Ganz wesentlich für diese Auseinandersetzungen war das Bewußtsein, daß man das Phänomen der Armut nicht losgelöst vom gesellschaftlichen Kontext, von der übrigen Gesellschaft und ihrer Haltung gegenüber den benachteiligten Gruppen und gegenüber dem Wert des materiellen Erfolgs/Mißerfolgs untersuchen kann.

Bei der Betrachtung der Armut unter ökonomischem Aspekt haben wir die Auffassung hervorgehoben, derzufolge die Armen aus der Wirtschaftsordnung, aus dem Produktionsprozeß oder von der Teilhabe an den Früchten des wirtschaftlichen Wachstums ausgeschlossen sind. Daneben muß die soziologische Betrachtungsweise berücksichtigt werden, die gesellschaftliche und kulturelle Aspekte einbezieht und die Armut als eine erniedrigende und stigmatisierte gesellschaftliche Situation definiert. Der amerikanische Soziologe David Matza hat innerhalb der Armut drei Ebenen unterschieden, die er als konzentrische Kreise beschreibt. Der weiteste Kreis umfaßt alle Armen, als solche definiert aufgrund des geringen Einkommens; der mittlere Kreis bezieht sich auf jene, die Unterstützung von einer Institution der Sozialfürsorge erhalten; der dritte, engste Kreis umfaßt schließlich jene Armen, die ständig oder gelegentlich Unterstützung erhalten und darüber hinaus vom Stigma der Unmoral und von einer Art »schlechtem Ruf« gezeichnet sind. Diese letztere Gruppe, die überwiegend aus Arbeitslosen oder Gelegenheitsarbeitern besteht, bildet ein eigenes Milieu, das abweichende Verhaltensmuster entwickelt. Innerhalb dieser Gruppe nahm Matza weitere Unterscheidungen vor: Da waren einmal die *dregs*, entwurzelte Einzelpersonen und Familien insbesondere aus Einwandererkreisen; ferner gab es die *newcomers*, Neuankömmlinge, die auch von Einwanderern älteren Datums abschätzig behandelt wurden; *skidders* waren deklassierte Elemente, die durch Alkohol, Drogen oder abweichendes Sexualverhalten sozial und materiell abgesunken waren; schließlich gab es die chronisch Kranken, die an der Grenze zwischen den akzeptierten und den stigmatisierten Armen standen[5].

Der *disreputable poor* gilt in den Augen der Gesellschaft

[5] Poverty and Disrepute. In: R. K. Merton u. R. A. Nisbet (Hg.), Contemporary Social Problems. New York 1966, S. 657.

gleichsam weniger als ein menschliches Wesen. Die von David Matza skizzierte Auffassung der Armut als Stigma hat Ch. L. Waxman übernommen und präzisiert, welchen Charakter dieses Stigma in den einzelnen Kategorien annimmt; bei den Neuankömmlingen zum Beispiel tritt zu dem Stigma des Elends das weitere Stigma der ethnischen, rassischen oder religiösen Andersartigkeit hinzu[6]. Den erniedrigenden Charakter der Armut führen die beiden amerikanischen Soziologen auf überlieferte Einstellungen zurück, nach denen Armut als eine Folge von moralischer Schwäche oder moralischen Verfehlungen galt. Nach Matza führen zwei Prozesse zu der »übel beleumdeten« Armut, einmal die massenhafte Verelendung, die eine karitativ-repressive Politik im Sinne der englischen Armengesetzgebung auslöste, und zum anderen eine »selektive« Verelendung, durch die ein Teil der Neueinwanderer in den Status der *disreputable poverty* absinkt. Für die amerikanische Gesellschaft hat der erste dieser Prozesse an Bedeutung verloren, doch der letztere ist ungeachtet seiner eher begrenzten Dimensionen stark genug, um die ideologische und kulturelle Stigmatisierung der Armut oder vielmehr die stigmatisierende Wirkung der Armut aufrechtzuerhalten.

Die mangelnde Exaktheit der in den Untersuchungen über die Armut verwendeten Terminologie sowie die Schwierigkeit, zwischen den einzelnen Kategorien zu unterscheiden, schränken die Verwendbarkeit der entsprechenden empirischen Untersuchungen ein. Gleichwohl muß die Bedeutung dieser Untersuchungen betont werden, insbesondere unter zwei Aspekten.

Charakteristisch ist zum einen die Denkweise dieser Überlegungen zur Armut. Innerhalb des Armutsmilieus wird ein bestimmter Bereich ausgesondert, in dem »die Armut sich mit ungesetzlichen Handlungen verbindet«[7]. Dieser »gefährlichen Gruppe« wird ein »schlechter Ruf« angelastet, der ungerechtfertigt auf alle »Armen« ausgedehnt wird. Wir werden uns im weiteren Verlauf unserer Überlegungen mit den Haltungen befassen, die von verschiedenen Doktrinen gegenüber den Armen eingenommen wird, mit der Unterscheidung zwischen jenen Armen, die »Unterstützung verdienen«, und den anderen; schon jetzt möchten wir darauf hinweisen, daß in der Auseinanderset-

[6] The Stigma of Poverty. A Critique of Poverty. Theories and Policies. New York 1976, S. 71.

[7] Matza, Poverty und Disrepute, S. 668.

zung mit der Armut bestimmte Wertungen durch die Jahrhunderte fortleben. Ging es im Mittelalter darum, die Nutznießer der karitativen Institutionen und der individuellen Wohltätigkeit einzugrenzen, so versucht man in der Neuzeit, auf der Grundlage des vermeintlichen Zusammenhangs zwischen Not und abweichendem Verhalten eine negative Haltung zur Armut zu definieren; in beiden Fällen sucht man jedoch nach Kriterien zur Bewertung der Armen, und es geht dabei nicht um die Meinung dieses oder jenes mittelalterlichen oder neuzeitlichen Autors (Matza und Waxman weisen eine negative Wertung von *disrepute*/Stigma ausdrücklich zurück), sondern um gesellschaftliche Einstellungen, die sie beschreiben oder zum Ausdruck bringen.

Zum anderen wird die Eigentümlichkeit des Armutsmilieus sowohl auf die abwertende und ängstliche Haltung der umgebenden Gesellschaft als auch auf die Verinnerlichung dieses Stigmas durch die Armen zurückgeführt, die immer stärker hinter dem gesellschaftlichen Wandel zurückbleiben und sich damit ausgrenzen. Im modernen gesellschaftlichen Bewußtsein wird die Armut eindeutig negativ bewertet. Die erniedrigende Wirkung der Armut als materielle Notlage fällt also mit ihrer negativen Bewertung im gesellschaftlichen Bewußtsein und ihrem äußerst niedrigen Rang in der Wertehierarchie auf eigentümliche Weise zusammen. Die exotische Attraktivität, welche die Lebensweise der Armen in gewissen Medien wie auch in den programmatischen Erklärungen von Protestgruppen bisweilen genießt, ist demgegenüber von untergeordneter Bedeutung.

In den vorindustriellen Gesellschaften äußerte sich der wirtschaftlich, sozial und kulturell erniedrigende Charakter der Armut auf unterschiedliche Weise und in unterschiedlichen Kontexten. In der jüdisch-christlichen Tradition, in den großen Religionen wie dem Judentum, dem Christentum, dem Buddhismus und dem Islam wurde die Armut als ein heiligender Wert verstanden, während der Reichtum innerhalb der soziokulturellen Muster ursprünglich nicht als Wert galt. Im Laufe der geschichtlichen Entwicklung paßten sich die ideologischen Programme nach und nach der gesellschaftlichen Wirklichkeit an. In Europa stand die »Sozialpolitik« avant la lettre der Herrscher und der Institutionen vom 14. Jahrhundert an vor der Notwendigkeit, der Verarmung und dem gesellschaftlichen Zerfall mit konkreten Schritten zu begegnen. Vom 16. Jahrhundert an kam es in den kirchlichen Lehren, den kollektiven Einstellungen und der Sozialpolitik im Hinblick auf die Armut zu einem grundlegenden Wandel. In Wirklichkeit begegnen wir jedoch auch in den vorhergehenden Jahrhunderten den unterschiedlichsten Haltungen zur Armut – von der Verherrlichung über das bloße Akzeptieren bis hin zur Verurteilung. Die grundlegenden Faktoren, welche sowohl die ideologischen Einstellungen zur Armut als auch in hohem Maße den sozialen Status der Armen bestimmten, lagen im Bereich des *sacrum*: Dies macht einen grundlegenden Unterschied im Herangehen an die Armut zwischen dem Europa des Mittelalters oder der frühen Neuzeit und der Gegenwart aus.

Gegenwärtig wird die Armut unabhängig von den methodologischen Prämissen und von den angewandten Untersuchungsverfahren als ein eindeutig negatives Phänomen aufgefaßt. Sogar in den extremistischen Versionen, die dem Elend eine revolutionäre Rolle zuschreiben und von den »Verdammten« – *les damnés de la terre* – eine radikale Veränderung der Welt erwarten, begegnen wir der Überzeugung, daß das Elend erniedrigend wirkt. Diese Überzeugung beruht nicht nur auf einer wissenschaftlichen Erkenntnis, die auf der Beobachtung der gesellschaftlichen Realität und der sie formenden Prozesse fußt; sie ist ein integraler Bestandteil der gesellschaftlichen Einstellung zur Armut, die unsere gegenwärtige Zivilisation kennzeichnet.

Wir kommen hier zu der Problematik, die Gegenstand dieses Buches ist – zu den Veränderungen, welche die Vorstellungen über die Armut und die kollektiven Reaktionen auf sie im Laufe der Jahrhunderte durchgemacht haben. Es geht hier, um es noch einmal zu sagen, um die Veränderungen. Soziopsychologische Einstellungen verändern sich sehr langsam, sie scheinen in der menschlichen Natur und in biologischen Grundlagen des sozialen Lebens verwurzelt zu sein. Bei den Techniken der Nahrungsbeschaffung, den Transportmitteln, den Formen der Kriegsführung oder der Regierung sind Veränderungen sehr viel leichter zu beobachten als in den Gefühlen, den Empfindungen und Vorstellungen der Menschen. Das ist nicht nur eine Frage der Forschung, der entsprechenden Dokumentation und der Untersuchungsverfahren, das ist auch eine Frage des Untersuchungsgegenstandes selbst, in dem sich die chronologischen Einteilungen verwischen, die Unterschiede unklar sind und die Veränderungen nicht nur in einer Richtung erfolgen. Die barmherzige Geste, ein Almosen zu geben, wurde nicht schlagartig abgelöst von der Androhung des Strangs für Bettler; durch Phasen der

Schwäche und der Stärke, des Aufschwungs und des Niedergangs hindurch bestanden diese Drohung und diese Geste nebeneinander. Wir finden sie auch in der gegenwärtigen Zivilisation, bisweilen durch religiöse, ökonomische und politische Grenzen getrennt, bisweilen aber auch nebeneinander existierend. Die Forderung, der Welt zu entfliehen, auf Besitz und Komfort zu verzichten, wurde von den mittelalterlichen Befürwortern freiwilliger Armut ebenso erhoben wie in unserer Zeit von den Mitgliedern von Jugendkommunen; so wie im 13. Jahrhundert der Sohn des Kaufmanns das bequeme Leben in einem reichen florentinischen Palast aufgibt, um als Bettler das Glück zu finden, so wählen im 20. Jahrhundert die Sprößlinge amerikanischer Finanz- und Industriemagnaten die Armut und die Entsagung am Fuße des Himalaya oder der Appalachen. Entsprechende Analogien zwischen den früheren Gesellschaften und der Gesellschaft von heute findet man auch im Hinblick auf die Formen der Repression oder der Philanthropie gegenüber den Armen.

An der Schwelle der Neuzeit vollzieht sich jedoch in den Denkweisen und in der gesellschaftlichen Praxis gegenüber der Armut ein grundlegender Wandel. Die Formen und die Symptome dieses Wandels sind in früheren Untersuchungen auf unterschiedliche Weise beschrieben worden: Sie wurden, je nachdem, wie man das Wesen des »Anbruchs der Neuzeit« faßte, mit den religiösen Wandlungen jener Zeit, mit der Kultur der Renaissance oder mit den Entstehungsprozessen der kapitalistischen Gesellschaft in Verbindung gebracht.

Die Erforschung der Institution der Sozialfürsorge erfuhr einen wichtigen Anstoß durch die konfessionellen Streitigkeiten um die Anfänge der Bewegung zur Reform der städtischen Wohlfahrt im 16. Jahrhundert. Diese Streitigkeiten setzten schon im 16. Jahrhundert ein (wir werden sie ausführlich im dritten Kapitel behandeln), zogen sich über die nächsten Jahrhunderte hin, um sich in der Geschichtsschreibung des 19. und 20. Jahrhunderts erneut an der Frage zu entzünden, ob die Bewegung zur Reform der Wohltätigkeit ein Werk des Protestantismus war.

Umstritten war der Beginn der Reform der Wohltätigkeit. Katholische Historiker zeigten, daß der Prozeß der Veränderungen in die Zeit vor der Reformation zurückreichte und daß sich zu Beginn des 16. Jahrhunderts sowohl auf katholischer wie auf protestantischer Seite ein Wandel in den karitativen Organisationen und im Verhältnis zu den Armen vollzog. Die Studien des deutschen Jesuiten Franz Ehrle, des späteren Präfekten der Vatikanischen Bibliothek und Kardinals, sollten die These vom protestantischen Ursprung der Reform der Sozialfürsorge und der Wohltätigkeit im 16. Jahrhundert gründlich widerlegen. In der deutschen Geschichtsschreibung entbrannte damals eine sich anschließend über fast vier Jahrzehnte hinziehende Auseinandersetzung zwischen Katholiken und Protestanten um die Priorität in der Erneuerung der Institutionen der Armenhilfe. Ungeachtet des konfessionellen Engagements und einer gewissen Verbohrtheit hatten diese Auseinandersetzungen zur Folge, daß man die Archive sorgfältig durchforschte und grundlegendes Quellenmaterial für Deutschland sowie für die Nachbarländer zusammentrug.

Das Echo dieses konfessionellen Historikerstreits klingt in historischen Arbeiten aus den letzten Jahren noch immer nach. Gleichzeitig haben erweiterte Untersuchungen über die Reform der karitativen Institutionen in den katholischen Ländern vor und nach dem Konzil von Trient zu einer Neuinterpretation der Reformbewegung geführt und diese mit dem Wirken der Humanisten in Zusammenhang gebracht.

Max Weber und Richard Tawney haben in ihren klassischen Studien die Veränderungen in der gesellschaftlichen Einstellung gegenüber Reichtum und Armut und die gesellschaftlichen Vorstellungen der Reformation in einen Zusammenhang mit der Entwicklung des Kapitalismus gebracht. Davon inspiriert, haben andere Forscher auch die Geschichte der städtischen und staatlichen Sozialpolitik, die Geschichte der karitativen Institutionen und der Philanthropie aus der gleichen Perspektive behandelt. Die Untersuchungen von S. und M. Webb sowie von E. M. Leonard über die Geschichte der englischen Armengesetzgebung und der Armenhilfe oder auch von W. K. Jordan über die Philanthropie im neuzeitlichen England lieferten reiches Faktenmaterial zu den praktischen Formen der Umsetzung der neuen Wohlfahrtspolitik und beleuchteten deren Zusammenhänge mit der gesellschaftlichen Situation des Landes. Allerdings wird in diesen Arbeiten ebenso wie in dem monumentalen Kompendium der Universalgeschichte der Wohltätigkeit aus der Feder des französischen Historikers Léon Lallemand die Armenhilfe als ein eigenständiger Bereich aufgefaßt und lediglich im Kontext der Geschichte der sozialpolitischen Verwaltung, Gesetzgebung und Literatur untersucht. Die Forschung der letzten Jahrzehnte hat den Akzent auf die tieferen Bedingungen dieser Problematik, auf die wirtschaftlichen und sozialen Strukturen gelegt. Was das Mittelalter betrifft, wird dies in den Arbeiten deutlich, die Michel Mollat geschrieben oder inspiriert hat. Das Mittelalter hat mit dem Pauperismus als Massenphänomen jedoch erst in seiner Endphase Bekanntschaft gemacht, und deshalb ist die Übergangszeit von der feudalen zur kapitalistischen Gesellschaft, von den agrarischen zu industriellen Strukturen zum eigentlichen Forschungsfeld der Wirtschaftsgeschichte und der Soziologie der Armut geworden.

Schon die Klassiker der politischen Ökonomie haben sich dieser Problematik angenommen. Das 1793 erschienene Werk von Frederic M. Eden ›The State of the Poor‹ greift in breitem Umfange auf historisches Material zurück, auf die Geschichte der englischen Gesetzgebung bezüglich der Bettler und Landstreicher und besonders auf die »Armengesetze«; Eden benutzt dieses Material, um im Sinne von Adam Smith Kriterien für die Armenhilfe zu definieren. Marx, der sich skeptisch und spöttisch über die philanthropischen Vorstellungen Edens äußerte, hat gerade aus dessen Werk die Informationen für seine Analyse des Problems der Landstreicherei und des Pauperismus geschöpft; der grundlegende Bezugspunkt dieser Analyse war die Entstehung und Entwicklung des Kapitalismus als System. In den Teilen des ›Kapitals‹, die der historischen Problematik der ursprünglichen Kapitalakkumulation gewidmet sind, erscheint das Problem der Armut und der Verelendung zum einen als Bestandteil der Prozesse, welche die Entstehung des Kapitalismus bedingen, zum anderen als Entwicklungstendenz des Kapitalismus selbst. An der Auseinandersetzung um diese Problematik, die seit der Mitte des 19. Jahrhunderts in den Sozialwissenschaften geführt wird, haben sich Historiker nur in begrenztem Maße beteiligt, obwohl die Argumente der Polemik der Geschichte entnommen wurden. Der Historiker und Ökonom Bruno Hildebrand hat in seiner Auseinandersetzung mit Engels in der Mitte des 19. Jahrhunderts ebenso wie der Wirtschaftshistoriker Wilhelm Abel im Jahre 1972 in der Auseinandersetzung mit der marxistischen Wirtschaftsgeschichte die Auffassung vertreten, daß gerade der Kapitalismus das Problem des Pauperismus gelöst habe. Abel läßt diese These übrigens nur für die soziale Entwicklung der letzten hundert Jahre gelten und räumt ein, daß die Neuzeit vom Spätmittelalter bis zur Mitte des 19. Jahrhunderts durch eine Verelendungstendenz gekennzeichnet war.

Durch die historische Erforschung der sozialen Verhältnisse ist der Streit nach und nach von seiner ideologischen Kruste befreit worden. Dennoch geht er, was die Interpretation und Diagnose des Pauperismus der frühen Neuzeit angeht, unvermindert weiter. Was die Entwicklungsrichtung der Industriegesellschaften von der Mitte des 19. Jahrhunderts bis zur Gegenwart betrifft, sind sowohl die Tatsachen als auch die Diagnose umstritten. In hohem Maße gilt der Streit aber dem Begriffsapparat selbst, das heißt der Bedeutung, die man den Begriffen »Pauperismus« und »Verelendung« beilegt: ob sie absolut zu verstehen sind, also als Verschlechterung der materiellen Lage, oder relativ, also als Verringerung des proportionalen Anteils an der Einkommensverteilung.

Beim gegenwärtigen Stand der Diskussion überwiegt die Ansicht, daß eine absolute Verarmung mit der ersten Phase der Neuzeit einherging, der Zeit der ursprünglichen Akkumulation des Kapitals, der Zeit des Handelskapitalismus und der ersten Etappen des Industriekapitalismus; dies ist die Auffassung, auf der die belgischen Historiker Cathérine Lis und Hugo Soly ihre (1979 erschienene) Studie über ›Armut und Kapitalismus‹ aufbauten. Seit der Mitte des 19. Jahrhunderts führt aber die soziale Evolution der entwickelten Länder nach und nach dazu, daß das physiologische Elend als Massenphänomen verschwindet: Die grundlegende Frage dieses Buches verliert dadurch ihre reale Grundlage. Durch die Entwicklung der internationalen Beziehungen und das Empfinden der Einheit der Welt wird jedoch im Bewußtsein des heutigen Menschen jene Dimension des Elends, die man als »Elend der Unterentwicklung« definieren könnte, immer bedeutender. Dies betrifft in erster Linie die Länder der Dritten Welt, doch Wanderungsströme von Arbeitskräften und Prozesse der sozialen Marginalisierung schaffen auch in den entwickelten Ländern Inseln des »Elends der Unterentwicklung«.

Wenn auch die Geschichte der Armut nicht der eigentliche Gegenstand unserer Untersuchung ist, so müssen wir doch, um die sich ändernden sozialen Einstellungen gegenüber der Armut zu interpretieren, immer wieder die Theorie und die Praxis der Wohltätigkeit mit der gesellschaftlichen Realität des Pauperismus konfrontieren. In der Beobachtung dieser beiden Ebenen des geschichtlichen Materials stecken die Grundprämissen dieses Buches. Daraus ergibt sich eine gewisse chronologische Unausgewogenheit: Wir möchten, indem wir unsere Aufmerksamkeit vor allem auf das Spätmittelalter und die Anfänge der Neuzeit richten, in den Bildungsprozessen der modernen Gesellschaft die Zusammenhänge zwischen dem Wandel der sozialen und wirtschaftlichen Strukturen, der Veränderung der kollektiven Einstellungen und der Herausbildung der Sozialpolitik erkennen. Den Horizont und die Leitlinie der in diesem Buch vorgelegten Untersuchung bilden Erfahrungen, die aus der Beobachtung und der Interpretation dieser Phänomene in der Welt von heute erwachsen sind, insbesondere in den unterentwickelten und sich entwickelnden Ländern, doch beschränkt sie sich grundsätzlich auf Europa. Diese Entscheidung beruht auf der besonderen Bedeutung, die im Hinblick auf die im Buch behandelte Problematik der Einheit der europäischen Kultur und der christlichen Tradition zukommt.

Abschließend muß betont werden, daß einige Teile des Buches auf eigenen Forschungen in Archiven und Bibliotheken beruhen, während andere Teile sich die Forschungen anderer Historiker zunutze machen. Einige Thesen dieses Buches habe ich bereits veröffentlicht oder bei verschiedenen Gelegenheiten vor Fachkollegen referiert; den Diskussionen und kritischen Anmerkungen verdanke ich nicht wenig. Die Archivforschung wurde mir durch ein Stipendium der Stiftung Woodrow Wilson International Center for Scholars ermöglicht.

I. Das Mittelalter: Wozu braucht man die Armen?

Das Mittelalter galt aufgrund der Entstehungsgeschichte der heutigen europäischen Kultur lange Zeit als ein negatives Bezugssystem. Alles, was im Bereich der zwischenmenschlichen Beziehungen oder der Mentalitäten im Widerspruch zu den herrschenden Mustern und Werten steht, wurde als Relikt des Mittelalters betrachtet. Werte und Ideen von heute, die in der Kultur der Renaissance wurzeln, führte man auf die Welt des klassischen Altertums zurück, während man das Mittelalter – und hinter dieser Bezeichnung verbirgt sich ein ganzes Jahrtausend europäischer Geschichte – nicht nur als einen Bruch der Kontinuität, sondern auch als einen großen, finsteren Zeitraum betrachtete, der das Gegenteil verkörpert. In diesem Sinne ging man an die Geschichte der Idee der Freiheit und des Glücks heran, an die Geschichte der Einstellungen zur Arbeit und des Verhältnisses zur Natur, ja sogar an die Geschichte der politischen Regierungssysteme und der repräsentativen Institutionen. Diese Sicht der Dinge hatte unter anderem zur Folge, daß man sich vom Mittelalter ein einheitliches, geschlossenes Bild macht, daß man den dynamischen Veränderungen, die sich im Laufe eines Jahrzehnts, in der Lebenszeit von ein, zwei oder drei Generationen vollziehen, ein unbewegliches und unveränderliches Massiv der sozialen und kulturellen Strukturen des Mittelalters gegenüberstellt.

Dies ist natürlich ein verzerrtes Bild, das die der mittelalterlichen Gesellschaft eigentümliche Wandlungsdynamik verkennt. Es ist allerdings insofern gerechtfertigt, als die menschlichen Gemeinschaften, die sich dem Auge des Historikers während dieses mittelalterlichen Jahrtausends europäischer Geschichte darbieten, der christlichen Zivilisation angehören, einer Zivilisation von großer innerer Kohärenz und Stetigkeit der Entwicklung. Der Anbruch der Neuzeit, die Entstehung von nationalen Staaten und Kulturen und die religiösen Reformbewegungen haben diese Einheit und Kontinuität zerstört: Unter den neuen gesellschaftlichen Bedingungen hatte sie keine Daseinsberechtigung mehr. Die christliche Zivilisation Europas geht hervor aus einer Verschmelzung der »barbarischen« Kulturen, des Erbes der Antike und des Christentums, und sie versinkt allmählich im Zerfall des Universalismus, gefolgt vom Anbruch der Neuzeit.

In diesen beiden Momenten der Geschichte, denen man übrigens kein genaues Datum zuschreiben kann, verdichteten sich die charakteristischen Merkmale: Während sich am Anfang die neue Religion im Gegensatz zur Kultur der Antike und zum bestehenden gesellschaftlichen Zustand durchsetzte, ließ in der Periode des Niedergangs die Kritik an den herrschenden Zuständen die Grundzüge dieser Religion deutlicher hervortreten.

Die geringe Übereinstimmung zwischen den Merkmalen des Anfangs und denen des Endes ist sowohl auf den großen zeitlichen Abstand als auch auf die Unterschiedlichkeit der ideologischen Bedürfnisse zurückzuführen. Das einende Bindeglied der mittelalterlichen Zivilisation war die christliche Religion; die Bibel enthielt ein Bild der Welt und des Menschen, der Kirche und des Staates, des Erdenlebens und des eschatologischen Horizonts; die Heilsperspektive lieferte Anweisungen für ein richtiges Leben. Doch die sozialen Situationen, in denen diese Botschaft wirkte, änderten sich. Aus einer verfolgten Minderheit wurde das Christentum zur herrschenden Religion, aus den von Elend und Unterdrückung betroffenen Schichten ging es über zur Aristokratie, aus einer hochgradig urbanisierten Gesellschaft zu einer Agrargesellschaft par excellence, von den Strukturen einer aristokratischen Naturalwirtschaft zu einer entwickelten, auf Geld basierenden Tauschwirtschaft. Jede dieser Situationen warf neue moralische Fragen auf, erforderte neue Anweisungen für ein richtiges Leben, verlangte nach einer neuen Werthierarchie und neuen persönlichen Verhaltensmustern. Dank des metaphorischen Charakters der Botschaft des Alten und Neuen Testaments konnte man sich ohne größere Schwierigkeiten an die neuen Situationen anpassen und die neuen Phänomene ideologisch integrieren. Deshalb gab es innerhalb der kulturellen Einheit, die auf der Alleinherrschaft der christlichen Religion und dem universalistischen Programm der Kirche beruhte, ein breites Spektrum von sozialen Haltungen, Werthierarchien und Programmen, die sich in ihren Formulierungen und ihrer Argumentationsweise auf ein und dieselbe Basis stützten: die Heilige Schrift.

Das muß man berücksichtigen, wenn man die sozialen Einstellungen zur Armut und zu den Armen im Mittelalter untersucht. Diese Einstellungen gingen ja auf das antike Christentum zurück, das sich als eine Religion der Armen verstand und gerade mit dieser Botschaft seine erste Ausbreitung fand. Für die patristische Literatur, insbesondere die griechische, ist die Armut nicht nur eine Frage der freiwilligen Entsagung, sondern auch der materiellen Not. Die soziale Realität der byzantinischen Städte warf das Problem der Haltung gegenüber den Armen in der ganzen Komplexität von Barmherzigkeit und Zwang auf; die Schriften des hl. Johannes Chrysostomos und die Gesetzgebung des Codex Iustinianus treffen unter den Armen eine säuberliche Unterscheidung zwischen Arbeitsfähigen und -unfähigen. Auf sie wird an der Schwelle zur Neuzeit die theologische und sozialmoralische Literatur des Westens zurückgreifen, als es gilt, auf die gesellschaftlichen Probleme der Zeit neue Antworten zu finden. Im frühen Mittelalter hatte jedoch die Agrargesellschaft des Westens keine besonderen Schwierigkeiten mit denjenigen, die sich entschlossen, von Unterstützung zu leben. Schließlich war es ja Aufgabe der Kirche, den Armen zu helfen, wofür regelmäßig ein Drittel oder ein Viertel der kirchlichen Einkünfte bestimmt war (eines der Kapitularien Karls des Großen bestimmte, daß der Zehnte in Gegenwart von Zeugen in zwei gleiche Teile zu teilen sei: für die Kosten der Kirche, den Unterhalt des Priesters und schließlich für die Armen)[1]. Die Armut als solche wurde jedoch nicht als ein Wert oder als ein heiligender Zustand aufgefaßt. Es hängt von der göttlichen Gnade ab, ob man mit Reichtum und Macht beschenkt oder zu Ohnmacht und Armut verurteilt wird; der Mensch muß die ihm auferlegte Lage in Demut hinnehmen. Untersuchungen über die Stellung, welche die Armen in den Schriften des Gregor von Tours einnehmen, haben gezeigt, daß die Gesellschaft der Merowingerzeit dem Armen mit Abneigung und Verachtung begegnete. Erst im Laufe des 11. und 12. Jahrhunderts bildete sich – aufgrund der Botschaft der griechischen Kirchenväter und der Erfahrungen des östlichen Mönchtums – die Vorstellung vom inneren Wert der Armut heraus, und gleichzeitig wurden die Menschen jener Zeit durch Veränderungen der gesellschaftlichen Strukturen mit wachsender Armut als einem sozialen Phänomen und mit der Notwendigkeit konfrontiert, den Reichtum in Form von Geldbesitz zu rechtfertigen. Die Entwicklung der karitativen Institutionen und der Bettelorden war durch diese Situation bedingt. Die mildtätigen Werke entsprangen dem natürlichen Mitgefühl und der Barmherzigkeit, zugleich kam in ihnen aber auch ein ganz spezielles Kalkül zum Ausdruck: Erstens nahm man an, sie seien das wirksamste Mittel zur Erlangung des Heils,

[1] MGH, Legum sectio II, Bd. I, S. 106 (a. 802).

zweitens stellte man durch sie seinen Reichtum und seine christliche Haltung zur Schau.

Aus der kritischen Sicht der katholischen und der protestantischen Reformbewegung beschwor dieser Wandel eine für die gesellschaftliche Ordnung gefährliche Situation herauf, in der das Bettlerdasein eine gewisse Attraktivität gewinnen konnte. Um ein neues Programm der Sozialfürsorge zu fördern, das dem alten diametral entgegenstand, stellten die Reformbewegungen die mittelalterliche Armenhilfe als ein mangelhaftes System dar, das sich nicht bewährt hatte, nicht nur wegen Mißbräuchen und Veruntreuungen durch einzelne oder durch Institutionen, sondern auch wegen seiner grundlegenden Eigenschaften. Diese Hilfe sei charakterisiert gewesen erstens durch einen Überfluß an Almosen, zweitens durch mangelnde Differenzierung unter den Armen nach Maßgabe ihrer wirklichen Bedürftigkeit und drittens dadurch, daß die Verwaltung der karitativen Einrichtungen in den Händen kirchlicher Instanzen lag, während die Zivilbehörden und Laien davon ausgeschlossen waren. Das diesem System zugrundeliegende Lob der Armut und des Almosens habe der Arbeitspflicht widersprochen oder diese doch abgeschwächt, einer Pflicht, die das grundlegende Lebensprinzip der unteren Volksschichten sein müsse.

In Wirklichkeit kann man in der mittelalterlichen Literatur und in der Politik der Kirche während des Mittelalters unschwer Argumente finden, die dieses Bild widerlegen. Das Gebot, in Demut zu arbeiten, ist ein ständig wiederkehrendes Motiv der kirchlichen Soziallehre jener Zeit. Die Notwendigkeit, unter den Armen zu unterscheiden und die Arbeitsfähigen vom Anspruch auf Almosen auszuschließen, wurde sowohl von den Kirchenvätern wie von vielen mittelalterlichen Theologen und Kanonisten betont. Die Landstreicherei wurde von den kirchlichen Autoritäten sowie in sozialen und juristischen Schriften immer wieder mißbilligt und verurteilt. Die Kirche billigte Maßnahmen städtischer Behörden zur Eindämmung der Bettelei und zur Unterdrückung der Landstreicher, und das Konzil von Vienne verfügte im Jahre 1311 in seiner Konstitution ›Quia contingit‹ eine Reform der Armenhäuser, Spitäler und sonstigen karitativen Einrichtungen, die es den Priestern verbot, sie als Einkommensquellen zu betrachten, und verlangte, ihre Verwaltung in sachkundige Hände zu legen.

Wenn wir jedoch die Ebene der Lehren und der Politik der Kirche, die Ebene der rechtlichen Doktrinen und Normen verlassen, um zu prüfen, welche sozialen Einstellungen in den literarischen Quellen, in Chroniken oder städtischen Archiven festzustellen sind, sehen wir, daß die Idee der Armut im gleichen Maße aufgewertet wird, wie die Bedeutung der karitativen Praxis wächst. Die Armen kennen ihre Stellung und Funktion innerhalb der gesellschaftlichen Ordnung, geben sie doch anderen die Möglichkeit, sich durch mildtätige Werke das Heil zu »verdienen«. Wie diese Einstellung sich angesichts der Realität des materiellen Elends behaupten konnte, das ist eine Frage, die es sowohl auf der Ebene der gesellschaftlichen Vorstellungen wie auf der Ebene des materiellen Lebens zu prüfen gilt.

1. Das mittelalterliche Ethos der Armut und die soziale Realität

In der Geschichte der soziokulturellen Mentalitäten und Strukturen scheint jede Unterteilung und Periodisierung die Kontinuität der historischen Materie willkürlich zu durchschneiden. In der Geschichte des Denkens, der Doktrinen und der Ideologien sind diese Einteilungen erkennbar, hebt die historische Analyse die Unterschiede – Kontinuitäten und Diskontinuitäten – der Formulierungen, Begriffe und Ideen ans Licht. Im Bereich der kollektiven Einstellungen, der Muster und Wertsysteme bleiben Veränderungen jedoch lange verborgen, werden sie kaum artikuliert, kaum »öffentlich«, der Historiker bewegt sich hier in einer Welt der langen Dauer. Bezugspunkte sind hier die großen kulturellen Strukturen, deren Krisen allerdings nicht immer sogleich eine Veränderung in den kollektiven Einstellungen und in der kollektiven Sensibilität nach sich ziehen. Es fällt daher schwer, die Zivilisationen nach logisch scharf umrissenen Wertehierarchien voneinander abzugrenzen; in jeder Zivilisation findet man neben unterschiedlichen Wertsystemen, die in einzelnen Kreisen Geltung haben, Überreste von früheren Phasen der kulturellen Entwicklung. Die Auffassung, daß die kollektiven Einstellungen veränderlich sind, folgt jedoch nicht aus der Neigung des historischen Denkens zur Periodisierung und zur diachronischen Betrachtung der menschlichen Phänomene, sondern aus der inneren Dynamik der Kultur selbst. In jeder Zivilisation kann man nebeneinander die Lobpreisung des Reichtums und seine Verdammung, die Verherrlichung des Krieges und den Pazifismus, die Bevorzugung der geistigen Tätigkeit gegenüber der körperlichen Arbeit und das Gegenteil davon finden. Doch die Wertehierarchien haben sich auch von Zeit zu Zeit geändert. Die Aufgabe, die Werte zu organisieren, übernahmen Programme, welche die bestehende gesellschaftliche Situation rationalisierten, das heißt Ideologien, welche die Gesellschaftsstruktur und die Herrschaftssysteme sanktionierten oder ablehnten und dabei bestimmte Werte bejahten und andere verwarfen.

Bezugspunkt aller Programme war in der Welt des mittelalterlichen Christentums die Heilige Schrift. Es wurden mancherlei Lehren über die Armut entwickelt, die aber alle auf dem gleichen Fundament beruhten – der sozialen Botschaft des Evangeliums; die Differenzen zwischen ihnen beruhten auf unterschiedlichen Interpretationen dieser Botschaft. Die Vielfalt der Interpretationen wurde dadurch erleichtert, daß für die Beschreibung von sozialen und geistigen Phänomenen ein und derselbe Begriffsapparat verwendet wurde.

Sowohl in den Evangelien wie in der patristischen Literatur wird die Armut als ein geistiger Wert gepriesen, den man erreichen kann, gleichgültig, ob man sich im Zustand materiellen Reichtums oder Mangels befindet. Die fundamentalen Werte in der Ökonomie des Heils sind Demut und Entsagung. In der Ausdrucksweise der Bibel und in der frühchristlichen Literatur bemerkt man deutlich eine Gleichsetzung von *paupertas* und *humilitas*: Demut und Entsagung sind die beiden Begriffe, die den Bedeutungsumfang des frühchristlichen Lobs der Armut umschreiben. Die maßgebende Dimension, die der Armut in diesem Lobpreis zugeschrieben wird, ist ihre Freiwilligkeit, die für die Funktion, welche die evangelischen Ideale im Laufe des Mittelalters erfüllen, von großer Bedeutung sein wird. Die Armut Christi war die Frucht eines freiwilligen Verzichts auf Göttlichkeit und Königswürde, und nach diesem Vorbild ist es lobens- und nachahmenswert, wenn man der Macht, dem Reichtum und der Herrschaft, die man besitzt, freiwillig entsagt. Die frühchristliche Literatur rühmt aber sogleich auch die äußeren Zeichen von Entsagung und Demut, in denen sich materielle Entbehrung äußert: Ärmlichkeit der Kleidung, Leben ohne Einkommen und Besitz, ohne ein eigenes Haus, mit einem niedrigen sozialen Status (nicht selten kommt es hier zu der bezeichnenden Gleichsetzung mit dem Status des Fremden), unter den täglichen Leiden und Kasteiungen, die ein Leben in Entbehrung mit sich bringt.

Parallel und komplementär zu dieser Doktrin der Armut ist

das Lob der Barmherzigkeit, die als allgemeine Pflicht aufgefaßt wird. Die Universalität des Geschenks – als Mittel zur Festigung der menschlichen Beziehungen und als Zeichen der Absicht, Eintracht zwischen den Menschen und den Gruppen zu schaffen – bekommt im Christentum eine neue sowohl geistige wie institutionelle Dimension. Das Almosen ist ein Mittel zur Abbüßung der Sünden, und so bedeutet das Vorhandensein von Armen in der christlichen Gesellschaft, daß der Heilsplan sich erfüllt. In der ›Vita Eligii‹ ist diese Vorstellung in geradezu klassischer Weise formuliert: »Gott hätte alle Menschen reich erschaffen können, aber er wollte, daß es auf dieser Welt Arme gibt, damit die Reichen Gelegenheit erhalten, sich von ihren Sünden freizukaufen.«[2] In der Kirche des frühen Mittelalters entstanden die Institutionen, die die Lehre von der Barmherzigkeit umsetzten, wobei einige die vom Altertum überkommenen Traditionen fortsetzten, während andere im Gleichklang mit der Entwicklung der kirchlichen Strukturen entstanden. Das Gebot der Barmherzigkeit bezog sich somit auf das individuelle Verhalten des Christen im diesseitigen Leben, doch zugleich machte es die Institution der Kirche zur kollektiven Verfügungsinstanz über die christliche Opferbereitschaft sowie zum Repräsentanten der Interessen der Armen.

Sowohl in der Form, die ihm das Frühchristentum gab, als auch in jener, die es im Laufe des Mittelalters annahm, enthielt das Ethos der Armut somit die unübersehbare Antinomie zwischen dem heroischen Modell der Entsagung und dem Gebot, den Bedürftigen zu helfen. Im ersteren Falle bedeutete es einen vom christlichen Lebensideal geforderten, aber auch in einem gewissen Sinne elitären Weg der Vollkommenheit; im letzteren Falle setzte es die materiellen Unterschiede zwischen Reichtum und Armut notwendig voraus. Man könnte die zuvor angeführten Worte aus der ›Vita Eligii‹ geradezu umkehren: Der Reichtum der einen ist notwendig, damit den Armen geholfen werden kann. Das Lob des Almosens enthält nicht nur die Erlösungschance für die Reichen, sondern es sanktioniert auch den Reichtum, ist dessen ideologische Rechtfertigung. Das Lob der Armut gilt somit der Vollkommenheit einiger Auserwählter, die ihrer gesellschaftlichen Rolle freiwillig entsagen und ein christliches Leben verwirklichen; das gängige Modell eines christlichen Lebens besteht darin, daß man sich das Heil erwirbt, indem man die

[2] Migne, PL LXXXVII, col. 533.

Kirche unterstützt, für neue Gotteshäuser spendet und kirchlichen Einrichtungen Schenkungen macht. In der Ökonomie des Heils ist eine gewisse Aufgabenverteilung oder auch, wenn man so will, eine »Arbeitsteilung« sui generis innerhalb der *societas christiana* vorgesehen: Die Kirche hat sich (über die in ihren kollektiven Institutionen angestrebte Vollkommenheit in der Entsagung) um das Heil zu kümmern. Die Einteilung der christlichen Gesellschaft in »diejenigen, die beten, diejenigen, die kämpfen, und diejenigen, die arbeiten« – das klassische Modell des gesellschaftlichen Bewußtseins der ersten, agrarischen Epoche des Mittelalters – sanktionierte gerade diese Rolle der Kirche bei der Administration des Heils, wobei zu den diesseitigen sozialen Aufgaben der kirchlichen Institutionen auch die Armenhilfe gerechnet wurde. Die Arbeit gilt als eine Pflicht der breiten Massen, und wenn sie auch im Laufe der Jahrhunderte innerhalb der christlichen Doktrin unterschiedlich gewertet wird, so bleibt sie doch immer ein göttliches Gebot im Rahmen der erwähnten Aufgabenteilung. Der Wert der Armut, die in der christlichen Sozialethik als ein Weg betrachtet wird, auf dem man durch Demut und Erniedrigung zur Vollkommenheit gelangt, erfüllt unterschiedliche Funktionen, je nachdem, an welche gesellschaftliche Gruppe man sich wendet. Für »diejenigen, die arbeiten«, kann er nur die Aufforderung bedeuten, demütig ihre Lage anzunehmen, denn der Arbeit zu entsagen, wäre kein Akt der *humilitas* gewesen, sondern ein Akt des Hochmuts.

Die hauptsächlichen Bezugspunkte des christlichen Ethos der Armut lagen außerhalb der sozialen Wirklichkeit: Die Armut wurde als ein geistiger Wert aufgefaßt. Daher änderte die mittelalterliche Lobpreisung der Armut nichts an der Tatsache, daß der Arme innerhalb der *societas christiana* als Objekt und nicht als Subjekt der christlichen Gemeinschaft behandelt wurde. Die Modelle eines asketischen Lebens, wie sie in der Hagiographie vorgestellt wurden, waren aristokratischen Ursprungs; sie stellten eine Umkehrung des aristokratischen Lebensstiles dar, da der Weg der Erlösung nur durch die geistige »Verneinung« der diesseitigen sozialen Wirklichkeit erreicht werden konnte. Dies ist der Kontext, der den semantischen Bereich des Begriffs der Armut im frühen Mittelalter bestimmt: Er wird gekennzeichnet durch das Begriffspaar *potens/pauper*, also nicht von dem Kriterium, ob man materiellen Reichtum besitzt oder nicht, sondern davon, ob man an der Macht, am gesellschaftlichen Ansehen, an den Privilegien teil hat oder nicht. Karl Bosl hat gezeigt, daß dieses Begriffspaar, dessen sprachliche und begriffliche Genese bis auf die Psalmen zurückgeht, im gesellschaftlichen Bewußtsein der Feudalgesellschaft schließlich als Topos fungierte. Das Christentum hatte im Laufe des ersten Jahrtausends seine sozialen Programme umstrukturiert und an die neue Situation angepaßt, in der es Herrschaftsstrukturen zu sanktionieren hatte und in der Abhängigkeitsbeziehungen, die auf Grundbesitz beruhten, eine fundamentale Rolle spielten.

Die patristische Literatur und die Hagiographie des Frühmittelalters entnahmen die Modelle eines asketischen Lebens der Botschaft des Evangeliums. Durch die Schilderung der äußeren Zeichen der Armut Christi und des Alltagslebens der Apostel wurde die Armut als ein spiritueller Wert gepriesen; die Metaphorik der Argumente knüpfte an materielle Einzelheiten eines Lebens in Armut und Mangel an. In der Heiligen Schrift wurde die Armut als eine Daseinsform dargestellt, in der man leichter als im Reichtum das Heil erlangt (Mat. 19,24). Tertullian faßte dies in die eindeutige Formel: »Deus semper pauperes justificavit, divites praedamnat.«[3]

Eine ähnliche Funktion erfüllten neben der Botschaft des Evangeliums auch Schilderungen des Lebens der ersten Christengemeinden, vor allem der Jerusalemer Gemeinde. Das im Evangelium enthaltene Ideal der Armut und der Lebensstil der Jerusalemer Urgemeinde – diese beiden Vorstellungen treten zusammen, aber auch unabhängig voneinander auf – formten von Anfang an das gemeinschaftliche und das einsiedlerische Mönchstum, zunächst im Osten und später dann auch im Westen, wo sie die Grundprämissen der mönchischen Regeln bestimmten. Doch das Bild des Lebens der Jerusalemer Urgemeinde war ja eine Vorwegnahme des künftigen »himmlischen Jerusalems«, und so reichte sein Einfluß über den Kreis derer, die die Askese betrieben, hinaus und bestimmte die Grundzüge der christlichen Utopie. In der Apostelgeschichte wird das Leben der Jerusalemer Gemeinde in seinen Grundzügen beschrieben: Die Gemeinschaft des geistlichen Lebens, die Gütergemeinschaft (»sed erant illis omnia communia«), die Armut der Mitglieder, die Hab und Gut verkauften und den Erlös den Aposteln übergaben.

Diese »Form der Urkirche« und das evangelische Ideal waren

[3] Vgl. F. Graus, Pauvres des villes et pauvres des campagnes. In: Annales E.S.C. XVI (1961), S. 1055, n. 2.

im geistigen Leben des christlichen Europa vom Beginn des zweiten Jahrtausends an von gewaltiger Bedeutung, sowohl in den Protest- und Reformbewegungen heterodoxer Natur wie in den von der Kirche geförderten neuen Formen des religiösen Lebens, besonders des Ordenslebens. Die Entwicklung der Warenwirtschaft in Europa zwischen dem 11. und dem 13. Jahrhundert schuf eine neue soziale Situation, in der das Ethos der Armut, wie Lester K. Little gezeigt hat, einem Wandel unterlag. Der Reichtum hat in dieser neuen Situation nicht mehr die bisherige »soziale Qualität«, er leitet sich nicht mehr von dem Besitz oder von den Privilegien her, die mit der Herrschaftsausübung und der Kriegsführung verbunden sind, sondern er drückt sich im Geld aus und beruht auf diesem. Die Urbanisierung und die Entstehung einer städtischen Zivilisation schufen neue moralische Probleme, verlangten nach einer neuen Begründung des Heilsplanes. *Fuga mundi*, die Weltflucht, war ein Ausdruck der Ablehnung der neuen sozialen Strukturen, eine individuelle Abwendung von diesen Strukturen. Die Aktivitäten der Anhänger freiwilliger Armut wurden von der Kirche so lange toleriert, wie sie den Charakter individueller Bestrebungen hatten, doch wenn sie den Charakter von kollektiven Bewegungen annahmen, wurden sie zu einer Gefahr für die Kirche; durch die Gründung von Bettelorden wurde diese Bewegung domestiziert, wurde die städtische Welt des Geldes aus ethisch-religiöser Sicht gebrandmarkt. Das neue Ethos der Armut, das von der gleichen Negativvorstellung ausgeht wie das vorherige, faßt den materiellen Reichtum und den Verzicht auf Geld als antithetisch auf. Im Symbolkreis der Laster und Tugenden wird anstelle der Hoffart *(superbia)* der Geiz *(avaritia)* zum Gegenteil der Armut; dieser Wandel läßt die neue gesellschaftliche Situation deutlich werden. In den unablässigen Prozessen der Anpassung der christlichen Lebensmodelle an die Realität erfüllt das Ethos der Armut eine besondere Rolle: Verwirklicht durch die geistigen Eliten, sanktioniert es zugleich die Stellung des Reichtums innerhalb der gesellschaftlichen Struktur.

Die Barmherzigkeit, die in Almosen und Schenkungen an kirchliche Institutionen zum Ausdruck kam, sollte eine ständig geübte Form sein, die Sünden des diesseitigen Lebens abzubüßen. Verstanden als eine Pflicht, die mit der Machtausübung einherging – an den Höfen der Könige und der großen Feudalherren wurde es Brauch, ständig eine bestimmte Zahl von Armen mit Nahrung zu versorgen und auf Reisen Almosen zu verteilen –, als eine Verpflichtung auch für alle, die einen einträglichen Beruf ausübten, insbesondere den Geldhandel, auf dem das Stigma moralischer Zweifelhaftigkeit lastete, wurde die Barmherzigkeit weitgehend ritualisiert und institutionalisiert. Ihr Nutznießer war vor allem die Kirche: Die Eintragung »per Messer Domeneddio«, die man in italienischen Bank- und Handelsbüchern findet, deutete auf Schenkungen zugunsten der Kirche hin, von denen im 13. und 14. Jahrhundert vor allem die Klöster, die Spitäler und die religiösen Bruderschaften profitierten. Anschließend kamen die Armen an die Reihe, unter denen das Almosen aufzuteilen war, wofür sowohl die einzelnen Wohltäter als auch Klöster und Bruderschaften sorgten.

Die karitativen Stiftungen, die in den Ländern des christlichen Westens im 12. und 13. Jahrhundert einen gewaltigen Aufschwung nahmen – die Mehrzahl der Spitäler in der Pariser Region wird in den Jahren 1175 bis 1300 gestiftet –, stellen die wesentliche Form dar, in der das Gebot der Barmherzigkeit verwirklicht wird. Inspiriert war diese Bewegung von einer neuen Artikulation der religiösen Empfindungen, die M. D. Cherm als »evangelisches Erwachen« bezeichnet hat, und die Formen, in denen sie sich realisierte, sollten ebenfalls in erster Linie dem religiösen Leben dienen. An den großen mittelalterlichen Pilgerwegen entstand ein Netz von Spitälern, die von christlichen Wohltätern gestiftet und überwiegend von der Kirche verwaltet wurden und den Pilgern auf ihrer Reise Unterkunft bieten sollten. Die mildtätigen Werke waren in jener Zeit ein Mittel, um die Bindungen zwischen den Gläubigen und den kirchlichen Institutionen zu vertiefen. Immer häufiger ergriffen Bürger die Initiative, und in den Städten entstanden kirchliche Bruderschaften, die auf eigene Kosten Spitäler und Waisenhäuser errichteten und anschließend deren Verwaltung übernahmen. Barmherzige Bruderschaften waren eine Form der gesellschaftlichen Organisation der Gläubigen. Für die venezianischen Bruderschaften ist gezeigt worden, daß sie außerdem die Aufgabe von komplementären Strukturen für die gesellschaftlichen Eliten erfüllten, indem sie denjenigen, für die in den bestehenden Institutionen der städtischen Eliten kein Platz war, Posten und Würden zur Verfügung stellten.

In der Doktrin wie in der Organisation der Mildtätigkeit des Spätmittelalters wird der Klassencharakter ihres gesellschaftlichen Umfeldes wie ihres Adressaten sehr deutlich. In der karitativen Praxis Italiens wird im 14. und 15. Jahrhundert den verschämten Armen (*pauperes verecundosi* oder *verecundi* beziehungsweise, auf italienisch, *poveri vergognosi*) eine privilegierte Stellung beim Empfang von Hilfe zuerkannt. Ihr besonderer Hilfsanspruch beruht auf ihrer offenkundigen »Scham«: Ihre gute Herkunft hält sie vom Betteln ab und ist zugleich ein Anzeichen ihrer moralischen Vorzüge. Sowohl durch die Werke der florentinischen Bruderschaft der Buonuomini di San Martino als auch durch die Stiftungen der Monti di Pietà sollte verarmten Angehörigen der höheren und mittleren Gesellschaftsschichten geholfen werden; die Verwirklichung der christlichen »Brüderlichkeit« galt einem bestimmten gesellschaftlichen Stand, bevorzugte, wie Richard Trexler gezeigt hat, die »Armen« aus den gesellschaftlichen Eliten. In die gleiche Richtung wiesen auch die hagiographischen Vorbilder. Während sich der Appell zu freiwilliger Armut, zur Entsagung, an diejenigen wandte, die über Reichtum und Macht verfügten – Vorbilder der Armut sind hier der hl. Alexius, später der hl. Franziskus –, werden in der Schilderung jener, denen Unterstützung zuteil werden sollte, verarmte Mitglieder der gesellschaftlichen Führungsschicht bevorzugt: Der hl. Nikolaus hilft einem Adligen, um zu verhindern, daß dessen Töchter sich aus Not der Prostitution hingeben, während der hl. Dominikus einem anderen Adligen hilft, der seine Töchter aus Not an Ketzer verheiratet hat.

Die Doktrin der christlichen Barmherzigkeit führt vom 12. Jahrhundert an in das theologische Denken eine Unterscheidung zwischen zwei Arten von Armut ein. Nach Gerhoh von Reichersberg, einem der bedeutendsten theologischen und sozialen Denker des 12. Jahrhunderts, geht es um die Unterscheidung zwischen den »Armen mit Petrus« (*pauperes cum Petro*) und den »Armen mit Lazarus« (*pauperes cum Lazaro*). Unter den ersteren ist es vor allem der Klerus, für den Armut das bestimmende Unterscheidungsmerkmal sein sollte; die freiwillige Armut, die der deutsche Theologe in die kirchliche Disziplin und in das organisierte Klosterleben einführen möchte, ist ein geistiger Wert, der die Macht innerhalb der Kirche und die Vermittlungsrolle der Vollkommenen im Umgang mit Gott legitimiert. Die andere Familie von Armen wird symbolisiert durch die Gestalt des armen Lazarus aus dem Evangelium. *Pauper Lazarus* bezieht sich auf die Armut des Laien, deren Wesen die materielle Not ist (*paupertas quae est in penuria*[4]): Sie

[4] Migne, PL CXCIII, col. 1625.

wird konkret aufgefaßt, im Kontext der Fürsorgepflicht, die der Kirche und den Gläubigen obliegt.

Das Modell des »Armen mit Lazarus« bezeugt, daß die Doktrin der Kirche sich zur Realität des materiellen Elends hin öffnet. Man könnte meinen, daß wegen der Betonung der Armut als eines geistigen Wertes dem Armen als solchen eine besondere Würde zuerkannt worden sei; von der Bedeutung, die den äußeren Zeichen des Mangels im Modell der Armut als eines geistigen Wertes zugemessen wurde, war ja schon die Rede. Offensichtlich bestand zwischen diesen Zeichen und der moralischen Bewertung der Armut als Status ein Zusammenhang. Man darf dieser Wertung jedoch kein übermäßiges Gewicht zuschreiben, weil man sich sonst vom wahren Bild der Realität entfernen würde, in der der Arme gesellschaftlich benachteiligt ist und nur als Objekt der Hilfe betrachtet wird. Unter moralischem Aspekt interessiert sich die christliche Doktrin vor allem für den, der die Hilfe gewährt. Die Praxis der mittelalterlichen Wohltätigkeit liefert viele Beispiele für Handlungen, die man als Ausdruck tiefen Mitgefühls und der Verinnerlichung jener Grundwerte auffassen kann, die dem Gebot der Nächstenliebe zugrunde liegen. Doch sowohl das großherzige Austeilen von Almosen an den Pforten der Klöster als auch die karitativen Stiftungen und individuelle Schenkungen haben etwas Ostentatives, nehmen die Form eines Schauspiels an, bei dem sich die Zurschaustellung der eigenen Frömmigkeit mit der äußerlichen Darstellung des eigenen Sozialprestiges verbindet.

Die Auseinandersetzungen über die Doktrin der Armut innerhalb des kanonischen Denkens blieben bekanntlich der Sichtweise verhaftet, nach der die Armen Objekt der Wohltätigkeit sind. Zweifellos führten sie zu einer besseren Kenntnis der realen Notsituationen, doch eine ideologische oder moralische Bewertung der materiellen Not nahmen sie nicht vor. Die Auffassung, daß unter denen, die Hilfe erwarten, differenziert werden müsse, die übrigens dem Modell der unterschiedslosen Nächstenliebe widerspricht, war keine Erfindung der neuzeitlichen Sozialfürsorge, sondern fand, wie Brian Tierney gezeigt hat, eine erste Formulierung im ›Decretum Gratiani‹ und bei den Dekretisten des 12. Jahrhunderts. Sie interpretierten die patristische Botschaft (insbesondere die des hl. Johannes Chrysostomos und des hl. Ambrosius) im Sinne der Notwendigkeit, zwischen »ehrlichen« und »betrügerischen« Bettlern zu unterscheiden, wie es bei Rufino von Bologna heißt. Betrügerische Bettler waren solche, die arbeitsfähig waren, aber lieber bettelten und stahlen. Die physiologische Not in dem Sinne, daß es der Person selbst und ihrer Familie an den Mitteln zum Leben fehlte, galt als ein Fall, in dem unter allen Umständen geholfen werden mußte. In den theologischen Disputen jener Zeit wird auch die Ansicht vertreten, daß im Falle »äußerster Not« selbst der Diebstahl kein Verbrechen sei, sondern die Durchsetzung eines Rechts, das dem Armen zusteht. Die Hungernden – und die Sozialgeschichte der ersten Jahrhunderte unseres Millenniums zeigt, daß dies keine theoretische Situation und kein rhetorischer Topos war – erlangten auf diese Weise eine ähnliche rechtliche Stellung, wie sie Witwen, Waisen, Gefangene und Wahnsinnige besaßen, denen in jedem Falle Unterstützung zustand. Doch der Stärkung ihres Unterstützungsanspruchs entsprach in der Realität eine prekäre rechtliche Stellung und eine prekäre Lebenslage.

Im Bewußtsein der Epoche gliederte sich das Bild der Sozialstruktur immer weiter auf. Das traditionelle dreiteilige Schema (»diejenigen, die beten, diejenigen, die kämpfen, diejenigen, die arbeiten«) wich einer komplexeren Einteilung auf der Grundlage der Berufsrollen, die den einzelnen Gruppen zukam. Die Kirche ist nicht mehr ausschließlich die Vermittlerin zwischen Mensch und Gott; auch innerhalb der Kirche selbst wird immer genauer zwischen den Funktionen der Weltgeistlichen und der Ordensgeistlichen und zwischen den einzelnen Orden differenziert. Die Veränderungen in der weltlichen Gesellschaft lassen unabhängig von der beruflichen Differenzierung als grundlegendes Merkmal das Herrschaftsverhältnis, die Kluft zwischen herrschenden und abhängigen Klassen hervortreten. Die letzteren, deren tägliches Leben von Armut geprägt ist, verwirklichen das Modell eines christlichen Lebens nicht schon durch ihre Armut, sondern durch die Annahme ihres Schicksals, durch die Demut gegenüber den Pflichten, die sich aus ihrer gesellschaftlich-rechtlichen und materiellen Stellung ergeben.

In diesem Zusammenhang bestätigt die mittelalterliche Lehre von der christlichen Nächstenliebe, so wie sie sich in der karitativen Politik der kirchlichen Institutionen und der herrschenden Klassen vom 12. bis zum 14. Jahrhundert niederschlägt, daß es zwischen materieller Armut und sozialer Benachteiligung einen Zusammenhang gibt. In der Zusammenstellung Gratians findet man die Unterscheidung zwischen *hospitalitas* und *liberalitas*, worunter man in unserer heutigen Sprache den Unterschied zwischen Sozialfürsorge und Almosen verstehen kann. Einer der

Dekretisten des 12. Jahrhunderts, Stephan von Tournai, behauptete, die *hospitalitas* sei bedingungslos (»wir nehmen alle auf, die wir aufnehmen können«[5]), während man bei der *liberalitas* unterscheiden müsse zwischen »Ehrlichen« und »Unehrlichen«, Einheimischen und Fremden, Alten und Jungen, Schamhaften und Unverschämten, wobei immer den ersteren der Vorzug gebührt. Unabhängig von den Feinheiten der Interpretation der beiden Begriffe (*hospitalitas* kann sowohl Gastfreundschaft als auch Hilfe im Rahmen der Spitaleinrichtungen bedeuten) wurde durch derartige Erwägungen die soziale Praxis des Hoch- und Spätmittelalters sanktioniert. Die Spitäler dienten als Heim für Kranke und Bedürftige und als Unterkunft für Pilger auf der Reise. Die Klientel dieser Hilfsinstitutionen bestand überwiegend aus sozial und materiell Benachteiligten; Pilger aus den höheren Klassen besuchten sie nur aus Demut und aus der Bereitschaft, ihren Status aufzugeben.

Mildtätigkeit äußerte sich auch darin, daß man Straßenbettlern und solchen, die von Haus zu Haus zogen, Almosen gab; die Ungewißheit bezüglich ihrer »Ehrlichkeit« und ihren moralischen Qualitäten ließ es jedoch gelegentlich zweifelhaft erscheinen, ob ihnen gegenüber Mitleid angebracht und ob ihr Gebet und ihr Eintreten bei Gott zugunsten des Wohltäters wirksam sei. Die Kanonisten entwickelten subtile Unterscheidungen zwischen dem Nutzen des Almosens für den Wohltäter und für den Beschenkten. Auf diese Weise drang die Berechtigung einer Unterscheidung zwischen den Armen ins Bewußtsein. Guido de Baysio schrieb beispielsweise, ein Akt der Nächstenliebe sei nur dann wirklich tugendhaft, wenn er mit Vernunft erfolge, wenn er also die Folgen sowohl für den Gebenden wie für den Empfänger des Almosens berücksichtige. Es sei daher zweckmäßig, Menschen zu helfen, die man persönlich kennt, verarmten Angehörigen der eigenen sozialen Gemeinschaft: Das karitative Handeln war somit klassenmäßig orientiert. Den grundlegenden Unterschied zwischen »sozialer Fürsorge« (vor allem in Form von Spitälern) und Wohltätigkeit gab es also schon im Mittelalter; in der Neuzeit wurde diese Unterscheidung in der Auseinandersetzung um die Reform der Sozialfürsorge erneut aufgegriffen.

Wenn es darum geht, welche Bedeutung das Ethos der Armut (in seinen beiden oben dargelegten historischen Formen) für das

[5] Vgl. P. Tierney, The Descretists and the »Deserving Poor«. In: Comparative Studies in Society and History 1 (1959), S. 365.

Pirenne

Bewußtsein und das Verhalten der Menschen des Mittelalters gegenüber den ärmsten Gruppen hatte, sind nicht nur die Schwierigkeiten seiner praktischen Umsetzung zu berücksichtigen; auch wenn man auf der begrifflichen Ebene bleibt, bedeutete die Lobpreisung der Armut als eines geistigen Wertes der christlichen Vervollkommnung durchaus nicht, daß das materielle Elend mit sozialer Würde ausgestattet worden wäre.

Allein die kirchliche Literatur liefert zahlreiche Beweise für diese Feststellung. Schon im 10. Jahrhundert widmet der Benediktiner Rather von Verona, ein in der patristischen Literatur bewanderter Theologe, den Bettlern ein eigenes Kapitel seiner ›Preloquia‹. Bezeichnenderweise laufen seine Ausführungen darauf hinaus, daß der Zustand der Armut des Bettlers kein Wert an sich sei und keineswegs das Heil garantiere. Der Arme zieht im Gegenteil, wenn er sündigt, die Strafe der Verdammung auf sich, wofür sich zahlreiche Argumente in der Heiligen Schrift finden. Mehr noch: Auch die Bettler, ja sogar die Kranken und die Krüppel sind im Rahmen ihrer Möglichkeiten zu Werken der Nächstenliebe verpflichtet. Sie müssen Gott opfern, was sie können, sie müssen sich also, wenn es ihnen um das Heil geht, darum bemühen, ihre eigenen Sünden abzubüßen. In der Schilderung des Bettlerdaseins macht sich auch eine gewisse Abneigung bemerkbar. Rather ermahnt die Bettler, sich mit dem Lebensnotwendigen zu begnügen und sich vor der *supereffluentia* zu hüten. Der Arme darf, wenn er gesund und arbeitsfähig ist, keine Almosen annehmen. Selbst wenn er arbeitsunfähig ist und ihm die Mittel zum Leben fehlen, muß er sich bemühen, nützliche und barmherzige Werke zu verrichten, zum Beispiel die Toten begraben oder Kranken beistehen. Wie streng der Theologe urteilt, wird deutlich, wenn er allzu viele Kinder als Grund des Elends anführt: Arbeit und Enthaltsamkeit geben nach seiner Auffassung dem Armen die Möglichkeit, seine Familie satt zu machen.

Die Strenge des Rather gegenüber den Armen ist im theologischen Denken und im Handeln des frühen Mittelalters eher die Ausnahme. Der Wandel, den wir in der christlichen Literatur des 12. Jahrhunderts beobachten, hängt wahrscheinlich mit tieferen Transformationen in der Haltung des Christentums gegenüber der Armut zusammen. Schon der Stil des Diskurses, den wir bei dem Benediktiner und Bischof des 10. Jahrhunderts bemerken, ließe sich schwerlich vereinbaren mit der wachsenden Sensibilisierung des westlichen Christentums für soziale Probleme, mit jenem »neuen Blick auf die Armen«, der im 12. und 13. Jahrhundert aufkommt. Doch in den apologetischen Schriften, die sich in erster Linie gegen häretische Gruppen richten, welche die Armut als christlichen Wert und als Programm verkünden, kehrt das Motiv, daß die Armut erniedrigend sei, wieder.

Im ideologischen Kampf gegen die Bewegungen, die der freiwilligen Armut das Wort redeten, und gegen die Anerkennung von Bettelorden innerhalb der Kirche wurden immer wieder die erniedrigenden Aspekte der materiellen Not betont. Innozenz III. erklärte, das Betteln sei unwürdig, gezieme sich nicht für den geistlichen Stand und sei für alle, die es betreiben, demütigend. Im Falle des Dekans des Kapitels von Nevers, Bernard, der der Ketzerei angeklagt worden war, entschied Innozenz III., ihm wieder seine kirchlichen Einkünfte, also das *beneficium*, zuzuerkennen, damit er nicht betteln müsse, »zur Schande des gesamten Klerus«; die gleiche Argumentation finden wir in der Entscheidung, dem wegen Simonie seines Amtes enthobenen Bischof von Toulouse eine Pension zuzuerkennen, damit er nicht »zur Schande seines Standes« betteln müsse. Die Bettelei galt als demütigend nicht nur für den, der sie betreibt, sondern auch für den Kreis, dem er angehört, also für all jene, die ihm in Standessolidarität verbunden sind. In den Polemiken des 13. und 14. Jahrhunderts gegen die Bettelei, insbesondere in dem leidenschaftlichen Traktat Wilhelms von Saint-Amour, wird das Erniedrigende der materiellen Not und des Bettelns sowohl unter Berufung auf die Heilige Schrift und die Argumente der Scholastik als auch unter Hinweis auf die Realität der Not bekräftigt, die es demütig zu ertragen gelte, die aber kein Leben in Würde erlaube.

Moralisch gesehen, ruft nämlich die Not bestimmte Sünden hervor. Humbert von Romans, der im 13. Jahrhundert anregt, der Predigt eine soziale Ausrichtung zu geben, und in seine Predigtsammlung Elemente aus dem Alltagsleben – und den alltäglichen Sünden – der unteren Klassen aufnimmt, bemerkt, daß die »unfreiwillige« Armut durchaus nicht zur Heiligkeit führe, da »nicht die Armut eine Tugend ist, sondern die Liebe zu ihr«. Das Volk aber liebt nicht die Armut und »hält gerade die Reichen dieser Welt für glücklich *(beatos)*«[6]. Diese Äußerung ist bezeichnend und aufschlußreich, nicht nur, weil der bedeutende

[6] Vgl. A. Murray, Religion among the Poor in the Thirteenth Century France. The Testimony of Humbert de Romans. In: Traditio 30 (1974), S. 307.

französische Dominikaner das Ethos der Armut eindeutig auslegt, indem er zwischen physischer Armut und der »Liebe zur Armut« unterscheidet, sondern weil sie die wirkliche Haltung der Menschen zu Reichtum und Mangel beschreibt. Was die Leute lieben, ist der Reichtum, nicht die Armut. Unter den Armen herrscht allgemein die Todsünde des Neides, die aus der Gier, der Mißgunst und der Weigerung entsteht, die eigene Lage zu akzeptieren. Dies führt zur Auflehnung gegen den göttlichen Plan, zur Gotteslästerung; eine Form der Auflehnung ist auch der Diebstahl, als ein Mittel, der Not zu entgehen. Auf der Stufenleiter der Rebellionen gehören die von Humbert inkriminierten Formen zu den weniger schlimmen. Dennoch gibt er von der Moral der Armen ein kritisches Bild, findet er ihren sittlichen Wandel tadelnswert: Faulheit, Liederlichkeit, Betrug und Trunksucht seien im Armutsmilieu verbreitete Laster.

Die Perspektive, aus der der Moralist und Prediger des 13. Jahrhunderts die Armen – von den Bauern über die städtischen Arbeiter bis hin zu den Bettlern und den Aussätzigen in den Leprosenhäusern – sieht, ist natürlich einseitig und hängt eng mit den didaktischen Zielen der religiösen Unterweisung und der sittlichen Besserung zusammen. Hier geht es aber nicht darum, wie sich diese Beschreibung zur Wirklichkeit verhält. Worauf es vor allem ankommt, ist die negative Bewertung der materiellen Not in der kirchlichen Literatur jener Zeit und damit auch im gesellschaftlichen Bewußtsein des Mittelalters. Die beißende Kritik des Predigers wendet sich an die weltliche Gesellschaft allgemein, und an anderen Stellen verschont er auch nicht die Laster des Klerus, der Mönche und der Laienbrüder; seine Kritik geht aber von der Überzeugung aus, daß die Sünden der Laien ebenso aus dem Reichtum wie aus der Armut entstehen, nur daß der Schwerpunkt der Kritik jeweils anders gesetzt wird. Bei den Reichen mißbilligt er scharf den Mißbrauch der Macht, des Reichtums, der Würden und Privilegien; bei den Armen sieht er den Ursprung der verwerflichen Taten und Verhaltensweisen in der Auflehnung gegen die Erniedrigungen, Demütigungen und Mängel, die sich aus ihrer materiellen und gesellschaftlichen Lage ergeben.

Ein in der mittelalterlichen Literatur häufig wiederkehrendes Motiv ist die Kritik an der Lage des Armen. Ein besonders verbreitetes Motiv ist die »Bauernsatire«, in der die gesellschaftliche und kulturelle Unterlegenheit der bäuerlichen Massen verspottet wird. Die Spielmannsdichtung des 12. und 13. Jahrhunderts weist eine Fülle solcher Werke auf. Die Armut spielt darin jedoch nur eine untergeordnete Rolle; Gegenstand der Satire ist vielmehr die gesamte weltliche Gesellschaft aus der Sicht dieses schreibenden »Proletariats« – besser würde man vielleicht von einer Plebs sprechen –, verspottet werden aber auch sämtliche Gruppen und Schichten aus der Sicht der gesellschaftlichen Eliten, denen die Hörer und Leser dieser Dichtung entstammten. Wenn man allerdings begreifen will, welche soziologische Bedeutung die Armut als Modell der mittelalterlichen Gesellschaft hat, bleiben die Schriften aus dem Bereich der Moraltheologie und der moralistischen Literatur – beide Bereiche hängen miteinander zusammen – von grundlegender Bedeutung.

Im Frühmittelalter, bis zum 12. Jahrhundert, beschränkt sich die Kritik an den armen Klassen in der moralistischen Literatur auf die Verurteilung des *pauper superbus*, des »hoffärtigen« Armen, der seine Lage nicht demütig hinnimmt. In dem Maße, wie dann die berufliche Differenzierung der mittelalterlichen Gesellschaft zu Bewußtsein gelangt, wird die moralische Kritik an den Armen zum Bestandteil eines alle Stände umfassenden Gesamtbildes. Allerdings wird der Reichtum in diesem Zusammenhang häufig kritisiert, während die Armen entweder als Opfer der Niedertracht der Mächtigen dieser Welt oder als Adressaten der Barmherzigkeit erscheinen, welche die letzteren ihnen schulden. Doch schon im 13. Jahrhundert stößt man auf erste Anzeichen einer Kritik an Armen. Der französische satirische Dichter Guillaume de Clerc behauptet in seinem ›Besant de Dieu‹, die Armen seien nicht besser als die Reichen, denn sie seien »Verräter, Neider, Gotteslästerer, hochmütig und voller Mißgunst und Habgier«[7]; sie betrügen bei der Arbeit, versuchen sich um sie zu drücken, und was sie verdienen, verfressen und versaufen sie. Welcher Ton in dieser Literatur herrscht, erkennt man an dem Ausruf Jean Le Fèvres ein Jahrhundert später[8]:

Au voir dire
nulz homs ne doit le pauvre faire
s'il a ce qui est necessaire.

[7] Vgl. J. Batany, Les pauvres et la pauvreté dans les revues des »estats du monde«. In: M. Mollat (Hg.), Etudes sur l'histoire de la pauvreté. Paris 1974, S. 478ff.
[8] Ebd., S. 483.

Wahrhaftig,
kein Mensch sollte den Armen spielen,
wenn er das Notwendige hat.

Es ist somit lobenswert, wenn man sich mit dem begnügt, was man zum Leben braucht; von Armut kann bei einer solchen sozialen Lage allerdings keine Rede sein. Es ist offenkundig, daß hinter diesen Worten ein negatives Urteil über den Status der Armut steckt. An anderer Stelle beschreibt der französische Dichter das Gedränge, das unter den Bettlern gewöhnlich entsteht, wenn sie von der Hoffnung auf ein Almosen angezogen werden und die Gier sie packt (V. 3129–3131).

»Fa spessamente povertà fallire«, Armut führt häufig zum Scheitern, fügt ein italienischer Dichter des 14. Jahrhunderts, Francesco da Barberino, hinzu. Die Armut geht Hand in Hand mit der Begierde: Wer sich mit dem, was er hat, zu begnügen weiß, ist keineswegs arm. In diesem Kontext bekommt Armut also eine moralisch negative Bedeutung. Wenn Francesco da Barberino erklärt, jeder könne reich werden, sofern er nur seine Begierde zügelt, nimmt er offenbar als selbstverständlich an, daß es der Wunsch aller ist, reich zu sein, und er weist darauf hin, daß man diesen Wunsch eben auf geistigem Wege verwirklichen kann. Eine negative Bewertung der Armut äußert sich auch in dem in der italienischen Literatur des 14. Jahrhunderts häufig wiederkehrenden Motiv, daß sie gewöhnlich zu moralischen Verfehlungen führe. Ein anonymes Gedicht aus dieser Zeit beschreibt die Armut als einen Mantel, der Bosheit, Neid und andere Sünden verbirgt, und mündet daher in den Ausruf: »O povertà, così tu sia dispersa!«, »O povertà, sii maledetta!« (Armut, sei verflucht!); anschließend beschreibt das Gedicht die Erniedrigung und den Verlust der Würde, und es kommt zu dem Schluß, daß Armut schlimmer sei als der Tod[9].

La morte può ben l'uomo privar di vita,
ma non di fama e di virtude altera;
anco felice e vera
riman perpetua nel mondo e viva.
Ma chi a tua foce sconsolata arriva
sia quanto vuol magnanimo e gentile,

[9] Fazio degli Uberti, Liriche edite ed inedite. Hg. v. R. Renier. Florenz 1883, S. 178.

e pur tenuto è vile
e perciò chi nel tuo abisso cala
non speri in alcun pregio spander l'ala.

Der Tod, so folgert der italienische Dichter, raubt einem Menschen weder den Ruhm noch die Tugenden, die Armut aber sehr wohl. Das Gedicht ist offensichtlich im Klima der Polemik gegen die Bettler und im Stil der *refutatio* entstanden, die der Armut jeglichen Wert absprach. Es bleibt offen, ob die hier beschriebene Einstellung eine reale Situation widerspiegelt. Wir haben jedoch zu zeigen versucht, daß im Laufe der Entwicklung der mittelalterlichen Gesellschaft verschiedene Einstellungen und verschiedene Doktrinen im Hinblick auf die Armut nebeneinander existierten. Die Programme der Kirche und die Erfordernisse des Kampfes gegen häretische Bewegungen ließen bald diese, bald jene Elemente in den Vordergrund treten. Unabhängig vom Kampf der Ideen bezog sich die Verherrlichung der Armut jedoch auf den Bereich der geistigen Werte, während die physische Armut, deren erniedrigende soziale Folgen für jeden Beobachter offenkundig waren, in der Doktrin und im gesellschaftlichen Bewußtsein als eine Demütigung aufgefaßt wurde, als eine ehr- und würdelose Lage, die den Betroffenen in gesellschaftlicher wie in moralischer Hinsicht marginalisiert. Das mittelalterliche Ethos der Armut stellte die materielle Not nicht als vorbildlich hin und sprach nicht dagegen, den Mangel als eine für die Gesellschaft entbehrliche Erscheinung zu betrachten. Der hl. Bonaventura (1217–1274), einer der wichtigsten Verteidiger der Bettelorden, griff in der Auseinandersetzung mit Kritikern auf Argumente zurück, die für die mittelalterliche Doktrin der Armut typisch waren: Das Lob der Jungfräulichkeit sei nicht gleichbedeutend mit einer Ablehnung des Ehelebens, und das Lob der *vita solitaria* der Einsiedler sei nicht gleichbedeutend mit einer Verurteilung des Gemeinschaftslebens. Daran läßt sich ermessen, wie sich das Ethos der Armut zur sozialen Realität verhielt.

Der Arme weckte nicht nur deshalb Angst, weil er sich gegen seine Lage auflehnte, sondern auch, weil er eine Bedrohung für das Eigentum darstellte. Als der böhmische Chronist Kosmas von Prag eine utopische Vision des verflossenen »Goldenen Zeitalters« entwarf, nahm er als selbstverständlich an, daß es damals keine Bettler gegeben habe. Der Zusammenhang, in dem er davon sprach, war folgender: »Die Ställe waren nicht verriegelt, und die Türen waren nicht vor den Armen verschlossen, denn es gab weder Diebe noch Räuber, noch Bettler.«[10]

Wir haben noch zu prüfen, welche sozialen Folgen die Verwirklichung des Ethos der Armut seitens der Eliten hatte, die den Weg des Heils in der Askese suchten. Wenn wir die Kontroversen um die Armut Christi und der Apostel und um die von den Bettelorden praktizierte Armut beiseite lassen, können wir annehmen, daß die freiwillige Armut im mittelalterlichen Christentum Achtung erweckte und mit einem Nimbus der Heiligkeit umgeben war. Wenn wir die Anhänger der freiwilligen Armut dem umfassenderen Phänomen der Askese zurechnen, können wir jedoch sagen, daß sich hier eine reale soziale Marginalisierung mit einem hohen Prestige verband. Was dagegen die Stellung der Bedürftigen in der mittelalterlichen Gesellschaft betrifft, so bestand ein enger Zusammenhang zwischen ihrer Lebensweise, die die allgemein anerkannten Muster und Normen verletzte, und der ihnen entgegengebrachten Abneigung, Feindseligkeit und Fremdheit. Anders verhielt es sich bei den Gruppen, welche die Askese praktizierten: Sie genossen Bewunderung und Verehrung. Kann man dann bei ihnen wirklich von einer »asozialen« Haltung sprechen?

Wir haben schon auf die Ambivalenz hingewiesen, die der Verwirklichung der Modelle eines christlichen Lebens anhaftet, denn selbst deren strengste Befolgung führt zu sozialer und kultureller Andersartigkeit. Wir sprechen hier nur von den Folgen, die sich aus der Verwirklichung der christlichen Ideale für das Leben der Asketen selbst ergaben. Einer der Wege der Askese bestand in der – nicht selten insgeheim betriebenen – Abtötung und Aufgabe des weltlichen Lebens. So trug Robert von Arbrissel während seines Studiums in Angers unter einem äußerlich »feinen« Gewand ein Büßerhemd; später entschloß er sich allerdings, als Einsiedler in den Wäldern zu leben. Die hauptsächlichen Formen, in denen man sich in den ersten Jahrhunderten unseres Millenniums um eine Verwandlung des christlichen Lebens bemühte – das Einsiedlerleben, das Wanderpredigertum (unter den Menschen und in menschenleerer Einöde) und die Abgeschiedenheit –, nahmen, die »Nacktheit Christi« nachahmend, äußerlich den Aspekt der Armut an und brachten zum Ausdruck, daß man mit seinem früheren Lebensstil, sei es als Geistlicher, sei es als Laie, gebrochen hatte.

10 Cosmae Pragensis Cronica Boemorum. Hg. v. B. Bretholz. Berlin 1923, Buch I, Kap. 3.

Das äußert sich vor allem darin, daß die festumrissenen Siedlungsgebiete verlassen werden, daß die »Grenze« der Zivilisation überschritten wird. Sich in die Wälder und Einöden zu begeben bedeutet, an den Rand des Raumes der christlichen Gesellschaft zu gehen. Die mittelalterliche Literatur vermittelt eindrucksvolle Bilder von dieser räumlichen Lage der Einsiedler »am Ende der Welt«, also an den Grenzen der dörflichen und städtischen Siedlungen. Wald und Einöde standen in der Vorstellung des mittelalterlichen Menschen unter der Herrschaft der Nacht und waren daher bedrohlich: Dort hausten böse Mächte, Raubtiere und Räuber. Der Einsiedler tritt in dieser Landschaft des Bösen als eine Gestalt auf, die die Herrschaft der dunklen Mächte über die Wildnis bricht, den Wald gleichsam christianisiert und die Angst vor wilden Wesen überwindet, seien es Tiere oder Menschen: Räuber, Banditen oder Entflohene, die in der »Wildnis« leben, also mit den Regeln des christlichen Lebens und den Normen des gesellschaftlichen Lebens gebrochen haben. Tristan und Isolde treffen, als sie den Wald des Norrois durchstreifen, auf den Einsiedler, der ihnen predigt und die Absolution erteilt. Jakob von Vitry erzählt in einem seiner Exempel vom Wirken der Einsiedler unter den Räubern: Ein Räuber, der bei einem Einsiedler gebeichtet hat, muß zur Buße bei jedem Kreuz, das er an der Straße antrifft, ein Vaterunser sagen; während er diese Buße tut, wird er von den Verwandten eines seiner Opfer getötet, doch der Einsiedler sieht, wie die Engel seine Seele zum Himmel tragen. Die gleiche Rolle eines Lehrers und guten Ratgebers der Menschen erfüllt der Einsiedler Trevrizent im ›Parzival‹ des Wolfram von Eschenbach; als »guter Mensch« charakterisiert, verdankt er seine Heiligkeit den Entsagungen: Er ißt weder Fleisch noch Fisch und kleidet sich in Lumpen.

Das Leben der mittelalterlichen Einsiedler wird durchgängig so beschrieben: Enthaltsamkeit im Essen, ein elender äußerlicher Anblick, fast keine Kleider, Vernachlässigung der Hygiene – das sind nicht nur Anzeichen vollkommener Armut, sondern sie lassen den Einsiedler äußerlich wie einen gewöhnlichen Vagabunden erscheinen. Kritiker des Einsiedlerlebens betonen übrigens diese Ähnlichkeit im Sinne eines Tadels. Seine Lebensweise rückt den Einsiedler in die Nähe jener sozialen Gruppen, die sich am Rande des organisierten Lebens befinden.

Schließlich isoliert die Einsamkeit den Einsiedler von der Gesellschaft, denn sie bedeutet ja (besonders in Verbindung mit der Schweigepflicht) eine Verneinung jeglicher sozialen Kontakte. Allerdings ist da immer noch der Kult der Heiligkeit des

Eremiten, der eine funktionale Beziehung zur übrigen Gesellschaft herstellt. Auch wenn diese Beziehung in den meisten Fällen besteht, so rufen doch das Äußere des Einsiedlers, sein Wohnort und seine Lebensweise bei der Bevölkerung Angst und Abscheu hervor. Der hl. Heimrat von Schwaben wurde von allen verstoßen und überall fortgejagt, weil sein Aussehen und die Art, wie er sich an die Menschen wandte, Angst und Empörung auslösten, bis er schließlich Unterkunft in einer Einsiedelei fand, wo er sich die Sympathie der benachbarten Bevölkerung erwarb.

Wir finden solche Elemente einer »asozialen« Lebensweise nicht nur bei der individuellen Einsamkeit, sondern auch bei Gruppen, welche gemeinschaftlich die Askese betreiben, und bei verschiedenen Formen des Mönchtums. Die von Stefan Muret aufgestellte und in Grandmont praktizierte Regel des Einsiedlerlebens sollte die Worte des Apostels Paulus erfüllen, »für die Welt abzusterben«. Die praktischen Anweisungen sollten die Verwirklichung des evangelischen Modells auf der Grundlage der Nichtbeteiligung oder der weitestgehend eingeschränkten Beteiligung am sozialen Leben gewährleisten: In Grandmont durfte zum Beispiel bei den Mühlen und vor den Häusern gebettelt werden. In Bezug auf das Familienleben wurde der Rat erteilt, nicht am Begräbnis des eigenen Vaters teilzunehmen, aber einem Fremden, der von allen verlassen ist, im Sterben beizustehen. Auch die Beteiligung an den Institutionen der weltlichen Gesellschaft sollte aufs äußerste beschränkt sein. Gruppen, die kollektiv die Askese des Einsiedlers praktizierten, waren sehr heterogen zusammengesetzt: Dort fanden sich solche, die auf ihre Privilegien und auf die Zugehörigkeit zur gesellschaftlichen Elite verzichtet hatten, als auch solche, welche die Verfechter der neuen Religiosität auf ihrem neuen Wege angetroffen hatten, also wirklich Arme und Außenseiter; Robert von Arbrissel war, wie man festgestellt hat, von ehemaligen Landstreichern, Dieben und Prostituierten umgeben. Doch in dem Maße, wie die Anerkennung dieser neuen Formen der Frömmigkeit durch die Kirche sich festigt und diese Anhänger der evangelischen Ideale institutionell »gezähmt« werden, beobachtet man ein Phänomen, das Max Weber als »Veralltäglichung des Charismas« bezeichnet hat; die Weigerung, nach den anerkannten gesellschaftlichen Normen zu leben, wird von der Kirche sanktioniert, der führenden Institution des herrschenden gesellschaftlichen Systems, zu deren Aufgaben es gehörte, Normen des Zusammenlebens zu verkünden und über ihre Einhaltung zu wachen.

In den äußerlichen Merkmalen der Lebensweise der Anhänger christlicher Vollkommenheit entdecken wir also Grundelemente der Not im gesellschaftlichen Sinne, die aber, wie im Falle des Ethos der Armut, nur eine instrumentelle Rolle spielen, da das geistliche Leben den wesentlichen Bezugspunkt bildet. Die freiwillige Marginalisierung der eigenen Existenz, ob spontan oder in ritualisierter Form, hat etwas Zielgerichtetes und Funktionales, weil sie als verdienstvoll und als letzte Stufe verstanden wird, die man erreichen kann, also einer symbolischen Anhebung des sozialen Status gleichkommt. Auch die Weltflucht *(fuga mundi)* ist nicht gleichbedeutend mit einer Flucht aus der Gesellschaft, sondern vor allem eine Flucht vor jener Lebensweise, die der Verbreitung und Verwirklichung der christlichen Ideale im Wege steht, eine Flucht aus gesellschaftlichen Strukturen, die diesen Idealen widersprechen. Die Einsiedler, ja sogar die Eingeschlossenen, führen häufig ein Nomadenleben, ihre Einsiedeleien liegen an Orten, wo sie gesehen und besucht werden können, häufig an Straßen und an Kreuzungen; als Wanderprediger machen sie dort halt, wo sie für ein Leben im Sinne der Gebote des Evangeliums wirken können, beispielsweise in den Städten.

Gerade in der Stadt finden sich wesentliche gesellschaftliche Gründe für die Entscheidung, in Armut zu leben. Sie ist vor allem ein Protest gegen den Reichtum der Kirche und des Klerus, gegen die Verflechtung der kirchlichen Institutionen und der in ihnen tätigen Personen mit den Strukturen der Herrschaft, der Macht und des Besitzes. Aber auch die Konzentration einer neuen Art von Reichtum in den Städten spielt eine Rolle. Sowohl die städtische Lebensweise als auch der Charakter der dortigen Wirtschaftstätigkeit wecken moralische Besorgnis. Für die stadtfeindliche Doktrin des Mittelalters ist die Stadt ein Werk Kains, des biblischen Patrons der mit Sünde befleckten Menschen und Gruppen, die der Menschenrechte beraubt und zu einem Leben außerhalb der Gesellschaft verdammt sind, bis sie von den Sünden erlöst werden, durch die sie den göttlichen Geboten und den Prinzipien des menschlichen Zusammenlebens zuwider handelten. Es ist bezeichnend, daß das Mönchtum und das Eremitentum im christlichen Osten entstanden sind, wo die alten Stadtstrukturen sich erhalten hatten und Reichtum und Überfluß sich stark konzentrierten. Die freiwillige Armut als Weg zu christlicher Vollkommenheit war vor allem eine Flucht aus der städtischen Zivilisation.

Der Lobpreis der Armut war ein konstantes Element der religiösen Unterweisung, doch seine Funktion hing vom Adressaten ab: Den Armen wurden die Verdienste vor Augen gehalten, die sie durch ein Hinnehmen ihrer Lage um ihr Heil erwerben konnten, während die Reichen an die Notwendigkeit erinnert wurden, etwas für ihre Erlösung zu tun. Die Prediger bedienten sich reichlich der Hagiographie der Armut, die diese doppelte Botschaft enthält. Hier ein typisches Beispiel: Makarius der Einsiedler ging einmal durch Mainz und sah auf der Straße einen ganz armen Menschen *(hominem pauperrimum)* in den letzten Zügen liegen; »und niemand kümmerte sich um ihn, da es eben ein Armer war«[11]. Da hatte der Einsiedler eine Vision: Um den Armen sah er eine Engelschar, während das von Freude erfüllte Haus des Reichen von einer Teufelschar umgeben war. Die Lehre, die man aus diesem Exempel zu ziehen hat, ist nicht die Verdammung des Reichtums, sondern die Warnung vor den moralischen Gefahren, die mit dem Reichtum verbunden sind. Im Hinblick auf das Heil muß man sich ständig um ein christliches Leben bemühen. Für den gleichen Adressaten, also die besitzenden Klassen, enthält dieses Exempel eine andere Botschaft im Geiste des Evangeliums: Die Armen besitzen den göttlichen Segen. Der Widerschein der sozialen Realität ist in dieser Fabel jedoch schwerlich zu übersehen: Der Arme, der auf dem Platz einer Stadt lag, starb einsam und verlassen.

Das mittelalterliche Ethos der Armut pries nicht die physische Not, weder als soziale Realität noch als transzendentale Perspektive. Es ließ den erniedrigenden Aspekt der Not nicht außer acht. Die Asketen und ihre Nachahmer verwirklichten das Ethos der Armut durch freiwillige Selbsterniedrigung und Marginalisierung. Das verschaffte ihnen im gesellschaftlichen Bewußtsein einen doppelten Aufstieg: einerseits die Aussicht auf das künftige Heil, andererseits den Nimbus der Heiligkeit, der ihnen in der Hierarchie der Ehren und Würden eine hohe Stellung verschaffte. Die Anhänger der freiwilligen Armut und die unfreiwillig Armen haben, was die Werte betrifft, nichts miteinander gemeinsam. Aber dank der Ähnlichkeit der äußerlichen Anzeichen, des physischen Aussehens, der Kleidung und des Verhaltens, wird die Heiligkeit der ersteren auf die letzteren übertragen. Die heldenhafte Entsagung, die einmal als fast unerreichbares Vorbild, ein andermal als Mittel im Bemühen um das Heil

[11] J. Klapper (Hg.), Erzählungen des Mittelalters. Breslau 1914, S. 178.

dargestellt wird, ruft eine mildtätige Haltung hervor, von der sowohl die berufsmäßigen Bettler als auch die Armen allgemein profitiert haben.

2. Das Almosen und die Bettler

Die Forschungen der letzten Jahre haben eine Vielzahl von Monographien sowie zusammenfassenden Arbeiten zur Problematik der Wohltätigkeit und der karitativen Institutionen des Mittelalters und der Neuzeit hervorgebracht. Während sie für die einzelnen Länder Europas ein recht differenziertes Bild ergeben, folgen die Initiativen im Bereich der Wohltätigkeit und des Spitalwesens, die eng an das Wirken und die Politik der Kirche geknüpft sind, einem innerhalb der gesamten Christenheit gemeinsamen Rhythmus. Hier interessieren uns vor allem die sozialen Folgen dieses Wirkens und die soziologische Charakterisierung der Klientel der karitativen Einrichtungen und der Almosenverteilung.

Das gesamte Mittelalter hindurch ist die kollektive Almosenvergabe eine Massenerscheinung. Lange wird sie vor allem von den Klöstern praktiziert und ist auch Bestandteil der Begräbnisbräuche, anfangs bei der Bestattung von Herrschern und Fürsten, dann immer häufiger auch von reichen Bürgern. Die Herrscher pflegten bei ihren Reisen durch das Land und aus Anlaß verschiedener Feste große Almosen zu verteilen. Aus der Lebensbeschreibung des im Jahre 1031 gestorbenen französischen Königs Robert II. geht hervor, daß er in jeder seiner Residenzen Brot und Wein an 300 bis 1000 Arme auszuteilen pflegte und daß er in seinem letzten Lebensjahr während der Fastenzeit 100 bis 200 Arme unterstützte. Die Klöster betrieben entsprechend ihren Ordensregeln eine systematische Almosenverteilung, insbesondere bei festlichen Anlässen, zum Beispiel am Gründonnerstag. Die Fürbitte für das Seelenheil Verstorbener war in der Regel mit Almosen verbunden, und auch bei Vermächtnissen zugunsten der Kirche wurde gelegentlich die Vergabe von Almosen vorgesehen. Im Kloster Reichenau sollte der Tod eines Mönches dreißig Tage lang geehrt werden, während derer außer den Gebeten vier Almosenverteilungen vorgesehen waren, erst für 100, dann für 200, für 300 und schließlich für 400 Arme. Die regelmäßig wiederkehrende Verteilung von Almosen an den Pforten des Klosters von Cluny nahm gewaltige Ausmaße an. Zu

Beginn der Fastenzeit wurde an Hunderte von Armen Fleisch ausgeteilt, während die reguläre, wegen der Fürbitte für das Seelenheil verstorbener Mönche erfolgende Bewirtung wenigstens 10000 Armen im Laufe eines Jahres zuteil wurde; darüber hinaus lockte die Verteilung anläßlich verschiedener Feste 1500 bis 2000 Arme vor die Klosterpforten. Spätere Angaben über die Almosenverteilung in den Städten, sei es in Form von Nahrung oder in Form von Geld, nennen sehr hohe und zum Teil erstaunliche Zahlen. Das Testament eines Bürgers von Lübeck aus dem Jahre 1355 sah die Verteilung von Almosen an 19000 Arme vor, obwohl die Stadt damals nicht mehr als 22000 bis 24000 Einwohner zählte. Die in Rodez von einer örtlichen Bruderschaft organisierte Verteilung von Brot erfaßte bisweilen 6000 Personen, während die damalige Einwohnerzahl dieser Stadt 5000 nicht überstieg. Häufig wurde in Testamenten die Unterstützung einer bestimmten Zahl von Armen verfügt, die von einigen Hundert bis zu einigen Tausend reichte.

Man muß diese Zahlenangaben, besonders wenn sie aus Erzählungen oder hagiographischen Quellen stammen, natürlich *cum grano salis* nehmen. Rechnungsbücher bestätigen jedoch, daß die von Klöstern, Herrschern und Reichen verteilten Almosen einen gewaltigen Umfang hatten. Manchmal ist unklar, ob die angeführten Zahlen sich auf die Armen oder auf die ausgeteilten Almosen beziehen, doch bei den einmaligen, im Laufe eines Tages verteilten Almosen darf man annehmen, daß die Zahl der Spenden in etwa der Zahl der Unterstützten entspricht. Das Testament eines Pariser Bürgers aus dem 15. Jahrhundert bestimmt, Almosen an rund 4000 Arme zu verteilen, die innerhalb der Stadt an verschiedenen Orten leben, welche der Testator eingehend beschreibt. Die Bruderschaft von Orsanmichele in Florenz hat nach Ausweis ihrer Rechnungsbücher 6000 bis 7000 Arme drei- bis viermal wöchentlich unterstützt und sich regelmäßig um rund 1000 Arme gekümmert. Um unter den Bedingungen einer großen Stadtgemeinde die Übersicht zu behalten, mußte eigens ein Kontrollsystem entwickelt werden. Das gilt übrigens nicht nur für die Städte, sondern für die Wohltätigkeit des Mittelalters ganz allgemein. Vom 13. Jahrhundert an versucht man, den Unterstützungsanspruch durch die Ausgabe spezieller Marken zu klären, die verhindern, daß sich jemand bei der gleichen Gelegenheit zweimal Almosen verschafft. Der Oxforder Dominikaner Richard Fishacre berichtet von diesem Brauch um das Jahr 1240; in seinem Kommentar zu den ›Sentenzen‹ schildert er das folgende Beispiel: Der König hatte einem seiner Höflinge befohlen, an eine Gruppe von Armen »Nümmerchen« aus Zinn auszuteilen, die sie berechtigten, an einem bestimmten Tag an der königlichen Tafel zu speisen; an dem besagten Tag gab ein anderer Höfling ähnliche Nümmerchen aus Zinn an eine andere Gruppe von Armen aus. Beide Gruppen kamen an diesem Tag in den Genuß des königlichen Almosens, obwohl sie ihre Jetons zu unterschiedlichen Zeiten erhalten hatten. Der Dominikaner führte dieses Beispiel an, um seine theologische Auffassung von der Wirkungsweise der Sakramente zu unterstützen; bezeichnend ist, daß er die geschilderte Praxis als selbstverständlich und allgemein verbreitet betrachtet. Die Einführung eines Systems von Erkennungszeichen, ein Beleg für das Bestreben, die Almosenverteilung zu ordnen und ein erster Schritt zur Kontrolle der Bettler, sprengt das Schema der guten Tat, bei der es auf die psychologische Intention des Wohltäters ankommt. Der florentinische Chronist Giovanni Villani berichtet, ein Bürger von Florenz habe 1330 sein ganzes Vermögen den Armen vermacht, von denen jeder sechs Denar erhalten sollte; sie mußten sich, um Betrügereien zu unterbinden, alle zur gleichen Stunde in den Kirchen einfinden und wurden anschließend einer nach dem anderen entlassen. Auf diese Weise erhielten 17000 Arme Unterstützung; um die Gesamtzahl der Armen in Florenz zu erhalten, hätte man ihnen noch rund 4000 Arme hinzurechnen müssen, nämlich diejenigen, die in den Spitälern untergebracht waren, die Häftlinge und die Mönche der Bettelorden.

Diese Angaben reichen allerdings noch nicht aus, um den Anteil der Armen an der Gesamtbevölkerung zu bestimmen. Die Almosenverteilung fand nämlich an bestimmten Tagen statt, so daß sich für die Bettler eine Art von Reisekalender ergab. Das bezog sich vor allem auf die Klöster, bei denen man von vornherein wußte, wann eine Verteilung stattfinden würde, und die daher Arme von weither anzogen; für die Bettler ergaben sich auf diese Weise bestimmte Marschrouten von Kloster zu Kloster, und überall konnten sie auf die tägliche Unterstützung rechnen, wobei die Verteilungen aus Anlaß eines Festes besondere Anziehungskraft besaßen. Auch Verteilungen aus testamentarischen Hinterlassenschaften zogen Arme aus einem weiten Umkreis an, in dem sich die Nachricht verbreitet hatte; Testamente vom Anfang des 14. Jahrhunderts aus dem südfranzösischen Forez lassen erkennen, daß die Verteilung gewöhnlich nach der Ernte stattfand, was für die Erben sehr bequem war, und daß sie in einem Umkreis von zehn bis fünfzehn Kilometern um den Wohnort des Verstorbenen bekanntgemacht wurden. Eine ähnliche Praxis verfolgen auch die karitativen Einrichtungen in den Städten, besonders dann, wenn die Verteilung der Almosen für eine Bruderschaft eine Prestigeangelegenheit ist und sie anläßlich ihres jährlichen Festmahls auf spektakuläre Weise ihre Frömmigkeit zu beweisen sucht. Bei der Bruderschaft von Orsanmichele in Florenz werden die Armen offensichtlich einer stärkeren Kontrolle unterworfen; über die Armen werden Listen geführt, es werden Marken an sie ausgegeben, die sie berechtigen, Unterstützung zu erhalten, eine Art Ausweis, in dem der Name und persönliche Daten des Armen eingetragen werden. Auch hier sind unter den Almosenempfängern nicht nur Bewohner der Stadt, sondern auch Dorfbewohner, insbesondere nach Mißernten. In der Liste der Unterstützungsempfänger aus der zweiten Märzhälfte 1347 finden sich Bewohner aus 223 Dörfern der Umgebung von Florenz.

Vor allem bleibt die fundamentale Ungewißheit: Wer waren die Empfänger der mittelalterlichen Wohltätigkeit? Man könnte meinen, die Bitte um ein Almosen sei demütigend, verletze die Würde und sei daher Ausdruck von extremer Not. So einfach ist es jedoch nicht. Sehr bezeichnend ist die Abgrenzung der »verschämten Armen« von den übrigen. Der Ausdruck bezieht sich auf verarmte Mitglieder der mittleren und höheren Schichten, die ihren sozialen Status von Besitzenden verloren haben; nicht zu dieser Kategorie gehören die Angehörigen des städtischen und ländlichen Armutsmilieus, die man als Arbeiter bezeichnen könnte und bei denen der Mangel Bestandteil ihres normalen Daseins ist. Für die schamhaften Armen war es nicht demütigend, Hilfe in Anspruch zu nehmen. Die großen Verteilungen anläßlich von Feiertagen verdankten ihre Anziehungskraft übrigens nicht nur dem materiellen Wert der Unterstützung – er war angesichts der Seltenheit solcher Verteilungen geringfügig oder gänzlich unbedeutend –, sondern auch dem Gemeinschaftsaspekt dieser Volksfeste, die den Armen eine Gelegenheit boten, in Massen zusammenzutreffen. Die Inanspruchnahme von Hilfe kann daher nicht als maßgebendes Kriterium gelten, um die Bettler als eine soziologische Kategorie zu definieren.

Dennoch ist das Phänomen des Almosens nicht nur ein Mittel, um die Zahl der Armen oder der Bettler abzuschätzen, sondern ein historisches Faktum von hoher Bedeutung. Seine Formen wandeln sich, und auch das Verhältnis zwischen weltlichen und kirchlichen Aktivitäten in diesem Bereich ändert sich, doch unverändert bleibt die grundlegende Tatsache bestehen, daß Almosen in ungeheurer Menge verteilt werden und es daher leicht ist, Hilfe zu erlangen. Nach Naturkatastrophen, wenn die Hungersnot über die Masse der Arbeiter in Stadt und Land kam, reichte diese Hilfe nicht aus, doch in normalen Zeiten war es verlockend, das Betteln zu seiner Lebensweise zu machen. Es lohnt sich daher, auf einige Eigentümlichkeiten des mittelalterlichen Almosenwesens und seine Zusammenhänge mit der Psychologie der Nächstenliebe einzugehen.

Die Gewährung von Almosen ist ein eindeutiges und ganz unmittelbares Kriterium einer mildtätigen Einstellung, doch muß man auch bedenken, daß die institutionelle Rolle der Kirche hier gewissermaßen wie ein Filter wirkt. Das grundlegende Modell des mittelalterlichen Christentums ist das der Vermittlung der Kirche zwischen Reichen und Armen. Diese Vermittlung äußert sich in zwei Formen: Erstens sollte, wie schon bemerkt, ein Drittel oder ein Viertel der kirchlichen Einkünfte für die Armen bestimmt sein; zweitens sollte sich die Nächstenliebe der Laien in Schenkungen und Vermächtnissen zugunsten der Klöster äußern, zu deren Funktionen die Fürsorge für die Armen, die Wiederverteilung der erhaltenen Mittel gehörte. Die erste Form hat den Charakter einer allgemeinen Abgabe an die Kirche, so daß der Charakter der mildtätigen Schenkung völlig verwischt wird; sie war allerdings die Grundlage der Leistungen der Pfarrei zugunsten der Armen. Als die eigenen Ausgaben der Pfarrei stiegen, ging ihre karitative Tätigkeit zurück; was ihre Verantwortung für die Armenhilfe betraf, wurde die Last vom Pfarrer und von den üblichen Einkünften der Pfarrei abgewälzt auf die Pfarrkinder selbst, in Gestalt einer zusätzlichen Abgabe. Die andere Form – die Schenkungen und Vermächtnisse – waren der materielle Ausdruck der religiösen Empfindungen der begüterten Schichten, aber auch ein äußeres Zeichen ihres Reichtums und Prestiges; es ist jedoch kaum zu übersehen, daß sich darin vor allem ein Streben der herrschenden und der feudalen Klasse äußerte, Einfluß auf die Kirche auszuüben. Bei den psychologischen Motiven der Schenkungen zugunsten der Klöster spielt das Mitgefühl gegenüber der materiellen Not, der Wunsch, den Armen zu helfen, keine Rolle. Für die Klöster ist nun aber die Armenhilfe eine ihrer in den Ordensregeln und in der liturgischen Praxis vorgeschriebenen Funktionen. Doch auch bei den

Klöstern stiegen die internen Aufwendungen zu Lasten des für die Wohltätigkeit bestimmten Anteils am Einkommen. Bei hohen Einkünften ließ selbst ein geringer Anteil eine großzügige Verteilung von Almosen zu; im anderen Falle blieben die verteilten Mittel unbedeutend. Für die Abtei Saint-Denis bei Paris ist berechnet worden, daß um die Wende vom 13. zum 14. Jahrhundert von den Einnahmen in Höhe von 33000 Pariser Pfund weniger als 1000 Pfund für die Armenhilfe ausgegeben wurden; diese drei Prozent des Budgets gestatten nicht, die Klöster als Orte der Verteilung von Almosen an die Bedürftigen anzusehen, aber sie gaben die Möglichkeit, anläßlich von Feiertagen und zur Fastenzeit spektakuläre Verteilungen zu veranstalten.

Der Aufschwung der individuellen Wohltätigkeit im 12. und 13. Jahrhundert ist vor allem darauf zurückzuführen, daß der Kreis der Spender sich um die bürgerliche Elite erweiterte. Das bisherige Modell verändert sich mit der Folge, daß die vermittelnde Rolle der Kirche eingeschränkt wird. Die Schenkungen bestehen in der Gründung und Ausstattung von Spitälern, Leprosorien und Heimen; es scheint, als drücke sich in diesen Werken unmittelbarer und wirksamer der Geist der Nächstenliebe aus. Die Erweiterung der sozialen Basis der Mildtätigkeit äußert sich auch in der wachsenden Bedeutung der religiösen Bruderschaften. Im übrigen verändert sich der Charakter der Schenkungen zugunsten der Klöster; mit dem Auftreten der Bettelorden wird das individuelle Almosengeben und das Almosensammeln zu einer allgemeinen Erscheinung. Aus einem Akt der Nächstenliebe wird auf diese Weise ein Massenphänomen. Ob diese Aktivitäten wirklich der Masse der Armen zugute kommen, ist beim gegenwärtigen Kenntnisstand schwer zu sagen; vieles deutet darauf hin, daß die von den Bettelorden eingenommenen Mittel nur teilweise an die Armen verteilt wurden. Das Ethos der Armut und das »karitative Erwachen« wurden auf diese Weise weitgehend institutionell ausgebeutet.

Die mittelalterliche Wohltätigkeit und Almosenvergabe lassen eine bestimmte Zahl von Armen, die mit dem Hof oder dem Haus des Wohltäters verbunden sind, in den Genuß einer dauerhaften Unterstützung gelangen. Die »Liturgie des Almosens«, die den Ort, die Art und die Höhe der gewährten Hilfe genau festlegte, ließ so etwas wie eine Präbende entstehen. Die Texte der klösterlichen *consuetudines* legen genau fest, in welcher Weise und bei welchen Anlässen den Armen Hilfe zu gewähren ist. Eine bestimmte Gruppe von Armen wird von den Klöstern ständig unterhalten, und aus ihr rekrutieren sich dann diejenigen, von denen die Liturgie bestimmt, daß ihnen die Füße gewaschen werden, daß man ihnen ein Nachtlager gewährt und daß man sie am gemeinsamen Mahl mit den Mönchen teilnehmen läßt. Es hängt mit dem liturgischen Charakter dieser Hilfe zusammen, daß die Zahl der Armen, die an der Zeremonie teilnehmen, beschränkt und genau definiert ist; diese symbolische Zahl ist eines der Anzeichen dafür, daß das karitative Wirken der Kirche sich ritualisiert hat. Das königliche Almosen weist ebenfalls diesen Zug auf. Der Biograph Ludwigs IX., des Heiligen, bemerkt, daß der König überall, wohin er sich begab, reichliche Almosen auszuteilen pflegte. Mit Schenkungen bedachte er »Kirchen, Leprosorien, Spitäler, Herbergen für Pilger, und er beschenkte die Söhne und Töchter der verarmten Adelsfamilien«[12]. Abgesehen von diesen Almosen, die nur jenen Bettlern zugute kamen, die in Spitälern untergebracht waren, pflegte der König täglich Essen unter den Armen zu verteilen, »nicht gerechnet diejenigen, die an seiner Tafel aßen und denen er bisweilen selbst das Brot schnitt und zu trinken einschenkte«. Dieser Brauch, die Armen im eigenen Hause zu unterhalten, indem man sie an der eigenen Tafel teilnehmen ließ, wurde außer von den Klöstern und den Herrschern auch von kirchlichen und weltlichen Würdenträgern praktiziert und erreichte, wie einige testamentarische Vermächtnisse bestätigen, schließlich auch die bürgerlichen Schichten. Das Abbüßen der Sünde der Macht und des Reichtums nimmt also eine rituelle und streng institutionalisierte Form an und gewährt einer bestimmten Zahl von Personen, für welche die Armut gewissermaßen zum Beruf wird, eine Pfründe, die ihnen eine sichere Existenz garantiert.

Auch die Hilfe, die einer bestimmten Zahl von Armen von den Spitälern und den kirchlichen Institutionen regelmäßig gewährt wurde, nahm den Charakter der »besoldeten Armut« an. Die mittelalterlichen Spitäler und Herbergen nahmen außer umherziehenden Armen – hauptsächlich Pilgern – auch Arme auf, die ständig in ihnen wohnten. Ohne auf die Frage einzugehen, wie groß das Netz solcher Einrichtungen war (in denen die Funktionen eines Hospitals, eines Krankenhauses im modernen Sinne, zunächst eine eher untergeordnete Rolle spielten), können wir hier eine Liste der Arten von Spitälern anführen, die Antonino von Florenz im 15. Jahrhundert aufzählt: Da ist das *syndochium*,

[12] Joinville, Histoire de Saint-Louis. Hg. v. N. de Wailly. Paris 1868, S. 248.

in dem die Armen und die Pilger aufgenommen werden; das *procotrophium*, wo die Armen verköstigt werden; das *gerontocomium*, wo die Alten Unterkunft finden; das *orphanotrophium*, also das Waisenhaus; das *brephotrophium*, wo die Kinder verköstigt werden, usw. Diese Aufzählung ist kein bloß theoretischer Kanon; im Spätmittelalter kam es tatsächlich zu einer solchen Spezialisierung der karitativen Funktionen. Mit der Spezialisierung der Heime verbindet sich das schon erwähnte Phänomen des »besoldeten Armen«, dem Hilfe und Unterhalt auf Dauer gewährt werden. Für die Auswahl derer, die ständige Hilfe erhalten, sind die grundlegenden Kategorien der mittelalterlichen Armut maßgebend; es handelt sich um Kranke, Krüppel, Alte, Waisen, also um Menschen, die sich aufgrund der materiellen Not in einer gefährdeten sozialen Lage befinden.

Wenn wir uns anschauen, wer die bei den wohltätigen Institutionen »festangestellten« Armen sind – sie treten in den Rechnungsbüchern der barmherzigen Bruderschaften, der Kommunen und der Zünfte unter der Rubrik »Almosen« systematisch in Erscheinung –, dann finden wir hier zwar auch Alte und Kranke, doch besonders häufig läßt sich die Ursache der Verarmung auf die familiäre Situation zurückführen: Krankheit oder Tod des Familienoberhaupts, eine große Kinderzahl, ein Schicksalsschlag wie etwa ein Brand, usw. Empfänger der Wohltätigkeit der Zünfte sind überwiegend »verschämte Arme«, also verarmte Angehörige jener sozialen Kategorien, die in den Zünften organisiert sind. Unter den »festen« Hilfsempfängern der florentinischen Bruderschaft von Orsanmichele befinden sich außer jenen, die in ihrem Hause Hilfe erhalten, verschiedene Personen, die von Almosen leben und deren Armut von den Beauftragten der Bruderschaft mit dem klassischen Motiv der körperlichen Gebrechlichkeit oder der schwierigen Familiensituation begründet wird. Das System der an die Armen ausgegebenen Marken, das man in vielen Städten des Spätmittelalters antrifft, kann als eine Form aufgefaßt werden, das System der »Präbende« des Almosens auf weitere hilfsbedürftige Kreise auszudehnen; es realisiert das in der spätmittelalterlichen Wohltätigkeit verbreitete Gebot, zwischen den Armen zu unterscheiden und nur jenen zu helfen, die ihre bisherige Lebensweise nicht mehr aufrechterhalten können. In den Niederlanden stößt man im 15. Jahrhundert auf die Praxis, sich eine Almosenpfründe zu kaufen, sich also auf Lebenszeit eine Art Altersrente zu sichern.

Die Inhaber solcher Präbenden, also Arme, denen die kirchlichen und weltlichen karitativen Einrichtungen dauernde Unterstützung zusicherten – was übrigens nicht immer dem vollen Unterhalt gleichkam –, bildeten eine Kategorie mit einer ganz bestimmten Lebensweise und einem festen Platz innerhalb der Sozialstruktur. Außerstande, selbständig zu existieren, bot ihnen die mittelalterliche Doktrin der Barmherzigkeit dank der Unterstützung Stabilität.

Zu den Orten, die jenen Armen, welche wir als »besoldete Arme« definiert haben, einen stabilen Unterhalt sicherten, gehörten die Spitäler. Ehe man dort die Bettler zwangsweise einsperrte, diente das Spital als befristeter Aufenthaltsort für die Bettler und als Ort der Almosenverteilung. Im Kölner Heilig-Geist-Spital erhielten im Jahre 1403 allwöchentlich 1400 Bettler Unterstützung; diese Zahl bezieht sich nicht auf die ständigen Unterstützungsempfänger, sondern auf Bettler, die in regelmäßigen Abständen ein Almosen empfingen; im gleichen Sinne ist die Angabe aus dem Jahre 1475 zu verstehen, daß in diesem Spital täglich 700 Arme Unterstützung erhielten. Die mittelalterlichen Spitäler dienten praktisch als Heime für die Armen: Sie boten ihnen Obdach für die Nacht, und sie teilten periodisch oder täglich Nahrung aus. In den Stiftungsurkunden der Spitäler findet sich häufig die Formel, die neue Einrichtung solle angesichts eines Übermaßes von Armen einer bestimmten Gruppe von Armen in der Stadt Abhilfe schaffen. Graf Wilhelm von Aarberg, der dem Spital in Luzern im Jahre 1419 mehrere Schenkungen macht, begründet das in diesem Sinne und schildert zugleich, wie die Armen leben: »weil ich angesehen mit mein selbs augen sölich viele armen, lamen, sichen, und dürftigen, so zu Lucern in dem Spittal sind, und täglich ab den strassen darin getragen, geführt ... werden«[13]. Charakteristisch an diesem Augenzeugenbericht ist, daß die Armen zwischen dem Spital und den Straßen der Stadt hin- und herwechseln. Vom 14. und besonders vom 15. Jahrhundert an schält sich die Idee heraus, die Armenfürsorge in städtischen Spitaleinrichtungen zu zentralisieren, eine Idee, die auch in vielen europäischen Städten umgesetzt wird, doch in der Praxis bleibt es dabei, daß sich in den Spitälern und Heimen vorwiegend Bettler aufhalten. Im Spätmittelalter neigen die Spitäler dazu, sich vor dem übermäßigen Zustrom von Bettlern, insbesondere vor den umherziehenden,

[13] Vgl. G. Uhlhorn, Vorstudien zu einer Geschichte der Liebestätigkeit im Mittelalter. In: Zeitschrift für Kirchengeschichte 4 (1881), S. 71.

zu verschließen, zumeist mit der Begründung, die Zahl der Hilfesuchenden übersteige die materiellen Möglichkeiten des Spitals, oder auch, wenn umherziehenden Bettlern die Übernachtung verweigert wird, sie trügen Unordnung, Trunksucht und Ausschweifungen in das geordnete Leben des Spitals hinein. Doch selbst wenn in den Spitälern Almosen verteilt werden, wird vor allem in den Straßen der Stadt und vor den Kirchen gebettelt. Als dem städtischen Spital die Aufgabe übertragen wurde, die Armenfürsorge zu organisieren, kam es zu den ersten Versuchen einer administrativen Zentralisierung. Im Jahre 1458 wurde in Antwerpen eine Armenkammer errichtet, die den Charakter einer weltlichen karitativen Einrichtung hatte, aber auf dem bisherigen System der pfarrgemeindlichen Wohltätigkeit und den sogenannten Heilig-Geist-Tafeln beruhte. Bei der Almosenverteilung bediente sich die Armenkammer von Antwerpen der schon erwähnten Metallmarken.

Wenn man sich bei der »Bettleraristokratie«, jenen Armen, die eine Pension oder Präbende hatten, noch fragen kann, ob sie wirklich wie Bettler lebten, so kommt man bei der Klientel der Almosenverteilung der Spitäler schon zu den professionellen Bettlern. Sie führten zumeist ein Wanderleben und folgten, wie schon erwähnt, dem Kalender der kirchlichen Almosenverteilung, sie nutzten die gelegentlichen Verteilungen aus Anlaß von Festen oder Testamentsvollstreckungen, und sie bettelten auch auf dem Lande, wenngleich in geringerem Maße, da die von dort zu erwartende Hilfe nicht berechenbar war. Dagegen nahm die Stadt im Mittelalter wie in der Neuzeit die Bettler als einen festen Bestandteil in ihre Struktur auf.

Belege dafür finden wir vor allem in der Ikonographie. In den Darstellungen des städtischen Lebens sind die Bettler ein konstantes Element der sozialen Landschaft – sie prägen zusammen mit der Wohnarchitektur und den Szenen aus Handel und Gewerbe das Bild der Stadt. Eine ähnliche Funktion haben die Bettler in den Bildern von Kirchen – sie geben der städtischen Menge, die vor oder in den Kirchen versammelt ist, den charakteristischen Akzent. Auch in literarischen Schilderungen wird dieses Element des städtischen Lebens bisweilen gestreift, und sei es nur, um die Großzügigkeit oder Barmherzigkeit der Einwohner zu unterstreichen, mag dieser Zweck auch besser erreicht werden durch eine Schilderung der bestehenden karitativen Stiftungen. Den Angaben über die Zahl der Bettler darf man keine allzu große Bedeutung beimessen. Nach einer Beschreibung von Paris aus dem 15. Jahrhundert soll es in der französischen Hauptstadt 80000 Bettler gegeben haben. In den Steuerlisten der Städte kommt diese Personengruppe nicht vor, weshalb sie auch in den statistischen Darstellungen der Besitzverhältnisse nicht als gesonderte Kategorie erscheint. Insofern ist die Steuerliste von Augsburg aus dem Jahre 1475 ein außergewöhnliches Dokument: Unter den 4485 aufgeführten Steuerzahlern finden sich 107 Bettler. Der von ihnen zu entrichtende Steuerbetrag entspricht dem der Tagelöhner. In den Steuerlisten anderer Städte kommen Bettler weitaus seltener vor. In Basel werden um die Mitte des 15. Jahrhunderts in der untersten Gruppe des Verzeichnisses drei Bettler und drei Blinde erwähnt; die Schätzung von Vermögen und Einkommen, auf der die Besteuerung basiert, macht bei den Bettlern natürlich einige Schwierigkeiten. Wir wissen nicht, ob das Augsburger Verzeichnis alle Bettler der Stadt aufführt. Jedenfalls stellt diese Gruppe von über hundert Bettlern eine einigermaßen stabile Kategorie dar, auch wenn man bei ihnen wie bei den Tagelöhnern mit einer größeren Mobilität als bei der übrigen Bevölkerung rechnen kann; ihr Broterwerb galt in den Augen der Zeitgenossen immerhin als so professionell, daß man sie für steuerpflichtig erklärte. Die Tatsache, daß man die Bettler zur Zahlung einer speziellen Steuer heranzog, zeigt, daß sie in der Stadt ansässig waren, daß sie in einem Netz von nachbarschaftlichen Beziehungen lebten und daß ihr Wohnort und ihr »Arbeitsplatz« hinreichend genau bestimmt waren, um sie der Kontrolle und der Steuereintreibung unterwerfen zu können.

Im 14. und 15. Jahrhundert versuchen die Städte, die Armenhilfe durch Verordnungen zu regeln; die entsprechenden Initiativen der süddeutschen Städte galten sogar als Vorbild für die im 16. Jahrhundert durchgeführte Reform der Wohltätigkeit. Schon im 14. Jahrhundert verfügte Nürnberg in einer Verordnung, daß niemand ohne eine entsprechende Metallmarke betteln dürfe. Ein spezieller Beamter der Stadt, der Bettelherr, hatte die Aufgabe, die Bettler zu überwachen, diese Marken an die wirklich Bedürftigen auszugeben, eine Liste der Bettler zu führen und ihre Situation in halbjährlichem Abstand zu überprüfen. Auswärtige Bettler durften sich nicht länger als drei Tage in Nürnberg aufhalten. Derartige Verfügungen hatten sicherlich nur begrenzten Erfolg, aber sie zeigen, daß die Städte schon im späten Mittelalter versucht haben, das Problem der Bettler in den Griff zu bekommen und eine eigenständige Sozialpolitik zu entwickeln. Die Verfügungen trugen allerdings nicht ganz der Wirklichkeit Rechnung, denn in den meisten Fällen bezogen sie sich nur auf das Funktionieren der städtischen Spital- und Wohltätigkeitseinrichtungen und das gegen auswärtige Bettler gerichtete Verbot, die Stadt zu betreten. Die bei Epidemien von der Stadt erlassenen Verfügungen hatten einen ähnlichen Charakter: Das Zutrittsverbot für Bettler war eine der klassischen sozialhygienischen Maßnahmen. Ähnliche Absichten kann man schließlich in den nationalen und regionalen Erlassen gegen die Landstreicher erkennen, von denen auch die Bettler erfaßt wurden, einerseits, weil die Grenze zwischen Landstreichern und Bettlern fließend war, andererseits, weil man, wenn die Maßnahmen gegen die Landstreicherei wirksam sein sollten, die Almosenvergabe beschränken und einer Kontrolle unterwerfen mußte. Doch bei jenen Bettlern, die schon hinreichend lange in der Stadt ansässig waren und daher nicht als Fremde betrachtet werden konnten, blieben diese Verfügungen wirkungslos. Ihre eigentliche Aufgabe war, einen Damm gegen die verarmten Bauern zu errichten, die in die Städte strömten; gegenüber den »professionellen« Bettlern, die in den Straßen sowie vor und in den Kirchen herumhockten, waren sie duldsam oder wirkungslos.

Sowohl bei den bepfründeten Armen als auch bei der Masse der Straßenbettler kann man von einer sehr eigentümlichen Tauschbeziehung sprechen: Für die ihm gewährte Unterstützung sichert der Bettler dem Almosengeber geistliche Unterstützung durch das Gebet. Die Lehrstreitigkeiten um das Wesen des Almosens und der guten Tat sind ein weites Feld, auf das wir hier nicht eingehen wollen; sowohl in der Theologie des Mittelalters wie in den Polemiken der Reformationszeit war diese Frage heftig umstritten. Ein Punkt dieser Kontroverse verdient jedoch festgehalten zu werden: die Forderung, zwischen »guten« und »bösen« Bettlern zu unterscheiden, die in gewisser Weise den Eindruck verstärkt, daß das Almosen an einen Vertrag geknüpft war. Denn wenn es beim Almosen nur auf die mildtätige Geste ankommt, bindet die Intention, eine gute Tat zu vollbringen, nur eine Seite, und die Reinheit der Intention wird durch die vollkommene Uneigennützigkeit des Almosens gewährleistet; diese Uneigennützigkeit nimmt jedoch Schaden, wenn als Gegenleistung für das Almosen das Abbüßen der eigenen Sünden oder die Fürbitte des Armen bei Gott erwartet wird. Die Doktrin, die dem Armen ein »Verdienst« zuerkannte, verlieh dagegen der anderen Seite des mildtätigen Aktes, dem Armen, Bedeutung.

Thomas von Aquin tadelte diejenigen, die um Hilfe bitten, ohne durch äußerste Not dazu gezwungen zu sein, und im 15. Jahrhundert behauptete der Straßburger Sittenprediger Johann Geiler von Kaysersberg sogar, ein Almosen, das einem »bösen« Armen zuteil werde, also einem Menschen, der keine Unterstützung verdient, schade sowohl dem Gebenden wie dem Empfangenden. Daß das Almosen quasi als ein Vertragsverhältnis aufgefaßt wird, beweist die Kritik, die der italienische Chronist des 13. Jahrhunderts Fra Salimbene an jenen Bettlern übt, die vor den Kirchen betteln, ohne ein Wort zu sagen: Man müsse sie von dort verjagen, weil sie unnütz sind. Diese Worte haben eine spezifische Bedeutung, denn sie stammen von einem Minoriten und enthalten den stillschweigenden Hinweis, daß man eine bessere karitative »Investition« tätigt, wenn man sein Almosen den Bettelorden zukommen läßt, weil man dann sicher sein kann, daß man für sein Almosen ein Fürbittgebet erhält.

In den Predigten des Pisaner Dominikaners Giordano da Rivolto (1260–1311) wird das Almosen ausdrücklich als Tausch- und Vertragsverhältnis bezeichnet: Im Austausch für diesseitige Güter bietet der Bettler seinem Wohltäter das Gebet an, und er ist verpflichtet, den Vertrag einzuhalten. Diese Auffassung des Almosens wird seit dem 12. Jahrhundert deutlich ausgesprochen, aber im Grunde steckt sie schon in der Psychologie des mildtätigen Aktes. Das schlägt sich auch in der Haltung der Bettler selbst nieder, die sich ihrer Nützlichkeit bewußt sind. Das Vertragsverhältnis verschafft den Bettlern eine Stellung innerhalb der gesellschaftlichen Arbeitsteilung und bestimmt zugleich die äußeren Formen ihrer Existenz. Als Beruf aufgefaßt, bringt das Betteln bestimmte professionelle Techniken, Gebräuche und kooperative Organisationsstrukturen hervor.

Das Aussehen des Bettlers ist nicht nur ein Zeichen seines sozialen Status, sondern auch Bestandteil seiner Berufstechnik. Eine wichtige Rolle spielt dabei die Kleidung. Die Ikonographie stellt die Bettler in Lumpen gekleidet und häufig barfuß dar; in dem häufig vorkommenden Motiv des hl. Martin, der seinen Mantel mit dem Armen teilt, wird der Bettler gelegentlich nackt dargestellt, so auf einem Kapitell der Abtei Fleury-Saint-Benoît-sur-Loire (Anfang des 11. Jahrhunderts). Das Werk der Barmherzigkeit, »den Nackten zu kleiden«, wird in der Form dargestellt, daß der Arme einen Mantel erhält oder seine Lumpen durch ordentliche Kleider ersetzt werden. In der satirischen Literatur kommt immer wieder das Motiv des Bettlers vor, der die erhaltenen Kleider verkauft und die Lumpen anbehält, weil er so die Vorübergehenden leichter auf sich aufmerksam macht und ihr Mitleid weckt. Was die Bekleidung der Bettler betrifft, hat es wohl ausgeprägte örtliche Gebräuche gegeben, denn Boccaccio spricht beispielsweise von der typischen Kleidung der französischen Bettler (vielleicht hat man hier besonderen Einfallsreichtum darauf verwandt, sich in Lumpen zu kleiden). Der Stab und die Tasche als Elemente der Pilgertracht haben eine sowohl nützliche wie symbolische Funktion.

Für das Aussehen des Bettlers hat der Körper fundamentale Bedeutung. Zu den Techniken des professionellen Bettelns gehört vor allem, daß man seine Gebrechen, Krankheiten und körperlichen Mängel geschickt zur Schau stellt. Übergehen wir hier die satirischen Darstellungen von Schwindeleien der Bettler, die sich sowohl in der Literatur wie in der Gesetzgebung gegen die Bettelei finden. Die Berechtigung zum Betteln beruhte vor allem auf körperlicher Gebrechlichkeit, und sie in geeigneter Form zu betonen war ein Mittel, das Betteln zu legitimieren und Mitleid zu erwecken. Die oft imitierten Skizzen des Hieronymus Bosch bieten eine erschütternde Galerie von Gebrechen, die bei den Passanten sowohl Mitleid als auch Entsetzen erregt haben müssen. Die Aufdringlichkeit des Verlangens nach Almosen entspricht der Aufdringlichkeit des physischen Aussehens.

Daß das eigene Gebrechen als berufliche Technik eingesetzt wird, belegt das in der mittelalterlichen Literatur häufig wiederkehrende Thema des Lahmen, der gegen seinen Willen auf wundersame Weise geheilt wird. In den einzelnen Variationen dieses Themas kommt es zu einer interessanten Verknüpfung des hagiographischen Motivs mit der folkloristischen Überlieferung. In den Viten des hl. Martin von Tours (beginnend mit der Version des sogenannten Pseudo-Odon von der Wende des 11. zum 12. Jahrhundert) wird von den Wundern erzählt, die sich ereigneten, als die Reliquien des Heiligen von Auxerre nach Tours gebracht wurden. Zwei Lahme (in der lateinischen Version als *paralitici* bezeichnet, in der gereimten Vita aus dem 12. Jahrhundert als *kontret*, in der Version aus dem 15. Jahrhundert als *contrefaictz*) wurden, als sie von der bevorstehenden wunderbaren Heilung erfuhren, von großem Schrecken gepackt, und einer sprach zu dem anderen: »Bisher lebten wir in ruhiger Muße. Niemand stört uns, alle haben Erbarmen mit uns. Wir brauchen nur das zu tun, was uns gefällt. Kurz, wir verbringen unsere Tage im Wohlstand. Würden wir durch ein Wunder wieder gesund, dann müßten wir uns mit körperlicher Arbeit befassen, an die wir nicht gewöhnt sind. Wir könnten nicht mehr von Almosen leben.«[14] In der gereimten Vita von Péan Gatineau und in einer Prosafassung vom Ende des 15. Jahrhunderts wird das Bettlerleben regelrecht gepriesen: Die Bettler können schlafen, wann sie wollen, sie haben immer zu essen und zu trinken, und erst wenn sie geheilt wurden, begannen für sie die Unannehmlichkeiten. Die beiden beschließen deshalb, so rasch wie möglich zu fliehen, und in der Eile nehmen sie die Krücken, auf die sie sich beim Betteln zu stützen pflegen, auf die Schulter: Auf diese Weise vollzieht sich das Wunder doch noch. In Exempelsammlungen wird von der nämlichen Situation berichtet, nur daß ein Blinder und ein Lahmer auftreten, doch die übrigen Elemente stimmen überein: Das Gebrechen rechtfertigt die Bettelei, und man fürchtet die körperliche Arbeit. Die Protagonisten versuchen dem Wunder zu entgehen, werden aber durch die Menge aufgehalten und gegen ihren Willen geheilt.

Die Ausübung des Bettlerberufes erfordert, daß der Grund der Bitte um Almosen sichtbar gemacht wird, während die Unterstützung bei den »verschämten Armen« auf persönlicher Bekanntschaft beruht. Dies ist das Kriterium, um den berufsmäßigen Bettler von der Masse der Hilfeempfänger zu unterscheiden. Bei den »verschämten Armen« war die Familiensituation der häufigste Grund dafür, daß sie Hilfe erhielten. Bei den berufsmäßigen Bettlern konnte es sich ebenso verhalten, nur mußte die Familiensituation deutlich sichtbar gemacht werden: Die Familie mußte sich auf den Straßen zeigen, damit man sah, wie zahlreich und elend sie war. Kinder, besonders die Kleinsten, waren ein hervorragendes Mittel, um Mitleid und Erbarmen zu erwecken. Sie wurden deshalb häufig speziell von Frauen zum Betteln in der Öffentlichkeit benutzt; anderer Zeichen von Gebrechlichkeit oder Schwäche bedurfte es dann nicht.

In der berufsmäßig betriebenen Bettelei finden wir eine Nachahmung verschiedener Organisationsformen des städtischen Gewerbelebens. Ein charakteristisches Beispiel ist der am Ende des 14. Jahrhunderts in der Bretagne zwischen zwei Bettlern geschlossene Jahresvertrag, in dem der eine als »Unternehmer« auftritt und dem anderen gegen sämtliche Einnahmen aus der Bettelei einen regelmäßigen Lohn verspricht. Von einer anderen

[14] Vgl. G. Cohen, Le thème de l'aveugle et du paralytique dans la littérature française. In: Mélanges Emile Picot, Bd. 2, Paris 1913, S. 393ff.

– allerdings literarisch überlieferten – Vertragsform berichtet Sacchetti in der Novelle von den drei florentinischen Blinden, die beschlossen, eine »Kompanie« zu gründen, also eine Bettlergesellschaft, in der sämtliche erbettelten Almosen allwöchentlich gleichmäßig aufgeteilt werden sollten. Die Mitglieder der Gesellschaft gingen, von abgerichteten Hunden geführt, in Dörfer und Städte und bettelten, indem sie fromme Lieder sangen.

Dieser Brauch des Singens bringt uns zu dem nächsten Bereich der Bettlertechniken, dem der spezifischen künstlerischen Aktivitäten. Zwischen dem ambulanten Künstler und dem Bettler gab es übrigens, was die Lebensweise und den Erwerb des Lebensunterhalts betrifft, bemerkenswerte Übereinstimmungen. Die Bettler benutzten verschiedene Musikinstrumente (einige wurden sogar als »Bettelinstrumente« bezeichnet), sangen und erzählten Geschichten. Es gab eine breite Palette von Rufen, mit denen die Bettler auf sich aufmerksam machten. Bezeichnend ist das Verbot, das der Bischof von Straßburg im Jahre 1317 gegen die Beginen aussprach: Sie durften nicht mit dem Ausruf »Brot, im Namen Gottes!« betteln, sondern mußten die gleichen Klagerufe benutzen wie die übrigen Bettler.

Die Integration der Aktivität der Bettler in das gesellschaftliche Leben wurde sanktioniert durch ihre korporativen Organisationen, die die vielfältigsten Formen annahmen. Blindenbruderschaften scheinen besonders verbreitet gewesen zu sein. Die Statuten der Blindenbruderschaften von Barcelona und Valencia sahen im 14. Jahrhundert verschiedene Formen der Solidarität und der gegenseitigen Hilfe innerhalb der Organisation vor: gegenseitiges Ausleihen des Führers *(lazarillo)*, Hilfe im Krankheitsfall, aber auch gemeinsame Aufteilung der erlangten Almosen. Dieses letztere Detail erinnert an die von Sacchetti in der schon erwähnten Novelle geschilderte Situation, in der er schreibt, daß es zu den Bräuchen der Blinden gehöre, sich nachmittags in einem bestimmten Wirtshaus in der Nähe des Glockenturms von San Lorenzo zu treffen, und daß sie im Viertel San Lorenzo wohnen. In Straßburg wurde im Jahre 1411 eine Bruderschaft der »armen Blinden« gegründet, die zwanzig Jahre später schon als »Bruderschaft der Straßburger Bettler« auftrat. Auch in Lemberg gab es eine Bruderschaft der Bettler, die von einem Ältesten geleitet wurde und als Berufsorganisation des »Bettlermilieus« fungierte. Den Charakter einer Bruderschaft hatte wohl auch die Berufsorganisation, die 1443 von den Bettlern von Kutna Hora in der Nähe der örtlichen Kirche gegründet wurde. Die Form der religiösen Bruderschaft, die derartige Organisationen annahmen, schuf die Grundlage für ein »geselliges« Leben unter den Bettlern und sicherte eine Art von Zusammenarbeit und gegenseitiger Hilfe, sie trug aber auch dazu bei, die Grundsätze des Zunftmonopols und der wettbewerbsfeindlichen Politik durchzusetzen, die generell für das mittelalterliche Handwerk kennzeichnend waren. Diese Form hatte aber auch offenkundige gesellschaftliche Auswirkungen: Sie legitimierte die Stellung der Bettler innerhalb des städtischen Lebens und der Berufsstruktur.

Überlegungen zur Stellung der Bettler innerhalb der mittelalterlichen Gesellschaft führen uns zu der Schlußfolgerung, daß die Bettler eine bestimmte gesellschaftliche Rolle ausfüllen, daß sie innerhalb der gesellschaftlichen Arbeits- und Aufgabenteilung eine Funktion haben, daß sie an den Organisationsformen des ständischen Lebens teilnehmen. Gleichzeitig ist jedoch nicht zu verkennen, daß aus der Besonderheit ihres Berufs eine gewisse Ambivalenz des sozialen Status folgt.

Die Berufstechniken der Bettler beruhten, wie schon gesagt, auf der Zurschaustellung äußerlicher Zeichen der »Schwäche«, der Verkrüppelung oder der Not, um auf diese Weise Unterstützung zu erlangen. Die Grenze zwischen dem Zurschaustellen und der Vortäuschung von Schwäche war fließend; mit dem Bettlerberuf verband sich unausweichlich der Betrug oder der Betrugsverdacht.

Die ältesten Zeugnisse über betrügerische Techniken von Bettlern sind literarischer Natur, und es tut ihrem Wert keinen Abbruch, daß sie verfaßt wurden, um das Publikum zu belustigen. Das Bild, das die literarischen Werke vermitteln, wird im übrigen bestätigt durch Rechtsdokumente sowie durch Gerichts- und Polizeiarchive. Es zeigt die Bettelei als ein Gewerbe mit klaren Spezialisierungen. Die älteste Schilderung findet sich in der arabischen mittelalterlichen Literatur, in der europäischen Literatur stößt man auf solche Darstellungen schon im 14. und 15. Jahrhundert. Das Bekanntwerden betrügerischer Praktiken der Bettler schwächte die Bereitschaft zur Mildtätigkeit gegenüber den Armen und machte die Lobpreisung eines Lebens in Armut schwieriger, ist aber zugleich ein Zeichen dafür, daß die Bettelei sich als Beruf fest etabliert hatte.

Mit der Formalisierung des Almosens einerseits und der Professionalisierung des Bettelns andererseits wird ein eigentümliches Gleichgewicht in der Funktion des Elends innerhalb der mittelalterlichen Gesellschaft erreicht. Verletzt wird dieses Gleichgewicht durch das Elend als Massenphänomen, durch die Mengen von Armen, die gelegentlich von den großen Almosenverteilungen profitieren und sich in einem unklaren Grenzbereich zwischen Elend und Arbeit halten.

3. Das ländliche und das städtische Elend

Der Begriff der Armut besaß, wie schon bemerkt wurde, im Mittelalter unterschiedliche soziologische Konnotationen; die Vielfalt der mit diesem Begriff zusammenhängenden Bezeichnungen läßt es zweifelhaft erscheinen, ob man nach der wirklichen Armut, nach den gesellschaftlichen Gruppen, die in materiellem Elend lebten, überhaupt sinnvoll fragen kann oder ob es eine Antwort auf diese Frage gibt. Die Erforschung der Geschichte von Wörtern und Terminologien, die in einer bestimmten Epoche benutzt wurden, ist von erstrangiger Bedeutung, wenn es um das gesellschaftliche Bewußtsein und die Mentalität geht, aber von untergeordneter Bedeutung, wenn man die gesellschaftliche Realität erkennen will. Im Bewußtsein der Menschen des Mittelalters hat der Begriff des Armen verschiedene Bedeutungen, aber es gibt eine Tendenz zur fortschreitenden Verengung seines Umfangs: Während es anfangs scheint, als bezeichnete er alle, die nicht zu den privilegierten Eliten der Feudalgesellschaft gehören, wird der Begriff immer stärker auf diejenigen beschränkt, deren Existenz auf dem Almosen und der Sozialfürsorge beruht. Man kann den Begriff der Armut in jenen Zeiten, da er einen sehr weiten Umfang hatte, nicht allein auf die untersten Schichten der gesellschaftlichen Hierarchie beziehen, weil er sich nicht mit der oben erwähnten Dichotomie *potens/pauper* deckt, sondern gewissermaßen »von unten« begrenzt ist; in der karolingischen Zeit benutzt man *pauperes* für freie Menschen im Gegensatz zu Hörigen. In der Entwicklung dieser Terminologie tritt ein Element der sozialen Deklassierung immer stärker hervor: Als Armen bezeichnet man den, der für sich und seine Familie nicht mehr die bisherige oder auch eine standesgemäße Lebensweise gewährleisten kann. In dem Maße, wie in der spätmittelalterlichen Terminologie der Armut die physische Not (die Notwendigkeit, von Almosen oder Sozialfürsorge zu leben) und die Deklassierung an Bedeutung gewinnen, wird die einsetzende Pauperisierung der Gesellschaft deutlicher.

Die Ausmaße dieses Prozesses waren eine Folge der wirtschaftlichen und sozialen Konjunktur. Auf die demographische Entwicklung bezogen, kann die Pauperisierung als Symptom oder Resultat einer relativen Übervölkerung aufgefaßt werden, auf die wirtschaftliche Entwicklung bezogen, als Resultat von kurz- und langfristigen Krisen oder von Depressionsphasen in den säkularen Trends. Was die historische Erforschung der Pauperisierung schwierig macht, ist nicht die Quellenlage, sondern die Relativität des Phänomens der Verarmung, das sinnvoll nur auf bestimmte zeitliche und räumliche Situationen bezogen werden kann. Man muß hier berücksichtigen, daß wir auf der einen Seite einen Prozeß des materiellen und sozialen Niedergangs von Gruppen und Individuen untersuchen, der von unterschiedlichen Situationen ausgeht und die Beibehaltung der bisherigen sozialen Stellung gefährdet, während wir auf der anderen Seite Gruppen und Individuen beobachten, bei denen das nackte Überleben gefährdet ist und die sich daher in äußerster Not befinden. Eric Hobsbawm schrieb, der Begriff des Pauperismus' beziehe sich auf jene, die außerstande sind, sich ohne äußere Hilfe auf dem als Minimum betrachteten Niveau zu halten. Dieser Dimension des Pauperismus gilt unser Interesse. Der Pauperismus konnte ein Massenphänomen sein, ohne dauerhafte soziale Folgen nach sich zu ziehen, also ohne die betroffenen Gruppen in ihren Lebensverhältnissen nachhaltig herabzusetzen, er konnte aber auch das Niveau und die Lebensweise einer sozialen Kategorie dauerhaft bestimmen. In der agrarischen Gesellschaft sind beide Situationen auf dem Lande und in der Stadt in unterschiedlicher Weise gegeben.

Wegen des geringen Ertrags der mittelalterlichen Landwirtschaft lebten die bäuerlichen Massen in ständiger Angst vor dem Hunger. Versuche, das pessimistische Bild der bäuerlichen Situation im Frühmittelalter zu revidieren, haben zwar mit Recht die »finstere Legende« vom ländlichen Leben jener Zeit zurückgewiesen, dabei aber nicht die Krisensituationen berücksichtigt: Der Kleinbauernhof war mit seinen geringen Vorräten außerstande, Mißernten, besonders aufeinanderfolgende, zu bewältigen. Ungeachtet allmählicher Fortschritte in der Entwicklung der mittelalterlichen Landwirtschaft (zum Beispiel in der Karolingerzeit im Verhältnis zur Merowingerzeit) stand die Masse der Bauern vielfach vor dem Problem des Hungers und des nackten

Überlebens; in den ersten Jahrhunderten unseres Millenniums eilte die Bevölkerungsexpansion der technischen Entwicklung voraus. Wegen des geringen Ertrages der Landwirtschaft und des feudalen Systems der Ausbeutung ist der physische Mangel auf dem Lande ein endemisches Phänomen. Dennoch entstehen in der ländlichen Gesellschaft des Westens zumindest bis zur Mitte des 12. Jahrhunderts keine sozialen Gruppen, die man als proletarisiert bezeichnen könnte. Die Quellen dieser Zeit, heißt es bei George Duby, »beschreiben eine bäuerliche Gesellschaft, die, was das Recht und den Besitz betrifft, sehr stark hierarchisiert ist, aber es ist dennoch eine Gesellschaft mit einer gesicherten, wohlhabenden Existenz«[15]. Ein Gefühl der Sicherheit hatten nicht so sehr die Bauern als vielmehr gewisse Gruppen des höfischen Personals, da der herrschaftliche Haushalt über Vorräte verfügte, die es ihm erlaubten, Mißernten zu überstehen. Tatsächlich scheint jedoch die Kraft der bäuerlichen Solidarität in Zeiten, die man als normal betrachten kann, die Prozesse der materiellen Differenzierung und der Verarmung einzelner Familien gedämpft zu haben. Die bäuerlichen Massen unterscheiden sich zwar in ihrem rechtlichen Status, im Landbesitz und in der Verfügung über menschliche und tierische Arbeitskraft, aber sie zeigen keine soziale Differenzierung. Die Hungersnöte, die diese Bevölkerung treffen, sind örtlich und zeitlich begrenzt, und so dramatisch sie auch verlaufen – das erschütternde Bild des Kannibalismus, des in Metzgereien verkauften Menschenfleisches und des massenhaften Hungertodes, das die mittelalterlichen Chronisten zeichnen, vermittelt, auch wenn es Übertreibungen enthält, einen Eindruck von dem wirklichen Ausmaß einer Hungersnot –, so kehrt man doch, wenn alles vorüber ist, zur früheren Situation zurück.

Wie groß die wirtschaftliche Unsicherheit der Bauern ist, kann man auch daran erkennen, daß sie sich freiwillig in die Knechtschaft begeben, was, wie es in den offiziellen Quellen heißt, mit ihrer extremen Armut begründet wird. Es ging dabei um verschiedene Formen der Abhängigkeit. In der Mitte des 8. Jahrhunderts wird die Entscheidung, sich unter den Schutz eines Feudalherren zu begeben, so begründet: »Wie jedermann weiß, besitze ich nicht die Mittel, mich zu ernähren und zu kleiden. Deshalb habe ich Euer Mitleid erbeten, und Ihr habt mir gewäh-

[15] G. Duby, Les pauvres des campagnes dans l'occident médiéval jusqu'au XIIIe siècle. In: Revue d'histoire de l'église de France 52 (1966), S. 25.

ren wollen, daß ich mich Euch übergebe und mich Eurem Schutz anvertraue.«[16] Gegenstand des Vertrages ist, daß der sich Unterwerfende Nahrung und Kleidung erhält und dafür in der *familia* des Herrn dient, dem er Dienst und Gehorsam gelobt. Offensichtlich ist dies eine konventionelle Formulierung, hinter der sich nicht immer ganz freiwillige Handlungen verbergen (in der Formel heißt es auch, daß der Dienst und der Gehorsam, die der sich Unterwerfende gelobt, seine *libertas* nicht antasten dürfen). Noch im 11. Jahrhundert stoßen wir im Anjou auf den charakteristischen Fall, daß eine freie Bauernfamilie das Kloster Saint Florent in Saumur bittet, zwei ihrer Kinder als Knechte anzunehmen, weil sie sie nicht ernähren kann. Der Wechsel von der Freiheit zur Knechtschaft bedeutete für den Bauern durchaus nicht, daß seine materielle Lage sich besserte; im 12. und 13. Jahrhundert war es ein normales und häufiges Phänomen, daß ganze Bauernfamilien und ganze Dörfer sich aus der Knechtschaft freikauften. Die gegenteiligen Fälle, in denen die wirtschaftliche Notwendigkeit dazu drängte, den Schutz des Feudalherren zu suchen, belegen jedoch die weiterbestehende Existenzgefährdung und das damit verbundene Unsicherheitsgefühl der Bauern. Die Solidarität der Dorfgemeinschaft und die an die Pfarrei gebundenen Formen der Armenhilfe konnten dem Mangel nicht immer abhelfen. Dennoch bleibt die Verarmung einzelner Bauern während des Frühmittelalters und bis ins 12. Jahrhundert hinein ein Phänomen von untergeordneter Bedeutung, und nur in Ausnahmefällen geht sie soweit, daß die Betroffenen nicht mehr in der bisherigen Weise und am bisherigen Wohnort weiterleben können.

Die Geldwirtschaft, die seit der Mitte des 12. Jahrhunderts in den westlichen Ländern mit unterschiedlicher Intensität das Land erobert, verändert die Struktur des bäuerlichen Lebens. Der schon erwähnte Freikauf aus der Knechtschaft war Ausdruck einer neuen Situation, in der die Feudalherren mehr am Geld als an anderen Formen bäuerlicher Leistung interessiert waren; für den Freikauf wurden bisweilen gewaltige Summen aufgebracht, aber daß die Bauern den dafür erforderlichen Kredit relativ leicht erhielten, beweist, daß die Kreditoren darauf vertrauten, daß die Bauern langfristig Geldeinkommen erzielen würden. Eine der sozialen Folgen war die materielle Schichtung

[16] MGH, Formulae, Bd. I, S. 258. Vgl. M. Mollat, Les Pauvres au Moyen âge. Étude sociale. Paris 1977; dt.: Die Armen im Mittelalter. München 1984, S. 35.

innerhalb der Bauernschaft. Erst im Rahmen dieses Schichtungsprozesses verarmten die wirtschaftlich schwächeren Bauern und sanken zu einem Landproletariat herab.

Im 13. und 14. Jahrhundert nimmt der Anteil dieser Kategorien in der Landbevölkerung zu. Ihre Lebenshaltung verharrt an der Grenze des physischen Überlebens. Konjunkturellen Rückschlägen war die Mehrheit der bäuerlichen Bevölkerung wehrlos ausgeliefert, denn ihre Existenzgrundlage, der Hof mit drei bis vier Hektar und einem geringen Bestand an lebendem Inventar und Zugtieren, verfügte lediglich über Nahrungsvorräte, die bis zur nächsten Ernte reichten. Belege für diese wirtschaftliche Unsicherheit sind der kurzfristige Kredit und der verbreitete Verkauf der bevorstehenden Ernte »auf dem Halm«; Beispiele für das Vordringen des Kredits in der durch wirtschaftliche »Schwäche« gekennzeichneten Bauernschaft sind die *casanae*, kleine, von norditalienischen Geldgebern in den Dörfern Ostfrankreichs gegründete Kreditinstitute, sowie auch die von Juden in den Dörfern Südfrankreichs betriebenen Kreditoperationen. Aus der mittleren Bauernschaft sanken ständig einzelne Familien zur Dorfarmut herab, bei der die Erträge des eigenen Bodens nicht zum Leben reichten. Dieser Kategorie kam in einem gewissen Maße das ländliche Handwerk zu Hilfe, das die Möglichkeit eines Zuerwerbs und der Beschäftigung von Frauen und Kindern bot. In Dokumenten aus dem 13. Jahrhundert ist immer häufiger die Rede von landlosen Bauern, die eine marginale Viehhaltung betreiben, und von »Kindern«, das heißt jüngeren Söhnen, für die auf dem schon allzu zersplitterten Hof der Familie kein Platz mehr war. In dieser Zeit wächst die Zahl verschiedener Arten von »Gärtnern«, Bauern, die kein Land oder kaum noch Land besitzen und gezwungen sind, ihren Lebensunterhalt dadurch zu erwerben, daß sie ihre Arbeitskraft anbieten; ihr Grundbesitz beschränkt sich auf ein »Gärtchen«, ein Stück Land, das für den Erwerb des Lebensunterhalts nur komplementäre Bedeutung hat. Innerhalb der dörflichen Struktur Südfrankreichs konnten sich die *brassiers* nur noch durch die Vermietung ihrer Arme *(bras)* erhalten, indem sie sich tageweise bei reicheren Bauern und Grundbesitzern verdingten. Vom Beginn des 14. Jahrhunderts an tauchen in den Steuerlisten immer häufiger Dorfbewohner auf, die als Elende, Arme oder gar Bettler bezeichnet werden; hinter diesen Fachtermini, die für die Unfähigkeit stehen, die steuerlichen Belastungen zu tragen, verbirgt sich zumeist die Kategorie des Landproletariats (aber auch die Gruppe der klassischen »Armen« der Dorfbevölkerung, also die Witwen und Waisen).

So entsteht auf dem Lande eine Situation der ständigen »relativen Übervölkerung« mit weitreichenden sozialen Folgen. Dabei geht es nicht um die versteckten Formen, die für eine Wirtschaftsweise, welche die Arbeitskraft extensiv nutzt, bezeichnend sind, sondern um eine dramatisch offene Situation, in der die Masse der Arbeitsuchenden im eigenen Dorf keine Arbeit findet. Diese Situation, in der ein erheblicher Teil der Landbevölkerung aus dem Arbeitserlös Lebensmittel erwirbt, führt zu einem niedrigen Niveau der ländlichen Löhne und zu einem hohen Niveau des Getreidepreises. Das Ausmaß der relativen Übervölkerung wird nur teilweise durch Abwanderung gemildert. Einen Teil des Bevölkerungsüberschusses nehmen Kolonisierungsbewegungen auf, die sich auf unzureichend genutzte Gebiete und Länder richten; sie erfassen aber in der Regel relativ wohlhabende Bauernfamilien, und im übrigen sind die Möglichkeiten der Kolonisation begrenzt. Kurzfristige Wanderbewegungen sind dagegen kennzeichnend für die Lebensweise des Landproletariats, allerdings weniger bedingt durch saisonale Beschäftigung als vielmehr durch saisonal auftretende, dramatische Lebensbedingungen. Anfang des 14. Jahrhunderts verläßt in einem provenzalischen Dorf während der Winterzeit jede dritte Familie den heimatlichen Ort, um anderwärts nach Möglichkeiten des Überlebens zu suchen. Das Landproletariat des Spätmittelalters lebt am Rande des biologischen Überlebens.

Untersuchungen zur Agrargeschichte des Mittelalters zeigen, daß die Proletarisierung eines Teils der bäuerlichen Bevölkerung gewaltige Ausmaße erreichte, sie zeigen aber auch, daß die mittlere Schicht, also der überwältigende Teil der Bauern, ständig von der Proletarisierung bedroht war. R. Fossier schreibt in seiner Studie über die ländliche Picardie, daß sich am Ausgang des 13. Jahrhunderts folgende Situation ergeben hatte: 13 Prozent der Bevölkerung waren Arme und Bettler, 33 Prozent besaßen kleine Parzellen und waren wirtschaftlich schwach, so daß jede Mißernte ihre Existenz aufs Spiel setzen konnte, 36 Prozent besaßen größere Flächen, aber kein Zugvieh, und 19 Prozent schließlich gehörten zu den wohlhabenden Bauern. Am Beispiel der Picardie wird deutlich, daß die Größe des Landbesitzes nur von relativer Bedeutung ist, da die Bodenqualität dieser Landschaft einer Familie mit einem Hof von zwei bis drei Hektar ein eigenständiges Auskommen sicherte. Unter den Bauern, die als wohlhabend bezeichnet werden, besaßen nur drei Prozent eine Fläche von über drei Hektar. Das picardische Dorf bietet ein typisches Bild der Schichtung der bäuerlichen Bevölkerung: Zwischen den extremen Gruppen des Landproletariats und der wohlhabenden Bauernschaft befindet sich der überwiegende Teil – mehr als zwei Drittel – der Bevölkerung, dessen Existenz von Unsicherheit geprägt bleibt; diese Masse wird im Spätmittelalter am härtesten von der Pauperisierung getroffen. Eine gewisse Rolle spielte für die Kategorie der proletarisierten Bauern auch die Bewegung zur Befreiung (genauer gesagt, zum Freikauf) der Bauern aus der Knechtschaft. Ähnlich stellte sich die Struktur der bäuerlichen Bevölkerung auch in anderen Regionen Europas dar. In England verfügten um 1280 46 Prozent der Bauern über nur drei Hektar Land, die nicht ausreichten, ihre Familie zu ernähren. Im Cambrésis lebten zu Anfang des 14. Jahrhunderts 13 Prozent der Bauern in Armut, und 33 Prozent besaßen nur kleine Parzellen Land. In Seeflandern waren unter den Bauern, die sich an dem Aufstand von 1328 beteiligten und in der Schlacht bei Cassel fielen, von insgesamt 1072 Landbesitzern nur wenig über ein Prozent wohlhabende Bauern, 23 Prozent hatten zwischen 2,2 und 4,4 Hektar, während 59 Prozent weniger als 2,2 Hektar besaßen.

Die Größe eines Bauernhofs ist ein unzureichendes Kriterium, um die materielle Lage der Familie zu beurteilen. Dem gleichen Vorbehalt begegnen die Angaben in den Steuerlisten, die eine Bauernfamilie hauptsächlich aufgrund einer Schätzung ihrer Einnahmen aus dem Bodenertrag den »Bettlern« zuschlagen. In beiden Fällen kann man sich fragen, in welchem Maße andere Erwerbsquellen, etwa die Verdingung in der Stadt oder die handwerkliche Heimarbeit, zum Gesamteinkommen der Familie beitrugen. Dennoch können wir in beiden Fällen den mittelalterlichen Quellen entnehmen, daß es landlose Bauern und daneben eine Kategorie der bäuerlichen Bevölkerung gab, die nicht imstande war, im Rahmen einer normalen ländlichen Existenz ihren Lebensunterhalt zu erwerben, daß es also auf dem Lande zur Proletarisierung kam.

Allgemeine statistische Feststellungen über die Ausmaße der Armut auf dem Lande sind mit Vorbehalt aufzunehmen, vor allem deshalb, weil sie sich auf Quellen stützen, die unsicher sind und nicht den methodischen Erfordernissen der quantitativen Geschichtsschreibung entsprechen. Die pessimistische Einschätzung, daß die mittelalterliche Armut überhaupt nicht quantifizierbar sei, erscheint jedoch übertrieben, denn die Relationen, die Größenordnungen, die sich bei Berechnungen dieser Art ergeben, scheinen doch glaubwürdig zu sein. Darüber hinaus werden jedoch diese Verallgemeinerungen nicht immer der lokalen Situation gerecht. Das mittelalterliche Wirtschaftsleben ist stark von den lokalen Gegebenheiten geprägt. Wegen der unzureichenden Transportmöglichkeiten und der begrenzten Rolle des Fernhandels kann man nicht einmal innerhalb einer Region von einer einheitlichen Wirtschaftskonjunktur sprechen. Allgemeiner wirken sich Klimaveränderungen aus, die sich aber nur in sehr langfristigen Entwicklungstendenzen niederschlagen. Zur Uneinheitlichkeit der wirtschaftlichen und sozialen Strukturen tragen ebenfalls die Ansätze einer internationalen Arbeitsteilung bei, mit der Folge, daß eine ungünstige Situation in bestimmten Regionen, die zu massenhafter Verarmung führt, in anderen Regionen Entwicklungsmöglichkeiten schafft. Das wird in der großen Krise des 14. Jahrhunderts offenbar, von der die Mehrheit der westlichen Länder erfaßt wurde; einige Regionen Mittel- und Osteuropas blieben dagegen von der Krise unberührt, stellten sich auf die neue Situation ein und profitierten von ihr.

Die materielle Differenzierung unter den Bauern war ebenfalls durch lokale Gegebenheiten bedingt. Nicht in allen Fällen führten Naturkatastrophen zu einer durchgängigen Verarmung der Bauern; gelegentlich waren sie ein Anlaß, der die materielle Polarisierung innerhalb der Landbevölkerung beschleunigte. L. Génicot hat die Besitzstruktur der Bauernschaft auf der Grundlage der Hofgröße für drei Dörfer der Grafschaft Namur im Jahre 1289 ermittelt. Die Gruppe jener Bauern, die sich aufgrund des geringen Landbesitzes nicht vom eigenen Hof ernähren konnten, machte in dem einen Dorf 38, im anderen 54 und im dritten 73 Prozent aus. Das ist eine sehr große Spannweite, obwohl alle drei Dörfer in ein und derselben Region liegen. Im letzteren Fall, wo der Anteil der Armen am höchsten war, konnte kaum mehr als ein Viertel der Bauernschaft vom eigenen Hof leben, der Rest mußte nach zusätzlichen Einkommensquellen suchen. Dabei gab es in diesem Dorf nur begrenzte Möglichkeiten, sich zu verdingen, denn es existierte dort kein herrschaftlicher Besitz, und die Zahl der wohlhabenden Bauern war noch geringer als in den anderen Dörfern (sie betrug nur 6,5 Prozent, wohingegen der Anteil der Wohlhabenden in den anderen Dörfern 20 beziehungsweise 26 Prozent betrug – ein

Beleg dafür, daß das Ausmaß des ländlichen Pauperismus nicht immer eine Folge der Polarisierung war).

Es soll allerdings nicht behauptet werden, daß die hier angeführten Beispiele die Tendenzen der sozialen Entwicklung auf dem Lande umfassend widerspiegeln. Es soll daran nur modellhaft verdeutlicht werden, wie unterschiedlich die Situation sein kann, in der ein erheblicher Teil der bäuerlichen Produzenten auf dem eigenen Hof keine stabile Existenzgrundlage findet und dadurch der Proletarisierung zum Opfer fällt beziehungsweise zu fallen droht. Diese Modellsituation tritt aber früher oder später in den einzelnen Ländern und Regionen des spätmittelalterlichen Europa ein.

In der Entwicklung der ländlichen Armut während des Mittelalters lassen sich zwei Situationen unterscheiden. In der einen gibt es – unabhängig von der sozialen Konjunktur, von Naturkatastrophen, vom Verhältnis zwischen Großgrundbesitzern und der Masse der unmittelbaren Produzenten, von der Form der Feudalrente und vom Grad der feudalen Ausbeutung – keinen Anlaß, von einem Phänomen des Pauperismus zu sprechen. Wenn es Prozesse einer langfristigen oder zeitweiligen Verarmung gibt, so sind sie lokal begrenzt und betreffen die Klasse der Bauern insgesamt. Die Fälle, in denen die bisherige Lebensweise nicht mehr aufrechtzuerhalten ist, haben den Charakter von »Schicksalsschlägen« und sind kein Massen- oder Gruppenphänomen; die bestehenden Formen der Solidarität und der nachbarschaftlichen Hilfe mildern die Folgen der individuellen Verarmung und sorgen dafür, daß die Gebrechlichen, die Alten und die Familien ohne Ernährer unterstützt werden, so daß diese in der Dorfgemeinschaft bleiben können und nicht zum Betteln hinausziehen müssen.

Die andere Modellsituation ist geprägt vom Eindringen des Geldes und der Marktwirtschaft in das soziale und wirtschaftliche Leben des Dorfes. Innerhalb der bäuerlichen Bevölkerung kommt es zu einer starken Differenzierung der materiellen Situation. Eine große Zahl von Bauern ist nicht mehr in der Lage, ihre Existenz auf die Bearbeitung des Bodens zu gründen. Innerhalb der Agrarstruktur des Dorfes stellen die Bauern mit mittlerem Besitz die größte Gruppe, aber gerade sie sind den Schlägen der Konjunktur am stärksten ausgesetzt und landen schließlich in der proletarisierten Schicht. Die Institutionen der dörflichen Solidarität sind schon im 13. Jahrhundert in der Hand der reichsten Bauern und federn die gesellschaftlichen Polarisierungsvorgänge nicht mehr ab. Das Elend besteht somit in der Proletarisierung eines Teils der bäuerlichen Bevölkerung: Man lebt mit dem Existenzminimum, in der ständigen Ungewißheit, was der nächste Tag bringen wird, und ist ständig gezwungen, sich durch Lohnarbeit und handwerkliche Heimarbeit Einkommensquellen zu verschaffen.

Man kann diese letztere Kategorie der Proletarisierten zwar als Resultat eines Prozesses der Deklassierung betrachten – sie sind ja nicht imstande, die bäuerliche Lebensweise beizubehalten –, doch darf man sie nicht gleichsetzen mit der Klientel der mittelalterlichen Institutionen der Sozialfürsorge. Gewiß haben sie an den großen gelegentlichen Almosenverteilungen teilgenommen, und aus ihren Reihen rekrutierten sich die Bettler und die Landstreicher. Überwiegend bleiben sie jedoch an ihrem bisherigen Wohnort und leben von ihrer Arbeit. Die mittelalterliche Wohltätigkeit, namentlich jene, die aus der religiösen Erneuerungsbewegung des 12. Jahrhunderts hervorgeht, ist nicht für sie gedacht: Sie gelten nicht als »verschämte Arme«, da ihr ärmliches Dasein nicht zu ihrem sozialen Status im Widerspruch steht, noch sind sie freiwillige Arme oder »rechtmäßige« Arme, die aufgrund von Krankheit oder Gebrechlichkeit Anspruch auf ein Almosen haben. Es sind Arme, die eine Arbeit haben, und im übrigen darf man ihr Schicksal nicht nur in düsteren Farben sehen: Aushilfsarbeiten ermöglichten ihnen nicht selten ein Leben weit über dem Existenzminimum.

Das ländliche Lohnniveau der Tagelöhner wie der Heimarbeiter war zwar niedrig, aber die Lebenshaltungskosten waren ebenfalls entsprechend niedrig. Neben solchen, die in äußerster Not lebten, gab es innerhalb dieser Kategorie auch Gruppen, die einen höheren Lebensstandard erreichten. Die Möglichkeiten, sich zu verdingen, waren jedoch begrenzt, es gab nur Saison- und Gelegenheitsarbeit, so daß diese Kategorie insgesamt in existenzieller Ungewißheit lebte.

Beim zweiten Modell der ländlichen Armut haben wir es mit einem Phänomen des Zerfalls der bisherigen Sozialordnung zu tun, einem Zerfall, der sich jedoch innerhalb der Strukturen der bäuerlichen Gesellschaft vollzieht. Solange dieses Landproletariat in seinem Dorf bleibt, solange es den Rahmen der Familie, der Nachbarschaft, der Gemeinde oder der Pfarrei nicht verläßt, bleibt es Bestandteil einer sozialen Organisation. Die Pauperisierung in der ländlichen Gesellschaft vollzieht sich im engen Zusammenhang mit dem Vordringen des Geldes und der Marktwirtschaft. Das bringt uns zu dem anderen Aspekt der mittelalterlichen Armut, dem städtischen Elend.

Es muß vorausgeschickt werden, daß es hier nicht darum geht, das Modell der ländlichen Armut automatisch auf die Stadt zu übertragen, so als ginge es um ein und dasselbe Phänomen, nur in einem anderen topographischen und sozialen Kontext. Solange sich die traditionellen Agrarstrukturen erhalten, bleibt das ländliche Elend auf das Dorf beschränkt; man kann sogar sagen, daß die proletarisierten bäuerlichen Familien sehr stark an dem Ort, an dem sie immer gelebt haben, verwurzelt sind; dieses Beharren gibt ihnen ein Gefühl größerer Sicherheit als der Versuch, anderswo ein besseres Auskommen zu finden. Die Migration erfordert in normalen Zeiten gewisse Mittel, sonst führt sie alsbald zur Marginalisierung. Die steigende Mobilität der ländlichen Armut, die beispielsweise im 14. und 15. Jahrhundert in der Umgebung von Florenz zu beobachten ist, ist normalerweise ein Indiz für den Zerfall der traditionellen dörflichen Strukturen; im Falle von Florenz beobachtet man jedoch darüber hinaus, daß die Reichsten unter den Abwanderern in die Stadt ziehen, die Ärmsten dagegen in andere Dörfer. Die Entwicklung der mittelalterlichen Städte ist nur in geringem Umfang auf den Zustrom von proletarisierten und marginalisierten Elementen zurückzuführen. Pirennes Darstellung vom Wachstum der europäischen Städte durch das Aufsaugen einer Unmenge von *desperados*, Landstreichern und Hungerleidern (die berühmte Interpretation des Mailänder *pannosus* als eines typischen Vertreters der entstehenden städtischen Klasse, des Landstreichers, der zum Bürger wird) hat in Einzeluntersuchungen keine Bestätigung gefunden. Die Stadt war nicht der Ort, wo man der ländlichen Armut entfloh, sondern der Ort, an dem es möglich war, sein Los zu verbessern, sich zu bereichern und aufzusteigen, vorausgesetzt, man verfügte über einige materielle Mittel und ein gewisses Sozialprestige. Untersuchungen über die soziale Zusammensetzung der in die Städte Nord- und Mittelitaliens strömenden Landbevölkerung zeigen einen hohen Anteil von wohlhabenden Bauern, während der Anteil der Dorfarmen gering ist. In den ersten Phasen der Entstehung der städtischen Zentren war der Zustrom von Elementen, die aus ihrer alten sozialen Umgebung entwurzelt waren, stärker. Unter ihnen waren gewiß Bauern, die aus der Leibeigenschaft entflohen waren, aber auch Menschen von adliger Herkunft, die ihre bisherige Lebensweise nicht mehr aufrechterhalten konnten. Gewiß gab die entstehende mittelalterliche Stadt einzelnen, die am Rande der Gesellschaft standen, die Chance, aufzusteigen und sich innerhalb ihrer sozialen Strukturen zu etablieren, doch zog die Stadt vor allem aktive Elemente an, welche die Unbeweglichkeit der Agrargesellschaft nicht ertragen konnten. Carlo Cipolla hat den Prozeß der mittelalterlichen Urbanisierung mit der europäischen Auswanderung nach Amerika im 19. Jahrhundert verglichen und auf Analogien in den kollektiven Hoffnungen hingewiesen. Man kann diesen Vergleich fortsetzen und feststellen, daß der Wanderungsprozeß in beiden Fällen die aktivsten Elemente des dörflichen Milieus erfaßte, die über gewisse materielle Mittel verfügten, und nicht die Elenden, die nichts besaßen. Im weiteren Verlauf der städtischen Entwicklung verstärkte sich diese Tendenz, so daß der Zustrom der Landbevölkerung zugleich eine Form der Übertragung der auf dem Lande akkumulierten materiellen Mittel auf die Stadt war. Das deutsche Sprichwort »Stadtluft macht frei« drückt gut einen der wesentlichen Aspekte der Anziehungskraft der mittelalterlichen Stadt aus, die die Chance bot, sich von der persönlichen Abhängigkeit der Knechtschaft freizumachen – und sie dann, nebenbei gesagt, durch ein Netz von wirtschaftlichen und ständischen Abhängigkeiten ersetzte.

Die Stadt bringt allerdings ein neues Modell der Armut hervor, das sich von dem der ländlichen Armut unterscheidet. Es wird in seinen Grundzügen bestimmt von der wirtschaftlichen und sozialen Struktur der Stadt sowie von der allgemeinen ökologischen Eigentümlichkeit der städtischen Siedlung. Auf die Typologie der Städte des mittelalterlichen Europa können wir hier nicht eingehen. Doch selbst bei flüchtiger und summarischer Betrachtung läßt sich nicht übersehen, daß es ein breites Spektrum von städtischen Zentren gibt und daß die Bevölkerungszahl der Stadt sowie die Stellung der produktiven Betätigungen innerhalb der Berufsstruktur der Einwohner für das Verhältnis von Reichtum und Armut von entscheidender Bedeutung sind. Die kleinen Städte unterscheiden sich, was den Charakter des gesellschaftlichen Lebens angeht, nur geringfügig von der Situation auf dem Lande. Landwirtschaftliche Betätigungen spielen weiter eine wichtige Rolle: Die Stadtbewohner betreiben innerhalb der Stadtmauern oder in der nächsten Umgebung Ackerbau und Viehzucht und beschaffen sich so einen Teil ihrer Nahrung vom eigenen Hof. In diesen kleinen Zentren halten sich ähnliche Formen der sozialen Solidarität wie auf dem Dorf; ländliche Bräuche werden beibehalten, und die Familienstrukturen bewahren ihren ländlichen Charakter. Landwirtschaft und ländlichen Lebensstil findet man im Laufe des Mittelalters in allen Stadttypen, einschließlich der großen Metropolen. Es ändern sich jedoch die Proportionen, es ändert sich das spezifische Gewicht dieser städtischen »Ländlichkeit«.

An großen Städten mit mehr als 50000 Einwohnern zählt das mittelalterliche Europa nur wenige, die überwiegend im hochgradig urbanisierten Italien liegen (Florenz, Venedig, Genua und Mailand); nördlich der Alpen finden wir die größte europäische Stadt des Mittelalters – Paris – und die großen Städte Flanderns, Gent und Brügge; weitaus größere Dimensionen hatten Metropolen wie Konstantinopel und die arabischen Zentren der Iberischen Halbinsel, Córdoba und Sevilla. In diesen Großstädten entstehen bereits Verhältnisse, die in mancherlei Hinsicht den städtischen Lebensstil bis ins Industriezeitalter prägen. Grundzüge dieses Lebensstils sind: die Anonymität der zwischenmenschlichen Beziehungen, die mit der bloßen Siedlungsgröße zusammenhängt; das System der wirtschaftlichen Interdependenz, das auf einer entwickelten Arbeitsteilung beruht; die fundamentale Bedeutung der Gruppenbeziehungen, die von amerikanischen Soziologen als »sekundär« bezeichnet werden *(secondary group relations)*; und schließlich ein hoher Grad der sozialen Desorganisation. Man könnte meinen, diese größten Zentren seien keine geeignete Grundlage für Verallgemeinerungen; es zeigt sich jedoch, daß die Phänomene, die wir hier beobachten können, in allen Städten des mittelalterlichen Europa auftreten, die eine bestimmte Entwicklungsschwelle überschritten haben.

Wenn wir die von den Historikern gewählten Abgrenzungen übernehmen, nach denen 2000 Einwohner die Untergrenze für eine »mittlere Stadt« bilden – auch wenn statistische Richtzahlen in diesem Falle etwas Willkürliches haben –, könnte man sagen, daß von dieser Einwohnerzahl an, besonders aber von der Obergrenze von 5000 bis 6000 an, die traditionellen Mechanismen nicht mehr wirksam sind. Die persönliche Bekanntschaft bildet nicht mehr die Grundlage des Systems der sozialen Beziehungen; die horizontalen Bindungen innerhalb der beruflichen Kategorien werden immer stärker von Klassenunterschieden belastet, die das Gefühl der korporativen Solidarität schwächen. Das Gefühl der Solidarität gegenüber der gesamten Gemeinschaft und das daraus folgende Verhältnis der Mitverantwortung für das Schicksal ihrer Mitglieder sind sehr begrenzt und nur noch im Falle einer äußeren Bedrohung der gesamten Stadt wirksam. Die sich neu herausbildenden Formen der Solidarität, die das gesellschaftliche Leben der Stadt organisieren – in erster Linie religiöse Bruderschaften und ständische Organisationen –, beziehen sich auf Gruppen und einen daher nicht nur die Stadtbevölkerung, sondern teilen sie auch. Wegen des Schutz- und Abwehrcharakters dieser Organisationen werden die Gruppeninteressen betont und materielle und/oder rechtliche Barrieren errichtet, die die Zulassung neuer Mitglieder regulieren. Die Korporationen der Handwerker und Kaufleute sind bestrebt, die Konkurrenz unter ihren Mitgliedern einzudämmen, doch das gruppenmäßig strukturierte und zugleich zersplitterte städtische Leben ist ganz und gar vom Wettbewerbsgeist geprägt. Das Vordringen des Geldes und der Marktgesetze, deren Folgen wir an der ländlichen Gesellschaft beobachtet haben, wirkt sich in der Stadt sehr viel stärker und in einer dramatischeren Weise aus.

Der wirtschaftliche Charakter der Stadt und die daraus folgende Strukturierung nach Berufen stimmen nicht immer mit den räumlichen und demographischen Dimensionen der städtischen Siedlung überein. Die Kleinstädte, in denen Handel und Handwerk den lokalen Marktbedürfnissen dienen, lassen keine großen wirtschaftlichen und sozialen Gegensätze entstehen. Die sozialen Beziehungen sind vom Kleinhandel geprägt. Die vorherrschende Gestalt ist die des kleinen Produzenten, der von seinen Familienangehörigen unterstützt wird. Die zunftmäßigen Formen der Berufsvorbereitung erweitern die Handwerkerfamilie um einige Lehrlinge oder Gehilfen, wobei aber die persönliche Beziehung erhalten bleibt. Untersuchungen zur Sozialstruktur der vorindustriellen Gesellschaft heben einen hohen Anteil von Hauspersonal hervor. Für ganz England repräsentative Erhebungen weisen vom 16. bis zum 18. Jahrhundert einen Anteil der Dienerschaft an der Gesamtbevölkerung von über 13 Prozent aus, während dieser Anteil am Ende des 18. Jahrhunderts in London über 20 Prozent beträgt. Die Kategorie der Dienerschaft umfaßte unterschiedliche Formen der Abhängigkeit, je nach der Produktionsstruktur des städtischen Handwerks: Im Falle der Produktion für den lokalen Markt wurde das persönliche Abhängigkeitsverhältnis innerhalb der Handwerkerfamilie beibehalten; im Falle der Produktion für auswärtige Märkte, wo es um große Warenmengen, spezialisierte Technik und hohe Fähigkeiten geht, trifft man dagegen immer häufiger auf entlohnte Arbeitskräfte. Im Lohnverhältnis stehen zunächst die Handwerksgehilfen, die Gesellen und die Lehrlinge, dann aber auch zunehmend die Handwerksmeister selbst, die auf diese Weise ihre wirtschaftliche Selbständigkeit einbüßen. Rohstoffkosten, ungewisse Absatzchancen und komplizierte Techniken mit der daraus folgenden weitgehenden Spezialisierung und Arbeitsteilung zwingen den Handwerker, sich auf jemanden zu stützen, der seine Arbeit organisiert: den Händler oder den Unternehmer. Das Lohnarbeitsverhältnis wird in einigen städtischen Produktionszweigen durch technische Faktoren begünstigt. Dies gilt besonders für das Bauhandwerk und den Bergbau; in anderen Zweigen ist es eine Folge von wirtschaftlichen Veränderungen und der gesellschaftlichen Entwicklung. Die wachsende Bedeutung der Lohnarbeit innerhalb der Produktionsstruktur ist ein Entwicklungstrend der spätmittelalterlichen Stadt, der allmählich ihr soziales Gleichgewicht zerstört.

Unabhängig davon, welche sozialen Faktoren die Entstehung der mittelalterlichen Stadt in ihrer ersten Phase bestimmten, entstanden in der Folgezeit institutionelle Mechanismen, deren Zweck es war, die Prozesse der sozialen Polarisierung zu mildern und das Funktionieren der Gemeinschaft der kleinen Produzenten zu gewährleisten. Untersuchungen zur Struktur der mittelalterlichen Städte haben die klassischen Merkmale von zwei für diese Zeit typischen städtischen Zentren aufgedeckt: Frankfurt am Main und Ypern. Frankfurt war zwar eine der größten deutschen Städte und spielte eine wesentliche Rolle im internationalen Handel, hatte aber nicht den Charakter eines spezialisierten Produktionszentrums; die Liste der Handwerksberufe weist alle Fachrichtungen auf, die vor allem dem lokalen Bedarf entsprechen. Ypern dagegen, eine Stadt ohne die kommerzielle Bedeutung von Frankfurt und mit weitaus geringerer Bevölkerungszahl, war ein spezialisiertes Produktionszentrum im Bereich des Textilgewerbes, dem in Flandern größte Bedeutung zukam. Die Bevölkerungs- und Sozialstruktur von Ypern weist schon im 15. Jahrhundert industrielle Merkmale auf: Die Zahl der Lohnarbeiter ist sehr viel höher als in Frankfurt, während der Typus des Handwerkers und selbständigen Produzenten sehr viel schwächer repräsentiert ist. In den Regionen des mittelalterlichen Europa, die so etwas wie einen Pol der industriellen Entwicklung darstellen, also in Flandern und Norditalien, ist der Strukturtyp, den wir in Ypern finden, verbreitet und gilt auch für kleine Zentren, zum Beispiel Dinant, das weniger als 6000 Einwohner zählte, aber auf die Produktion von metallenen Haushaltsgeräten (der sogenannten *dinanderie*) spezialisiert war. Doch für die Mehrheit der europäischen Städte jener Zeit ist die Struktur Frankfurts typisch, in der die Lohnarbeit eine geringe Rolle spielt und das System der sozialen Beziehungen die Selbständigkeit des unmittelbaren Produzenten gewährleistet.

Die Politik der städtischen Institutionen und der Handwerkerzünfte tendiert generell dahin, die Arbeitsbeziehungen zu regulieren und mit außerökonomischen Mitteln die Wirkung der Marktgesetze bezüglich der Arbeitskraft einzuschränken. Zwei Prozesse sind es, die im Laufe des Spätmittelalters die Verwirklichung dieser Politik beeinträchtigen und durchkreuzen: zum einen die Entwicklung einer spezialisierten Industrie, die mit einer entwickelten Arbeitsteilung, einer wachsenden Bedeutung des Handelskapitals und einer steigenden Abhängigkeit der Produzenten von den Unternehmern verbunden ist, zum anderen die Zunahme verschiedener Kategorien von unqualifizierten Arbeitskräften. Beide Prozesse bahnen nach und nach den Weg zur Proletarisierung; im übrigen decken sich die beiden Prozesse weitgehend. Der in Abhängigkeit geratene Kleinproduzent wird nach und nach darauf beschränkt, eine begrenzte Phase des Produktionsprozesses auszuführen, so daß die Bedeutung der beruflichen Qualifikationen sinkt. Gleichzeitig sinkt auch der Wert der eigenen Werkzeuge und der technischen Ausstattung der Werkstatt. Dadurch nähert sich seine Situation der klassischen Rolle des Proletariers an, die eigene Arbeitskraft als rein physische Leistungsfähigkeit anzubieten.

Die ungelernten Arbeiter befanden sich jedoch innerhalb der städtischen Gesellschaft des Mittelalters in einer ausgesprochen schlechten Lage. Keiner der Schutz- und Solidaritätsverbände trat für sie ein. Angesichts der allgemein geringen Einschätzung der körperlichen Arbeit waren sie wegen der Nichtzugehörigkeit zu einem Beruf verachtet und zugleich wehrlos. Dies gilt übrigens für ganz verschiedene Personengruppen und Beschäftigungen. Vor allem waren davon die arbeitenden Frauen betroffen, die in den Städten des Mittelalters kaum über eigene Korporationen für die typisch weiblichen Berufe verfügten (ganz anders war die Situation, wenn die Frau als Witwe eines Handwerksmeisters der »männlichen« Zunft angehörte). In der Regel erfüllten die Frauen Hilfs- oder hauswirtschaftliche Funktionen. Jene Frauen, die in historischen Quellen als Spinnerinnen vorkommen, befanden sich in einer klassischen proletarischen Situation. Das Lied der Seidenweberinnen im ›Yvain‹ von Chrétien de

Troyes ist ein erstaunlich modernes Zeugnis ihrer sozialen Lage[17]: »Allezeit werden wir Seide wirken und deshalb doch nicht besser gekleidet gehen. Wir werden allezeit arm und entblößt sein und allezeit Hunger und Durst leiden; wir werden nie genug verdienen, um besser essen zu können. Brot bekommen wir nur sehr kärglich, wenig am Morgen und weniger am Abend, denn jede von uns erhält für ihrer Hände Arbeit nur vier Heller das Pfund zum Leben.«

In der detaillierten Beschreibung der Mißbräuche, die sich der flandrische Unternehmer Jehan Boinebroke (gest. 1285/86) gegenüber den für ihn tätigen Handwerkern erlaubte, sind die Klagen der Arbeiterinnen über das erlittene Unrecht (verweigerte Entlohnung, brutale Behandlung, Betrug) bezeichnend. Sowohl in Frankreich als auch in Italien werden häufig Fälle verzeichnet, in denen Spinnerinnen durch Darlehen, Vorschüsse oder Lohnvorauszahlungen abhängig gemacht werden. Die Frauen wurden notorisch schlecht bezahlt, auf dem Niveau der Kinderlöhne.

Männer ohne Qualifikation fanden sowohl bei Gelegenheitsarbeiten wie auch in einigen Handwerken Beschäftigung. Auch im Handel ergaben sich gelegentlich Beschäftigungsmöglichkeiten. Zwar wachte die Zunft der Träger eifersüchtig über das Monopol, diese Tätigkeit, die keinerlei besondere Fähigkeiten erforderte, auszuüben, doch immer gab es die Möglichkeit einer Gelegenheitsarbeit beim Entladen von Kähnen und Schiffen und beim Warentransport. Eine Beschäftigungsmöglichkeit ergab sich auch durch die landwirtschaftliche Betätigung im Stadtgebiet, besonders, wenn es auf dem Feld etwas zu tun gab. Eine gewisse Nachfrage schuf auch die Stadtreinigung. Schließlich gab es noch einige Sektoren wie das Bauhandwerk, die ungelernte Arbeiter benötigten. All diese Beschäftigungen zeichneten sich dadurch aus, daß sie gelegentlich ausgeübt wurden, und da diese Arbeiter in keiner Weise organisiert waren, lagen ihre Löhne auf dem untersten Niveau.

Die ungelernten Arbeiter befanden sich in der mittelalterlichen Stadt weitgehend in einer sozialen Randlage. Bei den Frauen wirkte allein schon die Tatsache, daß sie eine Lohnarbeit anstrebten, herabsetzend, selbst wenn es sich um eine Zusatzbeschäftigung handelte, um das Familienbudget aufzustocken. In den städtischen Gerichtsarchiven und in literarischen Darstel-

[17] Chrétien de Troyes, Yvain. Übers. v. Ilse Nolting-Hauff. München 1962, S. 263.

lungen findet man häufig das Stereotyp, daß es zwischen Frauenarbeit und Prostitution einen Zusammenhang gebe. Die ungelernten Arbeiter blieben, da sie nicht den Zünften angehörten, nicht nur vom gesellschaftlichen Leben der Stadt ausgeschlossen, das von den Bruderschaften und Zünften organisiert wurde, sondern sie wurden auch zur Zielscheibe von Antipathien und Feindseligkeiten seitens des zünftigen Handwerks, das in ihnen eine potentielle Konkurrenz sah. Das Hauptelement ist hier der Ausschluß von den üblichen sozialen Bindungen, denn die mangelnde Berufsvorbereitung und Schulung war nicht entscheidend. Der häusliche Dienst, der ja ebenfalls keine besonderen Qualifikationen erforderte und für die Berufslosen eine Alternativlösung bot, integrierte sie dennoch in den sozialen Zusammenhang und verschaffte ihnen eine stabile und gesellschaftlich anerkannte Stellung.

Anders verhält es sich mit den Lohnarbeitern, die aus dem Handwerk stammen. Diese Gruppe nimmt besonders in den frühen Industriezentren mit einer spezialisierten Produktionsstruktur unaufhörlich zu, sei es, weil den Gesellen der Weg zur Meisterwürde verschlossen bleibt und sie zu einer eigenständigen Kategorie innerhalb der sozialen Struktur werden, sei es, weil die Handwerker immer stärker von den Unternehmern abhängig werden. Im Unterschied zu den ungelernten Arbeitern besaßen jedoch die um Lohn beschäftigten Handwerker einen bestimmten rechtlichen Status und eigene Vereinigungen, so daß sie ihre Interessen solidarisch verteidigen konnten. Was die Handwerkerzünfte betrifft, so hing ihre Struktur vom Entwicklungsgrad der Unternehmerorganisation ab. In einigen Fällen gehörten sowohl die Unternehmer als auch die für sie arbeitenden Handwerker ein und derselben Zunft an, in anderen Fällen umfaßte die Zunft nur solche Handwerker, die zu abhängigen Lohnarbeitern geworden waren. Eine geschlossenere Solidarität zeigten die Gesellenvereine. Für alle handwerklichen Lohnarbeiter gilt jedoch, daß sie in die soziale Struktur und die organisierte Gemeinschaft der Stadt integriert sind. Prozesse der Pauperisierung äußern sich in diesem Milieu im Mangel und in der Deklassierung.

Obwohl innerhalb der Stadt Landwirtschaft betrieben wurde und landwirtschaftliche Gelegenheitsarbeit häufig war, mußte die Mehrheit der handwerklichen Lohnarbeiter sich ihre Lebensmittel kaufen; einen eigenen Garten oder ein Stück Land vor den Mauern der Stadt zu besitzen gehörte zum Leben der bürgerlichen Eliten und nicht der Massen. Alle Schwankungen der Wirtschaftskonjunktur, Mißernten und damit verbundene Teuerungen schlugen sich sogleich schmerzlich in den Lebensbedingungen der Lohnarbeiter nieder. Als sich im Jahre 1475 Bauern aus der Umgebung von Verona über die Steuern beklagten, hielt man ihrer Eingabe das bezeichnende Argument entgegen, daß selbst die ärmsten Bauern sich nicht ihre Nahrung kaufen müßten; würde man nun die Armen in der Stadt, die gezwungen sind, Lebensmittel zu kaufen, mit Steuern belegen, so würde das zu einer Entvölkerung der Stadt führen. Das Lohnniveau eines großen Teils der städtischen Arbeiter war niedrig, der größte Teil des Verdienstes wurde für den Kauf von Lebensmitteln aufgewendet, und zugleich wiesen im Verhältnis der Löhne und Preise des Spätmittelalters die Arbeitslöhne eine weit geringere Elastizität auf als die Preise der Nahrungsprodukte. Die Kategorie der handwerklichen Lohnarbeiter ist in ähnlicher Weise von wirtschaftlicher »Schwäche« gekennzeichnet wie die Masse der Bauern, die wenig oder gar kein Land besitzen.

Untersuchungen über das Familienbudget städtischer Lohnarbeiter in Flandern und der Toskana, mit denen wir uns im folgenden Kapitel näher befassen werden, zeigen, daß ein erheblicher Teil der Bewohner dieser Zentren des Frühkapitalismus ständig in materieller Unsicherheit lebt. In den traditionellen städtischen Strukturen des Mittelalters wird der wirtschaftliche Abstieg weitgehend durch die Politik der Zünfte und der Stadt gemildert. Das vorrangige Instrument dieser Politik war die Regulierung des Arbeitsmarktes und des Zustroms zur Stadt. Was jedoch die Maßnahmen der Stadtbehörden und der Zunftführungen in ihrer Wirksamkeit beeinträchtigte, waren der Bevölkerungsdruck, die Niederlassung von Zugezogenen in den Vorstädten, die Heimarbeit und das außerhalb der Zünfte betriebene Handwerk.

Gegenüber der Masse derer, die – sei es in der Stadt, sei es auf dem Lande – im Elend leben, bleiben die gesellschaftlichen und kulturellen Eliten weitgehend gleichgültig. Das materielle Elend wird als integraler Bestandteil der sozialen Lage der Massen aufgefaßt. Gewiß werden viele Familien von karitativen Einrichtungen unterstützt (in Florenz geschieht das dadurch, daß an die Frauen Almosen ausgeteilt werden, während ihre Männer arbeiten), und in den Predigten der Dominikaner wird hin und wieder gefordert, der Not der Arbeiter Beachtung zu schenken, doch im

Grunde ist eine Unterstützung der Arbeiter erst dann gerechtfertigt, wenn sie entlassen und nicht mehr imstande sind, die ihrem Status gemäße Pflicht zur Arbeit zu erfüllen. Die Existenznot an sich löste weder in der Stadt noch auf dem Lande Mitleid aus. Aber löste sie vielleicht Verachtung aus, schuf sie innerhalb des Systems der sozialen Beziehungen ein negatives Stigma?

Eine Antwort auf diese Frage findet man leichter in den Formulierungen der kirchlichen Literatur und in literarischen Bildern als in einer Analyse der realen Beziehungen zwischen den Gruppen, wenngleich die Antwort in beiden Fällen nicht eindeutig ist. Es scheint allerdings, als könnten wir, soweit es um die Stadt geht, einige Anhaltspunkte für die marginalisierenden Wirkungen des Elends in zwei Gegebenheiten sehen: Zum einen darin, daß die Armen weder an den städtischen Rechten noch an den Institutionen der Solidarität teilhatten, zum anderen in der Tendenz, innerhalb der Stadt einen Elendsbereich topographisch abzugrenzen.

Die Verarmung schloß einen Handwerker, wie erwähnt, nicht aus seiner Zunftorganisation aus. Selbst Handwerker, die durch die Armut gehindert waren, ihr Handwerk weiter auszuüben, blieben Mitglieder der Zunft und behielten dadurch ihren rechtlichen Status, auch wenn sie von den damit verbundenen Privilegien nur noch begrenzt Gebrauch machen konnten. Anders war die Situation derer, die ganz außerhalb der Zunftorganisation blieben. Das Steuerverzeichnis der Stadt Basel aus dem Jahre 1429 weist eine erhebliche Zahl von zunftangehörigen Handwerkern aus, die nur einen sehr geringen Besitz haben oder sogar regelrecht arm sind. Zugleich weist dieses Verzeichnis aber eine Gruppe von 484 Steuerpflichtigen aus, die als »nicht zünftig« (»Allerley Volkes nit zünftig«) bezeichnet werden, in der Mehrheit Frauen. In den meisten Zünften gehörten weniger als 20 Prozent zur untersten Kategorie der Steuerpflichtigen (von 0 bis 10 Gulden) – nur bei einer Zunft waren es 36 Prozent –, aber von der »nicht zünftigen« Gruppe gehörten 60 Prozent zu dieser Kategorie. Wir finden bei dieser Gruppe nicht nur materielle Armut, sondern auch einen niedrigeren rechtlich-sozialen Status und eine begrenzte Teilhabe an der städtischen Gesellschaft. In der gleichen Lage befinden sich die keinem Beruf angehörenden Tagelöhner, die die Masse der oben erwähnten unqualifizierten Arbeitskräfte stellen. Auch sie bleiben außerhalb der ständischen Institutionen, und ihre Lebensweise ist geprägt von einer begreiflichen Mobilität und von der Unregelmäßigkeit der Beschäftigung und des Verdienstes. Das gemeinsame Merkmal, das diese nicht-zünftigen Kategorien miteinander verbindet, ist das Fehlen von bürgerlichen Rechten. Sie bildeten im Leben der mittelalterlichen Stadt eine verachtete, ausgebeutete und von Feindseligkeit umgebene Masse, weil ihr bloßes Dasein das Prinzip der ständischen Organisationen als Grundlage des gesellschaftlichen Lebens der städtischen Gemeinschaft in Frage stellte. Daß sich unter ihnen auch Zuwanderer vom Lande befanden, die erst vor kurzem zugezogen waren und nicht die städtische Sozialisierung durchlaufen hatten, verstärkte nur die Abneigung und die stereotype Verachtung des Städters gegenüber den Landbewohnern.

Der erniedrigende Charakter der Armut fand auch in der topographischen Struktur der Stadt Ausdruck. Für die Verteilung der Familien auf das Stadtgebiet war die Berufszugehörigkeit oder der Charakter der ausgeübten Tätigkeit maßgebend; die Besiedlung der Stadt zeigte eine Tendenz, Handwerker gleicher Art in einem Gebiet zusammenzufassen, und in einigen Fällen – wenn etwa für die Ausübung des Handwerks Wasser benötigt wurde oder die Produktion »schmutzig« war – wurde diese Konzentration durch präzise städtische Anordnungen gefordert. Was aber die soziale Topographie der Stadt vor allem kennzeichnet, ist die konzentrische Anordnung von Reichtum und Prestige. Je näher man dem ökonomischen und sakralen Zentrum der Stadt ist, um so höher ist die Stellung in diesen beiden Hierarchien. Der Grundstückspreis, der dieser konzentrischen Verteilung entsprach, sorgte auf natürliche Weise für ihre Erhaltung. Untersuchungen zur sozialen Topographie von Toulouse und Paris im Spätmittelalter haben gezeigt, daß die Verteilung der ärmeren Bevölkerung im Stadtgebiet bemerkenswert konstant blieb, obwohl die räumliche Entwicklung der Stadt nicht nur zu einer Verlagerung der Armenviertel an den Stadtrand führte, sondern auch das konzentrische System in Mitleidenschaft zog. Außerdem entstanden im Stadtgebiet spezifische Elendsviertel, in denen die Armut mit den »unwürdigsten« Elementen der mittelalterlichen Gesellschaft, Prostituierten und Kriminellen, zusammentraf.

Die Verteilung der Armut wurde auch von den Stadtmauern bestimmt. Die Entwicklung der Städte im Spätmittelalter ist gekennzeichnet durch die Erweiterung der Siedlung außerhalb der Mauern, die Entstehung von Vorstädten. In der Sozialstruktur der Vorstadtbewohner fehlt ganz offensichtlich die Oberschicht; insgesamt ist das Einkommen der Bewohner niedriger, ihre Rechte sind begrenzt, und es gibt ausgedehnte Elendsgebiete, die sowohl die ärmsten Kategorien der Lohnarbeiter als auch Landstreicher umfassen. Im Jahre 1404 kommt es in Jena zu einem Konflikt zwischen den Städtern und den Bewohnern der Vorstadt; der Stadtrat begründet seine Weigerung, den Vorstadtbewohnern das Recht zum Bierbrauen zu gewähren, mit dem Argument, sie seien zu arm, um die dafür erforderlichen Bedingungen zu erfüllen: Steuern zu zahlen und Waffen und Rüstung zu besitzen. Doch obwohl sie sich außerhalb der städtischen Gemeinschaft entwickeln – eigentlich an ihrem Rande –, sind die Vorstädte keine Zusammenballungen von Randexistenzen. Sie bilden nach und nach ihre eigene Organisationsstruktur heraus und konkurrieren bisweilen erfolgreich mit der Stadt selbst, aber sie bleiben geprägt von einem gewissen gesellschaftlichen Makel, der ihren Bewohnern anhaftet.

Bedeutsam für die Stellung in der Hierarchie von Prestige und Besitz war auch die Wohnsituation. Ein eigenes Haus zu besitzen, war Indiz einer gefestigten sozialen Stellung, auch wenn das Gegenteil nicht unbedingt gleichbedeutend war mit Marginalität. Die mittelalterlichen Städte entwickeln im breiten Umfang ein System der Wohnungsvermietung, das sowohl von ärmeren als auch von bessergestellten Familien genutzt wird. Für die Topographie der Armut werden zwei Perspektiven bedeutsam: die horizontale Verteilung der Häuser und Viertel der Armen und die vertikale Verteilung der Wohnungen der Armen in Kellern und auf Dachböden. In den Städten mit hoher Bevölkerungsdichte breiten sich mehrstöckige Häuser aus, und zugleich werden die Wohnungen der sozialen Stellung der Bewohner angepaßt. So findet man schon im 15. Jahrhundert Gebäude, die überwiegend für Arbeiterwohnungen bestimmt sind, deren Wohnfläche und Ausstattung kläglich ist. In den Vorstädten gibt es wenige Mietshäuser, häufiger dagegen elende Behausungen, die an Notunterkünfte erinnern (in Paris findet man sie im 14. und 15. Jahrhundert auch im Viertel des Temple). Wie Untersuchungen zur Struktur der süddeutschen Städte im 15. und 16. Jahrhundert zeigen, leben viele Familien in den Kellern – manchmal bis zu 10 Prozent der Bevölkerung. Die Wohnsituation der ärmsten Schichten in einigen Städten des Spätmittelalters ist praktisch die gleiche, welche Friedrich Engels im 19. Jahrhundert in Manchester antraf; es entsteht das Phänomen der Slums, das im Laufe der neuzeitlichen Urbanisierung die Lebensweise des Armutsmilieus bestimmen wird. Elemente der Abgrenzung in der sozialen Topographie und damit auch in den Nachbarschaftsbeziehungen zielen auf eine Absonderung der Ärmsten vom Rest der städtischen Gesellschaft.

Diese Darstellung zusammenfassend, können wir sagen, daß das ländliche und städtische Elend, das schon im Spätmittelalter erhebliche Ausmaße angenommen hat, sich in den Rahmen der bestehenden sozialen Strukturen einfügt; es ist ein integrierender Bestandteil der Lebensbedingungen der arbeitenden Klasse, bildet aber die Ausgangssituation für eine potentielle Pauperisierung. Für viele Menschen steht ständig das nackte Überleben auf dem Spiel. Wirtschaftliche Schwankungen machen es von Zeit zu Zeit unmöglich, die wachsende Zahl der Lohnarbeiter zu beschäftigen. Die Gefahren gehen vor allem von dem ständig drohenden Hunger, von der Inflation, von der Unausgeglichenheit des Familienbudgets aus. Gerade in der Stadt äußert sich die Not besonders drastisch, da man für die Ernährung ganz auf den Kauf von Lebensmitteln angewiesen ist. Das Elend ist hier auch spektakulärer, einerseits aufgrund der Polarisierung der Lebensstile in der Stadt, wo sich Luxus und Prunk direkt neben Mangel und Hunger finden, andererseits aufgrund des Charakters der städtischen Siedlung, ihrer Dichte und »Massenhaftigkeit«, die das Leben in den Straßen und an den allgemeinen Treffpunkten (Kirche, Markt, Gasthaus) kennzeichnet. Schließlich überschneidet sich in der Stadt der materielle Mangel mit einem negativen Sozialprestige: Die untersten Kategorien der Stadtbevölkerung werden von der Teilhabe an den städtischen Institutionen und Rechten ausgeschlossen, sie werden benachteiligt und innerhalb der sozialen Topographie ausgegrenzt.

Gegenüber diesem realen Elend, dem Elend der Arbeitenden, erweisen sich sowohl das mittelalterliche Ethos der Armut als auch das System der Almosenvergabe und der Unterstützung in den Spitälern als gleichgültig beziehungsweise unwirksam. Was blieb, war die Solidarität oder Unterstützung der Familie und der Nachbarschaft, die aber nur so lange wirksam waren, wie die Not in ihrem Ausmaß begrenzt blieb. Das Gewohnheitsrecht brachte gewisse Formen der gegenseitigen Hilfe hervor. In England war es üblich, einem alten Pächter, der den Boden nicht mehr bestellen konnte und keine Kinder hatte, weshalb sein Besitz in andere Hände überging, ein kleines Stück Land zu überlassen, zu dessen Bestellung der neue Pächter verpflichtet war. Witwen durften einen Hof übernehmen, ohne Erbschaftssteuer zu bezahlen (solange sie sich nicht wiederverheirateten). Die städtischen Standesorganisationen schufen gewisse institutionelle Formen, die sich im Falle eines Arbeitsunfalls oder eines Schicksalsschlages um die Unterstützung ihrer Mitglieder kümmerten – dies war eine der wesentlichen Funktionen der städtischen Zünfte. Die Hilfe war allerdings dürftig und machte nur einen Bruchteil dessen aus, was zum Überleben nötig war; die Armen von Gent erhielten um 1330 von der örtlichen Heilig-Geist-Tafel, einer karitativen Einrichtung der Pfarrei, pro Jahr etwas mehr als 2,5 kg Brot. Die städtischen Behörden, unterstützt von privaten Stiftungen und wohltätigen Schenkungen, versuchten den Pauperisierungsprozessen entgegenzuwirken. Es ist sicher kein Zufall, daß die Stiftung des Spitals von Ypern im 13. Jahrhundert in eine wirtschaftlich schwierige Zeit fällt. Die Behörden von Brüssel geben 1423 bekannt, alle Personen zwischen 10 und 60 Jahren seien zur Arbeit verpflichtet; sie bieten jenen, die keine Arbeitsgeräte haben, diese leihweise an; den »Hartnäckigen« drohen sie zugleich mit der Verbannung aus der Stadt. Zehn Jahre später wird angeordnet, die »gesunden Bettler« *(mendiants valides)* zu fassen und einzusperren, unter dem Vorwurf, sie störten den öffentlichen Frieden, setzten Häuser in Brand und zettelten Schlägereien an. Die auf die antike und frühmittelalterliche Tradition zurückgehende Verdammung der »gesunden Bettler« schließt das Elend der Arbeiter weitgehend vom Geltungsbereich des Ethos der Armut aus, begegnet ihm mit Mißtrauen, Feindseligkeit und Repressionen.

Der französische Historiker Henri Hauser hat vor etlichen Jahren von einer eigentümlichen »Modernität« des 16. Jahrhunderts gesprochen. Er begründete diese Ansicht weniger mit dem Bild der Kultur jener Epoche als vielmehr mit den sozialen und wirtschaftlichen Prozessen[1]. Henri Hauser erkannte dort *in statu nascendi* die Mehrzahl der Probleme, welche das Leben der modernen Gesellschaft kennzeichnen: die Entstehung der Arbeiterklasse, die Konflikte zwischen Arbeitgebern und Arbeitern, Streiks, Wirtschaftskrisen, Teuerungen, Inflationen und Pauperismus. Maßgebend für die Modernität dieses Jahrhunderts waren außerdem die religiösen Kontroversen, welche die Spaltungen hervorriefen, die für das folgende halbe Jahrtausend bestimmend sein sollten, und die gleichzeitig sich herausbildenden ideologischen Konstruktionen, an die das gesamte gesellschaftliche Denken der Neuzeit anknüpfen sollte.

Die Periodeneinteilungen, die von der Geschichtsschreibung und noch häufiger von der Geschichtsphilosophie verwendet werden, stützen sich gewöhnlich auf willkürlich gewählte Begriffe. Die Universalgeschichte ist, wenn wir unter diesem Begriff makrohistorische Untersuchungen verstehen, durch eine Kontinuität der Prozesse gekennzeichnet. Mikrohistorische Forschung findet unschwer eine Stütze in Periodisierungen, die man als natürlich bezeichnen könnte: In den Lebensdaten der untersuchten Personen und in den Akten, die eine Institution entstehen oder enden lassen. Auch in diesem Falle macht sich übrigens eine gewisse Willkürlichkeit der Einteilungen bemerkbar, wenn man zum Beispiel zu den Begriffen der Jugendlichkeit oder »Reife« einer Person zurückgreifen muß, Begriffen, die in den verschiedenen Epochen und in verschiedenen gesellschaftlichen Umfeldern eine unterschiedliche Bedeutung haben, oder auch zu den Begriffen der »Blüte« und des »Niedergangs« einer Institution, hinter denen sich immer ein Werturteil des Historikers verbirgt, der an dem von ihm dargestellten Material bestimmte Schnitte und Umgruppierungen vornimmt. Wenn wir das Schicksal der großen Kollektive, der Klassen, Nationen oder

[1] H. Hauser, Les origines historiques des problèmes historiques actuels. Paris 1930; ders., La modernité du XVIe siècle. Paris 1930.

Gesellschaften studieren, können wir uns nicht auf irgendwelche natürlichen Einteilungen beziehen. Jede zeitliche Unterteilung erscheint wie ein Schnitt in lebendes Gewebe: Bei den Massenphänomenen spielt die Kontinuität die beherrschende Rolle. Dramatische Ereignisse reichen nicht hinaus über die Schicht von Epiphänomenen des historischen Prozesses, keines von ihnen ist an sich ein Indiz der Veränderung beziehungsweise Beleg eines neuen Zustandes des Kollektives, von dem die Rede ist. Erst in der Rückbeziehung der Ursprünge und Folgen eines solchen dramatischen Ereignisses auf eine Größenordnung kann man seine Bedeutung klären und das Maß seiner Eigentümlichkeit bestimmen. Die Kontinuität, die wir an den Massenprozessen beobachten, bedeutet ja durchaus nicht, daß es in der Dimension des kollektiven Schicksals keinen Wandel gibt. Im Grunde vollziehen sich gerade auf dieser Ebene die offenkundigsten und sichtbarsten Veränderungen. Das Schicksal des Individuums ist an sich einzigartig und verwirklicht sich in Abhängigkeit von den Möglichkeiten und Unmöglichkeiten, die von der historischen Situation geschaffen werden; letztlich gelangen wir auf die Ebene der »Naturgeschichte«, in der die Veränderungen sich so langsam vollziehen, daß der Historiker sie nicht mit den Instrumenten und Methoden seines Faches zu erkennen vermag. Was sich hingegen ändert, sind die Beziehungen zwischen den Menschen, die Systeme des Zusammenlebens, des Konflikts, der Kooperation; es ändern sich die kollektive Sensibilität und die Ausdrucks- und Verständigungsformen. Diese Veränderungen lassen sich jedoch nicht an exakten Zeitpunkten festmachen, sondern vollziehen sich gewöhnlich in sehr langen Zeiträumen, deren Grenzen mit vernünftiger Wahrscheinlichkeit nur näherungsweise zu bestimmen sind, indem man feststellt, daß bestimmte Elemente innerhalb eines kontinuierlichen Prozesses quantitativ überwiegen.

Diese Wahrheit des historischen Denkens ist für den Menschen von heute besonders einsichtig. Denn das 20. Jahrhundert hat ja unablässig dramatische Brüche der Kontinuität mit sich gebracht. Diese Zäsuren betreffen aber, wie die alltägliche Beobachtung zeigt, nur die Oberfläche, unter der sich die Abhängigkeitsverhältnisse, die Lebensformen und die psychosozialen Strukturen unverändert erhalten haben. Gleichzeitig kommt es aber in bestimmten historischen Situationen zu einer gewaltigen »Beschleunigung der Zeit«, zu einer beschleunigten Entwicklung bestimmter Gebiete, Länder oder Regionen, die die Unterschiede zwischen den Gesellschaften verschärft; sie unterscheiden sich jetzt nicht nur durch den materiellen Lebensstandard, das technologische Niveau und die Größe des Sozialprodukts, sondern auch durch ihre innere Struktur, das vorherrschende System der sozialen Beziehungen. Die Beobachtung der gegenwärtigen Situation führt zu zwei grundlegenden Feststellungen. Erstens führt die Tatsache, daß bestimmte Elemente gegenüber anderen überwiegen, zu einem anderen System, einem anderen »Modell«; dieses ist nicht bloß eine gedankliche Konstruktion, mit deren Hilfe man eine komplizierte soziale Realität ordnen (und vereinfachen) kann, sondern auch Ausdruck der real existierenden Verhältnisse; wir haben es also beispielsweise nicht nur mit einem Übergewicht der freien Lohnarbeit gegenüber außerwirtschaftlichem Zwang zu tun, sondern mit einer Struktur, die dieses Übergewicht ständig erzeugt, verstärkt und vergrößert. Zweitens existieren diese unterschiedlichen Systeme der Organisation der zwischenmenschlichen Beziehungen in ein und derselben Epoche nebeneinander. Eine Periodisierung im Sinne des typologischen Denkens muß daher die »historische Zeit« zugrundelegen, die kein absolutes, sondern ein relatives Koordinatensystem ist: Was die nomadischen Gesellschaften und militärisch-feudalen Strukturen von heute von den Systemen des freien Wettbewerbs oder des staatlichen Korporativismus trennt, sind nicht Kalenderjahre, sondern Entwicklungsstufen.

Diese beiden Feststellungen sind als grundlegende methodologische Direktiven von kapitaler Bedeutung für die Sozialgeschichte. Wenn man die Gesellschaften der Vergangenheit unter dem Aspekt der Entwicklungskontinuität untersucht, muß man besonders auf jene historischen Prozesse achten, in denen sich die herrschende Struktur im Sinne des Übergangs von einer Form des gesellschaftlichen Zusammenlebens zur anderen verändert. Im Laufe dieser Prozesse kommt es zu einer unterschiedlich ausgeprägten Ungleichmäßigkeit der Entwicklung, die in der Vergangenheit allerdings nicht das Ausmaß erreicht wie im 20. Jahrhundert. Der Schweizer Wirtschaftshistoriker Paul Bairoch hat den unterschiedlichen Entwicklungsstand der einzelnen Länder im vorindustriellen und im Industriezeitalter miteinander verglichen: In der vorindustriellen Zeit überstiegen die Unterschiede zwischen den einzelnen Ländern nicht das Verhältnis 1 : 3, während sie im Industriezeitalter 1 : 25 betragen. Wir wollen damit sagen, daß unabhängig vom Ausmaß der Unterschiede (es läßt die Bedeutung und das spezifische Gewicht der Rückständigkeit oder Unterentwicklung als Phänomen der Gegenwart hervortreten) diese Differenzen gerade in den Momenten des Umbruchs, des Strukturwandels hervortreten oder sich besonders verschärfen. Unterschiede in der gesellschaftlichen Organisation treten daher nicht nur in der Zeit, sondern auch im Raum auf.

Allein schon diese letztere Überlegung macht es einem schwer, die Ansicht von einer eigentümlichen »Modernität« des 16. Jahrhunderts innerhalb der europäischen Sozialgeschichte vorbehaltlos zu akzeptieren. Diese Ansicht wäre besser zu begründen, beschränkte man sich auf den Bereich des gesellschaftlichen Bewußtseins, insbesondere darauf, wie es sich in den Wirtschafts- und Gesellschaftstheorien niederschlägt. Gerade im 16. Jahrhundert wird man sich der neuen Dimension der sozialen Probleme in einem gewissen Sinne bewußt. Das Problem der Haltung gegenüber den Bettlern – und gegenüber dem sozialen Elend allgemein – äußert sich in den Kontroversen zwischen den Theologen verschiedener Konfessionen, in der katholischen und der protestantischen Reformbewegung sowie im humanistischen Denken als Sorge über die Richtung der gesellschaftlichen Entwicklung, als Sorge über die Besonderheiten der neuen Realität; wir werden darauf noch näher eingehen. Diese geistige Bewegung und die mit ihr einhergehenden institutionellen Reformen des 16. Jahrhunderts beruhen jedoch auf weiter zurückliegenden Veränderungen. Die Prozesse, aus denen die moderne Gesellschaft (man kann auch sagen: die Gesellschaft der »frühen Neuzeit«) hervorgeht, sind in den Jahren 1320–1420 zu suchen, in der ersten »großen Krise« der Feudalgesellschaft; im 17. Jahrhundert dagegen, in der zweiten »allgemeinen Krise« des Feudalismus, treten sowohl die Mängel des alten Systems als auch die sozialen Probleme der entstehenden kapitalistischen Ordnung zutage. Diese Erscheinungen und ihre Folgen – die Antwort auf die »Herausforderung der Zeit« – nahmen in den verschiedenen Entwicklungsgebieten einen unterschiedlichen Verlauf.

Wir haben, als wir die Stellung der Armut und der Armen in der mittelalterlichen Gesellschaft behandelten, den Veränderungen dieser Phänomene von Jahr zu Jahr und von Jahrzehnt zu Jahrzehnt wenig Beachtung geschenkt. Das bedeutet aber nicht, daß es im Mittelalter keinerlei Dynamik und keine materiellen Differenzierungen zwischen Individuen und Gruppen gegeben hätte. Aus der Chronik der Mißernten und Hungersnöte läßt sich eine spezifische soziale Konjunktur herauslesen, die gekennzeichnet ist durch physiologisches Elend von wechselndem Umfang. Es handelt sich jedoch um zeitlich befristete Notlagen, die keine Veränderung im sozialen Status und damit keine dauerhafte Absonderung von pauperisierten Gruppen nach sich ziehen. Bedeutsam für die Formen der Armut im Mittelalter sind indes, wie wir schon sagten, das Vordringen der Geldwirtschaft und die Urbanisationsprozesse; gerade durch diese Erscheinungen wird die innere Differenzierung der Gesellschaft und besonders die Pauperisierung einiger Gruppen enorm beschleunigt. Es ist die soziale Konjunktur, die für die räumliche und zeitliche Verteilung dieser Phänomene sorgt.

1. Die soziale Konjunktur

Die Zeitabschnitte, die von den Historikern als Spätmittelalter und frühe Neuzeit bezeichnet werden, bilden in der Geschichte Europas eine Periode mannigfaltiger wirtschaftlicher und sozialer Veränderungen. Der Historiker sieht hier vor allem zeitlich asynchrone und räumlich zerstreute Erscheinungen, die sich nur schwerlich zu einem Gesamtbild fügen. Von großer Bedeutung ist dabei die Existenzweise der traditionellen Gesellschaften. Das wirtschaftliche und gesellschaftliche Leben vollzieht sich in dieser Zeit in einem lokalen Rahmen; die Kontaktmöglichkeiten zwischen den Menschen, die Transportmittel für Menschen, Waren und Ideen und die Tauschmöglichkeiten sind während dieser ganzen Zeit bis hin zur industriellen Revolution begrenzt; der wirtschaftliche und kulturelle Horizont wird überwiegend vom Kirchturm bestimmt, nicht vom Pulsschlag des internationalen Handels und Kredits, der sich in den europäischen Handelsmetropolen Brügge, Antwerpen, Venedig und Amsterdam bemerkbar macht. Die Hochseeschiffahrt und die großen geographischen Entdeckungen dringen nur langsam ins gesellschaftliche Bewußtsein dieser Zeit ein, sie durchbrechen nicht die lokalen Beschränkungen der Wirtschaftsweise und des gesellschaftlichen Lebens. Unterschiedliche Entwicklungswege und -möglichkeiten finden wir daher nicht nur zwischen einzelnen Ländern oder Staaten, die erst mit der Entwicklung eines kapitalistischen Binnenmarktes zu wirtschaftlicher Geschlossenheit gelangen, sondern auch zwischen einzelnen Regionen, deren Möglichkeiten mehr oder weniger durch die natürlichen und historischen Bedingungen bestimmt sind. Wenn man gewisse Vereinfachungen in Kauf nimmt, lassen sich dennoch globale Entwicklungstendenzen der europäischen Gesellschaften erkennen.

Man kann sogar sagen, daß die Übereinstimmungen im Lebens- und Entwicklungsrhythmus des damaligen Europa, wie sie von der zeitgenössischen Forschung festgestellt wurden, unter diesen Bedingungen erstaunlich sind. Die Wirtschaftsgeschichte verfügt, was jene Zeit angeht, über nicht gerade perfekte Forschungsinstrumente, doch kann man aufgrund der prästatistischen Quellenlage den Stand und die Tendenz der Entwicklung zumindest größenordnungsmäßig und in einigen Proportionen erkennen. Die Bewegung der Preise und Löhne gibt ganz allgemeine Anhaltspunkte über die Produktion und den Austausch von Waren (aber auch von Menschen); die historische Demographie liefert Angaben über den Stand und die Veränderungen der Bevölkerungszahlen; schließlich kann man Informationen über den Geldumlauf und den Münzgehalt des Geldes sehr oft als ein allgemeines Indiz – als eine Art von Seismograph, nach der Definition von Marc Bloch – der wirtschaftlichen Rhythmen auffassen. Uns haben jedoch vor allem die sozialen Konsequenzen der wirtschaftlichen Entwicklung zu interessieren, die Wandlungen der gesellschaftlichen Strukturen und der Beziehungen zwischen Reichtum und Armut, also die soziale Konjunktur. Wir verfügen für die vorindustrielle Zeit – angesichts der verfügbaren Quellen sollten wir vielleicht besser sagen: für die vorstatistische Zeit – nicht über einheitliche Indizien, die es uns erlauben würden, uns in begründeter Weise über die soziale Konjunktur, ihre langfristigen Tendenzen und besonders ihre kurzfristigen Schwankungen zu äußern. Wenn man aber einmal annimmt, daß es vor allem auf die langfristigen Tendenzen und die strukturellen Veränderungen ankommt, dann kann man hoffen, auf dem Weg über die wirtschaftlichen Entwicklungstendenzen und die entsetzlichen Dramen der Neuzeit, wie es die Ernährungskrisen waren, Aufschluß über das Phänomen des »Massenelends« zu gewinnen. Zunächst werden wir uns mit Generallinien der europäischen Entwicklung seit dem Spätmittelalter befassen müssen, um uns dann lokalen Besonderheiten zuzuwenden.

Die Historiker, die in den Angaben über die Preise Anhaltspunkte für die Tendenz der wirtschaftlichen Entwicklung suchten, haben festgestellt, daß vom Beginn des 12. Jahrhunderts an, als erstmals Informationen darüber vorliegen, bis zum zweiten Viertel des 14. Jahrhunderts die Preise steigen; dieser Anstieg ist Beleg für eine allgemeine Ausweitung des Wirtschaftslebens, während man aus dem Abknicken dieses Trends in der Mitte des 14. Jahrhunderts auf eine tiefe Krise der europäischen Wirtschaft schließen kann. Man kann gegen die Untersuchungsmethode, die sich auf die Preisbewegungen stützt, viele begründete Zweifel vorbringen. Vor allem die Alltagserfahrung der Gegenwart, aber auch wirtschaftshistorische Untersuchungen lehren uns, daß ein Preisanstieg nicht immer als ein Indiz der wirtschaftlichen Entwicklung aufgefaßt werden darf. Auch stellt sich die Frage, inwieweit die Preisbewegungen über die Realität Aufschluß geben, denn unter den Bedingungen der Agrargesellschaft, in der Elemente der Naturalwirtschaft weiterhin von größter Bedeutung sind, spielt der Markt nicht die Rolle einer universalen Grundlage des Wirtschaftslebens. Doch ungeachtet dieser Zweifel wird das Konjunkturbild, das sich aus den Preisbewegungen ergibt, auch durch alle übrigen Indikatoren der Wirtschaftsentwicklung bestätigt. Die Erscheinungen, die man zusammenfassend als »Krise des 14. Jahrhunderts« bezeichnet, deuten darauf hin, daß es in weiten Gebieten der westlichen Länder sowohl in der ländlichen wie in der städtischen Wirtschaft in dieser Zeit zu einer Krise kommt, die so langwierig und tief ist, daß man von einer Strukturkrise sprechen kann.

Die Krise des 14. Jahrhunderts hat in der Geschichtsschreibung der letzten Jahrzehnte starke Beachtung gefunden, und unter den vielfältigen Deutungen erfreut sich die demographische These besonderer Beliebtheit. Nach dieser These stieß der Bevölkerungsanstieg, einer der Faktoren der wirtschaftlichen Expansion in den vorangegangenen Jahrhunderten, an die Grenzen der technischen Möglichkeiten. Die Bestellung immer schlechterer Böden und die Erschöpfung des Bodens infolge eines unzureichenden Düngesystems und niedriger Investitionen in die Landwirtschaft führten zu einem fortschreitenden Verfall des Ertrags der Landarbeit. Die Ernten hielten sich auf dem bisherigen Niveau, während die Bevölkerungszahl weiterhin stieg; in den führenden Regionen Westeuropas lag der Bevölkerungsanstieg während der zweiten Hälfte des 13. Jahrhunderts über 10 Prozent, doch die Landwirtschaft, bereits an den Grenzen ihrer Produktionsmöglichkeiten, konnte diese zusätzliche Last nicht mehr tragen. Der Anstieg der Preise für

Agrarprodukte am Ende des 13. Jahrhunderts – zwischen 1287 und 1303 verdoppelt sich der Preis für Brotgetreide in der Region von Paris – kann als Beleg für diese eigentümliche »Überhitzung« der Wirtschaftsmechanismen unter dem Einfluß des Bevölkerungsdrucks betrachtet werden. Die Ernährungskrise der Jahre 1315–1317 und die in die gleiche Zeit fallende Serie von tödlichen Hungersnöten und Epidemien waren in erster Linie auf die ungünstigen klimatischen Bedingungen im Norden und Westen Europas zurückzuführen, machten aber zugleich die Kluft zwischen der Bevölkerungsentwicklung und den Nahrungsmittelvorräten sowie den Möglichkeiten der landwirtschaftlichen Produktion auf dramatische Weise deutlich.

Die demographische These bietet, wie ihre Kritiker mit Recht betont haben, eher eine Beschreibung der Phänomene als deren Erklärung. Der Bevölkerungsdruck erklärt nicht den Mechanismus der Krise des 14. Jahrhunderts, da der Schwarze Tod, dem wohl ein Drittel der Bevölkerung des Westens zum Opfer fiel, die Situation nicht grundlegend veränderte. Die große Epidemie der Jahre 1348–1351 und die sich daran anschließende Welle des »Massensterbens« ließ vielmehr in aller Deutlichkeit die Unzulänglichkeiten des wirtschaftlichen Lebens hervortreten. Das Bevölkerungsproblem muß daher vor allem im Kontext der sozialen Situation jener Zeit und der inneren Struktur des mittelalterlichen Bevölkerungswachstums erörtert werden.

Die Bevölkerungsexpansion im ersten Viertel unseres Jahrtausends war die Grundlage umfassender Urbanisierungsprozesse in ganz Europa. In einigen Metropolen wie Paris oder den norditalienischen Großstädten ging die Bevölkerungszunahme bis an die Grenzen der Ernährungsmöglichkeiten. Noch deutlicher tritt die Hypertrophie der Stadtentwicklung bei einer Vielzahl kleinerer Zentren zutage; vielfach konzentrierte sich in ihnen eine Bevölkerung, die den Personalbedarf des örtlichen Marktes um ein Vielfaches überstieg, ohne daß man eine Produktion geschaffen hätte, die wir als typisch städtisch bezeichnen könnten. Man hat nicht zu Unrecht bemerkt, daß Städte wie Millau, Rodez oder Castres in der südfranzösischen Landschaft Rouergue vor allem Zufluchtsstätten für den ländlichen Bevölkerungsüberschuß waren und ihr Wachstum weniger vom wirtschaftlichen Wohlergehen der Region, sondern vielmehr von ihrer Übervölkerung und Armut zeugte. Die verbreitete landwirtschaftliche Betätigung in Städten dieser Art sicherte ihnen eine weitgehende Selbstversorgung mit Nahrungsmitteln. Das

Hauptproblem bestand jedoch nicht in der Schwierigkeit, eine wachsende Stadtbevölkerung zu ernähren, sondern darin, daß unter den Bedingungen einer wenig elastischen Nachfrage nach Arbeitskräften und einer starren Zunftstruktur in der Stadt eine nicht stabilisierte Masse wuchs, die nur gelegentlich Arbeit fand und deren Existenz von den Schwankungen der Konjunktur abhing. Dramatischen Mißernten waren die Städte – die großen wie die kleinen – nicht wehrlos ausgeliefert, weil man sich im Hinblick auf die Nahrungsbedürfnisse der Stadt angewöhnt hatte, Vorräte anzulegen; dennoch hatte eine ungünstige konjunkturelle Entwicklung, ob sie nun die Erzeugung und den Handel von landwirtschaftlichen Produkten oder den Handel mit handwerklichen Erzeugnissen betraf, ernste Konsequenzen auch für die Stadtbevölkerung. Man muß das Phänomen der Übervölkerung im spätmittelalterlichen Europa in seinen Zusammenhängen sehen. Zwischen der Bevölkerungsentwicklung und der Wirtschaftsentwicklung war eine Kluft entstanden, die Dynamik der ersteren steht im Widerspruch zur Stagnation der Produktion und wird nicht durch eine steigende Arbeitsproduktivität aufgefangen. Der Anstieg der Stadtbevölkerung und die Hypertrophie der Stadtentwicklung deuten darauf hin, daß man die Bevölkerungsproblematik im engen Zusammenhang mit den allgemeinen Entwicklungsbedingungen der Landwirtschaft in der mittelalterlichen Gesellschaft sehen muß.

Eine der Folgen der Bevölkerungsexpansion war eine weitgehende Zersplitterung des bäuerlichen Besitzes. Allein schon die soziale Organisation des Wirtschaftslebens der Feudalgesellschaft blockierte im 14. Jahrhundert deren weitere Entwicklung: Die Mehrheit der Bauern war wirtschaftlich nicht in der Lage, irgendwelche Investitionen zu tätigen, die Möglichkeiten, ihre eigenen Felder zu düngen, waren begrenzt, und schließlich wurde die drückende Ausbeutung durch den Grundherrn und den Fiskus zu einer Existenzgefährdung. Das Vordringen von Marktbeziehungen auf dem Lande trug zu einer wachsenden materiellen Differenzierung unter der bäuerlichen Bevölkerung und zur Entstehung einer Gruppe von wohlhabenden Bauern bei. Das grundlegende Phänomen ist jedoch die zahlenmäßige Zunahme der bäuerlichen Kleinbetriebe, die, an der Grenze der wirtschaftlichen Leistungsfähigkeit, ernsteren Widrigkeiten nicht gewachsen sind. Die wachsende Last der Dienstleistungen und Steuern führt zu einem raschen wirtschaftlichen Niedergang dieser Betriebe und schlägt sich auch in der Struktur der Ernährung der mit ihnen verbundenen bäuerlichen Familien nieder. Nach Ansicht des amerikanischen Historikers N. J. G. Founds erreichte die Unterernährung der Massen an der Wende vom 13. zum 14. Jahrhundert ein in Europa bis dahin unbekanntes Ausmaß. Die Ursache der Krise liegt daher in den gesellschaftlichen Verhältnissen des Feudalsystems und der aus ihnen folgenden Verwendung der Produktionsüberschüsse, denn die Bauern, die den Ertrag des Bodens und ihrer Arbeit nicht steigern konnten, hatten nur in seltenen Fällen Gelegenheit, materielle Mittel (oder Kapital) zu akkumulieren, während die feudale Klasse, die über den größten Teil der Produktionsüberschüsse verfügen kann, noch keinen Anreiz sieht, in die landwirtschaftliche Produktion zu investieren.

Im ersten Viertel des 14. Jahrhunderts gibt es deutliche Anzeichen dafür, daß das Bevölkerungswachstum zum Stillstand kommt. Manches deutet darauf hin, daß dies mit der hohen Sterblichkeit zusammenhing. Untersuchungen über die bäuerliche Bevölkerung der Abtei von Winchester haben gezeigt, daß die Sterblichkeitsrate in den Jahren 1292–1347 zwischen 40 und 52 Prozent schwankte – ein unerhört hoher Wert. Die Kluft zwischen Bevölkerungswachstum und Wirtschaftswachstum war folglich ein vorübergehendes Phänomen. Die Blockierung der Möglichkeiten, den Ertrag der Arbeit und des Bodens zu steigern, von der oben die Rede war, führt dazu, daß das Bevölkerungswachstum zum Stillstand kommt. Der biologische Mechanismus einer hohen Sterblichkeit der unterernährten bäuerlichen Massen hat seine Wurzeln in den sozioökonomischen Strukturen.

Die Wende der allgemeinen Wirtschaftskonjunktur äußert sich darin, daß die Getreidepreise nicht mehr steigen und seit dem Ende der Ernährungskrise der Jahre 1315–1317 deutlich zu sinken beginnen. Gleichzeitig zeigen die Preise für handwerkliche (oder industrielle) Produkte eine steigende Tendenz, was zu dem sogenannten Phänomen der »Preisschere« führt. Ohne uns hier auf eine Interpretation dieses komplexen Vorgangs einzulassen – Wilhelm Abel erklärt ihn mit der gesunkenen Nachfrage nach landwirtschaftlichen Erzeugnissen infolge der Bevölkerungsverluste, Guy Bois dagegen mit den unterschiedlichen Produktionskosten in der Stadt und auf dem Lande –, können wir es als einen der Faktoren der Strukturkrise der Feudalgesellschaft und der »agrarischen Depression« des 14. Jahrhunderts betrachten. Der Schwarze Tod verdeutlicht und verschärft diese Krise.

Das Massensterben löst jedoch keinen der Widersprüche dieser Zeit. Man hätte ja erwarten können, daß der Bevölkerungsdruck infolge der Schwarzen Pest nachließ und der Widerspruch zwischen Bevölkerungswachstum und Ernährungsmöglichkeiten verschwand. So kam es jedoch nicht, und das Zwillingspaar Hunger und Epidemie grassierte auch in der zweiten Hälfte des 14. Jahrhunderts weiter. Ruggiero Romano hat auf eine recht interessante Passage in der Chronik des Matteo Villani hingewiesen. Der florentinische Chronist schreibt dort: »Man hat gemeint, durch den Mangel an Menschen müsse ein Überfluß an allen Dingen entstehen, welche die Erde hervorbringt, doch im Gegenteil, durch die Undankbarkeit der Menschen ist es zu einem ungewöhnlichen Mangel an allen Dingen gekommen, und so ist es lange geblieben: in einigen Ländern aber, wovon wir bei Gelegenheit erzählen werden, kam es zu schweren und ungewöhnlichen Hungersnöten. Zudem meinte man, es werde in Hülle und Fülle Kleider und all die übrigen Dinge geben, die der menschliche Körper außer dem Essen benötigt, doch das Gegenteil ist eingetreten, und auf lange Zeit (...). Der Arbeitslohn und die Erzeugnisse aller Künste und Gewerbe steigen dagegen auf mehr als das Doppelte des Gewohnten.«[2]

Das Erstaunliche an diesem Text ist nicht nur die Scharfsinnigkeit der Beschreibung; er zeigt vielmehr auch, wie sehr die Zeitgenossen sich der Richtung der Veränderung bewußt waren, daß sie sich ähnliche Fragen stellten, wie sie heute in der geschichtlichen Forschung über diese Zeit behandelt werden.

Die grundlegenden Konturen und der Verlauf der sozialen Veränderungen dieser Zeit vermitteln ein komplexes Bild. Obendrein verläuft die Entwicklung in den einzelnen Zonen Europas sehr unterschiedlich – wir werden auf dieses Problem noch zurückkommen. In Westeuropa herrscht die Tendenz vor, daß die bäuerliche Wirtschaft innerhalb der Landwirtschaft allgemein an Bedeutung gewinnt. Die Großgrundbesitzer haben angesichts niedriger Agrarpreise und hoher Löhne kein Interesse, in die technische Entwicklung ihrer Landgüter zu investieren. Innerhalb der herrschaftlichen Domänen schrumpft die Anbaufläche; die Bauern nutzen dies, um ihre Höfe zu erweitern und größere Flächen zu pachten. Auch die soziale und rechtliche

[2] Giovanni, Matteo e Filippo Villani, Croniche. Bd. 2, Triest 1858, S. 9f.

Lage der Landbevölkerung bessert sich, denn die Reste der Hörigkeit verschwinden. Die Leistungen der Bauern zugunsten der Herren erfolgen überwiegend in Geldform und in einer festgelegten Höhe (nur in Italien und Frankreich gibt es ein verbreitetes System der Halbpacht, bei der die Hälfte der Ernte abzuliefern ist), so daß die reale Belastung angesichts der Geldentwertung sinkt. Die Situation begünstigt eine rasche Schichtenbildung innerhalb der Landbevölkerung. Die positiven Möglichkeiten werden vor allem, wenn nicht ausschließlich, von der Gruppe der begüterten Bauern genutzt; sie häufen Land und Kapital, sie sind in der Lage, zusätzliche Ländereien in Pacht zu nehmen oder zu kaufen, in den Viehbestand und in technische Verbesserungen zu investieren, neue Kulturen zu entwickeln, dort, wo es sich auszahlt, Lohnarbeit in Anspruch zu nehmen oder die nicht sehr arbeitsintensive Viehzucht zu entwickeln. Die Masse der Bauern ist dagegen nicht imstande, die Möglichkeiten der neuen Situation zu nutzen, sondern fällt der Wirkung der Marktmechanismen zum Opfer. Steuerlisten über die Landbevölkerung des Burgund und der Niederlande belegen, daß die Zahl der Bauern, die außerstande sind, eine selbständige wirtschaftliche Existenz aufrechtzuerhalten, stark ansteigt.

Kompliziert ist auch die Situation auf dem Arbeitsmarkt. Das sinkende Arbeitskraftangebot, eine Folge des stockenden Bevölkerungszuwachses und der Serie von Epidemien im 14. Jahrhundert, führt zu einem erheblichen Anstieg der Löhne. Darüber beschweren sich die Arbeitgeber, die die staatlichen und örtlichen Behörden zu energischen Maßnahmen veranlassen. In Frankreich wendet sich eine Ordonnanz Johanns des Guten im Jahre 1351 in scharfen Worten gegen die Landstreicher, die ihre bisherige Arbeit nicht wieder aufnehmen wollen (nicht, wie man vermuten darf, zu den bisherigen Bedingungen). Einige Jahre später, im November 1354, befaßt sich eine neue Ordonnanz mit dem Problem der Lohnarbeiter und der Löhne, in dem bezeichnenden Kontext der Teuerung der Waren; die Verkäufer rechtfertigen ihre hohen Preise damit, daß »die Arbeiter nicht arbeiten wollen, – wenn sie nicht entsprechend ihren Forderungen bezahlt werden, die aber so übertrieben sind, daß der Preis der Produkte notwendig hoch sein muß«. Wenn dagegen in Verordnungen ein bestimmter Tagelohn festgelegt ist, sind die Arbeiter nur bereit, im Akkord zu arbeiten, um auf diese Weise die Bestimmungen zu umgehen, oder sie lehnen die Arbeit ab und beschließen, sogar ihre Familien und ihren Heimatort zu verlassen und dorthin zu gehen, wo derartige Verordnungen nicht gelten. Häufig, so heißt es in der Ordonnanz weiter, verlangen sie zusätzlich zu dem festgelegten Lohn verschiedene Leistungen wie Wein, Fleisch und »andere Dinge, die ihnen von Standes wegen überhaupt nicht zustehen«. Viele Arbeiter geben sich schließlich dem Müßiggang hin, ziehen durch die Wirtshäuser und brüsten sich, sie bräuchten bei einem derart hohen Lohn nur zwei Tage in der Woche zu arbeiten. Deutlich ist aus dieser Beschreibung das Klasseninteresse der Arbeitgeber herauszuhören, deren Argumente die königliche Ordonnanz sich zu eigen macht. Eindeutig ist denn auch der Beschluß: Wer körperlich gesund ist und bisher von Lohnarbeit gelebt hat, hat sofort an die Arbeit zu gehen, bei Strafe des Prangers, der Brandmarkung oder der Verbannung. Das ist gleichbedeutend mit einer Pflicht zur Arbeit zu den vom Arbeitgeber festgelegten Bedingungen. Brutaler außerökonomischer Zwang bricht in die Beziehungen des Arbeitsmarktes ein. Eine Reihe von königlichen und örtlichen Verordnungen (aus den sechziger, achtziger und neunziger Jahren des 14. Jahrhunderts) setzte diese Politik des Kampfes gegen die »überhöhten Löhne« und die Landstreicherei fort.

In England wurde 1349 unter Edward III. die ›Ordinance of Labourers‹ verkündet, mit der allen körperlich gesunden Personen eine Arbeitspflicht auferlegt wurde. Zwei Jahre später erläßt das englische Parlament eine neue Verordnung mit dem gleichen Tenor. Die Statuten für die Arbeiter umreißen erschöpfend eine sozialpolitische Doktrin für die Situation nach der Schwarzen Pest. Die Arbeitspflicht (die allen Arbeitsfähigen bis zum sechzigsten Lebensjahr auferlegt wird) wird ergänzt durch die Pflicht, Löhne in der Höhe des Durchschnittslohnes von 1325 zu akzeptieren. Außerdem wird den Arbeitgebern verboten, einen höheren Lohn zu bieten, als ihn die Statuten vorsehen. Schließlich werden weitgehende Beschränkungen der Marktmechanismen bezüglich der Lohnarbeiter eingeführt: Vor Ablauf des Vertrages darf kein Arbeiter seinen Arbeitsplatz verlassen, und kein Grundbesitzer darf solche »entlaufenen« Arbeiter beschäftigen; den Grundbesitzern wird das Recht zugestanden, vorrangig den Bewohnern ihres Dorfes Arbeit zu geben.

Die Monarchien der Iberischen Halbinsel reagieren ebenfalls mit einer Reihe von Dekreten auf die nach dem Schwarzen Tod eingetretene gesellschaftliche Situation. Peter III. von Aragón beruft im Jahre 1349 eigens eine Kommission, die sich mit dem Problem der Arbeitslöhne befassen soll. Die Cortes von Aragón legen in den Jahren 1349 und 1350 für die Löhne der Schneider, Schmiede, Gerber, Zimmerleute, Steinmetzen, Landarbeiter, Hirten sowie des Dienstpersonals eine Obergrenze fest, um auf diese Weise deren übermäßigen Forderungen Einhalt zu gebieten: Sie sollen tatsächlich vier- bis fünfmal so hohe Löhne verlangt haben wie vor dem Schwarzen Tod. Ähnliche Beschlüsse faßten die Cortes von Kastilien in Valladolid im Jahre 1351; darin wurde ein Höchstlohn festgelegt, und alle gesunden Personen (über zwölf Jahre) wurden verpflichtet, unverzüglich eine Arbeit aufzunehmen; eine unter Eid abgegebene und von zwei Personen bestätigte Anzeige genügte, um einen unbotmäßigen Arbeiter wie einen Landstreicher zu verurteilen. Noch härtere Maßnahmen ergriff man in Portugal. Beginnend mit einem Erlaß Alfons IV. aus dem Jahre 1349 ergingen eine Reihe von Verordnungen, die vorschrieben, zu den Bedingungen zu arbeiten, die vor der Epidemie bestanden hatten, beim Lohn eine bestimmte Obergrenze nicht zu überschreiten und den bisherigen Arbeitsplatz beizubehalten. Man ging gegen die Wanderarbeit vor, die man mit Landstreicherei gleichsetzte; für den Wechsel des Wohnortes (wie für das Betteln) wurde eine spezielle Erlaubnis eingeführt. Die ›Lei das Sesmarias‹ von 1375 brachte in Portugal die Zwangsarbeit für Landstreicher, und in Kastilien wurde 1381 jedem, der einen Landstreicher aufgriff, erlaubt, diesen einen Monat lang ohne Entlohnung für sich arbeiten zu lassen.

Derartige Gesetze wurden in den einzelnen Ländern Europas auf unterschiedliche Weise verwirklicht, wahrscheinlich nur mit begrenzter Wirksamkeit. Schließlich konnte man, wie ein englischer Historiker gesagt hat, den Schwarzen Tod nicht rückgängig machen, die Gesetze konnten also die Situation, wie sie vor der Krise bestanden hatte, nicht wiederherstellen. Sie hemmten jedoch vermutlich den Anstieg der Löhne und behinderten den Mechanismus von Angebot und Nachfrage auf dem Arbeitsmarkt. Die Grundtendenz der spätmittelalterlichen Gesetzgebung bezüglich der Arbeitslöhne ist jedoch eindeutig: Es wird nur eine Obergrenze festgelegt. Gegenüber den Arbeitern sind Zwangs- und Repressionsmaßnahmen erlaubt, die Arbeitsverweigerung gilt als ein Verbrechen, und in den diagnostischen Situationsbeschreibungen kommen ausschließlich die Argumente und Interessen der Arbeitgeber zum Ausdruck. Man kann also sagen, daß in all diesen Erlassen stark verkürzt die Grundprinzipien der Sozialpolitik der Neuzeit enthalten sind.

Die Situation nach dem Schwarzen Tod ist unzweifelhaft

durch ein geschrumpftes Angebot an Arbeitskräften gekennzeichnet. Durch die hohe Sterblichkeit während der nachfolgenden Epidemien des 14. Jahrhunderts wurde diese Situation noch verschärft. Man hat berechnet, daß in der Normandie, wo wie in anderen Regionen Europas 30 Prozent der Landbevölkerung dem Schwarzen Tod zum Opfer fielen, den Epidemien der Jahre 1357–1374 ein weiterer Bevölkerungsrückgang von über 20 Prozent zuzuschreiben ist; jedenfalls verlor die Normandie unabhängig von der Sterblichkeit während der einzelnen Epidemien in den Jahren 1357–1374 über die Hälfte ihrer ländlichen Bevölkerung. Für die städtische Bevölkerung sah die Verlustbilanz ähnlich aus. Die fragmentarischen Daten, über die wir verfügen, um uns von den Zusammenhängen zwischen Sterblichkeit und sozialer Schichtung ein Bild zu machen, deuten darauf hin, daß, wie zu erwarten, die ärmeren Schichten der Epidemie in höherem Maße zum Opfer fielen als die höheren Schichten. Das Verhältnis zwischen Angebot und Nachfrage nach Arbeitskraft gestaltete sich daher günstig für diejenigen, die ihre Arbeit anboten.

Gerade diese Situation sollte nach Ansicht einiger Historiker zu einem »goldenen Zeitalter der Lohnarbeiter« führen. Ihre Löhne stiegen unablässig bis zur Mitte des 15. Jahrhunderts und blieben auch in der zweiten Hälfte des 15. Jahrhunderts noch auf einem hohen Niveau. Die Kurve der langfristigen Entwicklung der nach der Kaufkraft berechneten Reallöhne zeigt, daß diese in der Mitte des 14. Jahrhunderts einen Höhepunkt erreichten, der erst im 19. Jahrhundert überschritten wurde. Die These von einem »goldenen Zeitalter des Lohnarbeiters«, die von dem englischen Wirtschaftswissenschaftler Theodor Rogers in der Mitte des vorigen Jahrhunderts ebenso vertreten wurde wie in unserer Zeit von dem deutschen Wirtschaftshistoriker Wilhelm Abel, ist allerdings durch neuere Untersuchungen zweifelhaft geworden.

Zunächst muß darauf hingewiesen werden, daß die Ermittlung der Kaufkraft der Löhne von Landarbeitern auf Vorbehalte stößt. Eine Grundversorgung erwarben sie sich unabhängig vom Markt: Sie besaßen eigene Parzellen, die von Familienangehörigen nebenbei bestellt wurden, und sie bekamen am Arbeitsplatz zu essen; wenn also ihre Reallöhne stiegen, wie es sich hauptsächlich aus dem Rückgang des Getreidepreises ergibt, so verdeckt das doch die Tatsache, daß die Preise für Fleisch, Fisch und Wein, also für Nahrungsprodukte, die sie kauften, nicht im gleichen Maße sanken wie der Getreidepreis, von den weiterhin hohen Preisen für handwerkliche Erzeugnisse ganz zu schweigen.

Die These vom »goldenen Zeitalter« stützte sich in erster Linie auf Daten bezüglich der handwerklichen Lohnarbeiter. Nach der von Wilhelm Abel angewandten Methode wurden sowohl die Nominal- als auch die Reallöhne errechnet, und die so erhaltenen Angaben deuteten auf ein hohes Verdienstniveau im Handwerk. Detaillierte monographische Analysen ergeben jedoch ein ganz anderes Bild. Hier sei auf zwei Beispiele eingegangen, das von Brügge und das von Florenz.

Fernand Braudel hat eine hypothetische Berechnung des Budgets einer Arbeiterfamilie angestellt. Unter der Annahme, ein Arbeitsjahr umfasse durchschnittlich 250 bis 300 Tage zu je zehn bis zwölf Arbeitsstunden, gelangte er zu rund 3000 Arbeitsstunden pro Jahr, während er für den Verbrauch einer durchschnittlichen Arbeiterfamilie (vier Personen) rund 12 Doppelzentner Weizen errechnete. In den Untersuchungen über den Reallohn geht man von der Annahme aus, daß die Lebenssituation schwer ist, wenn der Erwerb eines Doppelzentners Getreide über 100 Arbeitsstunden erfordert, daß die Existenz der Familie gefährdet ist, wenn er über 200 Arbeitsstunden erfordert, und daß wir vor einer Situation des Hungers stehen, wenn 300 Arbeitsstunden überschritten werden. Der belgische Forscher Jean Pierre Sosson hat diese Meßzahlen benutzt, um die Entwicklung der realen Verdienste von Beschäftigten im Baugewerbe in Brügge darzustellen, und zwar für den Zimmermeister, den Zimmergesellen und den Bauhilfsarbeiter *(terrassier)*. Die unterschiedliche Entlohnung dieser drei Kategorien ist aufschlußreich: Der Geselle verdiente halb soviel wie der Meister, während die *terrassiers*, eine Kategorie mit geringer Qualifikation, die keinem Berufsverband angehörte, gewöhnlich rund 20 Prozent weniger verdienten als die Gesellen. Vergleiche für die Jahre 1360–1490 zeigen, daß bei den Meistern nur in den Jahren 1437–1439 und in den Jahren 1481–1483 die Verdienste auf die erste Gefahrenstufe absinken, also die Linie 100 überschreiten. Bei den beiden übrigen Kategorien wird während dieser beiden Ernährungskrisen – die letztere ist allgemein und erfaßt weite Teile Europas – die Linie 200 überschritten, während die Linie 100 ständig überschritten wird; in 46 von 101 Jahren, für die noch Daten erhalten sind, wird die Grenze von 100 Arbeitsstunden für den Doppelzentner Getreide überschritten, und oft kommt man der nächsten kritischen Grenze nahe.

Eine Untersuchung über die sozialen Verhältnisse im Florenz des 14. Jahrhunderts, wo sich die ersten Ansätze von kapitalistischen Strukturen besonders früh entwickelten, hat gezeigt, daß unter den Handwerkern in beträchtlichem Umfang Armut herrschte. Angesichts der Verarmung einer großen Zahl der selbständigen Meister und der in der zweiten Hälfte des 14. Jahrhunderts deutlichen Zurückhaltung bei Investitionen im handwerklichen Sektor kann man von einer Krise des florentinischen Handwerks in dieser Zeit sprechen. Das Elend macht sich aber vor allem unter den Lohnarbeitern breit. Charles de la Roncière beruft sich in seinen Untersuchungen über den realen Wert der Arbeitslöhne im Florenz des 14. Jahrhunderts auf eine Berechnung des Kalorienwerts. Er hat den Wert des Tagelohns in Kalorien umgerechnet und am Beispiel einer Familie von vier Personen auf der Grundlage von Rechnungen des florentinischen Spitals Santa Maria Nuova das Einkommen der Familie eines Gärtners, eines Bauhelfers und eines Maurers dargestellt. Die lebensnotwendige Kalorienmenge beträgt 2200 Kalorien je Familienangehörigen – dies ist ein Durchschnittswert, denn für einen körperlich Arbeitenden wird ein Minimum von 3500 Kalorien angenommen –; dies entspricht dem biologischen Existenzminimum und erlaubt keinerlei Abwechslung in der Ernährung (Charles de la Roncière geht bei seinen Berechnungen von den Preisen und dem Kaloriengehalt des Brotes aus und nimmt an, der gesamte Lohn werde für den Kauf von Brot verwendet, des billigsten und dabei relativ kalorienreichen Produkts). Unterhalb dieses Niveaus liegt der Bereich der Unterernährung und des Hungers. Beziehen wir jedoch andere, unerläßliche Ausgaben in die Berechnung ein, etwa für Wohnungsmiete, Kleidung und Nahrungsmittel mit einem höheren Kalorienpreis, so muß das Mindestniveau für eine normale Existenz mit 3500 Kalorien angesetzt werden. Unter dieser Annahme ergibt sich dann, daß, ausgehend vom Durchschnittswert des Tagelohns, die Familien der Meister seltener in der Situation der biologischen Gefährdung sind; nur in den Jahren 1340–1347 liegt ihr Einkommen an der Grenze des physischen Überlebens, während das Einkommen, das sie während der zwei Jahrzehnte nach dem Schwarzen Tod erzielen, ihnen einen gewissen Wohlstand sichert. Entschieden schlechter ist die Lage der beiden übrigen Kategorien, deren physisches Überleben ständig gefährdet ist; nur in dem Jahrzehnt 1360–1369 liegt ihr Lebensstandard über der Gefahrenlinie. Man muß außerdem bedenken, daß sich hinter dem Durchschnittslohn ganz unterschiedliche konkrete Situationen verbergen. Wenn wir den untersten Tagelohn nehmen, der in den Rechnungen des Spitals vorkommt, sieht die Situation sehr viel dramatischer aus: Selbst in dem Jahrzehnt nach der Pest kommen die beiden ersten Kategorien von Lohnarbeitern nicht über das Niveau der biologischen Gefährdung hinaus. Dieses Bild der Situation in Florenz zeigt also, daß die Menschen, die vom Vermieten ihrer Arbeitskraft leben, im 14. Jahrhundert keinen Wohlstand genießen. Die Löhne befreien sie nicht von der Angst ums Überleben, Hunger und Elend lauern ständig am Horizont.

Eine Möglichkeit, sich vorübergehend über eine schwierige Situation hinwegzuhelfen, war der Kredit, der aber in den meisten Fällen die Lage der Lohnarbeiter nur verschlimmerte. Die bei der florentinischen Arte della Lana, der Wollzunft, anhängigen Schuldverfahren enthüllen dramatische Situationen. Auf die Klage eines Tuchhändlers hin werden im Jahre 1378 wegen einer Schuld von 26 Lire die Arbeitsgeräte und die klägliche Wohnungseinrichtung eines Wollkremplers gepfändet; in einem anderen Fall verlangt ein Tuchmacher im Jahr 1389 die Verhaftung eines Wollkremplers, der ihm 30 Lire schuldet und als »Person von unstetem Wesen, Landstreicher und Flüchtiger«[3] bezeichnet wird. Bezüglich der beiden hier geschilderten Fälle könnte man einwenden, daß wir als selbstverständlich vorausgesetzt haben, der Arbeitslohn müsse für den Unterhalt einer ganzen Familie ausreichen. In Wirklichkeit blieben aber nicht wenige Lohnarbeiter unverheiratet (Charles de la Roncière stellt übrigens entsprechende Berechnungen für alleinstehende Personen an); außerdem müßte man den zusätzlichen Verdienst von Frauen und Kindern berücksichtigen, mochte er auch sporadisch und niedrig sein. Jedenfalls war ein solches Lohnniveau, besonders bei den weniger qualifizierten Kategorien, eine Barriere, die die Gründung einer Familie verzögerte.

Es ist aber auch zu berücksichtigen, daß diese Situationsquerschnitte, bei denen die langfristigen Tendenzen der Konjunkturentwicklung betont werden, die Wirklichkeit in einer anderen Richtung entstellen. Vor allem darf man neben den Mittelwerten für ganze Jahrzehnte nicht die gewaltigen periodischen Erhöhungen der Lebensmittelpreise übersehen. So beruht zum Beispiel das Diagramm für das Jahr 1235 in Florenz auf den Daten

[3] G. Brucker (Hg.), The Society of Renaissance Florence. A Documentary Study. New York 1971, S. 102.

der Jahre 1326–1339, und es zeigt einen niedrigen Mittelwert des in Kalorien ausgedrückten Lohns (1755 Kalorien); in der Vorerntezeit von 1329, in der die Getreidepreise steigen, sinkt aber der Wert des Tagelohns des Gärtners auf 500–600 Kalorien je Familienmitglied, und das ist schon die Grenze zum Hungertod! Noch wichtiger ist jedoch, daß dieses Gesamtbild nicht die Arbeitslosigkeit berücksichtigt, die bei einigen Kategorien von Lohnarbeitern in gewissen Zeiten ein beträchtliches Ausmaß erreicht. Über die Hälfte der Bauarbeiter in Brügge arbeiten nicht länger als vier Wochen hintereinander an der gleichen Baustelle; neben einer kleinen Gruppe von Handwerkern und festangestellten Arbeitern gibt es eine »Reservearmee« von Kräften, die kurzfristig eingestellt werden, was nicht nur bedeutet, daß sie häufig den Arbeitsplatz wechseln, sondern auch, daß sie mehr oder weniger lange ohne Arbeit bleiben. Die unqualifizierten Arbeiter – jene Gruppe, aus der sich überwiegend das städtische Armutsmilieu rekrutiert und die durch den Zustrom von Zuwanderern vom Lande verstärkt wird – werden von Jean Pierre Sosson als »chronisch Arbeitslose« bezeichnet.

Schließlich brachten auch die mit der Entwicklung der Industrieproduktion des Spätmittelalters einsetzenden Verhältnisse einen Mechanismus der sozialen Differenzierung und Proletarisierung in Gang. Das von Händlern und Unternehmern organisierte und kontrollierte ländliche Handwerk trug zu einer Senkung der Arbeitskosten bei und stellte für das zünftige städtische Handwerk eine gefährliche Konkurrenz dar. Die Krise des traditionellen städtischen Handwerks in Westeuropa nahm, wie Marian Małowist gezeigt hat, vielen Handwerkern die Möglichkeit, eine selbständige wirtschaftliche Existenz aufrechtzuerhalten, und führte zu ihrer Proletarisierung. Die Politik der Zünfte war darauf gerichtet, die Interessen und den materiellen Wohlstand einer Minderheit unter den Handwerkern zu verteidigen, die ihre privilegierte Stellung dem Reichtum, der technischen Ausstattung, dem Niveau ihrer beruflichen Qualifikation und den Investitionsmöglichkeiten verdankten. Die große Masse der Handwerker befand sich dagegen in einer unsicheren Situation, konnte sich bei ungünstigen Marktbedingungen kaum behaupten und hatte nur begrenzte Möglichkeiten, eine günstige Konjunktur zu nutzen.

Wir befassen uns hier mit den Hauptrichtungen der sozialen Entwicklung und forschen nach den Prozessen, die das Elend erzeugen, also vor allem nach negativen Erscheinungen. Nun besteht die Geschichte aber nicht nur aus Krisen. Auf sie folgen Zeiten der Prosperität, des Wiederaufbaus, des Gleichgewichts. Der Bevölkerungsrückgang im 14. Jahrhundert und die Steigerung der landwirtschaftlichen Produktivität (unter anderem deshalb, weil man schlechtere Böden nicht mehr bestellt) erzeugen gemeinsam gerade solche Situationen, die es verdienen würden, unter dem Aspekt der kurzfristigen Konjunkturentwicklung, in kleineren Zeitabschnitten, untersucht zu werden. In der langfristigen Betrachtungsweise schlägt dagegen die stagnierende oder sinkende Tendenz der Preise für landwirtschaftliche Produkte durch, die sich bis in die sechziger Jahre des 15. Jahrhunderts behauptet.

In der Darstellung der Konjunkturentwicklung im 14. und 15. Jahrhundert wiesen wir auf Prozesse der sozialen Schichtung in Stadt und Land hin, die es uns verwehren, die sozialen Folgen der Konjunktur pauschal zu behandeln. Eine herausragende Erscheinung ist die wirtschaftliche Schwäche der großen Mehrheit der Produzenten, die in ihrer Existenz ständig bedroht sind. Die für die Grundernährung der Massen ausschlaggebende Tatsache, daß die Getreidepreise vom Beginn des 14. Jahrhunderts bis in die zwanziger Jahre des 16. Jahrhunderts hinein sinken, prägt aber offenkundig den allgemeinen Charakter der sozialen Konjunktur dieses Zeitraums, die namentlich im Vergleich zur Folgezeit günstige Bedingungen für das Wohlergehen der Lohnarbeiter schafft.

Dieser Zustand ändert sich grundlegend mit der »Revolution der Preise«, wie die Historiker die Veränderungen zu bezeichnen pflegen, die sich in der Bewegung der Preise und in den Beziehungen zwischen einzelnen Warenkategorien (einschließlich der Arbeitskraft) vollzogen. Vom Beginn des 16. Jahrhunderts an, besonders heftig aber seit den zwanziger Jahren, steigen sämtliche Preise. Besonders auffällig steigen die Preise für Getreide, Gewürze und Viehzuchtprodukte, weniger stark die Preise für handwerkliche und industrielle Erzeugnisse, so daß sich die »Preisschere« zugunsten der landwirtschaftlichen Produkte öffnet. Die Löhne bleiben ganz entschieden hinter dieser Preisbewegung zurück, denn sie sind über längere Zeit hin stabil, und als sie dann verzögert und langsam ansteigen, schaffen sie doch keinen Ausgleich für die gestiegenen Lebenshaltungskosten. Die Lohnarbeiter der Städte sind von diesem Sachverhalt doppelt betroffen, denn die anhaltend niedrigen Preise für Industrieprodukte drücken auf die Löhne in diesem Wirtschaftszweig. An dem unterschiedlichen Verlauf der Kurven, die einerseits die steigende Tendenz der Warenpreise, andererseits die sinkende Tendenz des realen Werts der Löhne verdeutlichen (und zwar am Beispiel der Bauarbeiter, das in der Wirtschaftsgeschichte als der aussagekräftigste Indikator für die allgemeine Bewegung der Geldlöhne in der vorindustriellen Zeit gilt), wird sichtbar, daß die materielle Lage der arbeitenden Massen sich im Laufe des 16. Jahrhunderts stetig verschlechterte. Das soziale Resultat dieser Veränderungen war, wie Fernand Braudel es zusammenfaßte, daß die Reichen reicher und die Armen ärmer wurden.

Um die Interpretation der Ursache und des Verlaufs der »Revolution der Preise« im 16. Jahrhundert ist mindestens ebenso heftig gestritten worden wie um die Krise des 14. Jahrhunderts. Über die sozialen Konsequenzen des Verhältnisses zwischen Preisen und Löhnen hat es dagegen keine großen Meinungsverschiedenheiten gegeben, denn es war eindeutig, daß der starke Preisanstieg das Lebensniveau der breiten Massen, besonders aber der vom Lohn lebenden Berufsgruppen senkte. Der starke Preisauftrieb im 16. Jahrhundert ist im Grunde ein erstaunliches Phänomen. Die Untersuchungen über die Geschichte der Preise und Löhne, mit denen das Kapitel der quantitativen Geschichte innerhalb der modernen Geschichtsschreibung beginnt, haben das Dramatische dieses historischen Augenblicks in aller Deutlichkeit herausgearbeitet. Die Historiker erliegen hier jedoch in hohem Maße der Faszination, die dieser Preisanstieg auf die Zeitgenossen ausübte. Tatsächlich haben die Memoirenschreiber, die Historiker und die politischen Schriftsteller des 16. Jahrhunderts diesem Phänomen breiteste Aufmerksamkeit gewidmet, und seine Beschreibung gab den Anstoß zu den ersten Äußerungen des modernen ökonomischen Denkens. Diese Faszination beruhte aber, was man nicht übersehen darf, auf der relativen Preisstabilität der vorhergehenden Zeit. Die Getreidepreise stiegen im Laufe des 16. Jahrhunderts in Frankreich auf mehr als das Sechsfache, in Polen auf das Vierfache und in den Niederlanden auf das Dreifache; das bedeutet aber einen jährlichen Preisanstieg von rund 4,3 Prozent beziehungsweise, wenn man die Kumulation berücksichtigt, daß die Preise alljährlich um 1,5 Prozent gegenüber dem Vorjahr stiegen. Für die Menschen des 16. Jahrhunderts war die langfristige Auftriebstendenz der Preise etwas Erstaunliches, und man war überzeugt, daß die Lebensverhältnisse sich stark verschlechtert hätten. Alle beklagten sich – Adlige und Bauern, Bürger und

Arbeiter. Sehnsüchtig dachte man an den Anfang des Jahrhunderts zurück, als »man jeden Tag Fleisch aß, die Mahlzeiten reichlich waren und der Wein getrunken wurde wie Wasser«; man murrte darüber, daß »ein Pfund Hammelfleisch heute ebensoviel kostet wie früher ein ganzer Hammel«[4].

Die einfachste Erklärung dieses Phänomens bestand im Hinweis auf den gewaltigen Zustrom von Silber aus dem vor kurzem entdeckten amerikanischen Kontinent und die damit einhergehenden Veränderungen des Geldwerts und Störungen des Geldumlaufs; darin sahen die Zeitgenossen die Ursache des Preisanstiegs, aber auch die Mehrheit der Historiker sieht darin die Genese des Phänomens. Doch allein schon die Chronologie der Ereignisse widerspricht dieser Interpretation. Untersuchungen zur Entwicklung der Nominalpreise zeigen, daß die steigende Tendenz bereits in den Jahren 1460–1470 einsetzte, also unabhängig vom Zustrom der Edelmetalle aus Amerika; auch die gestiegene Förderung im mitteleuropäischen Silberbergbau vermag diese Entwicklung nicht zu erklären. Tatsächlich beruht die Inflation des 16. Jahrhunderts auf inneren, strukturellen Widersprüchen. Die landwirtschaftliche Erzeugung stagniert, und der spektakuläre Aufschwung der Gutswirtschaft in einigen Regionen Europas – im Osten wie im Westen –, der sich mit dem Anstieg der Preise für landwirtschaftliche Produkte erklären läßt, kann den gleichzeitigen Niedergang der bäuerlichen Wirtschaft nicht wettmachen. Eine Studie über die Entwicklung des normannischen Dorfes im Spätmittelalter hat gezeigt, daß ab 1460 der Ertrag des Bodens und der Arbeit eindeutig zurückging und der Viehbestand sank (mit der Folge, daß die Felder schlechter gedüngt wurden und es an Zugtieren fehlte). Gleichzeitig kam es zu einem Bevölkerungsanstieg, der das Verhältnis zwischen der Bevölkerungszahl und den unter den damaligen sozialen und technischen Bedingungen verfügbaren Ressourcen auf gefährliche Weise verschlechterte. Die Liste der Inflationsfaktoren ist lang, und die Situation der Edelmetalle und des Geldes ist nur einer von ihnen; außerdem ist auf die ungleichmäßige Entwicklung von Stadt und Land, auf den Anstieg der Konsumausgaben der Herrenklasse, auf die Akkumulation der Handelsprofite und andere Faktoren zu verweisen.

Es sind daher vor allem interne Faktoren, die zur Inflation des

[4] Vgl. F. Braudel, La Méditerranée et le monde méditerranéen à l'époque de Philippe II. Paris 1966, Bd. I, S. 471; dt.: Das Mittelmeer und die mediterrane Welt in der Epoche Philipps II. Frankfurt a. M. 1990.

16. Jahrhunderts führten. Unter ihren sozialen Folgen ist die Verschärfung der wirtschaftlichen Ungleichheiten auf dem Lande zu nennen. Die Zersplitterung des bäuerlichen Besitzes schreitet noch rascher voran, und zugleich geht bäuerlicher Grundbesitz in die Hände von Großgrundbesitzern, Bürgern und begüterten Bauern über. Unter der bäuerlichen Bevölkerung zieht nur die letztere Gruppe Vorteile aus der Entwicklung der Marktbeziehungen. Die Last der in Geldform festgelegten Feudalabgaben nimmt ab, aber gleichzeitig wächst die Steuerlast, die ganz wesentlich zur Verarmung der bäuerlichen Bevölkerung beiträgt. Die sich verschlechternde Lage der Masse der Kleinbauern, die in der Lohnarbeit nach einer zusätzlichen Einkommensquelle suchen müssen, hängt mit einem fundamentalen Aspekt der Inflation des 16. Jahrhunderts zusammen, dem Rückgang der Reallöhne.

Da die Arbeitslöhne sehr viel langsamer steigen als die Lebenshaltungskosten, schrumpft eindeutig ihre Kaufkraft. In Spanien entwickeln sich die Reallöhne, wenn man den Wert in den Jahren 1571–1580 gleich 100 setzt, folgendermaßen: 1510 beträgt der Index 127,84; 1530: 91,35; 1550: 97,61; 1570: 105,66 und im Jahre 1600: 91,31. In Hamburg steigen die Löhne der Maurer um das Zweieinhalbfache, die der Zimmerer und Weber auf das Doppelte, und die Löhne der Frauen wachsen im Durchschnitt nur um 40 Prozent, während der Roggenpreis im Laufe des Jahrhunderts um 380 Prozent steigt. Der Rückgang der Reallöhne erfaßt alle Kategorien, von den ungelernten Arbeitern bis zu den Zunfthandwerkern, wenn auch in unterschiedlicher Stärke, und in einigen Fällen wird der Rückgang dadurch gemildert, daß ein Teil des Lohns in Nahrungsmitteln oder Produkten entrichtet wird.

Wilhelm Abel hat berechnet, wie sich der reale Wert des Lohns eines Maurergehilfen in Augsburg in den Jahren 1501–1620 entwickelte. Er hat etwas andere Indikatoren gewählt, als sie für die von uns referierte Beschreibung der Lage im 14. Jahrhundert verwendet wurden. Abel hat eine Familie von fünf Personen angenommen und ein Nahrungsminimum von 3500 Kalorien für den Mann, 2400 für die Frau sowie 2400 bis 1200 Kalorien für die drei Kinder; die minimale Tagesnahrung der Familie beträgt somit 11200 Kalorien, also durchschnittlich 2240 Kalorien je Familienangehörigen, eine Meßzahl, die nicht sehr stark abweicht von derjenigen, die Ch. de la Roncière für Florenz im 14. Jahrhundert annahm. Danach stellt sich heraus, daß der

Arbeitslohn häufig unter dieses Existenzminimum sinkt und daß er von 1540 bis zum Ende des Berechnungszeitraums nicht ausreicht, um den minimalen Unterhalt zu sichern.

Bei den Arbeitslöhnen auf dem Lande wird das Bild dadurch kompliziert, daß im breiten Umfang drei Formen der Entlohnung nebeneinander existieren: in Naturalien, in Geld und in gemischter Form. Monographische Untersuchungen haben aber gezeigt, daß der Rückgang des Lohnniveaus alle drei Formen betraf. Emmanuel Le Roy Ladurie hat dies für das Languedoc des 16. Jahrhunderts nachgewiesen; danach sank von 1500 bis 1600 der Ernteanteil des Schnitters von 10 auf 6 Prozent; bei der Entlohnung in Geld drückt sich der Rückgang darin aus, daß der Index 100 am Anfang des Jahrhunderts auf 54 am Ende des Jahrhunderts fällt; die gemischte Entlohnung schließlich, umgerechnet in ihren Gegenwert in Getreide, sinkt von 31 Hektolitern auf 16 Hektoliter Weizen. Noch dramatischer ist die Situation der Frauen. Ihr Verdienst erreicht bei der gleichen Art von Arbeit gewöhnlich nur die Hälfte des Verdienstes der Männer. Auch die Daten des 14. und 15. Jahrhunderts für das Languedoc bestätigen dies: Im 16. Jahrhundert verschlechtert sich die Lage erheblich. In der zweiten Hälfte des 16. Jahrhunderts erhalten Frauen für die gleiche Art Arbeit manchmal nur ein Viertel des Lohnes der Männer. Allgemein verdienen die Frauen nicht mehr als 37 Prozent des Lohnes eines Landarbeiters oder eines Bauhelfers. Bei der Entlohnung der Kindermädchen kann man in dieser Region sogar feststellen, daß sie sich von 1480 bis 1562 überhaupt nicht verändert, während die Getreidepreise in diesem Zeitraum auf das Zweieinhalbfache steigen; ab 1562 steigt ihr Lohn, bleibt aber weit hinter dem Preisanstieg zurück. Es ist die Regel, daß die Frauen nicht nur sehr viel niedriger entlohnt werden als die Männer, sondern daß ihr Lohn auch sehr viel langsamer steigt, daß die Öffnung der »Schere« zwischen Löhnen und Preisen bei ihnen sehr viel größer ist als bei den Männern. Le Roy Ladurie stellt daher fest: »Die Frau ist das Hauptopfer der Pauperisierung«[5], wobei er die Verschärfung dieses Phänomens von der Mitte des 16. Jahrhunderts an unterstreicht.

Das 16. Jahrhundert, ein Jahrhundert der wirtschaftlichen Expansion, ist somit, sozial gesehen, eine Zeit, in der der Lebensstandard der Massen sinkt. Es scheint, daß die Massen die Kosten

[5] E. Le Roy Ladurie, Les Paysans de Languedoc. Paris 1966, S. 278; dt.: Die Bauern des Languedoc. München 1990, S. 129.

der Konjunktur dieser Zeit und der Modernisierung des Gesellschaftssystems bezahlen.

Im 17. Jahrhundert ändern sich die langfristigen Tendenzen der Wirtschaftskonjunktur. Der ungestüme Preisauftrieb des zurückliegenden Jahrhunderts kommt zum Stillstand, aber wenn die Schwankungsbreite auch nachläßt, so bleiben die Preise für Agrarprodukte, gemessen am Niveau der Löhne, weiterhin auf einem hohen Niveau. Unter den Historikern wird über den Charakter der wirtschaftlichen und sozialen Veränderungen dieses Jahrhunderts noch immer lebhaft diskutiert, und es sind weiterhin viele Fragen ungeklärt, sowohl im Hinblick auf die wirtschaftliche Entwicklungsrichtung von Stadt und Land als auch im Hinblick auf die soziale Situation.

Die Krise der ersten Hälfte des 17. Jahrhunderts, von einigen um das Jahr 1620, von anderen um 1650 angesetzt, ließ die Grenzen der europäischen Wirtschaftsexpansion des 15. und 16. Jahrhunderts in aller Deutlichkeit hervortreten; dort, wo die feudalen Strukturen der agrarischen Gesellschaft sich nicht änderten, wurde die Entwicklung blockiert. Die allgemeine Entwicklung des Handels- und Kreditwesens, der Seefahrt, des Geldumlaufs sowie der Finanzwirtschaft der Staaten und Städte wurde grundlegend erschwert durch den Konservativismus der Produktionsverhältnisse und des Regierungssystems. Den Ausweg aus dieser Krise bildeten die industrielle Entwicklung und Veränderungen des Herrschaftssystems zugunsten des Bürgertums. Auf diesem Wege zur bürgerlichen und industriellen Revolution gingen die Vereinigten Provinzen und England voran, andere Länder beschritten ihn später.

Was den Lebensstandard und das Verhältnis zwischen Preis- und Lohnveränderungen betrifft, so besteht weiterhin die Situation, die sich am Ende der Krise des 14. Jahrhunderts ergeben und dann im ersten Viertel des 16. Jahrhunderts auf dramatische Weise verschärft hatte. Ein Vergleich der Preis- und Lohnbewegungen in England und Deutschland zeigt eine allgemeine Tendenz der Konjunktur im Europa der vorindustriellen Zeit (im industriellen Zeitalter kehren sich die Proportionen um: Die Löhne steigen aufs Zehnfache, die Getreidepreise nur aufs Doppelte), unabhängig von der Tatsache, daß die Reallöhne in den Städten in der ersten Hälfte des 18. Jahrhunderts einen gewissen Anstieg verzeichnen. Schon in der zweiten Jahrhunderthälfte ändert sich die Situation, und im letzten Jahrzehnt des 19. Jahrhunderts kommt es zu einem dramatischen Absinken des realen Lohnniveaus.

2. Entwicklungszonen und Mechanismen der Pauperisierung

Das Bild, das wir hier von der allgemeinen wirtschaftlichen und sozialen Entwicklung gezeichnet haben, ist notwendigerweise schematisch und ungenau, sowohl aufgrund von Unzulänglichkeiten der Forschung als auch wegen grundlegender Lücken in der Dokumentation. Die geschilderten Trends betrafen nicht alle Länder und jede einzelne Region Europas. Das liegt an den Eigentümlichkeiten der Verfassung der feudalen Agrargesellschaft, in der Indikatoren, die einen »Warencharakter« haben, nur von begrenzter Bedeutung sind, weil sich das Wirtschaftsleben dieser Gesellschaft überwiegend unabhängig von der regulierenden (und für den Historiker aufschlußreichen) Rolle des Geld-, Kredit- und Warenverkehrs abspielt. Gerade deshalb sprachen wir davon, daß nicht so sehr die Unterschiede, sondern vielmehr die Übereinstimmungen der Trends und Situationen von London bis Konstantinopel, von Moskau bis Lissabon so erstaunlich seien, unter den Bedingungen eines Wirtschaftssystems, das man in der Sprache der Wirtschaftstheorie als ein System der »unvollkommenen Kontrolle« bezeichnen muß. Die Ergebnisse der Untersuchungen über die Preisbewegung werden in konkreten Einzelfällen in Frage gestellt, und die Entwicklung kann einer anderen Linie folgen, doch die grundlegenden Etappen der konjunkturellen Entwicklung werden auch durch regionale Untersuchungen bestätigt. Le Roy Ladurie findet im Languedoc nach der Depression des 15. Jahrhunderts im 16. und zu Beginn des 17. Jahrhunderts eine Expansionsphase, in der er ebenfalls – und zwar im ländlichen Bereich – einen Rückgang der Löhne beobachtet, ferner die Zeit von 1630–1670, die er als Phase der ungelösten Spannungen bezeichnet, und schließlich die folgende Phase bis 1740, die den Charakter einer Depression hat. Auch der holländische Historiker B. H. Slicher van Bath zeichnet die Phasen der landwirtschaftlichen Entwicklung Westeuropas in ähnlicher Weise: im Mittelalter zunächst eine Phase der Entwicklung und eine Phase der »Wüstung« (in der die bebaute Ackerfläche schrumpft), dann die Revolution der

Preise im 16. Jahrhundert, auf die eine hundertjährige Depression (1650–1750) folgt.

In dieser Darstellung der Konjunktur kommt den Zusammenbrüchen und Schwierigkeiten, die sich im 14. und 17. Jahrhundert häuften, eine besondere Bedeutung zu. Der englische Historiker Perry Anderson betont zu Recht, daß die jüngsten Untersuchungen über diese Krisen den Historikern die Dynamik der feudalen Produktionsweise zu Bewußtsein gebracht haben. Ohne hier auf die Einzelheiten der Debatte einzugehen, die in der Geschichtsforschung um diese Problematik und um den Begriff einer »Krise des Feudalismus« entbrannt ist, möchte ich mich zu den Strukturveränderungen äußern, die durch diese Krise offenbar wurden.

Die Krise des 14. Jahrhunderts hing, global betrachtet, mit den schrumpfenden Feudaleinkommen, mit dem sinkenden Wert der Grundrente zusammen. Diese Tatsache – ihre tieferen Ursachen und ihre Symptome, die unter den Historikern weiterhin umstritten sind, lassen wir hier außer acht – gab den Anstoß, nach Auswegen aus der Sackgasse zu suchen. Damals zeichnete sich eine Alternative ab, die für die weitere Entwicklung der europäischen Agrarverfassung sowie für die konstitutionellen und politischen Veränderungen insgesamt von kapitaler Bedeutung war; die Feudalherren hatten, um ihre wirtschaftliche Lage zu verbessern und die Schwierigkeiten zu überwinden, die Wahl zwischen zwei Wegen: dem Weg der Kommerzialisierung der Beziehungen zu den Bauern und der Modernisierung der eigenen Höfe oder der extensiven Entwicklung der Gutshöfe unter Verwendung von unfreien Arbeitskräften. Im ersten Fall entwickelten sich Betriebsformen vom Typ des Bauernhofs, und es wurden neue, einträglichere und den Erfordernissen der industriellen Entwicklung entsprechende landwirtschaftliche Kulturen gepflegt; außerdem wurde die Viehzucht intensiviert – in England wurde im 16. Jahrhundert die Schafzucht eingeführt, auf Kosten der Feldbestellung und unter Verdrängung der Kleinbauern. »Die Schafe fressen die Menschen«, schrieb Thomas Morus. Im zweiten Falle entwickelt sich die Gutswirtschaft, auf der Grundlage von Frondiensten der Bauern, die dadurch gesichert werden, daß man dem Bauern die persönliche Freiheit raubt. All diese Erscheinungen und Prozesse werden zusammenfassend mit dem Begriff der »zweiten Hörigkeit« der Bauern belegt.

In diesem Sinne zeichnen sich zwei Entwicklungswege der europäischen Agrarverfassung ab, deren Grenze man in der modernen Wirtschaftsgeschichte an der Elbe zu ziehen pflegt. Diese Unterscheidung, vor allem aber die geographische Festlegung der zwei Zonen und ihre Abgrenzung sind das Ergebnis einer langen und sehr viel späteren Entwicklung. Im 15. Jahrhundert, als man aus der Krise herauskommt, stellen sich die beiden Wege als Alternative dar; in den einzelnen Ländern und Regionen existieren die beiden Modelle nebeneinander. Welcher Weg eingeschlagen wird, hängt jedoch nicht von individuellen Entscheidungen, vom Verhältnis einzelner Grundherren zu den Bauern ab, sondern von allgemeineren Prozessen: vom wirtschaftlichen Entwicklungsgrad, vom Zustand des Marktes und den Marktbeziehungen der kleinen Produzenten, vom Kräfteverhältnis zwischen Herren und Bauern, von der Bedeutung der Städte und des Bürgertums. Aus alledem schält sich die Gesamtstruktur der einzelnen Länder und Zonen heraus.

Entwicklungsunterschiede bestanden in Europa sowohl in der Perspektive der Längen- wie der Breitengrade, sowohl zwischen West und Ost wie auch – was man oft unterschätzt – zwischen Nord und Süd. Stark vereinfachend könnte man sagen, daß der Norden und der Westen in der frühneuzeitlichen und neuzeitlichen Geschichte Europas privilegierte Punkte der wirtschaftlichen Entwicklung bilden; bei extrem entgegengesetzten Beispielen ist das recht stichhaltig (England oder Schweden einerseits und Portugal oder Sizilien andererseits, Frankreich oder der Moskauer Staat), während es in den mittleren Lagen (Böhmen und die deutschen Staaten) sehr viel weniger ausgeprägt ist. Wenn wir die Entscheidung für die Modernisierung der Agrarverfassung oder für die »Refeudalisierung« zum Unterscheidungsmerkmal machen, können wir grosso modo England, die Niederlande, das atlantische und nördliche Frankreich sowie die süddeutschen Länder der einen Gruppe zurechnen, die Länder Mittel- und Osteuropas dagegen der Zone der klassischen Refeudalisierung, während Italien und die Iberische Halbinsel zu einer Zone gehören, in der beide Modelle nebeneinander realisiert werden; in Südosteuropa hatten sich schließlich aufgrund der Besonderheiten der historischen Tradition und der politischen Situation besondere Verhältnisse herausgebildet, durch die das alte Agrarsystem aufrechterhalten wurde.

Die unterschiedlichen Tendenzen, die sich schon im 15. Jahrhundert andeuteten, werden von der zweiten allgemeinen Krise des 17. Jahrhunderts verstärkt und vorangetrieben. Es kommt zu einer neuen Art von »wirtschaftlicher Konzentration«, und die zuvor getroffene Entscheidung wird vertieft. Der »Sprung nach vorn«, den Holland und England in diesem Jahrhundert machen, führt in die wirtschaftliche und soziale Entwicklung Europas die Perspektive der Industrialisierung ein; allerdings darf man Ausmaße und soziale Bedeutung dieses Phänomens bis zum 18. Jahrhundert nicht überschätzen. Die Prozesse einer Protoindustrialisierung, in denen einige Historiker gern eine »kleine industrielle Revolution« sehen möchten, ändern wenig an den grundlegenden Verhältnissen. Ganz allgemein kann man sagen, daß der Boden die Grundlage des europäischen Gesellschaftssystems bleibt und daß die allgemeine Entwicklungstendenz während des ganzen folgenden Jahrhunderts gesellschaftlich konservativ ist und zur Herausbildung eines aristokratischen Systems führt. Erst im 18. Jahrhundert, kurz vor der industriellen Revolution und in deren Verlauf, kommt es in breitem Umfang zu einer Veränderung der sozialen und wirtschaftlichen Strukturen in Richtung auf eine industrielle Gesellschaft.

Spezielle Beachtung verdient die Frage des Bevölkerungsstandes und seiner quantitativen Veränderungen, da sie für das Problem der sozialen Konjunktur von besonderer Bedeutung ist. Sowohl im Alltagsdenken der Menschen jener Zeit als auch in gelehrten Abhandlungen, die zu den Anfängen des modernen wirtschafts- und gesellschaftstheoretischen Denkens beitragen, wird häufig auf die Demographie Bezug genommen. Noch bevor Robert Malthus am Ende des 18. Jahrhunderts seine Theorie formuliert, daß es immer weniger möglich sein werde, eine wachsende Zahl von Menschen zu ernähren, trifft man auf Äußerungen, daß die Versorgungsschwierigkeiten, die Hungersnöte, die wachsende Zahl der Armen eine Folge der Übervölkerung seien.

Der genaue Verlauf der Bevölkerungskurven der einzelnen europäischen Länder ist aber nach wie vor weitgehend ungeklärt. Die wesentlichen Trends scheinen in großen Zügen mit den Trends der wirtschaftlichen Entwicklung übereinzustimmen. Nach Helleiner ist das Jahrhundert, das mit dem Schwarzen Tod beginnt und von der Mitte des 14. bis zur Mitte des 15. Jahrhunderts reicht, durch einen Bevölkerungsrückgang gekennzeichnet; daran schließt sich in den meisten europäischen Ländern eine Phase des Bevölkerungswachstums an, auf die wiederum hundert Jahre des Bevölkerungsrückgangs folgen. Wenn die Depression der Jahre 1340–1440 außer Zweifel steht, so ist die

Depressionsphase des 17. Jahrhunderts, die in einigen Untersuchungen in die Zeit zwischen 1650 und 1740 verlegt wird, nicht in dem Maße gesichert. Ein Vergleich zwischen den Bewegungen der Reallöhne und dem Bevölkerungszuwachs ergibt keinen durchgängigen und eindeutigen Zusammenhang; die vorherrschende Tendenz geht jedoch dahin, daß das Stagnieren beziehungsweise Absinken der Reallöhne auf den Bevölkerungszuwachs zurückzuführen ist.

Die Agrargesellschaft, in der sich keine Veränderung der grundlegenden Strukturen vollzogen hat, vermag den Bevölkerungsüberschuß nicht aufzunehmen, und die Folge ist eine Siedlungsexpansion. Die Siedlungswelle des 16. Jahrhunderts äußert sich sowohl in einer verstärkten inneren Besiedlung als auch in einem Drang aus dichter bevölkerten in schwächer bevölkerte Länder; nach dem Dreißigjährigen Krieg kommt es dann in Deutschland zu einer weiteren Siedlungswelle, und in großem Umfang wieder im 18. Jahrhundert. Sie können aber den Bevölkerungsdruck nicht restlos abbauen. Die politisch-militärische Expansion und die außereuropäischen Expeditionen des 16. Jahrhunderts sind eine Folge des Unvermögens der Feudalgesellschaft, den Bevölkerungszuwachs zu absorbieren; hier liegt die Ursache der schwedischen Expansion, der Reisen und geographischen Entdeckungen in der Neuen Welt, aber auch der Kolonisierung der osteuropäischen Territorien (einschließlich des Kolonisierungsdranges Polens gegen den Moskauer Staat).

Wegen dieser Bevölkerungszunahme drängte außerdem eine größere Zahl von Menschen auf den Arbeitsmarkt, stieg die Zahl der Arbeitslosen und der Elenden. Die Karte der Bevölkerungsdichte Europas weist auf gewisse Zusammenhänge hin: Gerade in den Niederlanden, in England, Frankreich, Norditalien, Süddeutschland und Kastilien, also in dichtbevölkerten Ländern, finden wir eine große Zahl von *pauperes*. Die Klagen von Zeitgenossen, die, vom Malthusianismus ebenso begeistert wie Molières Monsieur Jourdain von seiner Prosa, behaupten, die große Zahl der Armen rühre von ihrer allzu großen Fruchtbarkeit her, darf man nicht allzu wörtlich nehmen. Im Spanien des 16. und 17. Jahrhunderts trifft man die größte Zahl von Bedürftigen nicht in Navarra oder Katalonien, wo in jener Zeit die Bevölkerung wächst, sondern gerade in Kastilien, Valencia und Aragonien, wo die Bevölkerungszahl zurückgeht.

Das Problem der Bevölkerung und der Bevölkerungsentwicklung muß jedenfalls, unter dem Aspekt der sozialen Konjunktur, im Zusammenhang mit der Produktion gesehen werden. Dann stellt es sich als ein Problem der Arbeitslosigkeit dar, die zweierlei Ursachen haben kann: entweder ein Überangebot an Arbeitskräften oder eine unzureichende Nachfrage. Der in der vorindustriellen Zeit überwiegende Aspekt ist eine unzureichende Nachfrage seitens der Arbeitgeber, bei den potentiellen Arbeitnehmern steht dagegen ein soziokultureller Aspekt im Vordergrund. Sie sind nicht bereit oder nicht imstande, unter den neuen sozialen und kulturellen Bedingungen zu arbeiten.

Der französische Demograph Alfred Sauvy hat auf die Komplexität des Zusammenhangs zwischen Bevölkerung und Pauperisierung in den Kategorien der Grenznutzenlehre hingewiesen. Eine Gesellschaft, die eine sehr niedrige marginale Produktion erreicht habe, sei, wenn die Beschäftigung eines neuen Arbeiters nur eine geringe Produktionssteigerung bringe, praktisch daran interessiert, die Beschäftigung zu beschränken. Dadurch steige die Zahl der unproduktiven Elemente, die, weil sie nicht arbeiten, gezwungen sind, weniger zu konsumieren; hätten sie aber gearbeitet, so hätten sie mehr konsumiert, als sie selbst erzeugt hätten. Unter diesen Umständen werde die Gesellschaft instinktiv bestrebt sein, Kinder, Frauen und eine erhebliche Zahl von Männern von der Arbeit fernzuhalten, und ihnen lieber eine Unterstützung in der Höhe des Existenzminimums, also unterhalb des Niveaus der Löhne, gewähren. Außerdem werde bei den Arbeitern eine Tendenz auftreten, sich unterhalb des Lebensminimums einzurichten, ohne deshalb zu arbeiten, solange der Arbeitslohn ihren Lebensstandard nicht nennenswert erhöht. Sauvys Thesen sind ein interessanter Interpretationsvorschlag; unklar ist jedoch, inwieweit das Grenznutzenkalkül auf Systeme der »unvollkommenen Kontrolle« anwendbar ist, in denen der Arbeitsmarkt des städtischen oder industriellen Sektors den Bevölkerungsüberschuß des Agrarsektors nur teilweise – über enge Kanäle der Sozialisation – aufnimmt (die Leute vom Lande müssen lernen, in den Begriffen der städtischen Zeit, der unerläßlichen Reglementierungen, des Erwerbs und des Geldes zu denken, und zugleich müssen sie gewisse, wenn auch sehr begrenzte berufliche Fähigkeiten erwerben). Andererseits trifft es sicherlich zu, daß, wenn die Arbeit kaum das Lebensminimum garantiert, in breitem Maße die Verlockung entsteht, ohne Arbeit zu leben.

Wir sind, als wir die soziale Entwicklung des neuzeitlichen Europa in groben Zügen zeichneten, schon der Hungerkrise begegnet, jenen dramatischen Zuspitzungen, bei denen es zu einem »teuflischen Zusammentreffen« von Mißernten, Epidemien und Hunger kommt. Lassen wir hier das Problem der Epidemien beiseite, die man als Folgen der physiologischen Erschöpfung durch den Hunger und der herabgesetzten Widerstandskraft gegen die Erreger der damals in Europa grassierenden großen Krankheiten auffassen kann. Die traditionellen Gesellschaften waren durch ihr Agrarsystem, die niedrige Produktivität der Landwirtschaft und die geringe Diversifikation der Anbauprodukte ständig der Gefahr von Hungersnöten ausgesetzt, besonders angesichts der schwierigen Verkehrsverhältnisse jener Zeit und der geringen Nahrungsmittelvorräte. Ein Anstieg der städtischen Bevölkerung oder eine lokale Mißernte führten sogleich zur Hungersnot, denn auch Getreidetransporte aus anderen Regionen konnten das Problem nicht lösen. Die in diesem Falle unausweichliche Verteuerung des Getreides bedeutete für breite Massen, daß sie die Bedürfnisse der Familie mit den verfügbaren Mitteln nicht mehr befriedigen konnten. Für das Mittelalter war die Hungersnot eine ständig drohende Gefahr; selbst in Zeiten landwirtschaftlicher Prosperität und steigender Getreideproduktion findet man in den Chroniken jener Zeit eine Fülle von oftmals übertriebenen Schilderungen von Hungerkatastrophen, zumeist im lokalen Rahmen. In der Serie der »Krisen des 14. Jahrhunderts« war eine der ersten gerade die große Hungersnot der Jahre 1315–1317, die den lokalen Rahmen sprengte und weite Teile Europas erfaßte.

Bemerkbar machte sich auch der periodische Wechsel von guten und schlechten Ernten, an den schon das biblische Gleichnis von den sieben mageren und den sieben fetten Kühen gemahnt; die landwirtschaftliche Betriebslehre versucht ihn mit allerlei Theorien über den zyklischen Charakter der landwirtschaftlichen Erzeugung zu erklären, Theorien, die jedoch in den historischen Quellen der Neuzeit keine Bestätigung finden. Ebensowenig haben sich klimatologische Interpretationen bestätigt. Doch ungeachtet dessen, ob sie nun systematischer oder zyklischer Natur waren, die großen Hungersnöte waren der Alptraum der Agrargesellschaft. Darum haben wir zu unterscheiden zwischen den langfristigen Trends der Preise für Agrarprodukte und den kurzfristigen, aber gewaltigen Preissteigerungen im Gefolge besonders gravierender Mißernten. Auf den kleinen Landwirt wirkten sich sowohl besonders gute als auch besonders schlechte Ernten negativ aus. Im ersten Falle sank der

Getreidepreis so tief, daß seine Mühe sich nicht gelohnt hatte, im zweiten konnte der Anstieg des Getreidepreises den Produktionsrückgang nicht wettmachen; außerdem hatte er keine Reserven, um in den Jahren der Teuerung von der Spekulation zu profitieren. Witold Kula hat darauf hingewiesen, wie bedeutsam die *terms of trade* in der traditionellen Landwirtschaft waren.

Die Struktur der Krise »alten Typs« setzte Mechanismen in Gang, die gleichzeitig die Kaufmöglichkeiten und die Nachfrage nach Arbeitskräften schrumpfen ließen. Für die armen Schichten gab es daher weder Brot noch Arbeit. Während der Ernährungskrisen füllten sich die Landstraßen und die Straßen der Städte mit einer bedrückenden Masse von Hungerleidern, Bettlern und Landstreichern. Die erste aus einer langen Serie war die Krise der zwanziger Jahre des 16. Jahrhunderts, als die Mißernte von 1528/29 Massen von abgezehrten Bauern nach Venedig, Lyon oder Paris trieb, um dort in der großen Stadt nach Brot und Arbeit zu suchen. Dieser Krise muß man wohl eine spezielle Bedeutung zuerkennen, weil sie die Schwere des Problems mit aller Deutlichkeit offenbarte und den entscheidenden Anstoß dazu gab, daß man sich damals des Problems des Elends und der Armenhilfe bewußt wurde. In ihrem Umfang war sie jedoch begrenzter als die folgenden Hungerkrisen dieses und der folgenden Jahrhunderte. Das letzte Viertel des 16. Jahrhunderts, insbesondere die Teuerung der Jahre 1594–1597, im nächsten Jahrhundert die Hungersnot von 1659–1662 und schließlich die Hungerjahre 1771–1774 zeigen, daß die Hungersnöte nichts von ihrer Intensität und ihren schrecklichen Ausmaßen verlieren. Ihre Auswirkungen sind sozial eingegrenzt: Sie treffen vor allem die Volksmassen. Ein italienisches Flugblatt, ein sogenannter *avviso*, berichtet im Februar 1558 aus Rom: »Hier gibt es nichts Neues, abgesehen davon, daß das Volk Hungers stirbt.«[6] Der Hunger gehört einfach zum Leben der Armen; er ist die krisenhafte Zuspitzung im Leben jener Bevölkerungsgruppen, die auch in normalen Zeiten in einem Zustand chronischer Unterernährung leben. Der Tagelohn, der in Genf in einem »normalen« Jahr dem Preis von fünf Pfund Brot entsprach, erreichte in einem Hungerjahr nicht einmal den Wert eines halben Pfunds Brot, während zwei Pfund Brot als normale Tagesration einer Person galten. Wäh-

[6] J. Delumeau, Rome au XVIe siècle. Paris 1975, S. 107.

rend also in einem normalen Jahr der Tagelohn knapp den Minimalbedarf einer Familie deckte, konnte er ihn in einem Hungerjahr nicht im geringsten decken.

In den Gesellschaften des hier behandelten Zeitraums scheint das Elend eine endemische Erscheinung zu sein, und zwar sowohl in seiner physischen (oder vielmehr physiologischen) als auch in seiner soziologischen Dimension. Die Existenz breiter Massen verharrte an der Grenze des Subsistenzminimums – auf die Regionen, in denen die Industrialisierung erfolgt, trifft dies übrigens mehr zu als auf die Gebiete der Refeudalisierung –, und das Verhältnis zwischen Einkommen und Preisen oder zwischen Nahrungsbedarf und Ernteertrag brauchte sich daher nur geringfügig zu verschieben, und schon tauchten in der Öffentlichkeit, also auf den Landstraßen und in den Städten, Massen von Bettlern auf. Das »strukturelle« Elend äußerte sich darin, daß viele ständig auf Unterstützung angewiesen waren, sei es, daß sie wesentlich ihren Lebensunterhalt deckte, sei es, daß sie eine zusätzliche, aber unerläßliche Unterhaltsquelle war. Dieses strukturelle Elend war eine von dem damaligen System geduldete Erscheinung, wobei geduldet besagt, daß diese Gruppen – unabhängig vom Charakter der karitativen Institutionen, von der Zielrichtung ihrer Reform und von der Intensität der Repressionspolitik – Gegenstand der Sozialpolitik der Behörden und der spezialisierten Institutionen waren. Das durch wirtschaftliche Fluktuation und Ernährungskrisen hervorgerufene »konjunkturelle« Elend sprengte den Rahmen dieser Politik, ihr begegnete man nicht anders als mit Angst und Drohung, mit dem Schließen von Tor und Tür oder auch – weil eines das andere nicht ausschloß – mit spontanen Aufwallungen der kollektiven und individuellen Barmherzigkeit, die in einigen Fällen auch zur Entstehung neuer Fürsorgeinstitutionen führten.

Der spätmittelalterliche Pauperismus hat nicht die Merkmale einer konjunkturellen Folgeerscheinung, auch wenn die historischen Quellen ihn eindeutig in einen Zusammenhang mit den Krisen des 14. Jahrhunderts rücken. Gerade um das Jahr 1350 erscheinen die ersten Verordnungen gegen die Landstreicher, in denen festgestellt wird, daß es in den meisten Ländern Europas eine ungeheure Zahl von Armen und Menschen ohne Arbeit gebe. Soll man daraus nun schließen, daß dieses Phänomen in jener Zeit entsteht, oder deutete die gesetzgeberische Aktivität darauf hin, daß es damals einen Aufschwung erlebt? Der französische Wirtschaftswissenschaftler und Soziologe François Simiand hat in seiner Studie über die Arbeitslöhne auf Zusammenhänge zwischen Pauperismus und Lohnhöhe hingewiesen; danach stieg die Zahl der Landstreicher und Bettler – beziehungsweise hielt sie sich auf einem hohen Niveau –, wenn die Löhne sanken oder stagnierten, und umgekehrt sank die Zahl der Bettler und Landstreicher oder sie blieb niedrig, wenn die Löhne stiegen. Aus der Chronologie der im 14. Jahrhundert erlassenen Gesetze gegen die Landstreicherei läßt sich ein solcher Zusammenhang nicht entnehmen. Die Gesetzgebung fällt vielmehr in Zeiten eines steigenden oder hohen Lohnniveaus, weil sie vor allem durch die Interessen der Arbeitgeber motiviert ist, die den hohen Löhnen und dem Mangel an Arbeitskräften entgegenzuwirken versuchen. Das große Ausmaß des Pauperismus in der Mitte des 14. Jahrhunderts verweist also nicht auf einen konjunkturellen Vorgang, sondern auf ein strukturelles Phänomen.

Untersuchungen über die Bevölkerungsstruktur der Städte des Spätmittelalters deuten auf einen gleichbleibenden Anteil von Armen und Bettlern zwischen 15 und 20 Prozent. Im 16. und 17. Jahrhundert, für die es möglich ist, die Gesamtbevölkerung, also sowohl der Städte als auch des Landes, abzuschätzen, muß ein Fünftel der Bevölkerung der Kategorie der *pauperes* zugerechnet werden, die von öffentlicher und privater Unterstützung leben. Das heißt aber nicht, daß man diese beiden Daten zu der Behauptung zusammenziehen dürfte, in der vorindustriellen Zeit habe ein Fünftel der Bevölkerung einen strukturellen Elendssektor gebildet. Im Spätmittelalter bezieht sich dies vielmehr auf die Kategorie der Bettler, die in den Städten von karitativen Institutionen und privater Unterstützung ständig unterhalten werden. Auf dem Lande taucht diese Kategorie nur vorübergehend auf: Die Almosenverteilungen der Klöster und die Aussicht auf Unterstützung anläßlich von Kirchweihfesten zogen die Armen, naturgemäß ein bewegliches Element, in großen Massen an. Nur die Städte konnten diesen Gruppen einen dauerhaften Aufenthalt bieten; auf dem Lande blieb das Elend versteckter, ein integraler Bestandteil des Alltagslebens und der Familien- und Nachbarschaftsstrukturen; hin und wieder zur Arbeit herangezogen, bildete es ein bedeutendes Reservoir an Arbeitskräften, die für alle erdenklichen Beschäftigungen zum geringsten Preis zu haben waren, auch für das ländliche Handwerk und die ländliche Industrie, für minderqualifizierte Hilfstätigkeiten in der Textilindustrie und dergleichen.

Andere Dimensionen nimmt der Pauperismus dort an, wo er

auf jene Wandlungen der Agrarstrukturen zurückgeht, die wir als Modernisierungsmodell des Auswegs aus der Krise des 14. Jahrhunderts bezeichnet haben, also auf Veränderungen in Richtung einer kapitalistischen Entwicklung. Auf dem Lande vollziehen sich in dieser Zeit Besitzumschichtungen, die zu einer wachsenden wirtschaftlichen und sozialen Differenzierung unter den Bauern und zur Pauperisierung eines erheblichen Teils der kleinen Landwirte führen, die eine wirtschaftlich eigenständige Existenz nicht mehr aufrechtzuerhalten vermögen. In Regionen wie Burgund, der Normandie und der Toskana weisen die Steuerlisten und Kataster des 15. Jahrhunderts eine wachsende Zahl von Bauern aus, die für unfähig gehalten werden, die fiskalischen Belastungen zu tragen, und die man als »Arme« oder »Bedürftige« bezeichnet; in einigen Fällen machen sie über die Hälfte der verzeichneten Familien aus. In den meisten Ländern Westeuropas ist während des 16. Jahrhunderts eine deutliche Tendenz zu beobachten, nach der die Zahl der Armenfamilien auf dem Lande steigt – eine Tendenz, die einerseits von einem durchgängigen Wandlungsprozeß genährt wird, andererseits aber auch von plötzlichen Umbrüchen im Rhythmus der Ernährungskrisen. Die Pauperisierung ist aber auch eine Folge der Enteignung der Bauern, bei der die kleinen Produzenten ihrer Produktionsmittel beraubt werden; diese Enteignung vollzog sich sowohl in England – im Zuge des klassischen Prozesses der *enclosures*, der Einfriedungen oder Einhegungen – als auch in der Normandie und in Burgund. Dieser Prozeß beschleunigte die Proletarisierung der ökonomisch schwächsten Teile der Bauernschaft.

Wir gelangen also zu dem Schluß, daß der Pauperisierungstrend der sozialen Konjunktur des 16. und 17. Jahrhunderts ein Resultat der Wandlungen in der Agrarverfassung und der Sozialstruktur der Landbevölkerung war, jener Wandlungen, die in den Zusammenhang der ursprünglichen Akkumulation des Kapitals gehören.

Mit dieser Feststellung ist zugleich eine klare geographische Differenzierung gegeben. In jenen Ländern und Regionen, die den Entwicklungsweg der Refeudalisierung – oder der Festigung des Feudalismus – wählen, sind die gesellschaftlichen Beziehungen geprägt vom außerökonomischen Zwang, der die Bauern an den Boden oder an den Grundherrn binden soll. Das größere Problem sind hier weniger die *pauperes* als vielmehr die Landstreicher, denn zwischen der Landstreicherei und dem Phänomen der Landflucht besteht ein enger Zusammenhang, so daß sie das ganze System der persönlichen Abhängigkeiten in Frage stellt. In diesen Ländern erhält sich das Modell der strukturellen Armut, und das heißt, daß es auf dem Lande Gruppen gibt, die in endemischer Not leben, aber von ihrer eigenen Arbeit leben, indem sie sich verdingen, beziehungsweise (als »Hintersassen«, »Einlieger« und dergleichen) ihre Leistungspflicht abarbeiten. In den Städten verschaffen sich die Bettler auf professionelle Weise durch Almosen die Mittel zum Unterhalt, und nicht selten sind sie in Korporationen, Bruderschaften oder Bettlergilden organisiert.

3. Die Ausmaße des Pauperismus

Prozesse der Verarmung wie der Bereicherung sind keine spezifischen Merkmale eines bestimmten Gesellschaftssystems oder einer bestimmten »Produktionsweise«. Die soziale Konjunktur des Spätmittelalters und der frühen Neuzeit wird jedoch durch etwas Neues gekennzeichnet, nämlich einen Trend zur Pauperisierung. Das besondere an diesem Phänomen sind nicht nur seine quantitativen Ausmaße und seine quasi-Universalität, sondern es ist seine Rolle in der Entstehung des neuen Systems – des Kapitalismus. Als von der Stellung der Armen in der mittelalterlichen Gesellschaft die Rede war, wiesen wir darauf hin, daß ihnen in der Mentalität und der Ideologie jener Zeit eine spezifische Funktion zukam. Jetzt ändert sich die Situation. Die Existenz von Bettlern, also einer Masse von Nichtarbeitenden, erscheint dem gesellschaftlichen Bewußtsein als abträglich für das öffentliche Wohl, also als disfunktional. Gleichzeitig hat die Pauperisierung der kleinen Produzenten jedoch ihre Funktion im gesellschaftlichen Prozeß, ist sie die Bedingung für die Entwicklung des Kapitalismus, ist sie ein integraler Bestandteil der ursprünglichen Akkumulation. Dies betrifft in erster Linie die Veränderungen der Agrarverfassung.

Akkumulationsprozesse hatte es auch in der agrarischen Gesellschaft des Mittelalters gegeben, und zwar nicht in bezug auf den großen Besitz, sondern gerade auf die bäuerliche Wirtschaft, wie G. Bois jüngst gezeigt hat. Die Konzentration der Produktionsmittel, vor allem des Bodens, ging einher mit wirtschaftlichem Wachstum, mit einem günstigen Verhältnis zwischen dem Ertrag der Feldarbeit und der Abgabenlast. Wesentliche Anstöße erhielt diese Konzentration in den Zeiten, in denen die Preise der landwirtschaftlichen Produkte stiegen und die Reallöhne sanken. Wenn das Wachstum zum Stillstand kam und auf eine Expansionsphase eine Depressionsphase folgte, wurde die Kontinuität dieses Konzentrationsprozesses jedoch unterbrochen. Außerdem gab es ökonomische, soziale und mentale Hindernisse, die der Akkumulation im Wege standen und gleichsam in die Grundstrukturen der mittelalterlichen Gesellschaft eingebaut waren: Die technologischen Bedingungen begünstigten den Typus des bäuerlichen Familienbetriebes, die Vorteile, welche die Feudalherren aus den Leistungen der Bauern herausschlugen, ließ ihnen die Anhäufung von Grundbesitz uninteressant erscheinen, und der Profitgedanke hatte sich in der Wirtschaftsmentalität jener Zeit noch nicht durchgesetzt.

Im 16. Jahrhundert nehmen die Akkumulationsprozesse auf dem Lande einen anderen Charakter an, nicht nur, weil die Bauernschaft sich hinsichtlich des Besitzes von Land, Zugtieren und Viehbestand sowie in der Wirtschaftsweise stärker polarisiert, sondern auch, weil die Grundherren nicht länger an der wirtschaftlichen Selbständigkeit ihrer Pächter interessiert sind. Diese beiden Erscheinungen sind von besonderer Bedeutung für die weitere Entwicklung. Die eine gehört zum Bereich rein wirtschaftlicher Prozesse, während die andere mit einem komplexen System von Kräfteverhältnissen, außerökonomischer Gewalt und politischer Macht zu tun hat. Marx hat, als er die ursprüngliche Akkumulation als ein Ensemble von Prozessen beschrieb, das die Entstehung des kapitalistischen Systems ermöglichte, gerade diese Elemente des Zwangs, also den politischen und gesellschaftlichen Aspekt des Phänomens betont. Es sei jedoch angemerkt, daß die spezifische Situation, die sich nach dem Ende der Krise des 14. und 15. Jahrhunderts herausgebildet hatte – nach unserer Ansicht der entscheidende Moment in der Entstehung der Unterschiede zwischen dem Osten und dem Westen Europas –, hier voll und ganz sichtbar wird. Wegen der sinkenden Einnahmen aus den Feudalabgaben und der günstigen Konjunktur für landwirtschaftliche Erzeugnisse waren die Grundbesitzer nicht länger an der Aufrechterhaltung des bäuerlichen Pachtsystems interessiert; dies führte entweder über die Bindung der Bauern an das System der Gutswirtschaft zur Refeudalisierung oder zur Vertreibung der Bauern von ihrem Boden. Diese zwei Lösungsmöglichkeiten findet man übrigens, wenn auch in unterschiedlichem Ausmaß, in beiden Entwicklungsbereichen. Jerzy Topolski hat darauf hingewiesen, daß diese beiden Lösungen sich im Rahmen der allgemeinen Steigerung der Aktivität des Adels und der Rationalisierung seiner Wirtschaftspolitik sogar weitgehend decken.

In jenen Teilen Europas, in denen die Entwicklung am weitesten vorangeschritten war, führte die Polarisierung innerhalb der Bauernschaft und die Enteignung der Bauern nicht nur zur Kapitalakkumulation, sondern auch zur Pauperisierung eines erheblichen Teils der ländlichen Bevölkerung. Im Zuge des »Niedergangs der bäuerlichen Welt« (A. De Maddalena) kommt es zur Aneignung eines Drittels der bislang von den Bauern gemeinsam genutzten Felder, Weiden und Wälder; die Grundbesitzer berufen sich auf eine *urgens et improvisa necessitas* (dringende und unvorhergesehene Notwendigkeit) und entziehen den Bauern die bislang von ihnen gepachteten Böden; das Bürgertum beteiligt sich verstärkt am Grundstückshandel. So steigt die Zahl der Menschen, die nicht mehr imstande sind, die Existenz ihrer Familie durch die bisher ausgeübte landwirtschaftliche Arbeit zu sichern.

Die Zersplitterung des bäuerlichen Grundbesitzes ist ein Prozeß, dessen Bedeutung für die Entwicklung der europäischen Landwirtschaft im ausgehenden Mittelalter wir bereits betont haben, doch erst im 16. Jahrhundert nimmt er dramatische Ausmaße an und wird zur Ursache der Proletarisierung eines Teils der bäuerlichen Bevölkerung. Das ergibt sich sowohl aus den zusammengefaßten Daten der Steuerlisten als auch aus der Flächenentwicklung der bäuerlichen Höfe. In der Pfarrgemeinde Saint-Nicolas d'Aliermont in der östlichen Normandie betrug der Anteil jener Bauern, die weniger als sechs Hektar bewirtschafteten, am Ende des 14. Jahrhunderts 48 Prozent, im Jahre 1477 41 Prozent und im Jahre 1527 51 Prozent. Die Richtung dieser Evolution wird deutlich, wenn wir die Bevölkerungsentwicklung berücksichtigen: Zählte das Dorf anfangs 135 Bauern, so waren es im Jahre 1477 nur 72 und im Jahre 1527 151. Dies bedeutet, daß in der wirtschaftlich ungünstigen Zeit die kleinsten, wirtschaftlich schwächsten Höfe zugrunde gehen, dann aber durch den Bevölkerungsanstieg erneut die Zahl der Höfe dieser Größenordnung steigt. Sechs Hektar können in dieser nicht besonders fruchtbaren Gegend als eine Hofgröße gelten, von der sich eine Bauernfamilie mit Mühe ernähren kann. Es gibt aber auch Höfe mit weniger als zwei Hektar. Ende des 14. Jahrhunderts waren es 22, 1427 waren es acht und 1527 waren es schließlich 30. Von solchen kleinen Höfen konnten die Bauern ihre Familien im 16. Jahrhundert nicht mehr ernähren; sie waren gezwungen, sich ihren Unterhalt als Tagelöhner oder in Betätigungen außerhalb der Landwirtschaft zu suchen, und wenn sie solche Möglichkeiten nicht fanden, mußten sie als Bettler ihr Leben fristen.

Im Frankreich des 16. Jahrhunderts stellen diese kleinen Bauernhöfe in den meisten Regionen den verbreitetsten Typus dar. Im nordfranzösischen Cambrésis gehören am Ende des Jahrhunderts 86 Prozent der Höfe zu diesem Typ, ein Anteil, der in der ländlichen Geographie Frankreichs keine Ausnahme bildet. Es ist auch zu berücksichtigen, daß man erst oberhalb einer Hofgröße von fünf bis sechs Hektar von einer selbständigen wirtschaftlichen Existenz auf der Grundlage des Ackerbaus sprechen kann; unterhalb dieses Schwellenwertes findet man verschiedene Situationen, sei es, daß der Bauer sich mit knapper Not behauptet, aber schwere Jahre nicht übersteht, sei es, daß die Bearbeitung des eigenen Bodens nur eine seiner Unterhaltsquellen ist. Man rechnet, daß in England rund 37 Prozent der Bauernhöfe weniger als zwei Hektar besaßen, so daß es notwendig war, für den Unterhalt der Familie nach anderen Quellen zu suchen.

Über den Grad der Pauperisierung der bäuerlichen Massen können wir uns anhand der Steuerlisten des 15. und 16. Jahrhunderts ein Bild machen. Die Armen kommen darin als eine eigene Kategorie vor, weil sie von der Steuerpflicht befreit waren. Dadurch verfügen wir über eine umfangreiche Dokumentation über die Zahl der Armen in den einzelnen Ländern Europas. Für Vergleichszwecke taugt sie jedoch kaum, weil die »Steuerarmut«, jene Vermögensschwelle, unterhalb derer man eine steuerliche Belastung für untragbar hält, immer wieder anders definiert wird. Die Grundlage der Steuerbefreiung andert sich manchmal von Jahr zu Jahr, so daß jemand, der bisher von der Steuer befreit war, weil man ihn für arm hielt, im Jahr darauf zur Zahlung herangezogen wird. Auch von Land zu Land und von Region zu Region gelten unterschiedliche Regeln für die Befreiung von der Steuerpflicht. Im übrigen gibt es für die von der Steuer Befreiten unterschiedliche Bezeichnungen, so daß wir nicht wissen, welcher Realität die Bezeichnungen genau entsprechen. In den burgundischen Listen unterscheidet man zwischen Familien – genauer gesagt, »Feuerstätten« (Haushalten) –, die als »zahlend«, »arm« und »bettelarm« eingetragen sind; in der Dauphiné zwischen »armen«, »besitzlosen« und »bettelarmen« Familien;

in den Niederlanden gibt es Familien, die als arm bezeichnet, aber gleichwohl zu einer geringen Steuer herangezogen werden, und andere, die ganz von der Steuer befreit sind. Die Bedeutung der »Steuerarmut« ist daher ungenau definiert, und wir können mit Michel Mollat sagen, daß der »Steuerarme« nicht immer wirklich arm war. Der konventionelle Charakter sowohl der fiskalischen Terminologie als auch der steuerlichen Statistik läßt es ratsam erscheinen, den in dieser Dokumentation enthaltenen Angaben zu mißtrauen. Dennoch scheint sie Aufschluß zu geben über wesentliche Sachverhalte, sei es unter statistischem, sei es unter soziologischem Aspekt: Unter dem ersteren zeigt sie das Verhältnis zwischen Reichtum und Armut, unter dem letzteren liefert sie einen Anhaltspunkt über die Stellung der Armut im allgemeinen Bewußtsein, für das es einen Unterschied machte, ob eine Familie als arm, nichts besitzend oder bettelarm definiert wurde.

In den Steuerlisten der *fouages* (Herdsteuern) der Normandie der Jahre 1480–1506 werden in rund 45 Landgemeinden 15 Prozent der »Feuerstätten« als »arm und bettelarm« *(povres et mendians)* definiert. Um die Jahrhundertmitte finden wir in einer analogen Zahl von Gemeinden (aber nicht denselben, wegen Lücken in der Dokumentation) bereits 24 Prozent in dieser Kategorie. Aus den Daten einiger Orte geht hervor, daß der Anstieg der Zahl der armen Familien eine konstante Tendenz des 16. Jahrhunderts ist, daß er manchmal aber auch drastische Ausmaße annimmt. Der Anteil der armen Haushalte in der Pfarrgemeinde Bretheville l'Orgueilleuse betrug im Jahre 1500 6 Prozent, im Jahre 1539 60 Prozent und im Jahre 1566 81 Prozent, in der Pfarrgemeinde Bailly-la-Rivière in etwa dem gleichen Zeitraum 11 Prozent, 46 Prozent und 36 Prozent, und in der Pfarrgemeinde Aubusson 0 Prozent, 19 Prozent und 22 Prozent.

Ein ähnlicher Prozeß der Verarmung ist auch aus den Quellen über die Niederlande herauszulesen. Für Holland zum Beispiel verfügen wir über zwei Erhebungen aus den Jahren 1494 und 1514, in denen wir immer wieder auf entsprechende Angaben über die Armen stoßen. In dem Dorf Heyloo betteln von 115 Einwohnern im Jahre 1494 15 um Brot, in Zoetermeer leben von 31 Bauern acht oder gar zehn von regelmäßiger Unterstützung. In Huyssen sind im Jahre 1514 von 120 Bauern 40 außerstande, Steuern zu zahlen, in Alblasserdam sind von 72 Einwohnern 40 oder gar 50 arm, in Rijnsburch können sich von den 110 Dorfbewohnern nur 20 ohne Hilfe erhalten, während alle übrigen die

Hilfe einer karitativen Institution (Heilig-Geist-Tafel) in Anspruch nehmen, bei dem örtlichen Kloster um Almosen bitten, betteln. Die Erhebung des Jahres 1415 zeigt insgesamt eine recht differenzierte Lage in den einzelnen Bezirken. In einigen machen die Armen 10 Prozent, in anderen 34 Prozent der Bevölkerung aus; generell kann man aber feststellen, daß ein Viertel bis ein Drittel der Landbevölkerung Hollands von der örtlichen Verwaltung zur Kategorie der Armen gerechnet wird. Ähnlich verhält es sich übrigens in Brabant, wo die Zahl der Armen auf dem Lande im Jahre 1526 nach den Aufzeichnungen der Steuerlisten bis zu 27 Prozent beträgt; im ländlichen Umfeld von Löwen beträgt er sogar über 41 Prozent. Im wallonischen Flandern liegt der Anteil der Armen nach dem Ausweis der Steuerlisten in der Mitte des 15. Jahrhunderts bei 27 Prozent, am Ende des 15. Jahrhunderts bei 30 Prozent und um die Mitte des 16. Jahrhunderts über 40 Prozent. Dank der ausführlichen Quellen können wir im letzteren Fall eine Fluktuation in der Zahl der Armen beobachten, die die ständig steigende Tendenz durchbricht: Zwischen 1485 und 1498 fällt der Anteil der Armen an der Gesamtzahl der Steuerpflichtigen von 37 auf 30 Prozent. Der Hinweis auf die steigende Zahl der Armen in der Bevölkerung soll lediglich die grundlegende Bedeutung der Tendenz zur Pauperisierung unterstreichen. Das heißt jedoch nicht, daß die Armut ausnahmslos und ständig zunimmt oder daß sie überall von gleicher Intensität ist.

Die Angaben über die Zahl der Kleinbauernhöfe und über die in den Steuerlisten als arm definierten bäuerlichen Familien bezeichnen nicht die Grenzen des ländlichen Pauperismus im 16. Jahrhundert, sondern deuten vielmehr dessen potentiellen Rahmen an, da sie sich auf die bäuerlichen Familien beziehen, die am stärksten der Gefahr der Pauperisierung ausgesetzt sind. Diese Familien geben nicht leicht das Land auf, sondern halten mit allen Kräften an der bisherigen Lebensweise fest, so kärglich sie auch sei. Parallel zum wirtschaftlichen Prozeß der Verdrängung der kleinen bäuerlichen Produzenten aus ihrer bisherigen Lebensweise vollzieht sich die Vertreibung der Bauern vom Lande. Dieses Phänomen ist in breitem Umfang zu beobachten, wenn auch in den einzelnen Ländern und Regionen mit unterschiedlicher Intensität. Diese Intensität ist abhängig von der Stärke des bäuerlichen Anrechts auf Grundbesitz, der in Frankreich stärker in der Tradition verwurzelt war als in England, von der staatlichen Politik, die in einigen deutschen Ländern beispielsweise den bäuerlichen Besitz verteidigte – mochten die Fürsten und Monarchen auch nur aus steuerlichen und militärischen Gründen daran interessiert sein –, und schließlich auch von der potentiellen Stärke des bäuerlichen Widerstandes.

Am bekanntesten ist der Fall Englands, der Marx die Grundlage für seine These von der besonderen Rolle der Gewalt im neuzeitlichen Umbau der Agrarverfassung lieferte. Das Phänomen der Einhegungen *(enclosures)* ist jedoch keine englische Besonderheit; wir finden es auch auf dem Kontinent, wenngleich es in England besonders drastische Formen annahm. Von der Mitte des 15. Jahrhunderts an werden hier die im Gemeinbesitz befindlichen Felder und Flächen von Grundbesitzern und Pächtern eingefriedet, ohne daß diese die übrigen Nutznießer um ihre Zustimmung ersuchen; sie entziehen auf diese Weise den Bauern und besonders den Kleinbauern die Möglichkeit, das Gemeindeland zu nutzen. Außerdem werden die Grundbesitzer durch die Vorteile der Viehhaltung dazu bewogen, Felder in Weiden umzuwandeln; das erfordert eine Erweiterung des grundherrlichen Besitzes, die sich auf Kosten des bäuerlichen Besitzes vollzieht. Im Verlauf einer langwierigen Entwicklung wird die größte Kategorie unter den englischen Bauern, nämlich die, welche aufgrund des Gewohnheitsrechts auf ihrem Land saß, Schritt für Schritt enteignet. Die Großgrundbesitzer steigern ständig die Abgaben, welche die Bauern bei der Übernahme eines Hofes (beispielsweise von ihren Eltern) zu zahlen haben. »Sie nehmen uns das Dach über dem Kopf«, beklagen sich die Bauern über die Übergriffe der Herren, »sie kaufen uns die Grundstücke weg, erhöhen die Grundrenten, fordern hohe und ungerechtfertigte Abgaben.« Die Bittgesuche und Berichte aus dem 16. Jahrhundert – Berichte aus den Jahren 1517–1618 wurden 1897 von E. S. Leadaumar in ›The Domesday of Enclosures‹ veröffentlicht – zeigen, wie die kleinen Bauernhöfe der Expansion der Herrengüter zum Opfer fallen und die auf ihnen ansässigen Familien überflüssig werden. Marx, der im ›Kapital‹ die sozialen Folgen der Einhegungen beschreibt, stützt sich auf Holinshed, den Chronisten des 16. Jahrhunderts, der in dramatischen und erschütternden Ausführungen berichtet, wie das Land sich entvölkert, wie die bäuerlichen Behausungen mit Gewalt oder durch die Armut zerstört werden, wie die kleinen Höfe auf dem Lande verschwinden und ganze Dörfer in Schafweiden umgewandelt werden. Für die Menschen des 16. Jahrhunderts war die Einhegung der offenen Felder die Ursache der Pauperisierung und der mangelnden Arbeitsmöglichkeiten auf dem Lande, und ihr wurden alle negativen sozialen Folgen der Modernisierung der englischen Landwirtschaft zugeschrieben.

Auch die Krone zeigte sich über das Problem besorgt. Im Jahre 1517 wurde erstmals eine spezielle Kommission für die Probleme der Einhegungen berufen, in der Folgezeit wurden ähnliche Kommissionen eingesetzt, und die Angelegenheit stand immer wieder auf der Tagesordnung des Parlaments. In königlichen Statuten wurde versucht, verschiedene Dämme gegen die Einhegung der Felder zu errichten. Schon im Jahre 1489 verbot ein Statut Heinrichs VII. generell die Umwandlung von Ackerland in Weide. Ein Statut aus dem Jahre 1533 verband das Problem der Einhegung mit der Konzentration des Grundbesitzes, indem es verbot, zwei Bauernhöfe in einer Hand zu vereinen – genauer gesagt, in einer anderen Pfarrei als der eigenen einen zweiten Hof zu besitzen – und mehr als 2400 Schafe zu halten; bezeichnenderweise sieht das Statut in der Konzentration des Grundbesitzes eine Folge der hohen Gewinne aus der Schafhaltung. Im Jahre 1595 wurde angeordnet, sämtliches Weideland, das zuvor mindestens zwölf Jahre lang bestellt worden war, wieder in Ackerland zu verwandeln.

Joan Thirsk hat gezeigt, daß sowohl in der königlichen Gesetzgebung wie in der Wirklichkeit des englischen Landlebens die Einhegung vor allem mit der Konzentration des Grundbesitzes und der Zusammenlegung von Bauernhöfen zusammenhing. Die Einhegung der Felder – sei es, um sie zu bestellen, sei es, um sie in Weideland zu verwandeln – diente einer Steigerung der wirtschaftlichen Effektivität und war eine Reaktion auf den wachsenden Bevölkerungsdruck; sie wurde im übrigen nicht nur von Großgrundbesitzern, sondern auch von Bauern betrieben. Die tatsächlichen sozialen Auswirkungen dieses Prozesses waren von Region zu Region verschieden und richteten sich danach, welches Verhältnis der Mensch zum Grund und Boden hatte. Erst der Landhunger und die steigende Zahl der pauperisierten Kleinbauern und Bauern ohne Land verlieh den Einhegungen ihre bedrückende und dramatische Dimension. Sobald ein Farmer die Felder einfriedete, galt er als ein Bösewicht, der ohne Rücksicht auf die Gemeinschaftsinteressen Getreidefelder in Schafweiden verwandelte. Es lag nahe, darin die Ursache für die hohen Getreidepreise, den sinkenden Bedarf an landwirtschaftlichen Arbeitskräften – die Viehzucht war nicht so arbeitsintensiv wie der Ackerbau – und schließlich die steigende Zahl der völlig unbemittelten *pauperes* zu sehen. Die Realität war weitaus komplizierter, wenngleich es unbestreitbar ist, daß durch den Modernisierungsprozeß der englischen Landwirtschaft – ein Versuch, dem Bevölkerungsdruck zu begegnen – eine große Zahl von überflüssig gewordenen Menschen vom Lande vertrieben wurde.

Welche Ausmaße dieses Phänomen wirklich hatte, ist unter den Historikern umstritten. Die Schilderungen der Zeitgenossen sind sicherlich übertrieben, die Zahl von einer halben Million Bauern, die durch Einhegungen ihre Existenzmöglichkeiten verloren haben sollen, ist wahrscheinlich weit überhöht. Sie bezieht sich nicht nur auf die Einhegungen, sondern auf den gesamten verwickelten Komplex von Veränderungen der englischen Agrarverfassung, durch die ein erheblicher Teil der Bauernschaft sozial herabgestuft wurde. Gegen Ende des 17. Jahrhunderts befanden sich annähernd drei Viertel der landwirtschaftlichen Fläche in den Händen von Grundbesitzern, die teils selbst mit Hilfe von Lohnarbeitern Viehzucht und Ackerbau betrieben, teils das Land zu neuen Bedingungen, ohne Feudallasten, in Pacht gaben. So entstanden Anreize zu landwirtschaftlichen Investitionen und zum technischen Fortschritt. Infolge der kapitalistischen Umwandlungen auf dem Lande stieg der Ertrag des Bodens und der Landarbeit erheblich, so daß England – anders als zum Beispiel Frankreich – vor den großen Ernährungskrisen der ersten Jahrhunderte der Neuzeit bewahrt blieb. Dieser Fortschritt war jedoch bedingt durch eine anfängliche Absenkung des Lebensstandards der Mehrheit der bäuerlichen Bevölkerung und durch die Verdrängung einer beträchtlichen Masse von Menschen aus der Landwirtschaft. Durch diese beiden Phänomene wird die Pauperisierung zu einem Bestandteil der Bildungsprozesse des Kapitalismus. Sie gehört nicht nur zu den »sozialen Kosten« der Entstehung des Kapitalismus, sie ist auch einer seiner inneren Mechanismen, denn sie schafft eine Masse von Proletarisierten, die gezwungen sind, ihren Unterhalt in der Lohnarbeit zu suchen. Die auf dem Lande verbleibende Bevölkerungsreserve, von R. H. Tawney als *residual population* bezeichnet, konnte sich auf den Arbeitsmarkt begeben oder am Rande der gesellschaftlichen Arbeitsteilung verharren, als Klientel – gleichzeitig oder abwechselnd – der Barmherzigkeit und des Verbrechens.

Es ist allerdings zweifelhaft, ob dem englischen Modell des Umbaus der Agrarverfassung wirklich universale Erklärungskraft zukommt. Als klassisch gilt es ja gerade deshalb, weil die frühneuzeitliche Modernisierung – anders als in fast allen übrigen Ländern Europas – hier gleichbedeutend war mit einer kapitalistischen Transformation des ländlichen Raumes, die sich in einem zeitlich gedrängten Prozeß vollzieht und von den neuen, aus einer Revolution entstandenen Machtstrukturen sanktioniert und unterstützt wird. In den anderen Ländern erstreckt sich der Prozeß des Umbaus der Agrarverfassung über eine sehr viel längere Zeit, und er ist nicht so konsequent, da der Fortbestand der alten Machtstrukturen die Entwicklung eines neuen Großgrundbesitzes wie in England hemmt. Die bäuerliche Bevölkerung hat infolgedessen eine doppelte Last zu tragen, nämlich einmal die verstärkte Ausbeutung feudalen Charakters, die den technischen Fortschritt und den bäuerlichen Unternehmungsgeist hemmt, und zum anderen den immer härteren fiskalischen Zugriff des absolutistischen Staates. Hinter den Ziffern, die auf eine steigende Zahl von Kleinbauern und Armen in den verschiedenen Ländern hindeuten, verbergen sich zwei grundlegend verschiedene Prozesse: Erstens der Strukturwandel der Agrarverfassung, durch den die Masse der wirtschaftlich schwächsten Bauern ihre selbständige Existenz in der landwirtschaftlichen Erzeugung verliert; zweitens die konjunkturellen Auswirkungen der von den Grundbesitzern betriebenen Politik der Ertragssteigerung und des Verhältnisses zwischen der Bevölkerungsentwicklung und der landwirtschaftlichen Arbeitsproduktivität.

In England führt das Bestreben der Grundeigentümer, die Erträge zu steigern, zu einem ganz konsequenten Systemumbau. In den anderen westlichen Ländern, die zögernder den Weg der kapitalistischen Entwicklung beschreiten, beobachtet man dennoch eine ähnliche Tendenz, die Bauernschaft zu enteignen. Innerhalb der Landbevölkerung nimmt die Zahl derer, die von Lohnarbeit leben, ungeheuer zu: Im Kanton Zürich ist jeder zweite Dorfbewohner ein Tagelöhner, und ein ähnliches Verhältnis finden wir um 1575 in Neu-Kastilien. Im Poitou wird im 16. Jahrhundert eine erhebliche Zahl von Bauern durch die neuerwachte Aktivität der Grundbesitzer und das Vordringen des bürgerlichen Kapitals von Grund und Boden verdrängt, und das System der Halbpacht reduziert viele Pächter zu Lohnarbeitern. Weil es auf dem Kontinent im 16. und 17. Jahrhundert nicht zur kapitalistischen Umgestaltung der Landwirtschaft kam und kein technischer Fortschritt stattfand, wird ein Teil der wirtschaftlich schwächeren Schichten regelmäßig in einen Zustand extremen Elends und Hungers herabgedrückt.

In der vorindustriellen Gesellschaft, mit der wir uns hier befassen, liegt der Schwerpunkt des gesellschaftlichen Lebens auf dem Lande. Trotz intensiver Urbanisierungsprozesse stellt die Stadtbevölkerung nach wie vor einen sehr geringen Anteil an der Gesamtbevölkerung, je nach dem Entwicklungsstand des Landes und der Region. Im Moskauer Staat hat die Stadtbevölkerung einen Anteil von 2,5 bis 3 Prozent, in Deutschland von 10 Prozent, in Frankreich von 16 Prozent, in England von 30 oder gar 40 Prozent, und in den Niederlanden macht sie die Hälfte der Gesamtbevölkerung aus. Für West- und Mitteleuropa nimmt man an, daß die Stadtbevölkerung gegen Ende des 18. Jahrhunderts ein Fünftel oder ein Viertel der Gesamtbevölkerung ausmachte; bis zum Ende des 16. Jahrhunderts ging aber der Anteil der Stadtbevölkerung sicherlich nicht über ein Zehntel der Gesamtbevölkerung hinaus. Hinter diesen globalen Zahlen und Proportionen verbirgt sich jedoch eine verwickeltere Realität: Es gibt Städte, die sich, was die Struktur der beruflichen Beschäftigungen und die Lebensweise betrifft, nicht sonderlich von einem großen Dorf unterscheiden, und auf der anderen Seite Metropolen mit einer Bevölkerung, die in die Zigtausende, ja sogar in die Hunderttausende geht. Die größten Städte verdanken ihre Prosperität vor allem ihrer administrativen Funktion als Zentren der Macht und der Bürokratie. Amsterdam, das im Jahre 1530 noch 30000 Einwohner zählt, wächst bis 1630 auf 115000 und nähert sich gegen Ende des 17. Jahrhunderts sicherlich schon der Marge 200000. London wird zur größten Stadt Europas: Im Laufe des 16. Jahrhunderts wächst seine Einwohnerzahl von 80000 auf 250000, und in der Mitte des 17. Jahrhunderts zählt es bereits 400000 (und wächst bis zum Ende des Jahrhunderts noch weiter).

In diesen riesigen Bevölkerungsballungen entwickeln sich spezialisierte Produktionszweige, werden die Funktionen von Zentren des Fernhandels und des Kredit- und Bankgeschäfts wahrgenommen; vor allem aber entfaltet sich hier in einem gewaltigen Ausmaß der Luxus. Er hat die Funktion, Teile des Einkommens der Grundherren aufzusaugen, und zugleich schafft er vielfältige Entwicklungsmöglichkeiten für den tertiären Sektor: diese Städte wimmeln geradezu von Dienstpersonal. Auch ihre Produktion ist von der Nachfrage nach Luxusgütern bestimmt. Dieses Bild läßt sich natürlich nicht auf andere Städte, auch auf große nicht, übertragen. Die Größenunterschiede zwischen den Städten, was die Fläche und die Bevölkerung angeht, sind nicht allein quantitative Unterschiede, sondern auch solche der Funktion und der inneren Strukturen. In den Großstädten, die nicht als Hauptstädte dienen, gibt es nicht den massenhaften Zustrom von Einnahmen aus dem Grundbesitz und aus dem staatlichen Finanzwesen.

Unter sozialem Aspekt erfüllen alle Städte gewisse Funktionen, die für das Problem der Armut und der Armen von kapitaler Bedeutung sind. Anders als auf dem Lande mit seinem starren Rahmen von »Arbeitsplätzen« – die Zahl der Höfe und Gebäude erfährt nur in krisenhaften Momenten nennenswerte Veränderungen – gibt es in der Stadt sehr viele Möglichkeiten einer gelegentlichen Arbeit; denen, die vom Lande vertrieben wurden, erscheinen diese Möglichkeiten geradezu unbegrenzt. In der Stadt kann man das ganze Jahr über eine Arbeit (oder Unterstützung) erhalten, es gibt praktisch keine tote Saison wie auf dem Lande. Die Stadt wartet auf die Zuwanderer, nährt sich von dem ständigen Bevölkerungszustrom, schafft Anreize für die Wanderung vom Lande in die Stadt sowie von einer Stadt zu anderen. Die Siedlungsdichte läßt ein eigentümliches Muster der zwischenmenschlichen Beziehungen entstehen, indem der Bereich der Anonymität wächst. Die Gruppensolidarität ist nur noch innerhalb von Institutionen wirksam, seien es die überkommenen des Zunftwesens in Handwerk und Handel, seien es neugeschaffene. In dieser Situation wird deutlich, was Armut heißt: Wer keine feste Stellung und kein festes Einkommen hat – und gerade diese Personengruppen sind in der neuzeitlichen Stadt besonders zahlreich –, lebt in ständiger Gefahr und muß um sein Überleben bangen.

Wie auf dem Lande sind auch in der Stadt die Wurzeln des Pauperismus im Zerfall der mittelalterlichen Strukturen zu suchen. Die Politik der Stadtbehörden und der Berufsorganisationen der mittelalterlichen Stadt zielte darauf ab, die Mechanismen des freien Marktes zu beschränken oder auszuschalten, die Konkurrenz zu vermindern. Das galt auch für den Arbeitsmarkt, den man einer straffen Regelung zu unterwerfen bemüht war, um im Verhältnis zwischen Angebot und Nachfrage keine allzu starken Spannungen, keine »Überhitzung« der Wirtschaftsmechanismen entstehen zu lassen. Erfolgreich war diese Politik in den kleineren Städten, die als lokale Zentren des Handels und der Produktion zu betrachten sind; in den größeren Städten entstand dagegen ein wachsender Bereich, der sich dieser Reglementierung entzog, und es vertiefte sich die Kluft zwischen den Interessen der Kaufmannschaft und der traditionellen Zunftpolitik, die vom Handwerk fortgeführt oder gefördert wurde. Der Charakter der sozialen Beziehungen im städtischen Produktionsbereich änderte sich durch das Eindringen des Handelskapitals in die Produktion und die Entstehung einer Gruppe von Unternehmern, welche die Produktion organisierten. Der Rahmen der Produktion wird erweitert, die Werkstätten werden größer oder – wenn man bei den bisherigen kleinen Werkstätten bleibt – die Spezialisierung wächst, und damit auch die wechselseitige Abhängigkeit der einzelnen Werkstätten innerhalb des komplizierten Produktionszyklus einer Ware; dies gilt besonders in einem der führenden Produktionszweige des Mittelalters, der Tuchmacherei. Die Bedeutung der Lohnarbeiter wächst, die Selbständigkeit der einzelnen Handwerker wird eingeschränkt; die Proletarisierung umfaßt sowohl die Meister als auch die Helfer, denen sich die Möglichkeit einer wirtschaftlich selbständigen Existenz verschließt, und schließlich auch die wachsende Zahl der ungelernten Arbeiter. Während sich die Besitzverhältnisse innerhalb der Stadtbevölkerung immer stärker polarisieren, nimmt seit dem Spätmittelalter die Zahl derer, die als arm definiert werden, erheblich zu.

Bei der Charakterisierung der sozialen Entwicklung wiesen wir bereits darauf hin, wie unsicher die wirtschaftliche Lage der Lohnarbeiter war. Die Berechnungen des Kalorien-Äquivalents der Arbeitslöhne im Florenz des 14. Jahrhunderts bestätigen das, und dies betraf ja zahlreiche Gruppen der städtischen Bevölkerung. Das Bild, das sich aus den steuerlichen Unterlagen ergibt, ist in mancher Hinsicht zweifelhaft, denn wie auf dem Lande haben wir es hier mit recht ungenauen Begriffen zu tun, mit Kriterien, die sich dauernd ändern, mit Resultaten, die sich letztlich nicht auf einen gemeinsamen Nenner bringen lassen. Eine glaubwürdige Annäherung an die Realität liefert jedoch das Bild der Vermögensverteilung innerhalb der Stadtbevölkerung und die Aussonderung einer bestimmten Bevölkerungsgruppe, die als arm definiert wird. Sie wurde demnach von den Zeitgenossen als qualitativ verschieden von den anderen, als schwächer betrachtet.

Die städtischen Steuerlisten des Spätmittelalters, die, was Deutschland betrifft, von Gustav Schmoller, dem Hauptvertreter der historischen Schule der Volkswirtschaftslehre, und seinen

Nachfolgern untersucht wurden, zeigen eine starke Polarisierung des Vermögens innerhalb der Stadtbevölkerung. In den meisten Städten gehört weit über die Hälfte der Einwohner zu jener Kategorie, deren Vermögen auf unter hundert Gulden geschätzt wurde: In Lübeck sind es nur 52 Prozent, in Augsburg aber 87 Prozent und in Basel 68 Prozent. Man kann diese Kategorie zwar nicht zu den Ärmsten rechnen, aber man darf annehmen, daß sie mit dem Bereich potentieller Armut identisch ist. Ein ähnliches Bild ergeben Untersuchungen zur Sozialstruktur französischer und norditalienischer Städte. Zwischen einem Drittel und der Hälfte der Bevölkerung schwankt der Anteil derer, die als »nichts besitzend« oder »arm« bezeichnet werden. Die graphischen Darstellungen machen nicht nur deutlich, daß die Vermögen überwiegend in der Hand einer kleinen Personengruppe liegen, sondern auch, daß die Kurve immer steiler wird, anders gesagt: Der Reichtum in den Händen der Reichsten wächst, und zugleich steigt die Zahl derer, die wenig oder nichts besitzen. Der Kataster von Florenz weist in den Jahren 1427–1429 aus, daß 10 Prozent der Einwohner über 68 Prozent des Gesamtvermögens verfügen, während die ärmste Kategorie, die 70 Prozent der Einwohner umfaßt, über 10 Prozent des Vermögens verfügt; in anderen Städten der Toskana findet man in dieser Zeit ähnliche Verhältnisse. Die Zahl derer, die nichts besitzen und daher von der Steuerpflicht befreit sind, steigt außerordentlich.

Das soziale Ungleichgewicht, das aus den städtischen Steuerlisten des 14. und 15. Jahrhunderts hervorgeht, verschärft sich weiter im Laufe des 16. Jahrhunderts. An der Basis der sozialen Hierarchie gibt es wesentliche Verschiebungen von den mittleren Gruppen zu den untersten Kategorien, während zugleich die Vermögenskonzentration fortschreitet. Dies gilt in erster Linie für Städte, die in der Entwicklung von Handel und Gewerbe eine beträchtliche Dynamik aufweisen, trifft aber auch in anderen großen und kleineren Städten zu. In Brüssel wurden im Jahre 1437 10 Prozent der Haushalte als arm definiert, 1496 waren es schon 17 Prozent und 1526 21 Prozent. In den Kleinstädten des Brüsseler Umlandes ist die Entwicklung sogar noch drastischer: 1437 wurden 9 Prozent der Familien zu den Armen gerechnet, am Ende des Jahrhunderts finden wir bereits 30 Prozent in dieser Kategorie, und 1526 sind es über 34 Prozent. Es muß hier daran erinnert werden, daß dieses Bild die städtische Realität nicht vollständig wiedergibt, denn eine gewisse Zahl von Familien, die in der Stadt, besonders in der Vorstadt, leben, ist in den Steuerbüchern nicht verzeichnet, weil sie nicht erfaßt wurde – sie gehört aber zu den ärmsten Schichten der städtischen Gesellschaft.

Schätzberechnungen, die von den Aufwendungen der städtischen Armenhilfe ausgehen, gelangen zu ganz ähnlichen Ergebnissen. Ein Beispiel: Nürnberg hatte zu Beginn des 16. Jahrhunderts sicherlich über 45000 Einwohner, von denen im Jahre 1522 rund 500 Personen ständig unterstützt wurden. Rechnet man aber jene, die gelegentlich Hilfe in Anspruch nahmen, hinzu, so gelangt man zu rund 5000 Personen, die die städtische Sozialhilfe in Anspruch nahmen. In Jahren der Mißernte wurde aber an 13000 bis 15000 Arme Brot ausgeteilt, und folglich betrug der Anteil der Armen und der »potentiell Armen« an der Bevölkerung dieser reichen Stadt nach den Berechnungen von Rudolf Endres ein Drittel.

Wenn man die gesellschaftlichen Veränderungen der Neuzeit in ihrer Gesamtheit verstehen will, muß man sich ständig den Unterschied zwischen Stadt und Land vor Augen halten. Der eigentliche Ursprung des Pauperismus liegt auf dem Lande, und auch bezüglich der Stadt zeigt sich – sofern die vorhandenen Quellen Aufschluß über die Herkunft der Masse der *pauperes* geben –, daß sie überwiegend vor kürzerer Zeit vom Lande zugezogen sind. Aber auch innerhalb der Stadt kam es zu Pauperisierungsprozessen. Das alte Handwerk unterlag einem ständigen Niedergang, es verlor seine Selbständigkeit, konnte der Konkurrenz und der vom Handelskapital organisierten ländlichen und städtischen Produktivität nicht standhalten und war nicht in der Lage, sich Rohstofflieferungen und den Absatz der Produkte zu sichern. Die Handwerker sanken schließlich auf das Niveau von Lohnarbeitern herab, was sich in den Steuerlisten als Absinken auf das Niveau der Armen niederschlägt. Hinter den Zahlen bezüglich der Kategorie der Armen auf dem Lande und in der Stadt, Zahlen, die nicht selten auf übereinstimmende Proportionen hindeuten, stecken jedoch grundverschiedene reale Sachverhalte. Die ländlichen Armen sind ein Produkt des Zerfalls der herkömmlichen Verhältnisse, sie bilden die Masse der *residual population*, die auf dem Lande überflüssig wird und das potentielle Reservoir der Abwanderung in die Stadt und der Entstehung des Proletariats bildet. Die »Armut« in der Stadt dagegen zeugt nicht so sehr von einer Destrukturierung des traditionellen Systems des städtischen Lebens als vielmehr von der Herausbildung eines neuen Systems. Die städtischen Armen gehören überwiegend – zumindest nach dem Ausweis der Steuerlisten und der von ihnen aufgezeigten Proportionen – zu der »fleißigen Armut«.

Vielleicht ist es in diesem Zusammenhang sogar mißbräuchlich, von Armut zu sprechen. Gänzlich vom Arbeitsmarkt abhängig und ohne irgendeine Existenzsicherung, können diese Gruppen sich ihre Unterhaltsmittel auf dem städtischen Markt dennoch so kontinuierlich schaffen, daß ihr Überleben nicht gefährdet ist. Können aber in breitem Maßstab die gesellschaftlichen Bedingungen geschaffen werden, um außerhalb der Landwirtschaft die Menschenmassen aufzunehmen, die vom Land vertrieben werden, weil sie dort überflüssig geworden sind? Das Wachstumstempo der Städte und die dynamische Entwicklung der Industrieproduktivität im 16. Jahrhundert scheinen darauf hinzudeuten, daß diese Bedingungen an der Schwelle der Neuzeit im Entstehen begriffen sind. Dafür sprechen neben den oben angeführten Zahlen über das Bevölkerungswachstum der Städte auch die Daten über die Entwicklung spezialisierter Produktionszentren, über die Entwicklung neuer Produktionszweige und über die Zunahme der Zahl der Beschäftigten. Nicht selten ist die industrielle Entwicklung der hauptsächliche oder gar der einzige Wachstumsfaktor einer Stadt. Emil Coornaert hat das am Beispiel des flandrischen Zentrums Hondschoote gezeigt, dessen Wachstum von 2500 Einwohnern im Jahre 1469 auf 15000 im Jahre 1516 auf dem Aufschwung der sogenannten »neuen Tuchmacherei« beruhte, die ein Tuch minderer Qualität herstellte, das auf den europäischen Märkten breiten Absatz fand.

Aber auch die alten Zentren werden von der Dynamik der industriellen Entwicklung erfaßt. In manchen Fällen ist dafür nur ein einziger führender Industriezweig verantwortlich, in anderen ist die Produktionspalette vielfältiger. In Venedig sind 3300 Arbeiter auf den Werften, 5000 in der Tuchmacherei und ebenfalls 5000 in der Seidenindustrie beschäftigt. Zu diesen drei Produktionszweigen käme eigentlich noch das Druckereiwesen hinzu, die erste neuzeitliche Industrie Europas, in der Venedig damals führend war, über die es aber keine statistischen Angaben gibt. Aber schon die 13000 Arbeiter, die in den erwähnten drei Zweigen beschäftigt sind, stellen eine erstaunlich große Masse dar: In einer Stadt von 140000 Einwohnern machen sie, wenn man ihre Familienangehörigen hinzurechnet, ein Drittel der Gesamtbevölkerung aus. In Lyon, das seit dem Ende des 15. Jahrhunderts einen deutlichen Bevölkerungszuwachs erlebt

– 1531 zählt es bereits 60000, um die Jahrhundertmitte 70000 Einwohner –, gibt es bis in die dreißiger Jahre hinein keine bedeutendere Industrieproduktion, deren Erzeugnisse für den Export geeignet wären. Die Prosperität der Stadt an der Wende vom 15. zum 16. Jahrhundert beruht auf ihren Funktionen als Handels- und Bankenzentrum. Gewiß hatte sich hier das Drukkereigewerbe stark entwickelt und eine soziale Organisation der Produktion eingeführt, die, wie Henri Hauser vor einem Jahrhundert gezeigt hat, im Grunde kapitalistisch war, doch gab es nur einer begrenzten Zahl von Menschen Beschäftigung und erforderte darüber hinaus hochqualifizierte Arbeitskräfte. Durch die Einführung der Seidenindustrie ab 1536 wird die wirtschaftliche und soziale Struktur der Stadt erschüttert. Die Produktion dieser Industrie war nach den Grundsätzen der Manufaktur organisiert. Eine kleine Gruppe von kapitalistischen Unternehmern beherrschte die Lyoner Seidenindustrie, die einer großen Masse von Lohnarbeitern Beschäftigung gab. Man rechnet, daß um die Jahrhundertmitte bereits rund 12000 Menschen von der Seidenindustrie lebten, was einem Fünftel der Einwohner der Stadt entsprach.

Derart spektakuläre Daten dürfen jedoch nicht verschleiern, wie sich die Verhältnisse zwischen Stadt und Land am Übergang vom Mittelalter zur Neuzeit insgesamt darstellten. So dynamisch die Entwicklung der Städte und der Industrieproduktion im 16. Jahrhundert auch war – hinter den Ausmaßen der potentiellen oder realen Proletarisierung der Landbevölkerung blieb sie dennoch zurück. Diese Situation war die Grundlage für den enormen Aufschwung der ländlichen Industrie. Das Handelskapital richtete sein Interesse gerade auf das Land, wo es billige Arbeitskräfte im Überfluß gab und wo außerdem die von den Zünften und der Stadtpolitik errichteten Hemmnisse entfielen. In breitem Umfang entwickelte sich das Verlagssystem, dessen Organisator die Rohstoffe lieferte und selbst für den Absatz des Fertigproduktes sorgte. Fernand Braudel vermutet sogar, daß die ländliche Industrie des 16. Jahrhunderts vielleicht nicht in der Qualität und in den Einkommen, aber doch in der Zahl der Beschäftigten mit den Städten gleichzieht. Diese Art von Heimindustrie hielt zwar die ländliche Arbeitskraftreserve am Leben, konnte aber das Problem auf die Dauer nicht lösen.

Die kurze Dauer des Wachstums gilt auch für die ländliche Industrie. Sie ist kennzeichnend für die gesamte Entwicklung vor der industriellen Revolution. Das hing mit der inneren

Struktur der Investitionen zusammen, an denen das fixe Kapital einen relativ geringen Anteil hatte. Im System des Handelskapitalismus blieben die Ausgaben für den festen Bestand an Produktionsmitteln minimal; das verschaffte dem Kapital eine große Beweglichkeit: Es konnte leicht von Stadt zu Stadt, von Region zu Region verlagert werden. Deshalb hatte die Kurve des industriellen Wachstums einzelner Zentren die Form einer Ellipse. Das erwähnte flandrische Zentrum Hondschoote produzierte zwischen 1560 und 1569 über 80000 Ballen Tuch – dreimal soviel wie 1528 –, hundert Jahre später aber nur noch 8000 Ballen. Die Seidenproduktion fiel in Venedig während des 17. Jahrhunderts um zwei Drittel, in Genua von 1565 bis 1675 um drei Viertel. In Mailand war im Jahre 1620 ein Drittel der Seidenarbeiter ohne Arbeit; noch schlimmer war die Lage in der Textilindustrie. Dagegen begannen andere Industriezentren sich zu entwickeln, in England und Holland blühte die Textilindustrie auf. Leiden wuchs von 1200 Einwohnern im Jahre 1582 auf 70000 in der Mitte des 17. Jahrhunderts, und seine Tuchproduktion erreichte im Jahre 1671 140000 Ballen. Die stürmischen Aufschwünge der protoindustriellen Entwicklung saugen ungeheuer viele Arbeitskräfte aus der ländlichen Reserve auf, lassen diese aber in Depressionsphasen ohne Mittel zum Leben.

Die ländlichen Arbeitskraftreserven streben nicht nur deshalb in die Stadt, weil die Not sie vertreibt, sondern auch, weil die Hoffnung auf höhere Verdienste sie anzieht. Diesen letzteren Faktor darf man nicht unterschätzen. Andererseits ist aber die Ausnutzung des niedrigen Lohnniveaus und des materiellen Elends der Lohnarbeiter ein Grundzug der frühkapitalistischen Entwicklung. Er drückt auch der konjunkturellen Entwicklung der einzelnen Zentren seinen Stempel auf. Die Blütezeit Antwerpens im 16. Jahrhundert findet ein plötzliches, dramatisches Ende: Von der Mitte des 16. bis zur Mitte des 17. Jahrhunderts sinkt seine Einwohnerzahl um zwei Drittel, seine Bedeutung als Handelszentrum läßt nach, und seine Produktion schrumpft. Ein Historiker der Wirtschaftskonjunktur weist darauf hin, daß Antwerpen sein Wachstum zwei Expansionsphasen verdankte: die erste beruhte vermutlich auf dem niedrigen Lebensstandard der breiten Massen in den Jahren 1470–1490, die nächste auf dem »zweiten großen Fasten des Proletariats« in den Jahren 1520–1550. In den frühen Stadien der industriellen Entwicklung ist also als ein spezifisches Merkmal ein niedriger Lebensstandard der arbeitenden Klassen zu beobachten. Die vom Lande

Zugezogenen suchten in der Stadt eine Möglichkeit, ihre Lage zu verbessern; wenn sie Arbeit fanden, erfüllten sich ihre Hoffnungen zumindest für einige Zeit; die Existenz der Beschäftigten blieb jedoch in den meisten Fällen gefährdet und kam kaum über das Lebensnotwendige hinaus. Schicksalhafte Ereignisse und Konjunkturschwankungen konnten sie leicht ins Elend stoßen, ließen sie unter die »Armutsschwelle« sinken.

Richard Gascon hat den interessanten Versuch unternommen, diese »Armutsschwelle« zu bestimmen und die Entwicklung der sozialen Lage in Lyon im 16. Jahrhundert unter diesem Blickwinkel zu verfolgen. Als Berechnungsgrundlage wählte er den Betrag, der täglich für Brot ausgegeben werden konnte. Er entsprach der Hälfte des Taglohns, denn entlohnt wurde man im Durchschnitt für fünf Tage in der Woche, ausgehend von 260 Arbeitstagen pro Jahr; drei Zehntel des Einkommens mußten für Wohnung, Heizung, Beleuchtung, Kleidung und andere Lebensmittel als Brot (Fleisch, Öl, Wein) bestimmt werden. Die statistische Armutsschwelle liegt also dort, wo die Hälfte des Taglohns gleichbedeutend ist mit den täglichen Ausgaben für Brot; den Tagesverbrauch einer vierköpfigen Familie nimmt Gascon mit 1,5 kg Brot an. Aus seinen Berechnungen ergibt sich eine komplexe Situation: Ein erheblicher Teil der Unterschichten befindet sich unterhalb oder auf der Höhe der Armutsschwelle. Im Laufe des 16. Jahrhunderts verschiebt sich die Armutsschwelle innerhalb der sozialen Hierarchie immer weiter nach oben. Die Kategorie der Lohnarbeiter *(gagne-denier)* unterschritt die Armutsschwelle in fünf Jahren des letzten Viertels des 15. Jahrhunderts, in zwölf Jahren des ersten Viertels des 16. Jahrhunderts, ebenfalls in zwölf Jahren des zweiten Viertels und in zwanzig Jahren des dritten Viertels; im letzten Viertel des 16. Jahrhunderts befindet sich der *gagne-denier* jedes Jahr unterhalb der Armutsgrenze. Im letzten Viertel des 16. Jahrhunderts sinken sogar die Gesellen während eines Jahres unter diese Grenze ab, die Gehilfen *(manœuvriers)* dagegen während siebzehn Jahren.

Im Unterschied zu den anderen, zuvor angeführten Berechnungen geht diese davon aus, daß ein Teil des Budgets für Wohnung und Kleidung sowie für andere Nahrungsmittel als Brot ausgegeben werden muß. In dem Fall, daß die Armutsgrenze unterschritten wurde, wurden natürlich gerade diese Ausgaben reduziert und auf diese Weise die Grenze des physiologischen Elends, also des Hungers oder der Unterernährung, hinausgeschoben. Aber auch bei dieser Berechnung bleibt die statistisch nicht erfaßbare Arbeitslosigkeit unberücksichtigt. Es ist vor allem darauf hinzuweisen, daß gerade jene Kategorien, deren Existenz ganz nah an der Armutsschwelle lag, keine feste Arbeit hatten. Außerdem ist der Faktor der allgemeinen Konjunktur zu berücksichtigen, der den Arbeitsmarkt und die Gesamtproduktion von Lyon beeinflußt. Bei Konjunkturschwankungen waren alle Arbeiter gezwungen, in der Zeit, da sie keine Arbeit hatten, wochen- und monatelang von dem zuvor erhaltenen Lohn zu leben. Schließlich müssen Krankheiten und Schicksalsschläge berücksichtigt werden, die die Möglichkeit, einer Arbeit nachzugehen, einschränken oder ausschließen.

Gerade die Arbeitslosigkeit führt in der Stadt zum Unterschreiten der Armutsschwelle. Allerdings muß die Arbeitslosigkeit in den Begriffen des damaligen Wirtschaftslebens verstanden werden. Neben den periodischen Konjunktureinbrüchen, denen das Wirtschaftsleben einer Stadt oder eines Industriezweiges unterliegt, mit der Folge, daß der überwiegende Teil der Arbeiter verschiedener Kategorien und Qualifikationen seine Arbeit verliert, muß man noch ein anderes Phänomen sehen. Ich denke hier vor allem an die Ernährungskrisen, die mit einem Schlag große Menschenmassen vom Lande vertrieben, Massen, die in der Stadt Arbeit suchten, so daß sich auf dem Arbeitsmarkt – zumindest dem für ungelernte Kräfte – ein erdrückendes Überangebot ergab. Diese Situation ist der vorhergehenden sehr ähnlich: Beide sind gekennzeichnet durch ihren spektakulären und dramatischen Charakter, beide werden von den Behörden und den besitzenden Klassen als Gefahr für die Gesellschaftsordnung wahrgenommen. Einen anderen Charakter hat dagegen die »Unterbeschäftigung«, der Zustand chronisch eingeschränkter Beschäftigung. Diese Situation ist für die Arbeitgeber günstig, denn sie sorgt für einen Überfluß an Arbeitskräften auf dem Arbeitsmarkt und drückt das Lohnniveau. Genau in dieser Lage befand sich ein erheblicher Teil der Lohnarbeiter in der Stadt, namentlich die ungelernten Arbeiter, und zwar sowohl in den Ländern mit fortgeschrittenem Entwicklungsstand, wie England und Holland, als auch in den Ländern, in denen die Strukturen des Frühkapitalismus sich langsamer, nicht so intensiv und nicht so konsequent entwickelten.

In den Anfängen des statistischen Denkens in Europa war die Schätzung der Zahl der Armen ein stark beachtetes Problem. Man kann das schon bei den florentinischen Chronisten des

14. Jahrhunderts beobachten, die sich mit der Lage ihrer Stadt beschäftigten. Zu vermerken sind hier vor allem Versuche einer Bevölkerungsstatistik – besonders im Kontext der sogenannten politischen Arithmetik –, die am Ende des 17. Jahrhunderts in England unternommen werden. Gregory King, der die Einnahmen und Ausgaben verschiedener beruflicher und sozialer Kategorien untersuchte, nahm an, daß es in England um 1688 unter fünfeinhalb Millionen Einwohnern (rund 1350000 Familien) etwa 400000 Familien (1300000 Personen) gab, die zur Kategorie der Häusler und Armen *(cottagers and paupers)* gehörten, sowie 30000 Vagabunden, zusammen 24 Prozent der Gesamtbevölkerung. King schätzte darüber hinaus, daß die überwältigende Mehrheit der Lohnarbeiter – *labouring people and out servants* rund 364000 Familien, 1275000 Personen – nicht imstande war, aus ihrem Verdienst die täglichen Bedürfnisse zu befriedigen[7]. Der Marquis de Vauban setzte sich nicht wie King das Ziel einer statistischen Untersuchung. Als Politiker, Staatsmann und hoher Beamter der königlichen Militär- und Zivilverwaltung befaßte er sich mit dem Steuersystem und schlug eine bessere Aufteilung der Steuern vor. Dabei zeichnete er jedoch ein Bild von der Gesellschaft des alten Frankreich: Ein Zehntel der Bevölkerung bezeichnete er als Bettler, und darüber hinaus war nach seiner Meinung fast ein Drittel in einer Lage, die an das Elend grenzte[8]. King sprach von 47 Prozent der englischen Gesellschaft, Vauban von 40 Prozent der französischen Gesellschaft. Die Zahlen belegen nicht nur die realen Ausmaße des Phänomens des Pauperismus – wir wissen ja, daß die Autoren nicht über die Daten aus einer Volkszählung verfügten, sondern eine angenäherte Schätzung vornahmen –, sondern auch das Bewußtsein von einem ungeheuerlichen Phänomen, das die Zeitgenossen durchaus besaßen.

[7] G. King, Natural and Political Observations (1696). London 1801; vgl. P. Laslett, The World we have lost. London o. J., S. 36ff.; dt.: Verlorene Lebenswelten. Geschichte der vorindustriellen Gesellschaft. Wien 1988.

[8] Vauban, Projet d'une Dixme royale (1701). Hg. v. E. Coornaert, Paris 1933, S. 77–81.

Jenes Modell des gesellschaftlichen Lebens, das, wie wir festgestellt haben, seine Ursprünge in den Transformationen der europäischen Wirtschaft des 16. Jahrhunderts hatte, bestimmte die weitere Entwicklung der europäischen Zivilisation für den Rest des Jahrtausends. Die Transformationsmechanismen, die im agrarischen Bereich wie auch in dem sich allmählich erweiternden städtischen Sektor mit wechselnder Intensität und Konsequenz wirksam waren, riefen ein Elend hervor, das in qualitativer und quantitativer Hinsicht in allen früheren Epochen ohne Beispiel war. Daher begegnen wir auch an der Schwelle dieses halben Jahrtausends einem Versuch, auf diese »Herausforderung der Zeit« im Bereich der sozialen Institutionen und der gesellschaftlichen Mentalität eine neue Antwort zu geben.

Untersuchungen über die Genese des Kapitalismus und die erste Phase der kapitalistischen Expansion haben wesentliche Unterschiede zwischen diesen beiden Prozessen aufgedeckt. Ohne uns auf detaillierte Erörterungen einzulassen, können wir sagen, daß sich hier drei Typen des Frühkapitalismus abzeichnen: der »Agrar«-, der »Handels«- und der »Industrie«-Kapitalismus. Dies sind rein konventionelle Definitionen, die lediglich andeuten, in welchem Bereich die Dynamik des Wandels und die Kapitalakkumulation jeweils am stärksten sind. In allen drei Fällen spielte ein niedriges Lohnniveau und damit ein niedriger Lebensstandard der breiten Massen eine wichtige Rolle als Instrument des Wandels, als Resultat des Bestrebens der herrschenden Klassen, die Profitrate maximal zu steigern. Nicht überall ließ sich das Bestreben verwirklichen. Ein so deutliches und plötzliches Absinken der Reallöhne, wie man es in anderen Ländern beobachtet, hat es nach vielfältigen Indizien zum Beispiel in den Niederlanden – außer in Zeiten von Ernährungskrisen – nicht gegeben. Earl Hamilton, einer der Pioniere der historischen Konjunkturforschung, hat vor Jahren darauf hingewiesen, daß ein Absinken der Reallöhne die allgemeine Tendenz des 16. Jahrhunderts war. Die damit zusammenhängende »Inflation der Profite« wurde zu einem der Hebel der Entwicklung des Frühkapitalismus. Dieses Phänomen ist – neben der Notwendigkeit, einen freien Arbeitsmarkt zu schaffen – wahrscheinlich eines der Elemente, die zwischen den Anfängen der kapitalistischen Entwicklung und der Pauperisierung einen unauflöslichen Zusammenhang herstellen. Dies erklärt auch, warum die Armut im Europa des 16. Jahrhunderts zu einem allgemeinen Problem wurde. Die Reformen der Sozialfürsorge, die von den Städten damals in Angriff genommen wurden, waren also eine Antwort auf die Veränderungen, deren Träger im wesentlichen die Städte selbst waren. Die Reform sollte günstige Bedingungen für diese Veränderungen schaffen und die sozialen Spannungen, die als »Nebenwirkung« von ihnen hervorgerufen wurden, abbauen.

1. Die zwanziger Jahre des 16. Jahrhunderts – ein Wendepunkt

Die Archive des 16. Jahrhunderts weisen den Pauperismus als eine Erscheinung des städtischen Lebens aus. Zwischen unserer Feststellung, daß die eigentlichen Ursachen dieses Phänomens in den Veränderungen der agrarischen Strukturen lagen, und der Tatsache, daß es sich gerade in der Stadt voll entfaltet, besteht nur scheinbar ein Widerspruch. Die Städte hatten es an der Wende vom 15. zum 16. Jahrhundert nicht vermocht, »Anpassungsstrukturen« zu schaffen, die den massenhaften Zustrom von Menschen, die keinerlei berufliche Qualifikationen besaßen und mit den städtischen Lebensverhältnissen nicht vertraut waren, hätten bändigen können. Im traditionellen Rahmen der zunftmäßigen Organisation hatte ein Neuankömmling sich allmählich auf den Beruf und das Stadtleben einstellen können – während seiner Lehrzeit als Handwerker oder Kaufmann, als Mitglied des bürgerlichen Haushalts und Teilhaber am Familienleben. Ganz abgesehen von den Veränderungen, die sich in der Organisation der städtischen Produktion vollzogen, konnten diese traditionellen Mechanismen angesichts des massenhaften Zustroms, der Bevölkerungsexpansion und der inneren Pauperisierung in den Städten nur noch eine marginale Rolle spielen.

Wir haben gezeigt, daß der Rhythmus der Pauperisierungsprozesse in Westeuropa von den Ernährungskrisen bestimmt wurde. Die erste dieser neuzeitlichen Krisen fällt in das letzte Viertel des 15. Jahrhunderts, doch ist über ihren Verlauf und ihre Folgen wenig bekannt. Man darf annehmen, daß die damaligen Beobachtungen und Erfahrungen maßgeblichen Einfluß darauf hatten, daß der elsässische Prediger Geiler von Kaysersberg ebenso wie Johannes Pauli, ein anderer Prediger und Schriftsteller der Jahrhundertwende, oder auch der spanische Humanist

J. L. Vives, ein Klassiker der Renaissanceliteratur über die Armut, sich der Bedeutung der sozialen Problematik und des Zusammenhangs zwischen Armut und Arbeit bewußt waren. Bedeutsam waren die Erfahrungen auch, indem sie die Initiativen der Städte zur Reform der wohltätigen Institutionen beförderten und zu Ansätzen einer »Sozialpolitik« im modernen Sinne führten. Dieser ganze Problemkomplex, in dem politische und ideologische Fragen, praktische Maßnahmen und doktrinale Auseinandersetzungen miteinander verflochten sind, scheint in den zwanziger Jahren des 16. Jahrhunderts plötzlich aufzubrechen. Im Jahre 1522 wird in Nürnberg die Armenfürsorge zentralisiert, ein Jahr darauf in Straßburg, und 1525 wird in Ypern eine ähnliche Anordnung getroffen, die großen Anklang und weithin Nachahmung finden sollte. Im Jahre 1526 erscheint Vives' Abhandlung ›De subventione pauperum‹. Einige Jahre später – im Jahre 1531 – wird ein kaiserliches Edikt erlassen, das die Initiativen der Städte billigt und für die Sozialpolitik sowie für die Reorganisation der Armenfürsorge bestimmte Grundsätze festlegt. Um diese Tatsachen, genauer, um ihre Abfolge, entbrennt dann der Streit zwischen den katholischen und den protestantischen Historikern. Das zeitliche Zusammentreffen ist nicht zufällig; wesentlicher als die Frage, wer von wem abgeschrieben und wer wen imitiert hat, ist aber die Tatsache, daß diese Ereignisse auf einen ganz bestimmten Zeitpunkt der wirtschaftlichen und sozialen Krise fallen.

Die Mißernte des Jahres 1521/22 hat europäische Ausmaße. Die Lage wird zusätzlich dadurch verschlimmert, daß es schon in den letzten zehn Jahren mehrere Mißernten gegeben hat. Im Languedoc kommt es in den Jahren 1495–1497 zu einer Reihe von Mißernten, es folgen die schlechten Jahre zwischen 1504 und 1508, und in den Jahren 1513–1515 kommt es wieder zu schlechten Ernten; schließlich treten die Mißernten alle zwei Jahre auf, so daß die Regierung gezwungen ist, die Ausfuhr von Getreide aus dieser traditionellen Exportregion zu verbieten. Auch in den Jahren 1522 und 1524 wird eine Ausfuhr verboten, und schließlich erstreckt sich das Verbot der Getreideausfuhr aus dem Languedoc auf zehn Jahre hintereinander, von 1526 bis 1535. Diese Serie von Mißgeschicken wird begleitet von unterschiedlichen Notverordnungen bezüglich der Armen: Bereits Ende des 15. Jahrhunderts werden Unterkünfte für die Armen geschaffen und in schlechten Jahren Lebensmittelverteilungen organisiert; in den Krisenjahren 1504–1508 erhalten arbeitsfähige Arme keine Unterstützung und werden von den Pfarreien hinausgeworfen; in den Mangeljahren 1513–1515 werden Maßnahmen ergriffen, um die Städte von den Massen von Elenden zu säubern, und Landstreicher werden mit Auspeitschung bestraft. Die Serie von Mißernten in den Jahren 1526–1535 läßt den Konflikt zwischen der Zunahme der Bevölkerung und dem Mangel an Nahrungsmitteln deutlich werden; die Landstreicherei wird zu einem Massenphänomen, und es kommt zu einer Welle von repressiven Maßnahmen gegen die Armen. Hier handelt es sich, wie Emmanuel Le Roy Ladurie schreibt, um eine »Tiefenkrise«, die aus den inneren Widersprüchen der Gesellschaft entspringt und deren biologische Fundamente (Zusammenhang von Hunger und Unterernährung mit der besonders hohen Sterblichkeit aufgrund der Epidemie von 1530) ebenso erschüttert wie die psychologischen Strukturen. Es ist eine entscheidende Krise, nach der man nicht mehr wie vorher leben oder regieren kann.

Es ist in der Tat eine Krise im europäischen Maßstab, ein dramatischer Hinweis, daß die Landwirtschaft nicht imstande ist, den Bevölkerungszuwachs zu tragen, und daß ihre Transformation mit sozialen Kosten verbunden ist. Die Depression erreicht auch den Handel und die Finanzen, der Absatz der Industrieerzeugnisse geht augenfällig zurück, so daß die Stadt nicht nur außerstande ist, die massive Steigerung des Arbeitskräfteangebots aufzunehmen, sondern die Beschäftigungsmöglichkeiten auch noch reduziert. Die Arbeitslosigkeit, ein Überschuß des Angebots gegenüber der Nachfrage, macht sich auf beiden Arbeitsmärkten – dem für Facharbeiter und dem für ungelernte Arbeiter – bemerkbar, die in der damaligen Wirtschaft weitgehend unabhängig voneinander und ohne Verbindung funktionieren.

England hat in der Neuzeit nicht jene dramatischen Ernährungskrisen erlebt, die den Kontinent erschütterten; wir wiesen schon darauf hin, daß dafür der andere Weg verantwortlich war, den es beim Umbau der Agrarverfassung einschlug. Die Krisen des 16. und 17. Jahrhunderts äußern sich hier als ein Zusammentreffen von Mißernten und hohen Nahrungsmittelpreisen mit einem Nachlassen der günstigen Konjunktur im internationalen Handel und einer Schrumpfung der Nachfrage nach englischen Industrieprodukten auf dem Binnenmarkt und im Ausland. Doch die Mißernten und Epidemien hängen hier mit der Frage der Armen in ähnlicher Weise zusammen wie auf dem Kontinent. In den Jahren 1527–1528 steht das Problem der Armenhilfe auf der Tagesordnung. Die Mißernte von 1527 löst einen Auftrieb des Getreidepreises und eine breite Welle der Nahrungsmittelspekulationen aus. Es wird eine spezielle Kommission eingesetzt, um den Stand der Bevorratung zu überprüfen und die Spekulation zu bekämpfen. Die Lage ist beunruhigend. In einigen Kirchspielen von Wiltshire stellen die Kommissäre fest, daß nur drei bis fünf Prozent der Einwohner über Getreidevorräte verfügen. In Essex und Suffolk appellieren die Kommissäre an die begüterten Bürger, Getreidevorräte für die Armen zu kaufen, aber das Resultat ist bescheiden. Gleichzeitig verschärft man die Jagd auf Vagabunden, die streng bestraft werden. Die Ernte von 1528 fällt dann gut aus, und die Lage bessert sich rasch. Eine weitere Schwierigkeit dieser Jahre besteht in Komplikationen auf dem Arbeitsmarkt. Anfang 1528 tritt England an der Seite Frankreichs in den Krieg gegen den Kaiser ein, wodurch der Absatz der englischen Tuchindustrie in den Niederlanden zum Erliegen kommt. Dieser Zustand dauert zwar nicht lange, aber er löst doch eine vorübergehende Arbeitslosigkeit aus; der königliche Rat bedrängt die Tuchhändler, ungeachtet der Schwierigkeiten Ware zu kaufen, damit es in diesem führenden Zweig der englischen Industrie nicht zur Arbeitslosigkeit kommt. Es ist bezeichnend, daß in beiden Fällen – sowohl bei der schwierigen Ernährungslage als auch in der Frage der Arbeitslosigkeit der Tuchmacher – das Tätigwerden der staatlichen Behörden mit der Sorge um die öffentliche Ordnung, der Furcht vor sozialen Unruhen begründet wird. Diese Befürchtungen waren nicht unbegründet, denn sowohl die Arbeitslosigkeit als auch die Teuerung, deren psychologische Wirkung durch die 1527 verkündete Abwertung verstärkt wurde, lösten eine Welle des Aufruhrs aus.

Es lohnt sich, auch einen Blick nach Spanien zu werfen, eines der wenigen Länder, die sich im 16. Jahrhundert nicht entschlossen, das Betteln zu verbieten. Doch auch hier deuten sich in den zwanziger Jahren Bemühungen an, Maßnahmen in diesem Sinne zu ergreifen. Die Cortes, die Ständeversammlung der kastilischen Monarchie, wenden sich gegen die gewaltige Zunahme der Zahl der Bettler. Im Jahre 1523 beschließen die Cortes in Valladolid unter Berufung auf eine Petition, die einige Jahre zurückliegt, daß die Armen nur in ihrem Heimatort um Hilfe bitten dürfen. In dem schlechten Erntejahr 1525 erlassen die Cortes in Toledo ein Verbot, ohne spezielle Erlaubnis zu betteln; dieses Verbot wird von den Cortes in Madrid in den Jahren 1528 und 1534 erneuert.

Der Ernst der sozialen Krise dieser Jahre äußert sich auch in Volksaufständen, Bauernkriegen und -aufständen in Deutschland (1525/26), Spanien (1520/21 und 1522–26) sowie in einer Reihe von Bauernaufständen und städtischen Revolten in England, Frankreich und den Niederlanden. Man hat ausgerechnet, daß es in den Städten des Reiches in der zweiten Hälfte des 15. Jahrhunderts im Durchschnitt alle zwei Jahre zu einem Aufstand kam, während im dritten Jahrzehnt des 16. Jahrhunderts auf jedes Jahr durchschnittlich 4,5 Aufstände entfielen, also neunmal soviel. Ein Historiker des Languedoc weist ferner darauf hin, daß das Vordringen der Reformation in dieser Region mit einer zunehmenden Protesthaltung einherging und gerade in die Jahre der sozialen Krise zwischen 1526 und 1535 fiel.

In dieser komplexen Situation stellt sich das Problem der Armen unter zwei Aspekten dar: Zum einen müssen die Städte mit den Massen von ausgehungerten Elendsgestalten fertigwerden, die aus der Umgebung hereinströmen (selbst wenn man die Stadttore vor ihnen hätte verschließen können, hätten sie rings um die Stadt ihr Lager aufgeschlagen); zum anderen mußte die Organisation der Fürsorge für die Bettler geordnet werden, mußten die Grundsätze und die Institutionen der Sozialhilfe festgelegt werden. Dies erforderte die innere Situation der Stadt, aber ein nicht geringes Gewicht kann auch dem Bestreben zugeschrieben werden, die Stadt als einen Ort, wo es Almosen in Fülle gibt und jeder auf Untersützung rechnen kann, weniger attraktiv zu machen. Wir wollen hier, ohne dabei eine monographische Darstellung anzustreben, näher auf drei Beispiele der städtischen Reform in dieser Umbruchszeit eingehen. Wir wollen anhand dieser drei Fälle versuchen, die allgemeine Situation und die von den städtischen Behörden ergriffenen Maßnahmen zu umreißen.

a. Paris: Moralische Besorgnisse und Angst

Die Situation von Paris wurde dadurch kompliziert, daß das Vorbild dieser Stadt für die anderen Städte von besonderer Bedeutung war. Das lag vor allem daran, daß Paris die Hauptstadt war. Die Tatsache, daß der königliche Hof und die Zentralverwaltung sich hier befanden, hatte natürlich einen Einfluß auf die Maßnahmen der Stadtbehörden, die sich bewußt waren, daß ihre Schritte von oben beobachtet wurden und mit den Institutionen der Zentralregierung abgestimmt werden mußten. Das Problem der Armen in der Hauptstadt unterstand der unmittelbaren Aufsicht des Parlaments, während der königliche Schatz die Mittel für die Unterstützung bereitstellte. Nicht ohne Bedeutung war auch die Präsenz der Universität, die die Traditionen einer in der christlichen Welt angesehenen theologischen und doktrinalen Autorität pflegte, und Entscheidungen bezüglich der Armenhilfe berührten ja ganz unmittelbar die Doktrin und die Praxis der Kirche. Schließlich wurden die Pariser Maßnahmen von den übrigen Städten verfolgt, die Paris als Vorbild sahen und konkrete Instruktionen erwarteten. Die französische Hauptstadt, eine der größten Städte Europas, ein bedeutendes Handels- und Finanzzentrum und ein auf Luxusartikel spezialisiertes Produktionszentrum, rang aber genau wie die anderen Städte mit dem beunruhigenden Anstieg der Zahl der Elenden in den Straßen und wußte nicht, welche Schritte sie ergreifen sollte.

Seit Beginn des 16. Jahrhunderts sind in Paris Diskussionen und Initiativen über die Reorganisation der Spitalverwaltung im Gange. Ab 1505 wird das Pariser Hôtel-Dieu von einer aus Laien zusammengesetzten Kommission geleitet – eine Tatsache von großer Bedeutung, denn sie ist gleichbedeutend mit der Laizisierung der Spitalverwaltung und stellt eine der entscheidenden Etappen in dem Konflikt zwischen den städtischen Behörden und dem Kapitel von Notre-Dame dar. Zu dieser Laizisierung kommt es übrigens Schritt für Schritt, mit unterschiedlichem Tempo, in allen Städten Frankreichs. Im Jahre 1520 beauftragte Franz I. den mit der Aufsicht über die Spitäler befaßten königlichen Beamten, den Groß-Almosenier, mit einer Reform der Verwaltung der Spitäler und Hospize des Königreichs; er sollte in jeder Diözese zwei Personen für die Beaufsichtigung der Reform ernennen, einen Geistlichen und einen Laien. Die entscheidende Veränderung bestand natürlich darin, daß Laien an der Aufsicht über die Spitäler zu beteiligen waren, wenngleich in der Leitung der Spitäler weiterhin kirchliche Instanzen und mit der Kirche verbundene Personen vertreten waren.

Daß die Städte sich um die Spitäler bemühen, liegt auch an den Epidemien, denn jede Welle der Epidemie erheischt unverzügliche Maßnahmen. Die Initiative liegt beim Parlament von Paris, der obersten gerichtlichen Instanz der Monarchie, die weitreichende Befugnisse und Prärogativen hat. Im Parlament trifft man sich zu Konsultationen, zu denen auch Vertreter der Rechnungskammer, des Pariser Kapitels, der königlichen Regierung und der städtischen Selbstverwaltung eingeladen werden. (Paris war nämlich keine selbständige Stadt, sondern es bestand hier ein System der Doppelherrschaft, einmal durch den König und zum anderen durch die städtische Selbstverwaltung, jeweils geleitet durch den königlichen Hofmarschall und den Bürgermeister.) So ist es auch im Jahre 1510, als sich im August eine gefährliche Keuchhustenepidemie in der Stadt auszubreiten beginnt. In jedem Haus, wo es einen Kranken gibt, muß zwei Monate lang ein Strohbündel im Fenster hängen. Einige Zeit darauf, im Jahre 1515, tritt Jean Brissonet, der Präsident der Rechnungskammer, der sich bei wohltätigen Initiativen innerhalb von Paris besonders hervortut (er wird aufgrund der erwähnten Verordnung Franz I. vom Groß-Almosenier als einer der beiden Aufseher über die Reform der Spitäler in der Diözese Paris eingesetzt), in einer speziellen Versammlung von Notabeln und Fachleuten mit dem Vorschlag hervor, Räumlichkeiten bereitzustellen, die im Bedarfsfall die isolierte Unterbringung von Trägern ansteckender Krankheiten ermöglichen würden. Der Vorschlag wird jedoch von der medizinischen Fakultät und von den Stadtbehörden abgelehnt und daher nicht verwirklicht.

Im Jahre 1516 werden – zumindest kurzfristig – energische Schritte gegen Landstreicher und Bettler unternommen. Das Parlament beschließt, daß alle Vagabunden *(vaccabons, oysifs, caymens, maraulx et belistres, puissans et sains de leurs membres)*[1] die Stadt zu verlassen haben; diejenigen, die sich danach noch auf den Straßen der Stadt zeigen, sind von Stadtbütteln festzunehmen und den Stadtbehörden vorzuführen, die die verhafteten Landstreicher gegen Beköstigung zu öffentlichen Arbeiten bei den Befestigungen oder in den städtischen Senkgruben beschäftigen sollen. Einer städtischen Verordnung zufolge sollten die Gefangenen tagsüber von Wächtern beaufsichtigt werden (vier auf je zwölf Vagabunden während des Tages und zwei während der Nacht), und in der Nacht sollten sie paarweise angekettet werden. Diese Maßnahmen wurden jedoch nur in recht begrenztem Umfang verwirklicht; in den Archiven befindet sich nur noch eine Meldung über eine Gruppe von 24 Vagabunden, die einen Monat nach Erlaß der Verordnung von der Polizei

[1] Registres des délibérations du Bureau de la Ville de Paris. Hg. v. F. Bonnardot. Paris 1883, Bd. I, S. 227ff.

den Stadtbehörden überstellt wurden. Die Verordnung war nur kurzfristig wirksam und entsprach der unmittelbaren Situation, aber die Einführung von Zwangsarbeit für Bettler, die als gesund und arbeitsfähig eingeschätzt wurden, stellte innerhalb der Pariser Sozialpolitik einen bedeutsamen Präzedenzfall dar.

Im Jahre 1519 bricht in Paris erneut eine Epidemie aus; öffentliche Versammlungen werden abgesagt, Theatervorstellungen verboten. Auch im Sommer 1522 herrscht eine Seuche in der Stadt, die Furcht vor Ansteckung streift die Grenzen der Psychose, die Pariser Ärzte, die die Kranken im Spital und in den Häusern besuchen, tragen seltsame, komplizierte Gewänder, die sie vor den Gefahren eines Kontakts mit den Kranken schützen sollen. Nicolas Versoris, ein Pariser Advokat, hat in seinem Tagebuch eine interessante Bemerkung über die Epidemie von 1522 notiert:

»Es verdient festgehalten zu werden, daß in dieser Zeit in der Stadt Paris eine überaus merkwürdige, gefährliche Seuche herrschte, an der, wie es heißt, im Hôtel-Dieu dieser Stadt innerhalb von drei Tagen über 120 Personen gestorben sind. Auf dem Friedhof Saints-Innocents, auf dem gemeinhin 28 oder 30 Personen bestattet werden, hat man an einem Tage über 40 Personen bestattet, woraus sich im Laufe von zwei oder drei Monaten eine ungeheure Zahl ergeben hat, die Friedhöfe bei den anderen Kirchen gar nicht gerechnet. Man sagte, der Tod treffe vor allem die Armen, so daß von den Trägern, deren es vor diesem Unglück in Paris sehr viele gab, nur noch ein kleines Häuflein geblieben ist; vorher waren ihrer, wie man schätzt, siebenhundert oder achthundert. Was nun das Viertel Petits Champs betrifft, so ist sein gesamtes Gebiet von den armen Kerlen, die dort bisher in sehr großer Zahl gewohnt haben, gesäubert worden. Kurz, dieses Jahr kann als eine Zeit der großen Sterblichkeit betrachtet werden, denn diese hat nicht nur Paris getroffen, sondern das gesamte französische Königreich; so ist es auch in der Normandie und in der Stadt Rouen geschehen. Gott mein Erlöser, erbarme Dich ihrer Seelen!«[2]

Die Verknüpfung zwischen Epidemie und Armutsmilieu in diesem Bericht ist sehr bezeichnend. In heutigen Untersuchun-

[2] Livre de raison de Me Nicolas Versoris, avocat au Parlement de Paris (1519–30). Hg. v. G. Fagniez. In: Mémoires de la Société de l'histoire de Paris. Bd. 12 (1885), Paris 1886, S. 118.

gen über die Ernährungskrisen wird der Zusammenhang zwischen den Jahren der Teuerung und den Sterblichkeitsdaten überbetont, obwohl sich aus den Quellen der vorstatistischen Zeit nicht zweifelsfrei ermitteln läßt, inwieweit die Sterblichkeit gerade auf Unterernährung beruhte. Es ist jedoch klar, daß das physiologische Elend immer ein Faktor gewesen ist, der die Ausbreitung von Epidemien zumindest begünstigt hat. Es ist hervorzuheben, daß der Pariser Advokat in seinem Bericht das in der Nähe der Pariser Hallen gelegene Viertel Petits Champs als Elendsgebiet charakterisiert. Innerhalb der sozialen Topographie der Stadt bilden sich spontan Gebiete der Armut heraus, so etwas wie Ghettos des Elends. Gerade in diesen Vierteln hielt die Epidemie besonders reiche Ernte. Nichts deutet indessen darauf hin, daß die Epidemie regulierend gewirkt und die Zahl der Armen in der Stadt gesenkt hätte, denn weil die Epidemie immer wieder mit Mißernten und Hungersnöten einherging, brachen immer wieder Massen von Elenden aus der Umgebung in die Stadt auf.

Die Epidemie trägt wesentlich dazu bei, daß man begreift, welche Gefahr von einer Ansammlung von Elenden für das Gemeinwohl ausgeht. Verordnungen gegen Bettler und Landstreicher gehörten von nun an traditionell zum Arsenal der Sofortmaßnahmen, welche die Behörden ergriffen, um die Ausbreitung einer Seuche zu unterbinden; und sie war einer der wesentlichen Gründe der Angst vor den Armen. Die Erfahrungen, die man während der ersten Jahrzehnte des 16. Jahrhunderts in den Jahren der Epidemien machte, haben denn auch die in diesen Jahren in Angriff genommenen Initiativen für eine Reform der Sozialfürsorge beeinflußt. Im Falle von Paris deutet jedenfalls alles darauf hin. Die Situation treibt auf eine Entscheidung zu, aber die Dinge kommen nur mühsam voran.

Im Jahre 1525 nimmt das Parlament von Paris erneut die Debatte über das Problem der Armen auf. Im Frühjahr 1525 kommt es zu lebhaften Beratungen, an denen auf der einen Seite der Bürgermeister und die Stadtverordneten, auf der anderen die Präsidenten des Parlaments und der Rechnungskammer (der obersten Steuerinstanz der Monarchie) teilnehmen, weil »die Not so groß und die Zahl der Armen so enorm ist wie nie zuvor«. Am 15. März 1525 hält der erste Präsident des Parlaments in einer Sitzung der Kammer eine Rede und erklärt, er »fühle sich verpflichtet, über die Armen zu sprechen, die sich jetzt in einer riesigen, gewaltigen und erstaunlichen Zahl in der Stadt befinden. Es gibt viele Menschen guten Willens, die Almosen geben, und es wäre ein großes, sehr großes göttliches Werk, wenn man dort Ordnung hineinbringen und den Armen die Nahrung sichern könnte, da die Almosen nicht gerecht verteilt werden.« Zu diesem Zweck müßte man in jeder Pfarrei alle Armen, die Hilfe verdienen, registrieren und dann den Pfarreien die Almosenverteilung übertragen. In diesem Zusammenhang wird bezeichnenderweise auf das Beispiel von Amiens verwiesen, wo man beschlossen hat, die »fremden Armen« aus der Stadt zu jagen und allen übrigen den Unterhalt zu sichern. Das Bemerkenswerte an diesem Beispiel ist die Bezugnahme auf die Anordnung, die »fremden Armen« fortzujagen, auch wenn der Redner während der Sitzung des Parlaments nicht weiter auf diese Frage eingeht.

Doch drei Wochen später tritt der Bürgermeister, also der oberste Repräsentant der städtischen Selbstverwaltung, vor die Kammer. Er eröffnet seine Rede mit der Feststellung, die Unterstützung der Armen sei eine Christenpflicht. Klar und entschieden tritt er gegen die Anhänger einer Politik der Vertreibung der Bettler auf. Auch läßt er jene Städte in der Normandie und der Picardie, die entsprechende Maßnahmen ergriffen haben, nicht als Beispiele gelten. Sie befänden sich als Grenzstädte in einer besonderen Situation. Ferner erscheint es ihm nicht ratsam, die Armen abzusondern, die Bettler und Hilfsbedürftigen an abgelegenen Orten unterzubringen; würde man fünfhundert von ihnen zusammenstecken, so würden es nach einer Woche bereits sechstausend sein, und das wäre gefährlich; richtig wäre vielmehr, den Armen Arbeit zu geben und sie dafür zu bezahlen, auch wenn die Bezahlung auf einem ganz niedrigen Niveau gehalten werden müsse.

Die Rede des Repräsentanten der Pariser Bürgerschaft hat polemischen Charakter. Es ist wenig wahrscheinlich, daß er tatsächlich die Armen oder die Bettler vor den vorgeschlagenen Repressionsmaßnahmen hat schützen wollen. Es kann sein, daß die städtische Selbstverwaltung sich auf diese Weise dagegen gewehrt hat, sich Maßnahmen aufhalsen zu lassen, um deren Finanzierung und Durchführung sie sich hätte kümmern müssen. Aber auch die in dieser Debatte auftauchenden rhetorischen Argumente haben ihr Gewicht, denn sie zeigen, daß das Problem der Organisation der Armenfürsorge verknüpft ist mit moralischen Besorgnissen, ob denn die mit der Reorganisation der wohltätigen Institutionen einhergehenden Formen der Repression gerechtfertigt seien. In den Debatten und den Maßnahmen jener Jahre findet man immer wieder diese Ambivalenz.

Sehr häufig äußert sich in den Pariser Debatten die Angst davor, die Armen an einem Ort zu konzentrieren. Noch vor der zitierten Rede des Bürgermeisters hatte man über den Zustand der Stadtbefestigungen diskutiert, und dabei hatte Jean Brissonet den Vorschlag gemacht, die Armen bei öffentlichen Arbeiten zu beschäftigen. Er behauptet, viele derer, die in den Straßen betteln, würden lieber für ihren Lebensunterhalt arbeiten, und sie würden nur betteln, weil sie keine Arbeit haben; auch würden jene, die Almosen geben, diese lieber solchen zukommen lassen, die für das öffentliche Wohl arbeiten, und nicht Faulenzern. Man fürchtet sich aber auch davor, öffentliche Arbeiten zu organisieren, denn »wenn man viele zusammenbringt, wird daraus Unruhe entstehen. Und wenn man sechs- oder siebenhundert Personen zur Arbeit zusammenkommen läßt, werden es nach zwei Tagen bereits über zweitausend sein, und dann wird es einen Aufstand geben, und die Stadt wird geplündert.« Hier wird offensichtlich ähnlich argumentiert wie in der Rede des Bürgermeisters. Man kann aus dieser Übereinstimmung entnehmen, wie stark die Furcht vor einer sozialen Rebellion die Angst vor den Armen bestimmte. Interessant ist auch das wiederkehrende Argument, man würde Massen anziehen, wenn man den Armen eine Arbeitsmöglichkeit gibt. Wenn Arbeit selbst unter der offenkundigen Voraussetzung, daß sie schlecht bezahlt wird, etwas Attraktives hat, dann heißt das doch, daß die steigende Zahl der Bettler in den Straßen von Paris gerade daher rührt, daß es an Arbeit fehlt. Dies wird zu einer Gefahr für die Gesellschaftsordnung, für die besitzenden Klassen.

Die Debatte des Parlaments und der Pariser Selbstverwaltung über das Problem der Armen zieht sich stundenlang hin. Allmählich schält sich ein Komplex von Maßnahmen heraus, die darauf abzielen, »fremden Armen« den Zugang zur Stadt zu verwehren, Beschäftigung für die Arbeitslosen zu finden und zu diesem Zweck einen ständigen Fundus zu schaffen. Trotz einiger Zweifel (»man wird fünfhundert Landstreicher füttern, statt sie fortzujagen, und damit wird man den Fleischpreis in die Höhe treiben, was Unruhen hervorrufen kann« – dieses Argument wird von den königlichen Amtsträgern vorgebracht) wird eine spezielle indirekte Steuer eingeführt. Das ändert jedoch nichts an der Situation; beim Parlament gehen beunruhigende Klagen über die städtische Selbstverwaltung ein, die selbstherrlich bestimme, wer bei den aus der »Steuer für die Armen« finanzierten öffentlichen Arbeiten beschäftigt wird. Der zur Klärung des Sachverhalts vor die Kammer zitierte Bürgermeister erklärt, die Behörden müßten eine Wahl treffen, wen sie beschäftigen: entweder die »verschämten Armen«, also Handwerksleute, Drucker-, Schneider-, Kürschnergesellen, die einen Unterhalt für sich und ihre Familien suchen, aber keine Arbeit finden können, oder die Taugenichtse und Landstreicher, die von Haus zu Haus betteln gehen. Bei den Arbeiten würden gegenwärtig hundert bis hundertzwanzig der »verschämten Armen« beschäftigt, und sie erhielten aus den Mitteln, die dank der Steuer zusammenkämen, eine geringe Vergütung. Um alle zu beschäftigen, fehle es an den Mitteln; der Vorschlag aber, den Vagabunden weniger zu zahlen als den übrigen, sei gefährlich, denn er könne zu Konflikten und Unruhen führen.

Es ist offensichtlich, daß die ergriffenen Maßnahmen wirkungslos sind, da sie den Ausmaßen des Problems nicht gerecht werden. Die Zahl der Armen in den Straßen von Paris geht keineswegs zurück, überall sieht man Frauen mit Kindern, die um Brot bitten, und der Zustrom der Armen scheint ständig zu wachsen. Aus den Sitzungsprotokollen der Stadtverwaltung geht hervor, daß man in den Jahren danach immer wieder öffentliche Arbeiten ins Werk setzt und sich bemüht, die Almosenverteilung nur auf jene zu beschränken, die nicht arbeiten können. Wenn darüber geklagt wird, daß an den Tagen der Almosenverteilung viele der bei den öffentlichen Arbeiten Beschäftigten Krankheit vortäuschen, um an der Almosenverteilung teilzunehmen, so zeigt das vor allem, daß es in Paris zu dieser Zeit schwer ist, sowohl Arbeit als auch Almosen zu erlangen, denn die bei den öffentlichen Arbeiten Beschäftigten verlassen die Arbeit nur dann, wenn eine Verteilung stattfindet. Nach der Reform des Spitalwesens zu Beginn des 16. Jahrhunderts, durch die der Einfluß der weltlichen Macht, das heißt der Stadtverwaltung auf die Leitung der Spitäler wächst, wird in Paris Schritt für Schritt die Armenfürsorge organisiert. Neben Maßnahmen und Anordnungen, die darauf zielen, den Zustrom von Armen zu beschränken, zeichnet sich eine Sozialpolitik der städtischen Behörden in zwei Bereichen ab: der Beschäftigung bei öffentlichen Arbeiten und der organisierten Unterstützung für diejenigen, die arbeitsunfähig sind. Die Einführung einer Steuer für die Armen im Frühjahr 1525 ist der wichtigste Schritt zur Verwirklichung der Überzeugung, daß die Stadt die »eigenen Armen« in organisierter Weise ernähren müsse. Dadurch wurden die Grundlagen zur »Aumône générale« geschaffen, eines speziellen städtischen Amtes, das sich um die Armenfürsorge zu kümmern hatte. Eine Verordnung vom 7. November 1544 überträgt die gesamte Fürsorge für die Armen in der Stadt den städtischen Behörden; nur die repressiven Maßnahmen gegen die Vagabunden bleiben weiterhin im Kompetenzbereich des Parlaments. Eine Woche darauf wird eine Zählung der Armen in allen Pfarreien angeordnet, und seit Beginn des Jahres 1545 wird eine organisierte Almosenverteilung durchgeführt, von der die Arbeitsfähigen ausgeschlossen sind. So beginnt das Pariser Hauptamt für die Armen seinen Dienst zu versehen. Eine ältere Überlieferung verlegt seine Entstehung bereits in das Jahr 1530; eine kleine (wahrscheinlich zwischen 1555 und 1557 entstandene) Abhandlung über die Organisation der Armenhilfe von Paris erwähnt, daß die Pariser Aumône 1530 entstanden sei und die Befürworter einer Reform der Sozialfürsorge sich in Lyon im Jahre 1531 bereits auf das Vorbild der Pariser Organisation berufen hätten.

Die Frage, wann diese Institution formalisiert wurde, ist indessen von untergeordneter Bedeutung. Im Grunde hatten die Debatten des Jahres 1525 festgelegt, wie die Sozialpolitik aussehen sollte, die die Stadt zu betreiben habe, wie sie zu finanzieren sei und welche Befugnisse und Pflichten der städtischen Selbstverwaltung in diesem Bereich zukamen. Zugleich enthüllten diese Debatten, wie sehr die neue Sozialpolitik von der Angst bedingt war, von der Furcht vor den ständig wachsenden Massen der Elenden in den Straßen der Stadt, in der Nachbarschaft des königlichen Hofes.

b. Venedig: Sozialhygiene und Repression

Venedig erlebt in der zweiten Hälfte des 16. Jahrhunderts eine blühende Aufschwungsphase. Die Einwohnerzahl der Stadt nimmt, wie schon erwähnt, während des ganzen Jahrhunderts zu, und es festigt sich die Produktionsstruktur der Stadt, in der neben dem traditionellen venezianischen Produktionszweig – dem Schiffbau – die Textilindustrie enorm an Bedeutung gewinnt, gestützt auf eine starke Nachfrage auf den Märkten der Levante. Die einstige Rolle Venedigs als Handelsvermittler im Export von flandrischen, englischen oder katalanischen Stoffen weicht der eigenen Produktionstätigkeit auf diesem Gebiet, begünstigt durch die Krise der Textilindustrie in der Toskana und der Lombardei. Die Einnahmen aus der Textilindustrie und aus Grundstücksinvestitionen gelten sogar als Hauptquelle des Reichtums der Venezianer im 16. Jahrhundert. Äußere Beobachter sind von dem Reichtum, der sich hier konzentriert, beeindruckt: Von der Mitte des 15. Jahrhunderts an wird die Stadt ständig größer und schöner, die Paläste der Patrizier imponieren durch ihre Größe, ihre architektonische Schönheit und die prunkvolle Innenausstattung. Die spektakuläre Wohltätigkeit dient der städtischen Elite als Zeichen ihres Reichtums und als Ausdrucksform ihres Sozialprestiges. Eine weitgefächerte, effiziente Verwaltung regiert die Stadt und ihren größeren Machtbereich; das äußere Bild der Stadt und die gesellschaftliche Ordnung sollen ein sichtbares Zeichen der Macht, des Prestiges und des Reichtums der »Königin der Adria« sein. Doch in den zwanziger Jahren wird die blühende Stadt von einer Katastrophe heimgesucht: dem großen Hunger der Jahre 1527–1529. Es ist vor allem ein Hunger der Nicht-Venezianer, der aber gleichwohl die Plätze und Straßen der Stadt überflutet und vor den Augen Venedigs ein bedrückendes Bild des Elends ausbreitet. Es weckt Mitleid und Angst.

Hunger, Pest und Krieg verheeren Nord- und Mittelitalien. Mißernten und Epidemien kehren in den Jahren 1527–1529 vereint und mit unerbittlicher Regelmäßigkeit wieder; Kriegshandlungen und die Plage der Marodeure verheeren ganze Provinzen und machen die traditionellen Transportwege unsicher oder unpassierbar. Die Einfuhr von Getreide aus den traditionellen Versorgungsgebieten wird immer schwieriger; die Getreidepreise steigen überall auf das Doppelte, Drei- und sogar Vierfache des Niveaus vor 1527. Der Hunger treibt die Menschen vom Land in die Städte, denn nur die Städte haben ein organisiertes Bevorratungssystem. Reichtum und Nahrung finden sich in den Städten, und so brechen Scharen von hungernden Bauern zu den Stadtmauern auf. Venedig wirkt auf sie wie ein Magnet. Der venezianische Chronist Marino Sanudo[3] berichtet detailliert vom Gang der Ereignisse.

Im Winter 1527/28 ist die Teuerung bedrückend. »Jeden Abend wimmelt es auf dem Markusplatz, auf den Straßen der Stadt, auf dem Rialto von Kindern, die den Vorübergehenden zurufen: ›Brot! Brot! Ich sterbe vor Hunger und Kälte!‹ Es ist

[3] I Diarii di Marino Sanudo. Venedig 1879–1903, Bd. XLVI, coll. 380, 550, 612.

entsetzlich. Morgens stößt man unter den Bogengängen der Paläste auf Leichen.« So war es im Dezember 1527, weniger als eine Woche vor Weihnachten. Die Karnevalszeit kommt heran. In den ersten Tagen des Februar 1528 »feiert die Stadt, werden viele Maskenbälle veranstaltet, und gleichzeitig ist die Menge der Armen bei Tag und bei Nacht unübersehbar; wegen des großen Hungers, der im Lande herrscht, haben viele Landstreicher beschlossen, auf der Suche nach Nahrung mit ihren Kindern hierher zu kommen.« Ende Februar: »Ich muß etwas notieren, was daran erinnert, daß in dieser Stadt ständig großer Hunger herrscht. Außer den Armen Venedigs, die jammernd durch die Straßen ziehen, gibt es noch die Elenden von der Insel Burano mit ihren Tüchern auf dem Kopf und den Kindern auf dem Arm, die um Almosen bitten. Viele kommen auch aus der Gegend von Vicenza und Brescia, was erstaunlich ist. Man kann nicht in Ruhe einer Messe beiwohnen, ohne von einem Dutzend Bettlern umringt zu werden, die um Hilfe bitten, man kann nicht die Geldbörse öffnen, ohne daß sogleich ein Habenichts herzutritt und um einen Denar bittet. Noch am späten Abend ziehen sie durch die Straßen, klopfen an die Türen und rufen: ›Ich sterbe vor Hunger!‹«

Sie kommen aus der Umgebung des nahegelegenen Vicenza, wo die Lage noch schlimmer ist. Ende März 1528 wird sie von einem örtlichen Beobachter folgendermaßen beschrieben: »Du brauchst nur zweihundert Armen ein Almosen zu geben, und sogleich sind weitere zweihundert da; man kann nicht über die Straße gehen oder auf dem Platz oder in der Kirche stehenbleiben, ohne sogleich von einer Menge umringt zu sein, die um Hilfe bittet; der Hunger steht ihnen im Gesicht geschrieben, ihre Augen sind leere Ringe, ihre ausgemergelten Körper scheinen mit Haut bedeckte Knochen zu sein.«[4]

Der Gouverneur von Vicenza schreibt in einer Proklamation, daß die armen Bauern und ihre Familien wie Tiere leben und sich von Gras und Wasser ernähren; dadurch entstünde die Gefahr einer Epidemie. Tatsächlich bricht im März 1528 in Vicenza eine Epidemie mit bislang unbekannten Symptomen aus, deren Entstehung man auf die Mengen von Bettlern zurückführt, die vom Lande herbeigeströmt sind.

Die Zunahme der Zahl der Armen, besonders der Zustrom der Armen von außerhalb, überhaupt alle Arten von Ortsverände-

[4] Ebd., Bd. XLVII, col. 148.

rungen der Bettler werden im Denken jener Zeit mit der Gefahr der Epidemie in Verbindung gebracht. Dieses Element der Angst ist, wie wir im Fall von Paris gesehen haben, einer der wesentlichen Anstöße für ein behördliches Eingreifen, zumindest zieht es sich aber durch alle Argumente, mit denen behördliche Maßnahmen der Armenhilfe befürwortet werden.

In Venedig wird dieses Argument auf der Sitzung des Senats im März 1538 vorgetragen. In vielen italienischen Städten ist die Seuche bereits aufgetreten; die Zeitgenossen geben recht unklare Beschreibungen von den Symptomen der Krankheit, die aber vermuten lassen, daß jetzt zusammen mit der Pest der Typhus auftritt, der einen engen Zusammenhang mit Unterernährung und Hunger, mangelnder Hygiene und Abwanderungsbewegungen aufweist. Der Senat befürchtet, wenn die Zahl der Bettler in der Stadt ständig steige und der Zustrom der Elenden von außerhalb anhalte, werde nicht nur die Hungersnot sich verschärfen, sondern auch die Gefahr entstehen, daß die Epidemie in Venedig auftaucht. Seit Dezember 1527 wird in den einzelnen Pfarreien allwöchentlich Brot an die Armen verteilt.

Die Gefahr der Epidemie drängt zu Maßnahmen, um die Armen zu isolieren. Für die Behörden von Venedig ist das übrigens kein neues Motiv. Schon seit Ende des 15. Jahrhunderts wird die Einwanderung in die Stadt von Institutionen der Gesundheitsaufsicht *(Provveditori alla sanità)* einer ziemlich strengen Kontrolle unterworfen. Die städtischen Behörden ordnen an, Almosen nur an diejenigen auszugeben, die eine spezielle, von den Pfarreien ausgestellte Bettelerlaubnis besitzen. Denen, die ohne Erlaubnis beim Betteln erwischt werden, drohen Gefängnis und Auspeitschungen – dies ein weiterer Beweis dafür, daß das Mittelalter Unterschiede zwischen den Armen gemacht und diese auch praktisch umgesetzt hat. Die Epidemie von 1528 veranlaßt die Behörden von Venedig, entsprechende Maßnahmen in einem sehr viel breiteren Umfang zu ergreifen. Nach langwierigen Debatten werden am 13. März 1528 die von einer Sonderkommission vorgeschlagenen Entscheidungen gefaßt. Es sollen drei oder vier provisorische Unterkünfte oder Hospize für die Armen errichtet werden, in denen sie auf Strohlagern übernachten können; dort haben alle Armen sich einzufinden, denn das Betteln auf den Straßen und an den Häusern wird verboten und mit Gefängnis, Auspeitschung und Ausweisung aus der Stadt bestraft. Die Fährleute haben alle, die sich von ihnen zur Stadt übersetzen lassen, von dem in Venedig bestehenden Bettelverbot zu unterrichten. Bettler, die von außerhalb kommen, sollen in den neuen Hospizen künftig nicht mehr aufgenommen werden. Das bedeutet also, daß man unter denen, die sich bereits in Venedig befinden, nicht zwischen »Einheimischen« und »Fremden« unterscheidet. Für die Unterhaltung dieser Spitäler und Hospize wird eine spezielle Steuer eingeführt, die vom Pfarrer und zwei weltlichen Beisitzern in den Pfarreien eingezogen und den *Provveditori alla sanità* übergeben wird. Die Liste derer, die diese Steuer nicht pünktlich entrichten, soll an Festtagen während der Messe von der Kanzel verlesen werden. Die Stadtbehörden verpflichten sich, die Armen bis zum Juni, das heißt bis zur nächsten Ernte, zu ernähren; nach diesem Termin sollen die Armen aus den Spitälern aufs Festland gebracht und nach Hause geschickt werden, und für den Fall, daß man sie in Venedig noch einmal beim Betteln ertappt, wird ihnen angedroht, daß man sie von San Marco bis zum Rialto auspeitscht.

An dieser Anordnung, die als das erste »Armengesetz« Venedigs gelten kann, springt die Situationsbedingtheit der beschlossenen Maßnahmen ins Auge. Im übrigen wird betont, daß die neue Anordnung das bestehende System der Unterstützung für die verarmten Bewohner und die »verschämten Armen« in den einzelnen Pfarreien nicht antaste. Das Prinzip, daß die Pfarreien für ihre Armen verantwortlich sind, bleibt also erhalten und wird in die neue Organisation der Sozialfürsorge einbezogen. Bezeichnend ist auch die gemischte Zusammensetzung der Kommissionen, die die Steuer für die Armen sammeln sollen. Das eigentliche Novum ist somit nicht die Laizisierung der Sozialfürsorge, denn diese ist recht inkonsequent, sondern die Übernahme der Verantwortung für diese Angelegenheit durch die öffentliche Hand. Die Absonderung der Bettler fällt unter die Maßnahmen, die einer Ausbreitung der Epidemie vorbeugen sollen.

Anfang April waren schon vier Hospize bereit, die Armen aufzunehmen. Die Verwirklichung dieser Anordnung stößt jedoch auf Widerstände, denn die Armen wehren sich dagegen, in die Hospize gesperrt zu werden, es kommt zu Gewalttätigkeiten gegen die Wärter, und die Bettler verschwinden nicht aus den Straßen der Stadt. Mitte April befinden sich bereits rund 1000 Personen in den Hospizen und werden dort ernährt – sie erhalten Brot, Suppe und Wein –, aber es beginnt offenbar eng zu werden, denn man beschließt, nur die Kranken in den Hospizen zu belassen und die Gesunden aus der Stadt zu jagen. In den

Spitälern herrscht eine hohe Sterblichkeit. In nur einem der vier Hospize starben von März bis Mai 293 Menschen.

War die Sterblichkeit im Frühjahr 1528 schon hoch, so herrscht im Sommer in Venedig die Epidemie, der man eine steigende Zahl von Todesfällen zuschreibt. Sie dauert mit Unterbrechungen bis zum Sommer des folgenden Jahres. Zwischen dem April 1528 und dem November 1529 registrieren die *Provveditori alla sanità* rund 1850 Fälle der Epidemie. Der englische Historiker Brian Pullan weist darauf hin, daß die Zahl derer, die im Jahre 1528 an Hunger und Krankheit sterben, nicht über vier Prozent der Stammbevölkerung Venedigs hinausgeht. In den Augen eines Historikers, der diese Jahre mit den Bevölkerungsverlusten durch den Schwarzen Tod in der Mitte des 14. Jahrhunderts, oder auch mit den späteren Epidemien (zum Beispiel denen der Jahre 1575–77 oder 1630/31) vergleicht, mag das als geringfügig erscheinen; diese Seuche bricht jedoch aus, nachdem es lange Zeit keine großen Epidemien gegeben hat, und löst bei den Menschen einen Schock aus, der so stark ist, daß ihnen bewußt wird, daß sie die Politik gegenüber den Armen überdenken und neu organisieren müssen.

Ein Jahr nach dem ersten »Armengesetz« bekommt Venedig ein weiteres, das nicht mehr so stark von der augenblicklichen Situation geprägt ist. Im April 1529 verkündet der Senat eine Verordnung, in deren Präambel die wesentlichen Ziele der Regierung erläutert werden: den Armen Unterstützung zu gewähren, den Kranken zu helfen, den Hungernden Brot zu geben, zugleich aber diejenigen, die imstande sind, »im Schweiße ihres Angesichts« ihren Lebensunterhalt zu verdienen, nicht zum Müßiggang zu verleiten. Was wir hier vor uns haben, ist bereits eine Darstellung der neuzeitlichen Auffassung der Wohltätigkeit einschließlich der zu ihrer Verwirklichung vorgesehenen Mittel. Zunächst wird fremden Bettlern der Zutritt zur Stadt verboten; wird einer von ihnen ergriffen, so soll er – mit einem Empfehlungsschreiben an die örtlichen Behörden – in seinen Heimatort zurückgeschickt werden. Was die einheimischen Bettler *(terrieri)* betrifft, soll man zwischen Arbeitsfähigen und Kranken bzw. Gebrechlichen einen Unterschied machen. Die ersteren sollen einer Arbeit in der Marine zugeführt werden; den Kapitänen wird empfohlen, so viel Arme wie möglich in die Mannschaft aufzunehmen und sie genauso zu beköstigen wie die übrigen Seeleute, ihnen aber nur die Hälfte des Lohnes zu zahlen. Darüber hinaus empfehlen die Behörden den Zünften und den

Pfarrkommissionen, Frauen und Kinder als Dienstboten beziehungsweise in einer Handwerkerlehre unterzubringen. Die zweite Kategorie von Bettlern, diejenigen, denen es durch ihren körperlichen Zustand verwehrt ist, sich mit eigenen Kräften ihren Unterhalt zu verschaffen, sollen regelmäßige Unterstützung erhalten, sie dürfen aber nicht in den Straßen betteln. Diejenigen, die eine Wohnung haben, sollen die Unterstützung durch ihre Pfarrgemeinde zu Hause erwarten, während die Obdachlosen in Spitälern und Hospizen unterzubringen sind.

Eine Reorganisation der karitativen Institutionen nimmt die neue venezianische Verordnung dagegen nicht vor. Die Wohltätigkeit zugunsten der Armen soll weiterhin von Klöstern, Spitälern und Bruderschaften versehen werden. Betont wird die Verantwortung der Pfarreien für die Organisation der Armenhilfe, und speziell den Pfarrkommissionen wird aufgetragen, nicht nur für die Verteilung der Almosen von Haus zu Haus zu sorgen, sondern auch das Finanzgebaren der karitativen Bruderschaften zu überwachen und die Pfarrkinder zur Wohltätigkeit anzuhalten, aber nicht mehr in Form individueller Gaben an Bettler, sondern in Gestalt von Spenden an die genannten Institutionen. Speziell in den Pfarrgemeinden soll einmal im Jahr, anläßlich der Wahl der beiden erwähnten weltlichen Beisitzer, der Pfarrer die Anwesenden aufrufen, sich zu einer freiwilligen Abgabe zugunsten der Armen zu entschließen; in den Predigten sollen die Gläubigen immer wieder ermahnt werden, Almosen in die Opferstöcke zu legen, über deren Inhalt die erwähnten Kommissionen verfügen sollen.

Die beiden zuvor erwähnten venezianischen Verordnungen sehen weder eine eindeutige Zentralisierung der Armenfürsorge vor, noch stellen sie die finanziellen Grundlagen einer zentralisierten Tätigkeit sicher. Die Steuer von 1528 war eine vorläufige Maßnahme, und man hält am Prinzip der freiwilligen Leistungen fest, die die Unterstützung der Armen gewährleisten sollen. Die Administration weist eine gemischte Zusammensetzung aus kirchlichen und weltlichen Vertretern auf. Der Erzbischof von Venedig soll zusammen mit den *Provveditori alla sanità* darüber wachen, daß die Pfarrgeistlichen die Anweisung ausführen, die Pfarrkinder zu karitativer Tätigkeit zu ermahnen. Es ist bezeichnend, daß das Armenproblem, was die städtischen Behörden angeht, in den Händen der Sanitätsbeamten bleibt, ein Zeichen dafür, daß zwischen der Sozialpolitik gegenüber den Armen und der Sorge um die öffentliche Hygiene weiterhin ein Zusammenhang besteht. Es fällt auf, daß unter den Initiativen, welche die venezianischen Behörden während der Krise von 1527–1529 ergriffen, die repressiven Maßnahmen gegenüber den karitativen weit überwogen: die Ausweisung der Armen, das Einsperren der Immigranten in Hospizen, das Bettelverbot, die Heranziehung zu einer Arbeit, die man als Zwangsarbeit betrachten kann, da für sie nur die Hälfte des üblichen Lohns vorgesehen war.

Als die Krise vorüber war, wurden die venezianischen Verordnungen kaum noch angewandt. Sie entsprachen einer Notwendigkeit des Augenblicks, und als die Mißernten aufhörten und der Zustrom der Elenden vom Lande versiegte, bedurfte es keiner außerordentlichen Maßnahmen mehr. Als dann wieder schwierige Jahre kamen (1537–39, 1544/45, 1575–77, 1590–95), ergriff man ähnliche Maßnahmen gegen den Hunger und die Epidemien. Der von dem Bevölkerungszuwachs ausgehende Druck erzeugte Spannungen auf dem venezianischen Arbeitsmarkt, und durch strukturelle Einbrüche spitzte sich die soziale Lage in Venedig plötzlich dramatisch zu. In immer breiterem Umfang schickt man Bettler und Vagabunden auf die Galeeren. Im Jahre 1545 wird eine Sonderkommission für die Probleme der Armen berufen, die sich aus drei Laien und drei Geistlichen zusammensetzt. Aber auch sie erhält keine dauerhafte finanzielle Grundlage in Gestalt einer konstanten Steuer oder eines Budgets. Erst gegen Ende des Jahrhunderts kommt es im Zusammenhang mit Plänen für ein zentrales Hospiz für die Bettler in Venedig zur Zentralisierung der Sozialfürsorge.

Aber gerade während der Krise 1527–1529 kam es zu einem grundlegenden Wandel der psychologischen Einstellungen, der zwar nicht an der traditionellen Doktrin der christlichen Nächstenliebe rüttelte, ja sogar am Prinzip der individuellen Liebestatigkeit und ihrem freiwilligen Charakter getreulich festhielt, es aber zugleich zuließ, daß gegen die Armen ein ganzer Komplex repressiver Maßnahmen ergriffen wurde.

c. Ypern: Städtische Armut und Reform

Im Unterschied zu den beiden zuvor behandelten Städten hatte Ypern weder den Charakter einer Metropole, noch wies es eine so große Bevölkerungszahl auf, doch die Erfahrungen mit der Reform der Hilfsinstitutionen für die Armen, die man in dieser Stadt im Jahre 1525 durchführte, hatten einen enormen Einfluß auf die gesamte Bewegung für eine städtische Reform der Sozialfürsorge.

Anfang des 16. Jahrhunderts liegen die mittelalterlichen Glanzzeiten Yperns weit zurück, man kann es kaum noch zu den führenden Produktionszentren Europas rechnen. Es gehört aber immer noch zu den bedeutenden Städten Flanderns; es hat teil an der Prosperität der Niederlande, aber auch an den Störungen und Krisen, die dieses Land durchmacht. Im Laufe des Mittelalters hatte Ypern sich zu einer Stadt entwickelt, deren Sozialstruktur typisch war für spezialisierte Produktionszentren. Die führende Rolle spielte die breit ausgebaute Tuchmacherei, die auf hohe Qualität und ausländische Absatzmärkte eingestellt war. Der Produktionsprozeß erforderte eine weitgehende Spezialisierung und Kooperation zwischen einzelnen Betrieben, führte zu einer breiten Beteiligung des Handelskapitals und brachte eine Gruppe von Unternehmern hervor. In dieser Situation hatte Yperns Tuchindustrie einen hohen Bedarf an Lohnarbeitern. Der wachsende Markt stellte jedoch neue Anforderungen, denen die Luxuserzeugnisse Yperns nicht mehr entsprachen; die Stadt konnte sich nicht mehr gegen das städtische Handwerk und gegen die Konkurrenz der aufblühenden Tuchindustrie Brabants behaupten, die bereits Anfang des 16. Jahrhunderts die alten flandrischen Zentren in den Schatten stellte. Der Niedergang Yperns vollzog sich langsam, aber unerbittlich. Zählte die Stadt im Jahre 1510 dreihundert bis vierhundert Betriebe, so waren es 1545 nur noch hundert, während es in der Blütezeit über tausend gewesen waren. Ende des 16. Jahrhunderts gab es in Ypern keine Tuchindustrie mehr, die Stadt hatte nicht versucht, zur Produktion der billigeren Tuche überzugehen, das Wirtschaftsleben der Stadt beschränkte sich auf Handwerksbetriebe von marginaler Bedeutung, die nur noch für den lokalen Markt arbeiteten. Doch in den zwanziger Jahren gehört Ypern immer noch zu jenen Zentren, die man als frühindustriell bezeichnen kann.

Im Mittelalter waren die Institutionen der Armenhilfe in Ypern hoch entwickelt. Hatten in der Zeit der Produktionserweiterung die Initiativen der Unternehmer und des städtischen Patriziats darauf abgezielt, den vorübergehend arbeitslosen Lohnarbeitern das Überleben zu ermöglichen, um sich auf diese Weise eine Arbeitskraftreserve zu erhalten und zugleich die soziale Ordnung aufrechtzuerhalten, so setzt sich im 15. und zu Beginn des 16. Jahrhunderts eine Politik der Kontrolle und Repression gegenüber der Armen durch. Wie wirksam diese

Maßnahmen waren, läßt sich wegen mangelnder statistischer Unterlagen für Ypern nicht feststellen, aber der Steuerliste des Jahres 1431 kann man entnehmen, daß die als arm bezeichneten Steuerzahler ein Fünftel der Gesamtheit ausmachten, also einen ähnlichen Anteil hatten wie in anderen Städten. Im bäuerlichen Umland der Stadt, in der Burggrafschaft Ypern, war der Anteil der »Steuerarmen« dagegen nicht hoch: Er betrug 9,6 Prozent, während er in der Burggrafschaft Dendermonde 40 Prozent und in Cassel 22,6 Prozent betrug. Aus diesem Grunde unterlag die Stadt nicht dem Druck einer ländlichen »Bevölkerungsreserve«.

Das dritte Jahrzehnt des 16. Jahrhunderts war für die gesamten Niederlande eine Zeit verschärfter wirtschaftlicher Schwierigkeiten. Der seit der Kaiserwahl im Jahre 1519 anhaltende politische und militärische Konflikt zwischen der Habsburgermonarchie und Frankreich erschwert den internationalen Handel, wenn er ihn nicht gar, wie der belgische Wirtschaftshistoriker Herman van der Wee meint, zum Erliegen bringt. Die Krise des Antwerpener Geld- und Finanzmarkts ist Ausdruck einer allgemeinen wirtschaftlichen Unsicherheit. Die eigentliche Quelle der Spannung ist jedoch die Situation auf dem Lande. Reicht schon die Nahrungsmittelproduktion für die ständig wachsende Bevölkerung nicht aus, so kommen noch Schwierigkeiten bei der Getreideeinfuhr aus Nordfrankreich und dem Ostseeraum hinzu. Die Jahre 1521/22 sind von Hungersnot geprägt. Der Anstieg der Lebenshaltungskosten und der Zusammenbruch des internationalen Handels lassen die Nachfrage nach Handwerkserzeugnissen zurückgehen. Die Arbeitslosigkeit greift immer mehr um sich, und wegen der steigenden Getreidepreise und der schwierigen Beschäftigungslage sinkt das Realeinkommen der armen Schichten in der Stadt.

Das Einkommen der Lohnarbeiter beginnt sich gefährlich der Grenze des Lebensminimums zu nähern. Kaufkraftberechnungen für die Löhne der Tagelöhner von Mecheln auf der Grundlage von 270 Arbeitstagen pro Jahr (also ohne Berücksichtigung des Faktors Arbeitslosigkeit) haben ergeben, daß zwischen 1521 und 1525 die Löhne der Landarbeiter in allen Jahren unter dem Lebensminimum blieben, bei den Erdarbeitern war dies vier Jahre hindurch der Fall, ebenso wie bei den Zimmergehilfen, während die Löhne der Zimmergesellen über dem Minimum lagen. Während des folgenden Vierteljahrhunderts blieben die Löhne der Landarbeiter und der Zimmergehilfen in allen Jahren unterhalb des Lebensminimums, vermochten also nicht den normalen Unterhalt einer Arbeiterfamilie zu sichern. Sämtliche Kategorien von Lohnarbeitern unter der Kategorie der Handwerksgesellen erlitten dadurch eine massive Verarmung (die Gesellenlöhne lagen während der ersten Hälfte des 16. Jahrhunderts nur in einem Jahr unter dem Niveau des Lebensminimums).

Auch bei den qualifizierten Lohnarbeitern und den Handwerkern sinkt der Lebensstandard, allerdings nicht bis aufs Lebensminimum. Pauperisierungsprozesse treffen auch diese Kategorien. In der brabantischen Stadt Lier (bei Antwerpen) stehen im Jahre 1510 etwa 12 Prozent der Familien auf der Liste der Armenhilfe, 1520 sinkt ihre Zahl auf 9 Prozent, aber ab 1521 steigt sie erneut und liegt im Jahr 1526 bei 12 Prozent, 1533 bei 16 Prozent, um dann wieder auf 7 Prozent im Jahre 1553 zu sinken. Man darf annehmen, daß dies eine Folge der Verarmung unter den Handwerkern war. Untersuchungen über die Höhe des Realeinkommens von Handwerker- und Arbeiterfamilien in Antwerpen und Lier ergeben nach 1520 eine sinkende Tendenz sowohl bei den qualifizierten Maurern (die gleiche Tendenz zeigen die Löhne der Weber in Brüssel) als auch bei den Maurerhandlangern, wobei die letzteren sich in einer Elendssituation befinden, weil ihre Löhne schon nicht mehr das Lebensminimum gewährleisten. Fügen wir noch hinzu, daß die Situation in dem kleinen Lier dramatisch ist, weil das Einkommen der Maurerhandlanger mit Ausnahme einiger Jahre bis zum Endes des Jahrhunderts unter dem für den Unterhalt einer Familie erforderlichen Minimum bleibt. Bei den Facharbeitern »führt der Gang der Dinge nicht zu einer tragischen Situation«, doch ist die Frustration der Mittelschicht um so tiefer, als sich ihre materielle Lage in der Zeit zuvor gebessert hatte; dadurch wuchs bei ihr die Zukunftsangst und die Bereitschaft zu aktivem Protest. Während des Hungerjahres 1521/22 kommt es in vielen niederländischen Städten zu Unruhen. In Löwen, Mecheln und Vilvoorde brechen Frauen die Kornspeicher der Klöster und der Bürger auf, in Antwerpen werden Bauern, die Getreide zum Markt fahren, überfallen. Die Zentralregierung muß einschreiten, und sie tut es auf unterschiedliche Weise: Einmal schickt sie das Militär, um die Unruhen niederzuschlagen, in anderen Fällen, so zum Beispiel in Gent, beschließt sie, das Getreide aufzukaufen, um es anschließend verbilligt an die Armen weiterzuverkaufen. Gleichzeitig versucht man der Getreidespekulation und den

Betrügereien der Bäcker entgegenzutreten; die Getreideausfuhr wird verboten.

Die zwanziger Jahre stellen alle Städte des Landes auf eine harte Probe. Wenn Hungersnot und Epidemie wie in Ypern gleichzeitig auftreten, werden die Schwächen der Stadt sichtbar: der Mangel an Arbeit und die Verarmung der Handwerker. Die auf das Mittelalter zurückgehenden Spitäler und karitativen Institutionen bieten erhebliche Möglichkeiten, doch muß ihre Leitung und Verwaltung reformiert werden. Eine erste städtische Verordnung aus dem Jahre 1515 zeigt nur geringe Wirkung. Im September 1525 geht der Stadtrat an eine umfassende Reform der karitativen Institutionen; eine städtische Verordnung vom Dezember dieses Jahres legt die Prinzipien der Reform im einzelnen fest und fordert ihre unverzügliche Verwirklichung. Eine weitere Verordnung vom Dezember 1520 droht den Bettlern strenge Strafen an, und im Laufe des folgenden Jahres wird die städtische Satzung im Geiste des Traktats von Vives und dem von anderen flandrischen Städten gefaßten Beschlüsse ergänzt.

Die Sozialpolitik, welche die Stadtverwaltung von Ypern im Jahre 1525 einführt, läuft auf Prinzipien hinaus, die wir bereits kennen: das Verbot, in der Öffentlichkeit zu betteln; die Einführung einer organisierten Fürsorge für die »wirklich Armen«; repressive Maßnahmen gegen Landstreicher; die Schaffung einer gemeinsamen Kasse, um die Kosten der neuen Verwaltung zu decken. Die Stadt übernimmt hier unzweideutig die Verantwortung für die Sozialfürsorge, um die sich vier eigens ernannte Beamte zu kümmern haben, »die für die Armen wie Eltern sein sollten«. Bei jeder Pfarrei wird eine entsprechende Abteilung geschaffen, deren Aufgabe es ist, in diskreter Weise über die Armen zu wachen, ihre materiellen Verhältnisse und ihren körperlichen Zustand zu überprüfen sowie Hilfe zu verteilen. Die Pfarrkommissionen haben außerdem die Pflicht, von Haus zu Haus Almosen zu sammeln und die in jeder Kirche aufgehängten Opferstöcke zugunsten der Armen zu verwalten. Auch in diesem Falle ist die Einführung einer gesonderten Steuer für diese Zwecke nicht vorgesehen. Zu den Aufgaben der neuen Verwaltung gehört es ferner, Pilgern und Reisenden einen kurzen Aufenthalt in Ypern zu ermöglichen, aber auch darüber zu wachen, daß sie die Stadt wieder verlassen. In gleicher Weise sollen die »gesunden Bettler« behandelt werden, also Vagabunden jeglicher Art. Das Problem der Arbeitslosen, der Einheimischen, die in der Stadt keine Beschäftigung finden können, wird nicht aufgegriffen; dafür wird die Wohltätigkeit im Erziehungsbereich betont: Man kündigt an, die Kinder auf die Schule zu schicken, da es »wichtiger ist, wohlgebildet als wohlgeboren zu sein«.

Nachdem das neue System einige Jahre in Kraft ist, stößt die Politik der Stadtverwaltung von Ypern auf heftige Opposition. Im Herbst 1530 protestieren Franziskaner, Dominikaner, Karmeliter und Augustiner gemeinsam gegen diese Politik, der sie vorwerfen, sie führe zur Verfolgung der Armen und enthalte schon in ihren Grundsätzen ketzerische Ideen. Die Schärfe der Anschuldigungen zeigt, wie gespannt die Situation ist. Die Bettelorden, deren Einnahmen und deren Lebensweise durch die Reform bedroht sind, erkennen die Erklärungen der städtischen Behörden nicht an. Diese können auf die Wirksamkeit ihrer Maßnahmen verweisen: 1530, in weniger als einem Jahr, da die letzten Monate nicht berücksichtigt sind, seien in Ypern 1600 bis 1800 Arme unterstützt worden. Der Streit hat aber vor allem doktrinalen oder ideologischen Charakter: Auf beiden Seiten machen sich Theologen und Juristen an die Arbeit.

Im Kern geht es bei der Auseinandersetzung um die Interpretation des christlichen Gebots, den Armen zu helfen. Seitens der Stadt wird eine komplizierte Argumentation entwickelt, die sich sowohl auf die Heilige Schrift als auch auf das antike Schrifttum stützt und zeigen soll, daß die in Ypern durchgeführte Reform in keiner Weise die Gebote der Religion verletzt. Es folgt ein sehr typischer Überblick über eine Art »Kanon« der Literatur über die Armut: Das Evangelium wird zitiert, natürlich die Legende des hl. Alexius, ferner erbauliche Heiligengeschichten und Ausführungen aus der patristischen Literatur. Doch – und dies ist das Hauptargument für die städtische Reform – die Zeiten hätten sich geändert. Statt der beispielhaften Armen, die durch freiwillige Armut zu christlicher Vollkommenheit zu gelangen suchten, und statt der Armen, die ihr Geschick demütig als Gottes Ratschluß hinnahmen, treten jetzt hochmütige und betrügerische Arme auf, die der Arbeit ein Schmarotzerleben vorziehen und notorisch die Gebote des christlichen Lebens verletzen. Gerade dagegen wendeten sich die Maßnahmen der städtischen Behörden von Ypern.

Wegen des Vorwurfs der Ketzerei, der im Jahre 1530 gleichbedeutend ist mit der schwerwiegenden Anschuldigung prolutheranischer Sympathien, ruft der Rat von Ypern die Pariser Theologen um eine Entscheidung an. Das Urteil der Sorbonne gibt den Behörden von Ypern recht: Die hinsichtlich der Armen getroffenen Maßnahmen seien streng, aber gerecht, sie entsprächen den Geboten des Evangeliums und den Vorbildern eines apostolischen Lebens. Es wird jedoch darauf hingewiesen, daß in erster Linie die Interessen der Armen gesichert sein müßten, daß man ihnen also nicht verbieten dürfe, in der Öffentlichkeit zu betteln, falls es in der gemeinsamen Kasse an Mitteln zur Unterstützung fehlen sollte und die Armen – einheimische oder fremde – sich in äußerster Not befänden. Auch dürfe den Armen aus den Dörfern der Umgebung Unterstützung nicht versagt werden, falls sie außerstande seien, sich mit eigener Hände Arbeit zu ernähren. Ebensowenig dürfe man, heißt es in dem Pariser Urteil, jemanden, der den Armen hilft, mit Strafe bedrohen. Schließlich dürften auf keinen Fall unter dem Vorwand der Armenhilfe die Einkünfte und der Besitz der Kirche angetastet werden, denn »das wäre der gottlosen Ketzer, Waldenser, Wyclifiten oder Lutheraner würdig«[5]. Die Verordnung, die das Betteln verbietet, könne nicht für die Bettelorden gelten, die im Einklang mit den Geboten der Kirche handeln.

Der städtischen Reform wird auf diese Weise die Übereinstimmung mit der katholischen Religion bescheinigt, wenngleich die Pariser Theologen einige städtische Maßnahmen, insbesondere gegenüber den »fremden Bettlern«, mißbilligen. Bei der praktischen Verwirklichung der Reform werden übrigens die städtischen Behörden in Ypern und anderswo gezwungen, repressive Maßnahmen zu beschließen, die über die Festsetzungen des Pariser Urteils hinausgehen oder ihnen sogar widersprechen. In dem Pariser Gutachten heißt es aber auch, das System der Sozialfürsorge müsse ständig überprüft und den jeweiligen Bedürfnissen angepaßt werden. Die Einsicht in die Notwendigkeit, einer veränderten Situation Rechnung zu tragen, ist ein Grundzug des Wandels, der sich während der zwanziger Jahre des 16. Jahrhunderts sowohl im gesellschaftlichen Bewußtsein als auch in der Praxis der städtischen Politik vollzieht.

[5] Documents parlementaires et discussions concernant le projet de loi sur les établissements de bienfaisance. Brüssel 1857, Bd. 1, S. 332.

Die Beschlüsse, die in den zwanziger Jahren des 16. Jahrhunderts zur Reorganisation der Armenfürsorge getroffen wurden, können als Ausgangspunkt einer neuen Sozialpolitik gelten. Aber wie wir gesehen haben, dürfen Wirksamkeit und Dauer dieser Maßnahmen nicht überschätzt werden. Ihr weiteres Schicksal gleicht verwickelten Mäandern, in denen sich schwerlich eine konsequente Politik ausmachen läßt. Wir haben den sozialen und wirtschaftlichen Kontext dieser ersten städtischen Initiativen näher zu bestimmen versucht. Jetzt sollen die Maßnahmen, die zur Zentralisierung der Sozialfürsorge führten, und die Formen ihrer praktischen Anwendung umrissen werden.

Wir haben uns in den bisherigen Ausführungen vor allem mit der Politik der städtischen Behörden befaßt, da die Sozialreform des 16. Jahrhunderts im Grunde eine städtische Angelegenheit war. Wir konnten jedoch immer wieder feststellen, daß staatliche Instanzen sich in diese Fragen einmischten, wobei in einem Stadtstaat wie Venedig beide Instanzen identisch waren. In den Pariser Auseinandersetzungen fiel die Hauptrolle den königlichen Behörden zu, die nach und nach die Aufgaben und Kompetenzen der städtischen Behörden festlegten. Weil die Reorganisation der Sozialfürsorge mit der Repressionsproblematik verflochten war und den Vorhaben der städtischen Behörden Exekutivgewalt gesichert werden mußte, waren Entscheidungen der staatlichen Instanzen erforderlich.

Das klassische Beispiel staatlicher Intervention im Bereich der Sozialfürsorge ist das kaiserliche Edikt von 1531, das für eine gewisse Einheitlichkeit der neuen Organisation sorgte. Es wurde erlassen, nachdem sich zuvor eine Gruppe von Experten sowohl mit den doktrinalen Aspekten der Armenhilfe als auch mit den entsprechenden Verordnungen eingehend befaßt hatte. Man weiß, daß der Kaiser sich von den flandrischen Städten die Texte der Verordnungen über die Bettler zusenden ließ, und nimmt an, daß zumindest die in Ypern und Mons geltenden Verordnungen das kaiserliche Edikt beeinflußt haben, doch sehr wahrscheinlich kommt auch den entsprechenden Verordnungen der deutschen Städte ein gewisser Einfluß zu.

Karl V. hatte schon im Jahre 1530 in Augsburg eine Verordnung erlassen, in der Grundsätze der Armenpolitik festgelegt wurden. Danach sollten alle lokalen Behörden Bettler und Landstreicher überwachen, und nur Kranken und Gebrechlichen war das Betteln erlaubt. Die Kinder von Bettlern sollten in eine Handwerkslehre oder in Dienst gegeben werden, damit sie sich nicht an das Betteln gewöhnten. Zugleich sollten alle Städte den eigenen Bettlern Nahrung und Unterhalt gewähren, damit niemand im Reich außerhab des eigenen Wohnorts betteln gehe. Die »starken Bettler« – gemeint sind hier wahrscheinlich nicht gesunde, sondern berufsmäßige Bettler – sollten dagegen verhaftet und streng und exemplarisch bestraft werden. Ein Ort, der mehr Arme aufwies, als er unterhalten konnte, sollte diese mit einem Empfehlungsschreiben an einen anderen Ort schicken. Den Behörden wurde ferner empfohlen, die Spitäler zu kontrollieren, damit sie keinem anderen Zweck dienten als der Unterhaltung der bedürftigen Armen. Die Verordnung legte vor allem die Pflichten der öffentlichen Behörden im Bereich der Armenfürsorge fest, wobei die ihnen übertragene Aufsicht über die Spitäler ein bedeutender Schritt zur Laizisierung des Spitalwesens war. Dagegen knüpften Vorschriften, die man als Repressionsmaßnahmen gegen Bettler auffassen kann, an entsprechende ältere Verordnungen an. Ein interessanter Beleg für die Ausmaße des Phänomens ist die, allerdings wenig realistische und Willkürentscheidungen begünstigende Empfehlung, einen Teil der Bettler in andere Orte zu schicken. Einen wesentlichen Schritt zur Modernisierung der Sozialfürsorge kann man in der Empfehlung sehen, die Kinder von Bettlern in eine Lehre zu geben.

Das Edikt für die Niederlande, das Karl V. während seines Aufenthalts in Gent am 6. Oktober 1531 verkündete, geht sehr viel näher auf Einzelheiten ein, möglicherweise unter dem Einfluß der Dokumente der niederländischen Städte (die kaiserliche Kanzlei hatte sie gleich nach dem Erlaß der Augsburger Verordnung angefordert). Artikel IX des Edikts von 1531 legt die Gründe dar, derentwegen man sich zu den vorgesehenen Maßnahmen entschlossen hat. Als erstes wird die Zahl der Bettler angeführt; gegenwärtig komme eine so ungeheure Zahl von Armen ins Land wie nie zuvor. Gleich darauf werden jedoch gewisse Grundsätze einer Sozialphilosophie dargelegt: »Die Erfahrung lehrt, daß, wenn man allen *unterschiedslos* (Hervorhebung von mir – B. G.) erlaubt, zu betteln und um Untersützung zu bitten, viele Fehler und Vergehen die Folge sind, da sie sich dann dem Müßiggang hingeben, von dem alle Übel ihren Anfang nehmen, zusammen mit ihren Kindern die Ausübung des Handwerks oder der Betätigung, von der sie sich ernähren könnten, aufgeben und sich folglich einem lasterhaften und frevelhaften

Leben hingeben, und ihre Töchter der Armut und dem Unglück sowie allen erdenklichen Lastern und Sünden preisgeben; und obwohl sie jung, stark und von gesundem Leibe sind, erschleichen sie sich mit großer Arglist, was aufgeteilt werden sollte unter Alten, Kranken, Gebrechlichen und Menschen in äußerster Not.«

Dem will der Kaiser also abhelfen und im öffentlichen Interesse Ordnung schaffen, bevor er die Niederlande verläßt. Allerdings wird diese Absichtserklärung sogleich durch folgendes ergänzt: »... vor allem aber, damit die armen Kranken und andere Elende, die sich ihren Unterhalt nicht selbst verdienen können, ernährt und unterhalten werden zum Ruhme und nach dem Willen Gottes, unseres Erlösers. Aus wahrer Liebe und Barmherzigkeit haben wir das Folgende beraten und beschlossen ...«[6]

Man darf diese einleitende Darlegung nicht als bloße Präambelrhetorik abtun. Oft werden in den Kanzleiformulierungen Meinungen ausgeprochen, die man für selbstverständlich hält. Im Falle des Edikts von Gent ist es offenbar so, daß die Einleitung nachdrücklich die Notwendigkeit betont, das Problem der Bettler, das Ausmaße angenommen hat, die das öffentliche Wohl gefährden, zu regulieren, zugleich aber die Fortführung der traditionellen christlichen Barmherzigkeit hervorhebt.

Das kaiserliche Edikt enthält ein eindeutiges Verbot, in der Öffentlichkeit, auf Straßen, Plätzen, in Kirchen und vor Häusern zu betteln, und droht beim ersten Mal Gefängnis an; wird jemand ein weiteres Mal ertappt, so können Richter und örtliche Behörden nach eigenem Ermessen mit ihm verfahren. Vom Bettelverbot ausgenommen ist das Almosensammeln für Bettelorden, Gefangene und Aussätzige. Pilger dürfen sich in den Spitälern, die an ihrem Wege liegen, nur für eine Nacht aufhalten, wenn sie sich gegenüber den Aufsehern durch entsprechende Dokumente ausweisen. Um den Kranken und den wirklich Armen die gebührende Unterstützung zu sichern, empfiehlt das Edikt, alle karitativen Institutionen in einem gemeinsamen Fonds *(bourse commune)* zusammenzufassen, unter der Verwaltung von Personen, die zu diesem Zweck ernannt werden.

In jeder Pfarrkirche soll ein Opferstock für individuelle Spenden zugunsten der Armen aufgestellt werden, und er soll von einer Kommission kontrolliert werden, der neben dem jeweili-

6 Recueil des ordonnances des Pays Bas. 2. Folge, Brüssel 1893ff., Bd. 3, S. 157–61.

gen Pfarrer auch weltliche Vertreter der örtlichen Behörde und der Gemeinde angehören. Die Kommissionen sollen in den Pfarreien Spenden zugunsten des Fonds für die Armen sammeln, unter der Kontrolle der örtlichen Behörden. Die in jedem Pfarrbezirk eingesetzten Kommissionen sollen eine Liste der Armen aufstellen, ihren Beruf, ihr Einkommen und die Zahl der zu unterhaltenden Kinder feststellen und die Höhe der Unterstützung festlegen, die ihnen zu gewähren ist. Die wöchentliche Almosenverteilung ist gewissenhaft durchzuführen, und dabei ist die Situation der zu unterstützenden Armen zu berücksichtigen, damit nicht Säufer, Landstreicher und Faulenzer von der Unterstützung profitieren. Arbeitsfähige Arme sollen gezwungen werden, zu arbeiten und den Verdienst nach Hause zu bringen. Dieser Arbeitszwang ist jedoch bezeichnenderweise mit einer Drohung verbunden: im Falle der Nichtbefolgung wird man aus der Liste der Armen gestrichen. Daraus folgt, daß man von vornherein annimmt, daß der zu erwartende Verdienst für den Unterhalt der Familie nicht ausreicht. Die Kinder der Armen, die bis zum Erlaß dieses Edikts Vagabunden waren und vom Betteln lebten, sollen hingegen zur Schule geschickt werden, eine Handwerks- oder Handelslehre antreten oder eine Dienststellung annehmen. Der letzte Artikel des Edikts ist scheinbar banal; darin werden Pfarrgeistliche, Prediger und Beichtväter aufgerufen, Testatoren zu Vermächtnissen zugunsten des Armenfonds zu bewegen. Dann heißt es jedoch weiter: »Wenn Arme, die vom Fonds unterstützt werden, sich bei den besagten Pfarrern, Predigern und sonstigen beschweren, sollen diese ihnen nicht voreilig Glauben schenken, sondern sie mit guten Worten trösten und zu den Wohltätigkeitskommissären schicken, die das Nötige veranlassen werden.«[7]

Das kaiserliche Edikt sieht eine weitgehende Autonomie der städtischen Armenfürsorge vor. Man findet in dem Dokument Spuren der Kontroverse über die Frage, ob eine Kontrolle über die Almosen, die Ausübung dieser Kontrolle durch weltliche Behörden, das Bettelverbot und die damit verbundenen Repressionsmaßnahmen gegen Bettler mit den Geboten der Religion und der Lehre der Kirche zu vereinbaren sind. Es haben sich darin nicht nur doktrinale Besorgnisse, sondern auch die Resultate der ersten Erfahrungen mit der städtischen Reform niedergeschlagen. Vermutlich geht der Appell an den Klerus, nicht für

[7] Ebd.

die Armen Partei zu ergreifen, auf diese Erfahrungen zurück. Wenn die Fürsorge für die Bettler von den kirchlichen Institutionen auf weltliche übergeht, löst das natürliche Spannungen aus. Das kaiserliche Edikt ist in dieser Frage konsequent und überträgt die Aufsicht über die Sozialfürsorge einer entsprechenden Kommission, während die Finanzierung der Armenfürsorge durch die Schaffung eines zentralen Fonds sichergestellt werden soll. Man kann daher sagen, die Verordnung von 1531 sei ein deutlich artikuliertes Programm der Säkularisierung der Sozialfürsorge, ein Programm, das sich jedoch weder gegen die traditionellen Vorrechte noch gegen den Besitz der Kirche richtet und zugleich die Beteiligung oder Mitwirkung des Klerus an der Reform vorsieht. In diesem Geist sind dann auch die anderen Verordnungen gehalten, die Karl V. in der Folgezeit zum Problem der Armen erläßt.

Die staatliche Gesetzgebung Frankreichs wendet sich scharf gegen die Landstreicherei und bezeichnet sie durchgängig als ein Verbrechen, das durch Repression, durch Deportation auf die Galeere oder durch Zwangsarbeit im Dienste der Stadt zu bekämpfen ist. Weniger klar sind dagegen die Maßnahmen hinsichtlich der Armenhilfe. Deutlich werden diese im Rahmen der Reform der Spitalverwaltung, die, wie wir im Falle von Paris erwähnt haben, nach und nach in weltliche Hände übergeht. Die Laizisierung der Verwaltung ist übrigens nicht von doktrinalen Gründen motiviert, sondern einfach von dem beklagenswerten Zustand des Finanzgebarens und der Administration der Spitäler. Kleine Spitäler sind vielfach nichts anderes als Bauernhöfe mit ein oder zwei Kammern, in denen Pilger oder umherziehende Arme aufgenommen werden können. Nachdem aufgrund einer Anordnung von 1519 der Groß-Almosenier die Aufsicht über das Spitalwesen übernommen hat, bessert sich die Situation ein wenig, doch zugleich drängt die Regierung immer stärker darauf, daß die Spitäler weltliche Administrationen erhalten. Genau das fordern die Vertreter des dritten Standes im Jahre 1560 auf der Sitzung der Generalstände (Etats généraux) in Orléans, und die königliche Verordnung von 1561 erfüllt diese Forderung. Doch in den folgenden Jahren müssen sich die Generalstände immer wieder mit dem Problem befassen, ein Zeichen dafür, daß die Verordnung nicht sehr wirksam war. Sie stößt im übrigen auf einen gewissen Widerstand beim Klerus, der sich durch die Beschlüsse des Konzils von Trient zum Handeln ermuntert fühlt.

Die französischen Gesetze gegen die Landstreicherei bedeuten praktisch, daß das Betteln in der Öffentlichkeit verboten ist und jede Stadt verpflichtet wird, ihren Armen den Unterhalt zu garantieren. Bestrafung wird nicht nur Bettlern angedroht, die sich außerhalb ihrer Heimatgemeinde herumtreiben, oder ganz allgemein solchen, die öffentlich um Almosen bitten, sondern auch denjenigen, die Bettlern Almosen gewähren. Ein Urteil des Pariser Parlaments vom 5. Februar 1535 zum Problem der Bettler in der Hauptstadt trifft eine ganze Reihe von Beschlüssen, die zusammengenommen eine gewisse sozialpolitische Linie erkennen lassen:

1. Allen arbeitsfähigen Bettlern, die in Paris geboren sind oder seit zwei Jahren dort wohnen und aus der Liste der unterstützungsberechtigten Armen gestrichen wurden, wird bei Todesstrafe befohlen, sich zu öffentlichen Arbeiten zu melden;

2. all jenen aus der zuvor beschriebenen Kategorie, für welche die städtischen Behörden keine Beschäftigung bei öffentlichen Arbeiten finden, wird befohlen, sich bei den Maurern als Handlanger zur Verfügung zu stellen (das gerade dieser Beruf genannt wird, ist bezeichnend: hier bestehen die größten Möglichkeiten, ungelernte Arbeiter zu beschäftigen); in diesem wie im vorigen Fall wird der Lohn auf zwanzig Heller pro Tag festgesetzt, was unter allen Arbeitslöhnen liegt, die in der Stadt gezahlt werden;

3. den gesunden Bettlern, die nicht in Paris geboren sind oder nicht wenigstens zwei Jahre lang ihren festen Wohnsitz hier hatten, wird bei Todesstrafe befohlen, die Stadt binnen drei Tagen zu verlassen;

4. Bettler, die Krankheit oder Gebrechlichkeit vortäuschen, sollen mit Auspeitschung und Verbannung bestraft werden, und wenn sie rückfällig werden, können die Richter sie nach Gutdünken bestrafen;

5. allen Bewohnern, welchen Standes sie auch seien, wird unter Androhung entsprechender Geldstrafen verboten, auf den Straßen und in den Kirchen Almosen zu geben.

Die mehrfach angedrohte Todesstrafe verleiht diesen Beschlüssen Autorität. Aber wenn in dieser Strenge auch zum Ausdruck kommt, daß die herkömmlichen psychologischen Barrieren gegenüber den Bettlern zusammengebrochen sind, so zeugt sie doch andererseits von der Ohnmacht der Behörden. Diese wird dadurch belegt, daß das Parlament in den Folgejahren wiederholt solche Entscheidungen fällt.

Die Verordnung des Parlaments hat zwar keine gesamtstaatliche Geltung, aber dennoch hat sie offensichtlich die Entscheidungen und Maßnahmen von Gerichts- und Polizeibehörden im gesamten französischen Königreich beeinflußt. Das gesamte Problem der Armenfürsorge bleibt aber ausschließlich der örtlichen Intitiative überlassen. Das Prinzip, jeder Ort sei für seine Armen verantwortlich, ist integrierender Bestandteil der Doktrin, die in der Sozialfürsorge keine Verpflichtung der staatlichen Instanzen sehen will. Als im Jahre 1586 in einem der ›Cahiers de doléances‹, der für die Generalstände bestimmten regulären Beschwerdebücher, gefordert wird, der königliche Schatz möge einen Beitrag zur Sozialfürsorge leisten, erwidert der König, er werde keinerlei Mittel für die Ernährung der Armen bestimmen, weil dies »eine Angelegenheit ist, die von der Barmherzigkeit und Frömmigkeit abhängt, welche gute Bürger ihren Nächsten erweisen sollten, wie es sich für gute Christen geziehmt«[8]. Der König greift nur sporadisch in den Bereich der Sozialfürsorge ein (im Januar befiehlt er zum Beispiel den Behören von Paris, öffentliche Arbeiten zu organisieren, um die aus der Picardie und der Champagne in die Hauptstadt strömenden arbeitslosen Armen zu beschäftigen); die einzige königliche Verordnung, die förmlich verkündet (und im Februar 1566 durch die Ordonnanz von Moulins bestätigt) wird, gilt der Festsetzung, daß die Armen an ihrem Wohnort zu unterhalten seien. Es bleibt aber den Städten überlassen, diese Regel zu verwirklichen und die Sozialfürsorge zu reorganisieren, und so schreiten sie zur Zentralisierung der Sozialfürsorge, schaffen Ämter für Armenhilfe und sichern die finanziellen Grundlagen ihrer Tätigkeit durch die Einführung entsprechender Steuern.

Das Edikt, das Kaiser Karl V. für die Niederlande erließ, legte die organisatorischen Formen der Reform fest und übertrug den Städten ihre praktische Durchführung. Die Anordnungen des französischen Königs überließen es den Städten, die geeigneten Mittel zur Besserung der Lage zu bestimmen. In beiden Fällen wird entschieden die Absicht deutlich, das öffentliche Betteln zu verbieten und die Bettlerplage zu beseitigen. In England herrscht die gleiche Absicht, nur veranlaßt sie die staatlichen Behörden, eine Politik der Reorganisation der Sozialfürsorge in Angriff zu nehmen.

[8] Ch. de Robillard de Beaurepaire, Cahiers des Etats de Normandie sous le règne de Henri III. Rouen 1887–88, Bd. 2, S. 161f.

Die Historikerin E. M. Leonard, die die englische Sozialfürsorge untersuchte, unterscheidet im 16. Jahrhundert drei Phasen: die Jahre 1514–1568, in denen die Initiative auf diesem Gebiet hauptsächlich bei den Städten liegt; die Jahre 1569–1597, in denen die Gesetzgebung an Bedeutung gewinnt; und die Zeit nach 1597, in der das Problem durch Anordnungen geregelt wird, die der königliche Rat *(Privy Council)* an örtliche Gerichtsinstanzen richtet. Die Autorin sieht nur in dieser letzten Phase das Programm einer Restrukturierung der Armenfürsorge in England konsequent und effizient verwirklicht. Gleichwohl sind im 16. Jahrhundert wesentliche Maßnahmen hinsichtlich der Armenfürsorge auf königliche Initiative erfolgt, vor allem im Zusammenhang mit dem Kampf gegen die Landstreicherei, der in England sehr viel grausamere und unmenschlichere Formen annahm als auf dem Kontinent. Um die Landstreicherei zu bekämpfen, bedurfte es einer Institution der Kontrolle über die Armen insgesamt, und ein wirkungsvolles Mittel der Bekämpfung bestand darin, das öffentliche Betteln einzuschränken oder zu verbieten.

In einem Statut Heinrichs VIII. aus dem Jahre 1538[9] wird den Friedensrichtern auf dem Lande und den Vögten beziehungsweise Bürgermeistern in den Städten befohlen, in ihrem Wirkungsbereich die Armen einer Musterung zu unterziehen und die wirklich Kranken und Gebrechlichen zu zählen. Diese Armen sollen eine spezielle Erlaubnis erhalten, in einem abgegrenzten Gebiet zu betteln; wer außerhalb des ihm zugewiesenen Gebiets oder ohne Erlaubnisschein ertappt wird, ist zu verhaften. Die Fürsorge für diese Armen soll aber im wesentlichen darin bestehen, daß die Nachbarschaftsgemeinschaft sie unterhält. Gesunde Bettler sollen dagegen ausgepeitscht werden, und wer ihnen mit Almosen hilft, soll mit Geldstrafen belegt werden. Einige Jahre später folgt ein weiteres Statut Heinrichs VIII.[10], das an den vorherigen Erlaß anknüpft und die Städte und Grafschaften anweist, den gebrechlichen Armen den Unterhalt und den zu körperlicher Anstrengung Fähigen Arbeit zu sichern. Kinder von Bettlern zwischen fünf und vierzehn Jahren sollen notfalls mit Zwang in eine Handwerkslehre gegeben werden. Die Bewohner des jeweiligen Ortes sollen durch »freiwillige und barmherzige Almosen« die finanziellen Grundlagen für die Armen-

[9] 22, Henry VIII, cap. 12.
[10] 27, Henry VIII, cap. 25.

fürsorge schaffen. Die Almosen sollen nicht den Armen direkt gegeben werden, sondern in eine gemeinsame Kasse getan und von eigens dazu bestimmten Personen gesammelt werden. Die Gewährung individueller Almosen ist nur dem Adel und den Klöstern erlaubt, allen übrigen nur in besonderen Fällen, nämlich dann, wenn es sich um Angehörige der Pfarrgemeinde, Blinde und schiffbrüchige Seeleute handelt. Es muß betont werden, daß dieses Statut das Betteln nicht verbietet, sondern reguliert, und daß es die Finanzierung der Sozialfürsorge auf eine freiwillige Basis stellt. Der König wendet sich mit seinen Empfehlungen und Anweisungen sowohl an weltliche wie an kirchliche Instanzen, und auch für das Sammeln der Mittel werden gemischte Kommissionen bestimmt. In den späteren königlichen Statuten wird, was das Sammeln der Mittel betrifft, der Druck allmählich verstärkt: Unter Eduard VI. und Maria empfehlen sie, die Bewohner von der Notwendigkeit von Abgaben zu überzeugen, unter Elisabeth sehen sie bereits die zwangsweise Eintreibung vor. In der englischen Geschichtsschreibung wird traditionell betont, daß die Aufhebung der Klöster in den Jahren 1536 und 1539 maßgeblich zum Anwachsen des Pauperismus in England beziehungsweise zur Verschlechterung der Lage der Armen beigetragen habe. Die Almosen, welche die Klöster unter den Armen zu verteilen pflegten, hätten nämlich aufgehört, während die Säkularisation lediglich den Besitz des Königs und der höfischen Elite vermehrt habe.

Als wir die Lage in England während der zwanziger Jahre charakterisierten, wiesen wir auf den Zusammenhang hin, den es damals zwischen der Armut und dem Problem der Arbeitslosigkeit und des Arbeitsmarktes gab. Dieser Aspekt ist in der englischen Sozialpolitik des 16. Jahrhunderts ständig präsent, ob es nun um die grundlegenden Motive der Gesetzgebung gegen das Vagabundentum oder um die Organisation der Armenhilfe geht. Der in dieser Beziehung bedeutendste Akt war das ›Statut über die Handwerker‹ des Jahres 1563. Es legte bestimmte Bedingungen des Arbeitsverhältnisses fest (indem es für bestimmte Handwerkszweige eine mindestens einjährige Dauer des Arbeitsvertrages vorschrieb), vor allem führte es aber einen Arbeitszwang ein: Jeder Junggeselle unter 30 Jahren, der in seinem Beruf keine Arbeit fand, konnte gezwungen werden, jede beliebige Arbeit anzunehmen, und zwar zu einem Lohn, dessen Höhe vom Friedensrichter festgelegt wurde; Männer zwischen 20 und 60 Jahren, die keinen Beruf hatten und keine Arbeit fanden, konnten zu den gleichen Bedingungen bei Grundbesitzern als Dienstpersonal untergebracht werden.

Ohne auf die Entwicklung der Armengesetzgebung im einzelnen einzugehen, wollen wir uns näher mit dem entscheidenden Schritt befassen, den das elisabethanische England um die Wende vom 16. zum 17. Jahrhundert mit dem ›Gesetz über die Armen‹ tat. Die Jahre 1594–1597 waren von Mißernten geprägt, die Teuerung nahm zu und ließ den Getreidepreis im Vergleich zur Situation vor diesen Jahren manchmal auf das Vier- oder Fünffache steigen. Das löste eine Serie von Unruhen aus. Als das Unterhaus im Oktober 1597 über ein Gesetz gegen die Getreidespekulation beriet, meldete sich Francis Bacon zu Wort und warf das Problem der *enclosures* auf: »Die Einfriedung der Ländereien führt zur Entvölkerung (des Landes), und diese führt wiederum erstens zum Müßiggang, zweitens zum Rückgang der Landbestellung, drittens zum Verfall der Häuser, zum Niedergang der Mildtätigkeit und zum Wegfall der Leistungen zugunsten der Armen und viertens zur Verarmung des Königreichs.« Eine vom Unterhaus eingesetzte Kommission sollte sich mit dem Problem der Einfriedungen und anschließend mit dem Armenproblem befassen. In beiden Häusern des englischen Parlaments kam es zu lebhaften Debatten über Gesetzentwürfe, bei denen es um die Besserungsanstalten, das Sammeln von Mitteln für die Armenhilfe, die Organisation der Spitäler, die Alten- und Blindenhilfe in den Pfarrgemeinden, die »Ausrottung der Bettelei« und andere Fragen ging. Das Resultat der Arbeiten und Diskussionen war eine Reihe von Verordnungen über verschiedene Aspekte der Armut und der Landstreicherei.

Das grundlegende Element dieser Gesetzgebung bestand darin, die Aufsicht über die gesamte Sozialfürsorge den »Armenaufsehern« *(overseers of the poor)* zu übertragen, speziellen Kommissären, die alljährlich von den Friedensrichtern ernannt wurden. Sie sollten sich zusammen mit Vertretern der Pfarrgemeinde darum kümmern, daß die Kinder in eine Handwerkslehre kamen, daß die Arbeitslosen beschäftigt wurden (zu diesem Zweck sollten sie ständig über Rohstoffvorräte verfügen) und daß Krüppeln und Gebrechlichen geholfen wurde; für die letzteren sollten die besagten Kommissionen Hospize und Spitäler errichten. Die Mittel für die Sozialfürsorge sollten durch eine spezielle Steuer beschafft werden. Nur in der eigenen Pfarrei und nur um Nahrung durfte gebettelt werden. Almosen durften auch an heimkehrende Soldaten und Seeleute gegeben werden; ihnen hatten die Friedensrichter Arbeit oder Untersützung an ihrem Heimatort zu verschaffen.

Dieses Bündel von Verordnungen brachte gegenüber der vorherigen Situation keine größeren Veränderungen; frühere Anordnungen hatten bereits die in den Dokumenten von 1597/98 vorgesehenen Handlungsgrundlagen geschaffen (so war die Institution der »Armenaufseher« schon 1536 eingeführt worden). Die gesamte Struktur der Armenfürsorge, die das Parlament nach ausführlichen Debatten beschloß, hatte sich aus dem praktischen Vorgehen der Städte ergeben, wobei die Erfahrungen von London entscheidend und vorbildlich waren. Doch was jetzt formuliert wurde, war eine Doktrin der staatlichen Politik; die Verordnungen von 1597/98 sollten zwar nur für das folgende Jahr gelten, bildeten aber für viele Jahre die Grundlage der staatlichen Politik. Von grundlegender Bedeutung waren die gesetzgeberischen Maßnahmen, die bald darauf – im Jahre 1601 – getroffen wurden. Das Statut von 1601 brachte geringfügige Änderungen an den Verordnungen von 1597/98. Vor allem regelte es detailliert die Verwaltung der Institutionen der Sozialfürsorge und ihre Finanzierung, anders gesagt, die Vorgehensweise bei der Auferlegung und Erhebung von Abgaben zugunsten der Armen. Einige Bestimmungen, die man wohl für unrealistisch hielt, wurden aufgehoben; so wurde zum Beispiel die Klausel gestrichen, nach der jeder, der sich unterstand, in der Öffentlichkeit um etwas anderes als Nahrungsmittel zu betteln, als Landstreicher galt. Das Parlament neigte dazu, neben den Institutionen der örtlichen Sozialfürsorge das traditionelle System der individuellen Mildtätigkeit aufrechtzuerhalten, und diese Tendenz kam in seinen weiteren Beschlüssen zum Ausdruck. Dennoch setzte sich im Sinne einer umfassenden Doktrin der neuzeitlichen Sozialpolitik sowohl in der königlichen Gesetzgebung als auch in der örtlichen Praxis die Auffassung durch, die Armenfürsorge zu institutionalisieren, Arbeitsmöglichkeiten zu schaffen beziehungsweise Arbeitszwang zu praktizieren und die Landstreicherei zu verfolgen. Der Akt von 1601 – eigentlich müßte man sagen: von 1597 bis 1601 –, bekannt als das ›Gesetz über die Armen‹ der elisabethanischen Zeit, legte die rechtlichen Fundamente des englischen Systems der Sozialfürsorge, die, nachdem sie 1640 in ihrer Geltung bestätigt wurden – denn der Akt von 1601 hatte ja nur für ein Jahr gelten sollen –, bis zur großen Reform von 1834 erhalten blieben.

Die staatliche Gesetzgebung anderer europäischer Länder

schlug einen ähnlichen Weg ein wie die oben angeführten Gesetze der Niederlande, Frankreichs und Englands. Einen etwas anderen Charakter hatte das schottische Statut über die Armen von 1535, das sich auf allgemeine Empfehlungen beschränkte. Es appellierte an die Armen, die zu physischen Anstrengungen in der Lage waren, sich eine Arbeit zu suchen, indem es ihnen verbot, zu betteln oder um Unterstützung zu bitten, während es den Alten und den gebrechlichen Armen gestattete, in der eigenen Pfarrgemeinde, das heißt am Geburtsort, zu betteln.

Anders in Spanien. Hier bleibt der Kampf gegen Landstreicherei und Bettelei den örtlichen Behörden überlassen. Die Zentralregierung unternimmt nichts, um eine Reform der Sozialfürsorge anzuregen. Weder wird das Betteln verboten, noch wird das traditionelle System der individuellen Hilfe formal oder faktisch eingeschränkt. Der Hof meldet gegenüber den städtischen Initiativen in diesem Bereich eher theoretische Vorbehalte an, und dort, wo in der Literatur des 16. Jahrhunderts heftig gegen das neue System der Sozialfürsorge polemisiert wird, spürt man oft die Inspiration des spanischen Hofes heraus. Der Staat nimmt insofern eine recht eigentümliche Haltung ein, als in seiner Politik das ideologische Engagement mehr zählt als die Erfordernisse der realen Situation. Denn Spanien kennt nicht nur weitgehende Pauperisierungsprozesse – auch die Landstreicherei nimmt Ausmaße an, die nicht geringer, wenn nicht sogar größer sind als in anderen europäischen Ländern und zu einer wirklichen Gefahr für die öffentliche Ordnung werden.

Valladolid ist im 16. Jahrhundert eine reiche Stadt. Gerade das macht sie, wie ihr Historiker Bartholomé Bennassar schreibt, zum Anziehungspunkt für die Armen, denn keine andere Stadt Altkastiliens bietet ihnen Almosen in solcher Fülle. Dàmaso de Frias, ein Dichter des 16. Jahrhunderts, behauptet, in Valladolid gäbe es deshalb so viele Arme, weil die wohltätigen Institutionen hier so zahlreich seien. In Hungerjahren strömen aus Galicien, Asturien und von den Bergen Massen von Armen in die Stadt, wohl wissend, daß sie hier Hilfe erhalten, während sie aus jeder anderen Stadt nach zwei oder drei Tagen fortgejagt würden. Unter normalen Verhältnissen gewährt die Stadt ihren Armen laufende Unterstützung. Nach einer Zählung aus dem Jahre 1561 gibt es in Valladolid 634 Familien, die als arm anerkannt sind – das sind 9,5 Prozent der Stadtbevölkerung. Bezeichnend ist, daß es sich nur in 80 Fällen um Personen handelt, die arbeiten, während alle anderen ausschließlich von Sozialfürsorge zu leben scheinen. Die Zahl der Armen in der Stadt ist übrigens größer, weil in der Zählung von 1561 weder die Armen in den zahlreichen Spitälern und Hospizen der Stadt noch die Findelkinder in den karitativen Institutionen berücksichtigt sind. Valladolid könnte als Beweis dafür dienen, daß die Fülle an Almosen, wie die Reformatoren des 16. Jahrhunderts behaupteten, die Entwicklung des Pauperismus fördert, wenn nicht der Prozentsatz der Armen in anderen Städten erheblich höher gewesen wäre. In Segovia, einem der führenden Zentren der Textilproduktion auf der Iberischen Halbinsel, zählen 15,7 Prozent der Bevölkerung zu den Armen, auch wenn die meisten von ihnen arbeiten. Eine noch dramatischere Situation finden wir in den kleinen Orten der Estremadura: in Càceres sind nach einer Zählung aus dem Jahre 1557 von 7400 Einwohnern 1900 Arme, im Jahre 1595 sind von 8300 Einwohnern 3500 Arme, während in Trujillo die Armen im Jahre 1597 die Hälfte der Bevölkerung ausmachen, die auf 9560 geschätzt wird. Selbstverständlich gelten auch für diese Angaben die Vorbehalte, die wir oben schon anmeldeten, als es darum ging, aufgrund der Steuerlisten die Struktur der Vermögensverhältnisse zu ermitteln: Die Armutsschwelle wird recht willkürlich festgelegt.

Die Bemerkung von Dàmaso de Frias, die fremden Armen – Opfer der ländlichen Not – würden in anderen Städten fortgejagt, läßt darauf schließen, daß die spanischen Städte die in Europa weit verbreitete Politik praktizieren, sich gegen die Flut fremder Bettler zu wehren. Gelegentlich kommt das übrigens auch in Valladolid vor, so in den Jahren 1517/18 und 1575; dennoch bestätigen die Verzeichnisse der Hospize, daß diese reiche Stadt ausgesprochen großzügig ist: 1579 stammen von den 57 Kindern in einem Heim nur 31 aus Valladolid selbst, und 1589 sind von 74 Kindern nur 30 Einheimische, während die übrigen teilweise aus weit entfernten Gegenden stammen. Gegen Landstreicher werden dagegen in Valladolid ähnliche Maßnahmen ergriffen wie in anderen Städten. Die Stadt besoldet einen speziellen, mit dem Problem der Landstreicher befaßten *alguazyl*. Gegen Ende des Jahrhunderts wird eine Zählung der Armen durchgeführt: Im Jahre 1597 besitzen nur 310 von ihnen den Berechtigungsschein für Unterstützung.

Der letztgenannte Umstand weist übrigens auf ein breiteres Phänomen hin, auf eine Aktion, die auf höhere Anweisung von den örtlichen Behörden im ganzen Lande durchgeführt wird. In Sevilla wird im Jahre 1597 angeordnet, alle Bettler der Stadt sollten sich im Ospedale de la Sangre versammeln, um eine Bettelerlaubnis zu erhalten. Der Chronist berichtet, daraufhin hätten sich insgesamt 2000 Männer und Frauen eingefunden, darunter ebenso starke und gesunde wie kranke, alte, Krüppel und gebrechliche. Die Kranken habe man in den Spitälern untergebracht, den Gebrechlichen habe man eine Bettelerlaubnis erteilt, während den Gesunden befohlen wurde, innerhalb von drei Tagen eine Beschäftigung zu finden, andernfalls würden sie ausgepeitscht und aus der Stadt ausgewiesen.

Dies war auf der Iberischen Halbinsel nicht ganz neu, denn ähnliche Maßnahmen konnten wir bereits in der Mitte des 14. Jahrhunderts wie auch in den zwanziger Jahren des 15. Jahrhunderts beobachten. Im Jahre 1540 beschließen die kastilischen Städte Zamora, Salamanca und Valladolid, die Bettler administrativer Aufsicht zu unterstellen. Im selben Jahr erläßt Karl V. ein Statut über die Sozialfürsorge, in dem er anordnet, daß es in jedem Ort nur ein Spital geben dürfe (man kann darin einen Schritt zur Zentralisierung der Sozialfürsorge sehen); außerdem fordert er, für eine vernünftige Ordnung zu sorgen, damit der Unterhalt der wirklich Bedürftigen gesichert sei und niemand auf den Straßen oder von Haus zu Haus Almosen erbettele. Es handelt sich somit um ein Bettelverbot. Die Armen in der Stadt sollen in Spitälern untergebracht werden, und Personen, die für diese Aufgabe bestimmt werden, sollen Almosen für ihren Unterhalt sammeln. Dieser Erlaß, in einem ähnlichen Geiste gehalten wie das Edikt von 1531 für die Niederlande, wurde jedoch Gegenstand einer theologischen Kontroverse und blieb letzten Endes toter Buchstabe. Seit dem Regierungsantritt Philipps II. war von einer derart beschaffenen Reform der Sozialpolitik nicht mehr die Rede, doch das Problem der Landstreicher stellte sich jetzt mit allem Nachdruck, und die Cortes berieten immer wieder darüber, wie man die Müßiggänger zur Arbeit zwingen könne. Es wurde vorgeschlagen, in jedem Ort die Stelle eines »Vaters der Armen« *(padre de pobres)* zu schaffen, dessen Aufgabe es sein solle, für die Arbeitsfähigen eine entlohnte Beschäftigung zu finden, damit sie sich nicht darauf herausreden könnten, es gebe keine Arbeit. Der zur Erhaltung der öffentlichen Ordnung notwendige Kampf gegen die Landstreicherei fand ideologische Unterstützung in der Verurteilung des Müßiggangs, die in den Anfängen der spanischen Wirtschaftslehre entwickelt wurde. Für den Kampf gegen die Bettelei, für ein Bettelverbot und die Organisation einer kollektiven Sozialfürsorge anstelle des individuellen Almosens gab es dagegen keine derartige Unterstützung, und nachdem in den Beschlüssen des Konzils von Trient in eindeutiger Weise die Nächstenliebe gerühmt worden war, ließ sich die Modernisierung der Sozialfürsorge nur schwerlich mit der katholischen Orthodoxie vereinbaren. Die Erfordernisse der Situation verlangten jedoch nach Änderungen. Eine königliche Verordnung von 1565 gebot im Geiste der Tridentinischen Beschlüsse allen Pfarrgemeinden, sich der Armen, insbesondere der verschämten Armen, fürsorglich anzunehmen. Gegen Ende des Jahrhunderts, als sich die konjunkturelle Situation verschlechterte, machte Cristóbal Perez de Herrera in einer Reihe von Denkschriften auf die Folgen aufmerksam; hatte er zunächst geschrieben, in Spanien gebe es 150000 Bettler, so spricht er im Jahre 1608 bereits von einer halben Million Bettler und im Jahre 1617 gar von einer Million Landstreicher. Statistische Bedeutung kann man diesen Zahlen wohl nicht zuschreiben, doch zeigen sie, daß man sich der Ausmaße des Problems bewußt war. Die soziale und wirtschaftliche Lage Spaniens in den neunziger Jahren des 16. Jahrhunderts macht es verständlich, warum gerade damals in vielen Städten Maßnahmen zur Regulierung des Problems der Bettler getroffen wurden und warum das Problem der Bettler in der damaligen Publizistik mit neuer Energie und auf eine neue Weise wiederkehrte. Ein weiterer Aspekt besteht aber darin, daß das Problem der Armen in der gesamten zweiten Hälfte des 16. Jahrhunderts als rein ideologisches Problem aufgefaßt wurde, das mit der orthodoxen Auslegung der Doktrin von der Nächstenliebe und der katholischen Polemik gegen die Reform zusammenhing. Zweifellos beruhte darauf die Abneigung der Zentralregierung, sich in irgendeiner Weise mit dieser Problematik zu befassen, und das wirkte wiederum hemmend auf die Modernisierung der Sozialfürsorge in Spanien.

Ganz allgemein darf die Bedeutung von Maßnahmen und Initiativen der Zentralregierung für eine Reform der Sozialfürsorge nicht überschätzt werden. In allen Fällen, mit denen wir uns hier befaßt haben, hingen die Ergebnisse der Reform wesentlich von den lokalen Behörden ab, vollzog sich das Reformwerk auf lokaler Ebene. Die Reorganisation der Armenfürsorge und des Spitalsystems erfolgte in den einzelnen Städten Schritt für Schritt, jeweils als Reaktion auf dramatische Zuspitzungen der Lage. Von jeder dieser Reaktionen blieb – unabhängig davon, ob sie als Sofortmaßnahmen gedacht waren oder in der Errichtung einer dauerhaften Institution bestanden – irgend etwas zurück, man sammelte Erfahrungen, neue Verhaltensweisen wurden »eingeübt«, man stellte sich psychologisch auf die neue Situation ein. Dies wird deutlich, wenn man dem Schicksal der Reformen nachgeht, wie es sich in den Sitzungsprotokollen französischer Stadträte abzeichnet. Verweilen wir zunächst bei dem Beispiel von Grenoble, einer mittelgroßen Stadt von regionaler Bedeutung, allerdings mit einer größeren Konzentration an Gerichtsleuten und Beamten, da Grenoble Sitz eines der großen Parlamente Frankreichs war. Davon abgesehen wies sie in keinem Bereich des Wirtschaftslebens eine klare Spezialisierung auf, so daß sich hier weder ein reiches Bürgertum noch eine Lohnarbeiterschaft in auffälliger Weise konzentriert. Die Sozialstruktur der ländlichen Umgebung war zugleich durch einen hohen Anteil von bäuerlichen Haushalten geprägt, die sich mit ihrer geringen wirtschaftlichen Produktivität an der Grenze der Proletarisierung befanden, so daß sich bei krisenhaften Zuspitzungen der Ernährungslage Spannungen und ein Druck auf die Stadt ergaben.

Um die These von Smith über einen Zusammenhang zwischen dem Pauperismus und der Aufhebung der Klöster durch Heinrich VIII. zu widerlegen, hat Berriat Saint-Prix in der Mitte des vorigen Jahrhunderts darauf hingewiesen, daß die Beratungsprotokolle vieler französischer Städte die Existenz desselben Phänomens in Frankreich belegen. Anhand der Aufzeichnungen von Paris und Grenoble hat er festgestellt, daß in diesen Städten während des 16. Jahrhunderts über die hohe Zahl der Armen geklagt wurde, daß man empfohlen hat, alle Bettler zu zählen, daß die Vertreibung von fremden »gesunden Bettlern« befohlen wurde, daß man unter den *pauvres passants* Almosenverteilungen veranstaltete, daß die Stadtbüttel angewiesen wurden, Landstreicher zu verfolgen, daß Bettler bei öffentlichen Arbeiten beschäftigt wurden und daß man Bettler gekennzeichnet und unter den Einwohnern aufgeteilt hat. Versuchen wir, die Lage in Grenoble genauer zu erkunden.

Die ersten Maßnahmen der Behörden von Grenoble reichen weit zurück, denn schon im Winter 1514 beschlossen sie, nicht nur die Landstreicher aus der Stadt zu jagen (was im Januar 1515 wiederholt wird), sondern auch unter den Einwohnern Brot zu sammeln, worin man einen ersten Schritt zur öffentlichen Organisation der Armenfürsorge sehen kann. Im Jahre 1520 wird, wahrscheinlich im Zusammenhang mit einer drohenden Epidemie, dem Bischof empfohlen, die Almosen an die Bettler außerhalb der Mauern der Stadt zu verteilen, und am Ende des Jahres wird beschlossen, die Bettler in die Spitäler zu sperren und gesunde Bettler zu Arbeiten am Fluß heranzuziehen. Bei dieser Entscheidung handelte es sich wohl nur um eine zeitlich begrenzte Maßnahme, denn in den folgenden Jahren (1523, 1526) wird das Problem der Armen erneut aufgegriffen und beschlossen, gesunde Bettler, die sich der Arbeit entziehen, aus der Stadt zu jagen. In den Jahren 1530–1533 werden diese Beschlüsse erneuert, aber erst Anfang 1538 ist man aus Angst vor der Epidemie bereit, das Problem der Armenfürsorge insgesamt anzupacken. Es wird beschlossen, die Bettler, von denen sich etwa 300 in der Stadt herumtreiben, in einem besonderen Haus unterzubringen und dort aus den Ergebnissen des Almosensammelns zu beköstigen. Anschließend wird der Plan gefaßt, alle vier Spitäler der Stadt zu einem zentralisierten Organismus zusammenzufassen, und 1544 wird beschlossen, allen Einwohnern der Stadt eine monatliche Abgabe für den Unterhalt der Armen aufzuerlegen. Angesichts der Epidemie ergreift die Stadt in den Jahren 1544/45 eine Fülle von Maßnahmen. Die Lage ist dramatisch: Im Spital de l'Ile befinden sich 900 Elende, und es gibt kaum Hoffnung, daß die Behörden der Nachbargemeinden auf einen entsprechenden Appell reagieren und »ihre« Armen zurücknehmen. Der Beschluß, fremde Bettler fortzujagen, wirkt trotz seiner Untermauerung durch die Einstellung von drei *chasse-coquins* hilflos, ebenso wie das Vorhaben, gesunde Bettler beim Dammbau am Drac zu beschäftigen. Ende 1545 wird endlich der Beschluß verwirklicht, die Besitztümer der Spitäler und Bruderschaften zusammenzufassen, wodurch eine neue, zentralisierte Armenfürsorge begründet wird.

Der Reform der karitativen Institutionen gehen also langwierige gesellschaftliche Erfahrungen in der ersten Hälfte des 16. Jahrhunderts voraus, jene Wellen von Elend, Epidemien und Hungersnöten, die schließlich die Widerstände und die Trägheit der Institutionen überwinden. In den Jahren nach 1545 zeichnen sich allmählich die Doktrin und die Praxis des in Grenoble geschaffenen Amtes für die Armen ab. Vom Rat berufene Kommissäre inspizieren die Spitäler und stellen fest, daß viele Arme sich dort unbegründet aufhalten; sie beschließen, ein Verzeichnis der Armen anzufertigen, »pour estre tenuz comme ung tresor«, und nehmen (im Mai 1548) eine Zählung der »verschämten Armen« vor. Im August 1548 wird dann beschlossen, eine umfassende Zählung der Armen durchzuführen, sowohl derer, die betteln, als auch der »verschämten«. Diese Zählung wurde systematisch durchgeführt. Für die einzelnen Straßen wurden Kommissäre bestimmt, und dann wurde festgestellt, wer regelmäßige Unterstützung verdient und wer aus der Stadt auszuweisen ist. Die gesunden Bettler, die man nicht auszuweisen gedachte, weil sie als Ortsansässige anerkannt wurden, sollten bei öffentlichen Arbeiten beschäftigt werden; zu diesem Zweck beschaffte man entsprechende Geräte und Karren. Bei der Ausarbeitung der Vorschriften bezüglich der Armen zog man auch das im Jahre 1551 übersandte entsprechende Pariser Statut heran; wir beobachten also in der Bewegung für die Reform der Wohltätigkeit des 16. Jahrhunderts nicht nur chronologische Zusammenhänge, in denen die allgemeineren Tendenzen der sozialen Konjunktur ihren Niederschlag finden, sondern auch einen ständigen Austausch von praktischen Erfahrungen. Die erstellten Verzeichnisse der Armen sollten auch der Bekämpfung der Landstreicherei dienen; sie wurden der königlichen Justiz übermittelt, die mit ihrer Hilfe die echten Landstreicher *(coquins)* leichter erkennen sollte.

Auch das Problem der Beschäftigung der Bettler wurde immer wieder aufgeworfen. Bei Straßen- oder Regulierungsarbeiten und bei der Errichtung von öffentlichen Werkstätten hatte es ernsthafte Finanzierungsschwierigkeiten gegeben, und schon in den Vorjahren hatten solche Vorhaben mit einem Mißerfolg geendet. Die frisch berufenen Beamten der Sozialfürsorge versuchten, sich wirksam für die Zukunft der Kinder der Armen einzusetzen: Die Jungen wurden mit zwölf Jahren in eine Handwerkslehre geschickt, die Mädchen in Dienst gegeben. Im Jahre 1560 stellen die Armenaufseher fest, daß die Zahl der Bedürftigen, die um Unterstützung ersuchen, ständig zunimmt; sie schlagen deshalb vor, diese im Spital zusammenzufassen und in benachbarten Häusern Werkstätten einzurichten, in denen man sie nutzbringend beschäftigen könnte. Auch diese Initiative zerschlug sich rasch.

Die aus den sozialen Krisen hervorgegangenen Einrichtungen funktionierten, wenn auch nicht reibungslos, in den folgenden Jahrzehnten, und in normalen Zeiten wurden sie mit dem Problem der Bettler und der Armen fertig. Man veranstaltete systematische Kontrollen der Armen, überprüfte die Listen, organisierte Verteilungen. Die Grundbedürfnisse werden offenbar durch die Erträge von Stiftungen sowie durch die Sammlung von

Geldern und Almosen bei den Einwohnern gedeckt (die Institution greift auch zu einer Art Erpressung und schickt Bettler zu jenen Einwohnern, die Zahlungen ablehnen oder zu wenig geben). Das alles erweist sich jedoch angesichts der akuten Krisen im letzten Viertel des 16. Jahrhunderts als völlig unzureichend, und das Problem kehrt in ähnlicher Form wie schon in der ersten Jahrhunderthälfte mit aller Schärfe wieder: Mißernten und Hungersnot treiben Massen von Elenden nach Grenoble, und die Gefahr einer Epidemie steht vor der Tür. Man muß die Stadttore schließen, die Landstreicher fortjagen, die »fremden Bettler« fortschicken – und zugleich Institutionen und Strukturen für die unerläßlichen Hilfeleistungen schaffen. Im Jahre 1574 beschließt man, die Armen auf die Bürgerfamilien aufzuteilen, und man erwägt, die Gesunden in der Tuchindustrie zu beschäftigen. Als man im Jahre 1576 die Armen überprüft, stellt man 133 Personen fest, und die Zahl wächst ständig. Im Jahre 1586 umfaßt die Brotverteilung nicht mehr nur die Bettler, sondern alle, die infolge der Epidemie »von allen Arbeiten und Geschäften ausgeschlossen wurden«. Werden im August noch 8 dz Brot pro Tag verteilt, so sind es Anfang November nur noch 3 dz, weil die Magazine sich leeren und im übrigen die Krankheit zurückgeht. In der Stadt ist nur noch das *plus petit et tout pauvre peuple* zurückgeblieben, dessen Mehrheit von der Epidemie dahingerafft wird. Immer wieder wird angeordnet, die fremden Bettler und besonders die Landstreicher fortzujagen, zumal die von den Bürgern verlassenen Häuser zum Diebstahl verlocken. In Erwartung der nächsten Epidemiewelle unternehmen die städtischen Behörden im Jahre 1587 einen Versuch, die Sozialfürsorge in Ordnung zu bringen. Man will fremde Hungerleider vertreiben und jene Bettler, die weiterhin von der Institution betreut werden, kennzeichnen. Zu diesem Zweck wird eine regelrechte Jagd auf Bettler veranstaltet. Für jede Straße werden zwei bis drei Kommissäre bestimmt, die alle Ansammlungen von Armen im Auge behalten sollen, damit sie nicht während der Razzia von einer Straße in die andere entweichen können. Im Jahre 1588 wird den Fährleuten verboten, Bedürftige in die Stadt überzusetzen. Im Jahre 1589 müssen die *chasse-coquins* in Gegenwart städtischer Beamter fremde Hungerleider aus der Stadt führen, wobei die Kranken im St. Antons-Spital untergebracht werden, während die Gesunden eine Wegzehrung erhalten. In den Jahren 1592/93 tritt das Problem erneut auf, mit der gleichen Dramatik und der gleichen Ohnmacht bei den städtischen Behörden wie bei den karitativen Institutionen und der Polizei.

Ein weiteres Beispiel liefert Rouen, im 16. Jahrhundert ein bedeutendes Zentrum des Seehandels und der Textilproduktion. Als im Herbst 1510 die Epidemie droht und gegen die Ausbreitung der Seuche Maßnahmen getroffen werden müssen, erwägt die Stadtverwaltung, sich auch mit dem Problem der Bettler zu befassen. Es gibt nämlich immer mehr von ihnen, sie sind überall, treiben sich auf den Straßen und in den Kirchen herum und dringen vielleicht, falls sie eine offene Tür finden, in die Häuser ein. Dennoch wurde damals nichts Konkretes unternommen, um die Forderung nach einem Bettelverbot zu erfüllen. Auch im Jahre 1525, als Nachrichten über die schwierige Lage in Rouen bis nach Paris drangen, ergriff man keine entschiedeneren Maßnahmen. Diesmal sind weite Teile der Bevölkerung ohne Arbeit, und gleichzeitig strömen Landbewohner aus der Umgebung in die Stadt. Im Frühling 1525 beschäftigt die Stadt rund 500 Menschen beim Ausbessern der Befestigungen, aber es fehlt an Geldmitteln. Obwohl die Arbeiter sehr wenig Lohn erhalten – am Ende fehlt es sogar an der täglichen Brotration, und man geht dazu über, das Brot ein um den anderen Tag jeweils einer Hälfte der Beschäftigten auszuteilen –, drängen sich ständig Massen herbei, die man nicht mehr beschäftigen kann. Auch in diesem Fall handelt es sich um akute Mängel, die keine bleibenden Folgen nach sich ziehen.

Im Jahre 1534 kommt es in Rouen zu einer allgemeinen Reorganisation des Spitalwesens und der Sozialfürsorge. Im Dezember dieses Jahres treten Repräsentanten des Staates und der Stadt unter Beteiligung der Notabeln, der kirchlichen Würdenträger und der Administratoren der Spitäler zu einer Sitzung zusammen, auf der die Probleme der Bettler und der Armen besprochen werden sollen. Die Hauptrede zur Eröffnung der Debatte hält der Präsident des Parlaments von Rouen, Robert de Billy. Unter den Argumenten, die dafür sprechen, sich mit dem Problem zu befassen, nennt er an erster Stelle das Interesse der öffentlichen Sicherheit und Ordnung. Er behauptet, viele gemeine Verbrecher und Landstreicher mischten sich unter die Armen, sie lebten von Diebstahl, Raub und Bettelei, nur um ein Schmarotzerleben zu führen und nicht arbeiten zu müssen, obwohl sie dazu imstande seien; dadurch nähmen sie den wahrhaft Armen und den Kranken, die zu unterhalten die Pflicht jeder Gemeinschaft sei, das Brot fort. Es folgt das zweite Argument, um dessentwillen das Parlament von Rouen beschlossen hat, diese Versammlung einzuberufen und ein koordiniertes Vorgehen vorzuschlagen. Es sei, sagt er, »eine natürliche Pflicht, die der zivilen wie der göttlichen Ordnung entspricht, daß jeder Christ es als seine Schuldigkeit betrachtet, in der Not seinem Nächsten zu helfen, als Glied ein und desselben Körpers«[11]. Schließlich wird das Argument angeführt, in Paris, Lyon und anderen Städten seien Maßnahmen ergriffen worden, um das Problem der Bettler zu regeln. Doch die Vertreter der Regierung und die Notabeln von Rouen braucht man gar nicht erst zu überzeugen, und auch zwischen den Vertretern des Klerus und den Laien gibt es keine Meinungsverschiedenheiten. Es ist sogar der Vertreter des Kapitels, der die These formuliert, man müsse unbedingt alle Arbeitsfähigen beschäftigen – dabei hätte man erwarten können, daß gerade die kirchlichen Würdenträger Einwände gegen die neue Politik gegenüber den Armen vortragen. Derselbe Vertreter des Kapitels schlägt vor, spezielle Werkstätten zu schaffen, um die Armen zu beschäftigen; auf diese Weise würden die Mittel für die Armen durch den Verkauf der Produkte dieser Bettler-Manufaktur wachsen.

Im Ergebnis der Beratungen beschloß man ein städtisches Armengesetz. Wird in der Einleitung dieses Gesetzes die Nächstenliebe »als größte und wichtigste aller Tugenden« gerühmt, so gehen die vorgesehenen Maßnahmen eher dahin, die herkömmliche Ausübung dieser Tugend zu beschränken. Die wichtigsten Entscheidungen in diesem Dokument sind folgende:

1. Alle Arbeitsfähigen, die kein festes Einkommen und keinen Beruf haben und ein müßiggängerisches und unstetes Leben führen, haben die Stadt binnen acht Tagen zu verlassen oder einen Herren für sich zu finden;

2. nach Ablauf dieses Termins soll der Bailli die Ergreifung und Verhaftung der Landstreicher in der Stadt anordnen; die Verhafteten sollen zu zweit in Ketten gelegt und den städtischen Behörden vorgeführt werden, die sie bei öffentlichen Arbeiten beschäftigen und ihre Ernährung sicherstellen werden;

3. bei Strafe der Auspeitschung wird ein totales Bettelverbot verfügt, ohne Rücksicht auf Gebrechlichkeit oder Krankheit;

4. spezielle Kommissionen stellen für die einzelnen Pfarrge-

[11] Documents concernant les pauvres de Rouen. Hg. v. G. Panel. Rouen, Paris 1917, Bd. I, S. 16.

meinden Listen jener Armen auf, die Unterstützung verdienen, und ein eigens ernannter Schatzmeister der Armen wird über die gesammelten Almosen und die Verwaltung der Mittel zugunsten der Armen wachen.

Offensichtlich äußert sich diese Armenverordnung beredsamer und eindeutiger über die repressiven Maßnahmen als über die Neuorganisation der städtischen Armenfürsorge. In der Praxis zeigte sich sogleich, daß die Finanzierung des neuen Systems auf Schwierigkeiten stieß.

Anfang 1535 wurden die Ergebnisse der ersten Zählungen zusammengefaßt. Es zeigte sich, daß es in der Stadt 7000 *impuissants* gab, Personen, die hilfsbedürftig oder an der Grenze der Not waren, sowie 532 Bettler, darunter 235 Kinder. Es hat den Anschein, als entspreche die erstere Kategorie dem bereits erwähnten Begriff der »verschämten Armen«: Sie betteln nicht auf den Straßen, haben eine eigene Wohnung, aber sind außerstande, ihren Unterhalt durch eigene Arbeit zu erwerben. Alle Gründe der Sozialmoral und der Solidarität sprechen dafür, daß gerade dieser Kategorie in erster Linie geholfen wird, doch die Mittel, über welche die Stadt zu diesem Zweck verfügt, sind allzu bescheiden, als daß allen geholfen werden könnte. Um aber das Verbot des öffentlichen Bettelns durchsetzen zu können, hätte man in erster Linie den professionellen Bettlern regelmäßige Unterstützung sichern müssen.

Der Stadtrat kann sich nicht entscheiden, welche Gruppe er unterstützen soll. Zudem tauchen praktische Probleme auf: Soll die Unterstützung in Geld oder in Lebensmitteln gewährt werden, wie hoch soll die Unterstützung sein, und kann man die Bettler schon verhaften, wenn man noch nicht die Mittel hat, ihre Ernährung zu sichern? Nur einen Beschluß kann der Stadtrat bekanntgeben: daß das Betteln in der Öffentlichkeit verboten sei. Somit scheint die Armenverordnung weitgehend wirkungslos zu bleiben. In den Jahren nach 1534 werden knapp 150 Personen von der Stadt unterstützt, aber die Stadt ist weiterhin voll von Bettlern, und es gibt viele »Vagabunden«, das heißt Arbeitslose. Der Stadtrat berät unablässig. In einer Sitzung wird ein aufschlußreicher Antrag gestellt, ganz ähnlich dem, den im Jahre 1534 der Vertreter des Kapitels vorgetragen hatte; man könne es so machen wie in Lille, in Flandern: »Dort besteht die Vorschrift, daß die Armen in einem bestimmten Haus sitzen und für jemanden arbeiten müssen; sie dürfen dieses Haus nicht verlassen und werden aus den Mitteln der Almosensammlung ernährt.«[12] Dies habe eine abschreckende Wirkung, so daß schließlich alle Armen sich selbst eine Arbeit suchen würden.

Doch der Stadtrat debattiert weiter und faßt keinen Beschluß. Diese Debatten sind übrigens Musterbeispiele von geschliffener Rhetorik und interessanten Ideen. Hier ein Überblick über die Ansichten, die in der Sitzung vom Januar 1542 vorgetragen werden:

1. Im Grunde müßte man jene Armen, die nicht arbeiten wollen, aus der Stadt hinauswerfen, doch kann man so nicht mit jenen verfahren, die keine Arbeit finden können; diese müßte man gegen Beköstigung bei öffentlichen Arbeiten beschäftigen, bis sie in ihrem eigenen Beruf eine Arbeit finden;
2. es ist gefährlich für das öffentliche Wohl, den Müßiggang zu dulden; Müßiggänger sollten nicht als Arme betrachtet werden;
3. jenen, die an einen bestimmten Beruf gewöhnt sind, fällt es schwer, in einem anderen Beruf zu arbeiten, und das darf man ihnen nicht verübeln, man muß ihnen also rechtzeitig Bescheid geben, damit sie sich eine Beschäftigung suchen können;
4. am besten würde man alle Armen, die nicht aus Rouen stammen, die gebrechlichen wie die arbeitsfähigen, aus der Stadt hinauswerfen;
5. der politische Körper muß sich um alle seine Glieder kümmern, man muß jedoch wissen, ob es sich um Bürger handelt oder nicht;
6. es wäre eine große Härte, die arbeitsfähigen Bettler hinauszuwerfen; man müßte auf das Beispiel der alten Römer zurückgreifen, die Krieg führten, um die Jugend zu beschäftigen;
7. ehe man die Armen hinauswirft, sollte man überlegen, ob man damit nicht die Wehrfähigkeit der Stadt schwächt, denn im Notfall werde doch das gemeine Volk kämpfen, nicht aber die Ratsherren und Richter.

In dieser Debatte wird deutlich, wie eng das Problem der Armen mit der Lage auf dem Arbeitsmarkt verflochten ist und wie häufig jene, die man als Müßiggänger oder Vagabunden tadelt, ganz einfach arbeitslos sind.

Doch nach und nach klärt sich die Politik der Fürsorge/Repression gegenüber den Armen. Es wird angeordnet, die Listen der Armen durch Anschlag an den Kirchentüren öffent-

[12] Ebd., S. 41.

lich bekanntzumachen; den Armen wird vorgeschrieben, ein besonderes Kennzeichen oder ein gelbes Kreuz auf dem Ärmel zu tragen. Im Jahre 1551 entsteht schließlich ein städtisches Armenamt, das sich unter anderem darum kümmert, Arbeitsplätze für die Armen zu finden, unbemittelten Mädchen eine Mitgift verschafft und Kinder in der Schule oder einer Handwerkslehre unterbringt. Es werden Rohstoffe beschafft – Wolle, Leinen, Hanf –, mit deren Verarbeitung man die Armen beschäftigt, und der Erlös aus dem Verkauf der Produkte fließt in die Kasse des Armenamtes. Öffentliche Arbeiten bleiben aber die Hauptmethode der Beschäftigung: Im Jahre 1557 werden 7000 bis 8000 Arme gegen Brot und einen winzigen Lohn bei Befestigungsarbeiten beschäftigt. Eine feste Abgabe zugunsten der Armen wird jedoch nicht beschlossen.

Das Armenproblem ist in Rouen Gegenstand nicht endender Befürchtungen. Im Jahre 1566 erläßt der Bailli eine Verordnung, in der er sich über die Gefahr äußert, welche die Armen für die öffentliche Ordnung darstellen. Er warnt daher »alle Armen der Stadt und der Umgebung sowie auch die Menschen aller anderen Stände, sich nicht zu erheben, sich nicht aufzulehnen, nicht zu fluchen, nicht in Worten oder Taten gegen die Ratsherren der Stadt oder gegen die Bürger aufzutreten, die von ihnen dazu bestimmt wurden, die Hilfe zu verteilen und die Armen an die Arbeit zu schicken«[13]. Es werden äußerst strenge Strafen angedroht: beim ersten Mal die Auspeitschung, bei Rückfälligkeit das Erhängen. Um den Abschreckungseffekt der Verordnung zu verstärken, wird angeordnet, an den Stellen, wo die Almosen verteilt werden und wo die Bettler und Landstreicher beschäftigt werden, vier Galgen zu errichten.

Man darf nicht meinen, das sei eine Ausnahmesituation und eine vorübergehende Repressionsmaßnahme gewesen. Der Galgen wird zu einem festen Bestandteil jener Mittel, die das Funktionieren der Sozialfürsorge in Rouen garantieren. Zwanzig Jahre nach der erwähnten Verordnung, im Juni 1585, wird festgestellt, daß die bei den öffentlichen Arbeiten beschäftigten Armen tagtäglich die Kommissäre mit Beleidigungen überschütten, sich empören, bei der Verteilung gewaltsam das Brot an sich reißen. Dies könne zu einer Revolte führen, heißt es, und es wird empfohlen, Galgen an den Stellen zu errichten, wo die Armen zu öffentlichen Arbeiten zusammengeführt werden.

[13] Ebd., S. 121.

Die Galgen von Rouen zeugen vor allem von der Bedeutung des repressiven Elements in der Organisation des neuen Systems der Sozialfürsorge sowie von den ständigen Spannungen, welche die Zusammenballung der Armen an einem Ort und der Zwang zur Arbeit für einen elenden Lohn erzeugten. Sie zeigen aber auch, wie rasch die Eliten von moralischen und doktrinalen Meinungsverschiedenheiten zu den grausamsten Drohungen übergingen.

Was hier über Grenoble und Rouen gesagt wurde, kann als beispielhaft für viele andere französische Städte des 16. Jahrhunderts gelten, denn in den Archiven verzeichnet man mit bemerkenswerter Monotonie immer wieder den gleichen Ablauf der Ereignisse, eine – von geringfügigen regionalen Abweichungen abgesehen – analoge Chronologie, das gleiche menschliche Drama, ähnliche Versuche, mit der Situation fertig zu werden, und die gleiche Ohnmacht angesichts der aufeinanderfolgenden Krisen. Das sich in den zwanziger Jahren abzeichnende Arsenal der Mittel erweiterte sich und bildete ein geschlossenes System: Die Armen werden registriert, so viele wie möglich werden von ihnen als Landstreicher oder Fremde aus der Stadt gejagt, es wird genau definiert, wer Anspruch auf Unterstützung hat, es werden Märkchen ausgegeben, die zur Teilnahme an der Almosenverteilung berechtigen, oder die Armen werden gar gezwungen, äußerliche Kennzeichen ihres Standes zu tragen; schließlich werden die Finanzen der Spitäler geordnet, wird die materielle Basis für das Funktionieren der Sozialfürsorge geschaffen, und es werden spezielle städtische Ämter eingerichtet, die sich mit dem gesamten Komplex der Armenfürsorge befassen. Ob es sich um Krisen und schwierige Situationen der kurzfristigen Konjunktur handelt oder um langfristige, strukturelle Phänomene – die Art der Reaktion ist immer wieder die gleiche.

Das Beispiel von Paris und Lyon nahmen sich andere französische Städte zum Muster, wobei die Vorbildfunktion von Paris als Hauptstadt der Monarchie und führendem Zentrum des theologischen und juristischen Denkens auf der Hand liegt. In Paris entsteht das erste Armenamt, und auf seine Erfahrungen berufen sich die Reformatoren in den anderen Städten. Seine Anfänge sind nicht so gut dokumentiert wie im Falle von Lyon; seine Organisation und Funktionsweise werden in einigen Abhandlungen aus der zweiten Hälfte des 16. Jahrhunderts beschrieben, sind aber in ihrer Grundstruktur der Lyoner Institution ähnlich, die ebenfalls als vorbildhaft gilt. Was Lyon angeht, muß allein schon der Ruhm der neugeschaffenen Institution seine Wirkung getan haben, neben der Tatsache, daß sie in einer speziellen Publikation beschrieben wurde, die bei den Experten auf breites Interesse stieß. Deshalb sei hier die Struktur der neugeschaffenen Institution in wesentlichen Grundzügen charakterisiert.

Die Entstehung des Lyoner Armenamtes hatte Glück bei den Historikern. Gleich nachdem es entstanden war, wurde es von dem Priester Jean de Vauzelles, einem örtlichen Humanisten und Juristen, sowie von dem Lokalhistoriker Guillaume Paradin beschrieben; in der modernen Geschichtsschreibung war die Lyoner Institution Gegenstand regionaler Forschungen und Publikationen am Ende des 19. und Anfang des 20. Jahrhunderts, und schließlich wurden ihr von Natalie Davis und Jean Gutton Monographien gewidmet. Es ist gezeigt worden, daß die Entstehung der Lyoner Institution auf das Wirken einer besonderen Koalition innerhalb der städtischen Gemeinschaft zurückging. Die soziale Lage von Lyon war sehr gespannt. Im Jahre 1529 bricht wegen hoher Lebensmittelpreise ein großer Volksaufstand aus, die *Grande Rebeyne*. Der städtische Speicher, das nahegelegene Franziskanerkloster und die Häuser reicher Bürger werden von Tagelöhnern, Frauen und Jugendlichen geplündert. Sie fordern ein Ende der Getreidespekulation und eine Preissenkung. Die Rebellion wird mit harten Mitteln niedergeschlagen. 1530 kommt es erneut zu Protesten gegen die Teuerung. In diesem Jahr wird die Stadt von einem ersten Angriff der Epidemie getroffen; 1531 führt das Zusammentreffen von Epidemie und Mißernte zu den bekannten Resultaten: Lyon ist voll von Elenden, Massen von ausgehungerten Bauern strömen unablässig aus Burgund, dem Beaujolais, der Dauphiné herbei; Angst vor einer erneuten Rebellion packt die gesellschaftliche Elite der Stadt. Es wird eine Institution geschaffen, die den Namen »Allgemeines Almosen« *(Aumône générale)* erhält und unmittelbar der schwierigen Situation des Jahres 1531 abhelfen soll; im Jahre 1532 wird diese Maßnahme erneuert, aber auch diesmal in Gestalt einer vorläufigen Einrichtung. Unter dem Eindruck dieser Erfahrungen wird eine *pressure group* tätig, die die Errichtung einer dauerhaften karitativen Institution und eine gründliche Reform des Schulwesens fordert. Es handelte sich, wie Natalie Davis gezeigt hat, um eine Gruppe von christlichen Humanisten und Notabeln der Stadt, Katholiken ebenso wie Protestanten. Diese Gruppe erreichte durch ihre Aktivitäten, daß die städtischen Behörden sich regten und im Januar 1534 die *Aumône générale* als eine dauerhafte Institution begründet wurde. Da man sich die Erfahrungen von Paris zum Vorbild nehmen wollte, beschafften sich die Behörden von Lyon Kopien der Pariser Gesetze, in denen die Armenfürsorge geregelt war. Ausgangspunkte der Lyoner Reform waren: das Bettelverbot, die institutionell zugesicherte Unterstützung (der die Registrierung aller Armen vorausging), die Arbeitspflicht und die – zumindest formell – freiwillige Besteuerung des Klerus und der Bürger zugunsten der Armen. Dies war die Richtung, in der sich dann die Aktivität der Lyoner Institution weiterentwickelte.

An erster Stelle gewährleistet das »Allgemeine Almosen« die Brotverteilung; nur an die Alten, die kein Brot essen konnten, wurde ein Almosen in Geldform verteilt, während man den »verschämten Armen« Brot und Geld ins Haus brachte. Den übrigen Armen wurde bei der Brotverteilung gelegentlich ein kleiner Betrag übergeben. Der Kreis derer, die an der Verteilung partizipierten, wurde streng kontrolliert; man prüfte nach, ob sie seit mindestens sieben Jahren in Lyon wohnten, ob sie nicht imstande waren zu arbeiten und ob sie nicht bei der Entgegennahme des Almosens schwindelten. Die Zahl der Hilfeempfänger ist schwer festzustellen: Außerhalb von dramatischen Krisen wie im Jahre 1531, als 8000 Arme unterstützt wurden, oder im Jahre 1596/97, als die Zahl der Unterstützungsempfänger an die 10000 reichte, wurden in normalen Zeiten wahrscheinlich rund 3000 Menschen von der Institution unterstützt. Das bedeutet, daß 5 Prozent der Stadtbevölkerung von der Armenunterstützung profitierten. Es handelte sich überwiegend um Arme aus dem Kreis der Lohnarbeiter; die Liste der Armen weist zwischen den Jahren 1535 und 1539 aus, daß 41 Prozent von ihnen Tagelöhner waren, der Rest bestand aus Handwerkern, vor allem aus dem Textilbereich. Wahrscheinlich handelte es sich für viele von ihnen um eine partielle Unterstützung, insbesondere bei saisonaler Arbeitslosigkeit oder Absatzschwierigkeiten des Handwerks. Die Almosenverteilung war straff organisiert. Sie fand wöchentlich statt, anhand der Liste wurde eine Kontrolle durchgeführt, Beamte und Wächter sorgten für Ordnung. Ein Holzschnitt aus dem Jahre 1539, der die Broschüre über das Wirken der Lyoner Institution schmückt, zeigt den Augenblick, da das Brot und das Geldalmosen verteilt werden: Hinter einem Tisch sitzen die Rektoren des »Almosens«, einer von ihnen überprüft in der Liste die Namen, die Stadtbüttel teilen das Brot und das Geld aus, eine große Schar von Bettlern – Krüppel,

Frauen mit Kindern, Arme in Lumpen – wartet ordentlich, bis sie an die Reihe kommt.

Zum anderen kümmerte sich die Lyoner Institution energisch um Waisen und Findlinge. Sie wurden förmlich vom »Almosen« adoptiert, das dann dafür zu sorgen hatte, daß sie die Schule besuchten und ein Handwerk erlernten. In der Praxis war die Institution bemüht, die Kinder so rasch wie möglich in ein Dienstverhältnis oder eine Handwerkslehre zu stecken. Die auf diese Weise realisierte »Unterstützung durch Arbeit« – eines der Prinzipien der neuen Sozialpolitik – fand eine neue Basis, nachdem im Jahre 1536 die Seidenmanufaktur in Lyon eingeführt wurde. Die vom »Almosen« erzogenen Kinder sollten gerade hier Beschäftigung finden, und die eigens herbeigeholten italienischen Fachleute sollten in erster Linie die Armen in der Tätigkeit unterweisen. Die Bürger, welche den neuen Produktionszweig in Lyon einführten, waren bezeichnenderweise die Befürworter der Reform der Sozialfürsorge und die Rektoren des »Allgemeinen Almosens«.

Drittens erfüllte die neue Institution repressive Funktionen. Sie sollte ja, wie es in ihren Grundsätzen heißt, das Betteln in der Öffentlichkeit verhindern. Alles deutet aber darauf hin, daß die diesbezüglichen Bemühungen der Administratoren des »Almosens« nicht viel fruchteten. Ferner sollte die Institution die Landstreicherei und den Müßiggang bekämpfen, die Einwanderung in die Stadt kontrollieren und den Zustrom fremder Bettler unterbinden. Zu diesem Zweck wurden dem »Almosen« anfangs vier, später sechs Büttel zugewiesen, die den Spitznamen »Vagabundenfänger« *(chasse-coquins)* erhielten; sie sollten bei der Almosenverteilung für Ordnung sorgen und Bettler, die sich um private Unterstützung bemühten, festnehmen. An den Stadttoren wurden Wachen aufgestellt, damit fremde Bettler nicht hineinkamen, und den Schiffern auf Saône und Rhône wurde untersagt, Landstreicher mitzubringen. Daß all diese Kontrollmittel wenig nützten, kann man übrigens daran erkennen, daß Landstreicher immer wieder aufgefordert worden sind, die Stadt zu verlassen. Das »Almosen« besitzt gegenüber den Bettlern gerichtliche und polizeiliche Kompetenzen, und bei repressiven Maßnahmen gegen Landstreicher und hartnäckige Bettler greift es auch auf den Apparat der öffentlichen Gewalt zurück. Die Zwangsarbeit an öffentlichen Werken (in Lyon erhalten die Beschäftigten keinen Lohn, sondern nur Nahrung) wird als ständiges Mittel zur Bestrafung und Besserung der Landstreicher benutzt – diese arbeiten in Ketten. Ein Lyoner Historiker des 16. Jahrhunderts schreibt, daß »um der Aufrechterhaltung der Ordnung in dem besagten Allgemeinen Almosen willen Gewalt und Terror nötig waren, um einige der Armen, die, zu Unruhen und Widerstand neigend, den Rektoren den Gehorsam versagten, zur Raison zu bringen und zu zügeln«[14]. Die Stadtverwaltung überließ dem »Allgemeinen Almosen« zur Internierung der Bettler einen der Türme der Stadtmauern; die Institution verfügte also über ein eigenes Gefängnis, das der Aufrechterhaltung der Ordnung unter den Bettlern diente, zugleich aber den bei der Verwirklichung der neuen Sozialpolitik notwendigen Zwang und Terror symbolisierte. Dieser repressive Aspekt des Wirkens der neuen Institution löste übrigens bei weiten Teilen der Öffentlichkeit starke Widerstände aus und führte zu Gesten der Solidarität mit den unterdrückten Bettlern und Arbeitslosen. Es kam sogar zu Zusammenstößen und Unruhen; so wurden verhaftete Habenichtse aus den Händen der Büttel befreit, und Büttel wurden verprügelt. Während sich die geistigen und gesellschaftlichen Eliten die neue Sozialpolitik und das gewandelte Verständnis der Wohltätigkeit rasch zu eigen machten, änderte sich die sozio-psychologische Haltung der Massen nicht so schnell.

In England wird die Reform der Sozialfürsorge etappenweise verwirklicht, und wenn sie auch in mancher Hinsicht hinter dem Kontinent zurückzubleiben scheint, so hat sie doch gegen Ende des 16. Jahrhunderts eine sehr viel positivere Bilanz vorzuweisen, und die ergriffenen Maßnahmen sind wirksamer als in Frankreich. Man hat die Andersartigkeit der englischen Situation bisweilen auf die konsequentere königliche Gesetzgebung zurückgeführt, doch findet diese Ansicht, wie wir gesehen haben, in der Realität des 16. Jahrhunderts kaum eine Bestätigung. Auch die des öfteren hervorgehobene Effizienz der örtlichen Behörden in der Verwirklichung der Armengesetze scheint kein sehr überzeugendes Argument zu sein, wenngleich die Verwaltungsstruktur in England bereits sehr viel fortschrittlicher war als in anderen europäischen Ländern. Vor allem beruht die Andersartigkeit jedoch darauf, daß die Modernisierung der Agrarverfassung und der städtischen Ökonomie sehr viel weiter vorangeschritten ist als anderswo. Es gilt jetzt zu prüfen, welche Konsequenzen das für die Ausmaße des Pauperismus in England

[14] G. Paradin, Mémoires de l'histoire de Lyon. Lyon 1573, S. 292.

und für die Organisation der städtischen Institutionen der Sozialfürsorge sowohl vor dem elisabethanischen Gesetz über die Armen als auch im Laufe seiner Verwirklichung hatte.

Schon vor 1569 folgten einige Städte dem Beispiel Londons und ergriffen vorbeugende und organisatorische Maßnahmen. Bristol (im Jahre 1522) und Canterbury (1552) erwerben Getreidevorräte in der Absicht, einen Teil davon an die Armen zu verkaufen, um der Teuerung und der Lebensmittelspekulation entgegenzuwirken. In Lincoln fordern die städtischen Behörden 1543 alle Armen auf, vor den Richtern zu erscheinen, die darüber entscheiden werden, ob sie aufgrund ihrer Lage ein Anrecht auf Unterstützung haben; diejenigen, denen dieses Anrecht zugesprochen wird, erhalten spezielle Märkchen, die sie zum Empfang von Almosen berechtigen; Bettlern ohne dieses Märkchen dürfen keine Almosen gewährt werden. Die Bürger von Lincoln beschließen 1557 neben einer Kontrolle der Bettler auch die Unterbringung der Armen in Dienstverhältnissen. Im Jahre 1551 verpflichtet man »müßige« junge Leute, für acht bis neun Jahre bei Tuchmachern zu arbeiten, wofür sie lediglich beköstigt werden; anderenfalls droht ihnen die Ausweisung aus der Stadt. In Ipswich werden 1551 von den städtischen Behörden Kommissäre ernannt, um in allen Pfarreien der Stadt die Armen zu registrieren. Ferner wird eine spezielle Abgabe zugunsten der Armen eingeführt; die Bettler müssen Kennzeichen tragen, und es wird ein städtisches Spital errichtet, das als Hospiz für Alte und Jugendliche dienen soll.

In den sechziger Jahren des 16. Jahrhunderts verstärkt sich eine Tendenz, das öffentliche Betteln zu unterbinden, den »wirklich Armen« eine systematische Unterstützung zu gewähren und der Pfarrgemeinde eine feste Abgabe für den Unterhalt der Armen aufzuerlegen. Ein Londoner Gesetz von 1579 sieht vor, daß Aufseher der Pfarrei sich um die Unterstützung der Kranken und Gebrechlichen kümmern, während es Aufgabe der städtischen Behörden ist, Landstreicher zur Arbeit zu zwingen. Die Beauftragten der Pfarrei sollen außerdem die Armen in ihrem Bereich streng überwachen und speziell darauf achten, ob diese, falls sie dazu in der Lage sind, einer Arbeit nachgehen. Es wird sogar eine tägliche Kontrolle in den Häusern der Armen empfohlen. Seit 1547 verfügt London über feststehende Mittel für die Sozialfürsorge, die aus einer obligatorischen Armensteuer stammen; 1572 macht ein Statut diese Steuerart zur Regel, und die Provinzstädte haben die Anweisungen der Zentralregierung zu befolgen. Doch sowohl in London als auch in der Provinz gibt es immer wieder Klagen über die schlechte Finanzwirtschaft und die unzureichenden Mittel. Vor diesem Hintergrund scheint Norwich in Ostengland mit seiner Organisation der Sozialfürsorge in den siebziger Jahren vorbildlich zu sein.

Im Jahre 1565 hatten die städtischen Behörden vom örtlichen Kapitel das St. Pauls-Spital übernommen, das als Hospiz für fremde Arme, als Besserungsanstalt für Landstreicher und als Almosenhaus dienen sollte. In den Jahren zuvor hatte Norwich mit der Armenfürsorge keine größeren Schwierigkeiten gehabt. Die soziale Lage in der Stadt und in der Umgebung weckte allerdings immer wieder Befürchtungen bei den Behörden und den besitzenden Klassen; die Beteiligung der örtlichen Bevölkerung am Aufstand von Kat im Jahre 1549 zeigte, wie berechtigt diese Befürchtungen waren. Im Jahre 1570 beklagt sich der Bürgermeister von Norwich über die zunehmende Landstreicherplage; in den Quellen finden wir dafür aber keinen Beleg, denn in der Stadt wurden höchstens 25 bis 30 Landstreicher pro Jahr aufgegriffen, im Vergleich zu anderen Orten eine recht geringe Zahl. Wahrscheinlich lag jedoch auch diesmal den Warnungen der städtischen Behörden die Furcht vor sozialen Unruhen zugrunde, die leicht auf die Armen in der Stadt übergreifen konnten. Jedenfalls wurden Maßnahmen ergriffen, um die Situation unter Kontrolle zu bringen.

Man führte eine Volkszählung durch, aus der hervorging, daß die Stadt mit ihren rund 13000 Einwohnern 2342 Arme, darunter 1335 Erwachsene, aufwies. Von den letzteren erhielten nur 272, also 18 Prozent der als arm geltenden Erwachsenen, regelmäßige Unterstützung. Die meisten der auf dieser Liste Erscheinenden gaben irgendeinen Beruf an, lebten aber in Wirklichkeit von Almosen, die sie auf den Straßen und in den Häusern erbettelten. Die städtischen Behörden gaben für diesen Sachverhalt die stereotype Erklärung, die Leute würden von der Arbeit abgehalten, weil es in Norwich so leicht sei, Almosen zu erhalten. Die städtische Verordnung, mit der das neue System der Sozialfürsorge eingeführt wird, beschreibt die Bettler sogar als vollgefressene Betrüger. Sie gäben beim Almosensammeln vor, ausgehungert zu sein, hätten aber so viel zu essen, daß sie es fortwerfen; sie hätten nicht einmal Lust, sich für die Nacht eine Unterkunft zu beschaffen, und verbrächten daher die Nächte unter den Säulengängen der Kirchen, in Speichern und Kellern; sie wechselten nicht die Kleider und seien daher Überträger der Seuche. Diese gegen die Landstreicher gerichtete Anklage bezieht sich allerdings nicht auf die registrierten Armen, da es unter ihnen keine Obdachlosen gibt.

Nur wenige unter den Armen wurden aufgrund der Volkszählung aus der Stadt gejagt, während die übrigen in drei Kategorien eingeteilt wurden: Arbeitsfähige, Arbeitsunfähige und eine dritte Gruppe, bei der die Einordnung schwer fiel. Es ist bezeichnend, daß man die Mehrheit für arbeitsfähig hielt; in einem Viertel werden von 84 Männern nur 14 für arbeitsunfähig erklärt, von 134 Frauen nur 13, von 179 Kindern nur 69. Aus den Aufzeichnungen geht hervor, daß Kinder von sieben bis neun Jahren in der Regel bereits arbeiteten. Für die Arbeitsunfähigen wurde die Höhe der regelmäßigen Unterstützung festgelegt, und einigen gab man auch die Möglichkeit zu kleinen Arbeiten. Unverbesserliche »Müßiggänger« wurden in einem Arbeitshaus untergebracht, dessen Leitung kraft Amtes der Bürgermeister selbst versah; dort sollten sich jeweils zwölf Personen 21 Tage lang aufhalten und vom Tagesanbruch bis zum Einbruch der Nacht arbeiten, und wer nicht arbeiten wollte, erhielt kein Essen. Für die Beschäftigung der Frauen und Kinder wurden Aufseherinnen ernannt, die von der Stadt bezahlt wurden; ihrer Aufsicht unterstanden sechs bis zwölf Personen, und zu ihren Pflichten gehörte es auch, die Kinder Lesen und Schreiben zu lehren, doch vor allem hatten sie darauf zu achten, daß alle arbeiteten. Wenn sich jemand die Geräte und Rohstoffe selbst besorgen konnte, konnte er anschließend das Produkt seiner Arbeit verkaufen, andernfalls mußte er sich mit dem von den Aufseherinnen festgelegten Lohn begnügen. Die Aufseherinnen waren befugt, die ihnen Unterstellten mit Peitschenhieben zu bestrafen. Die Stadt beschaffte systematisch entsprechende Rohstoffvorräte, um jenen Armen, die dazu in der Lage waren, Arbeit zu geben. Zwei Spitäler sollten Unterkunft und Verpflegung für die Kranken sicherstellen.

Mit der Einführung dieses »Fürsorgesystems« erließen die städtischen Behörden zugleich ein totales Bettelverbot, das bei Zuwiderhandlung die Auspeitschung vorsah; wer Almosen gab, hatte mit Geldstrafe zu rechnen. Das gesamte System der Sozialfürsorge in Norwich wurde aus einer Steuer zugunsten der Armen finanziert, wobei man das Prinzip aufgab, daß jede Pfarrgemeinde für »ihre« Armen verantwortlich sei, denn reichere Gemeinden ließen ärmeren Gemeinden gesammelte

Mittel zukommen. Basis des Systems war die gesamte Stadtgemeinde.

Die in Norwich eingeführte Reform hatte dauerhaften Bestand; das neue System war sowohl hinsichtlich der Repression als auch hinsichtlich der organisierten Hilfe effizient. Nach einem Jahr zogen die Bürger eine Bilanz des Unternehmens und gelangten durch genaue Berechnungen zu dem Schluß, daß die Stadt dadurch, daß sie die Müßiggänger zur Arbeit zwang, viel einsparte. Die jährlichen Einnahmen der Stadt aus der neuen Organisation der Armenfürsorge wurden mit 2818 Pfund, einem Shilling und vier Pence berechnet. Dies ist eine überaus wichtige und aufschlußreiche Tatsache: Die Bürger sehen die Vorteile, die sich aus der Reform der Sozialfürsorge ergeben, unter dem Gesichtspunkt einer gemeinsamen Buchführung. Die Entwicklung der städtischen Sozialpolitik wurde, wie das Beispiel Norwich zeigt, entscheidend bestimmt vom Gesichtspunkt des rationalen Handelns, vom Einbruch bürgerlichen Denkens und wirtschaftlicher Überlegungen in den Bereich der Fürsorge und von der Bewertung der Wohltätigkeit unter dem Aspekt des materiellen Vorteils.

Anhand der Liste der Armen von Norwich aus dem Jahre 1570 läßt sich der Kreis derer, die von den städtischen Behörden als arm betrachtet werden, näher aufschlüsseln. Unter den rund 400 Männern waren 110 (rund 28 Prozent) arbeitslos, von den letzteren waren 42 Tagelöhner ohne berufliche Qualifikation. Das ist ein Anteil, der als typisch für die Struktur der Arbeitslosigkeit gelten kann. Die Mehrheit der Armen in der Liste gibt einen erlernten Beruf an, und aufgrund dieser Angaben kann man feststellen, daß über die Hälfte Handwerker und ein Viertel Tagelöhner sind. Man darf annehmen, daß unter jenen, die ein Handwerk als Beruf angeben, die Mehrheit aus Gesellen und Lohnarbeitern des jeweiligen Handwerks und nur ein Teil aus proletarisierten Handwerksmeistern bestand. In den Fällen, in denen das Familienoberhaupt ohne Arbeit war, hatten oft die übrigen Familienangehörigen, Frauen und Kinder, irgendeine Beschäftigung. Unter den einheimischen Armen – also ohne die zugewanderten und die umherziehenden – arbeitete die überwiegende Mehrheit gelegentlich oder saisonal. Wurden 1570 18 Prozent der Erwachsenen regelmäßig von der Sozialfürsorge unterhalten, so waren es fünf Jahre später rund 30 Prozent. Das bedeutet jedenfalls, daß 70 bis 80 Prozent der Erwachsenen aus der Liste der Armen von Norwich in einer Situation waren, die man als die von Proletariern bezeichnen kann: Die Hauptquelle des Unterhalts dieser Familien war die Lohnarbeit, die alle Familienangehörigen einschließlich der kleinen Kinder umfaßte, aber zum Leben nicht reichte.

Die Situation in Norwich scheint ein Beispiel der »Bändigung des Elends« durch die Stadtgemeinde zu sein. Wir erwähnten, daß das Interesse am Problem der Bettler auf der Furcht vor sozialen Unruhen, der Angst vor den wachsenden Dimensionen des Elendsmilieus beruhte. Ob diese Befürchtungen nach der Reorganisation der Sozialfürsorge verschwanden, läßt sich nicht mit Sicherheit sagen, doch lassen sich gewisse Anhaltspunkte für eine Beurteilung angeben. Die Armen sind Teil der örtlichen Gemeinschaft, die ihnen eine Unterstützung gewährt, die zwar sehr bescheiden ist, aber doch eine gewisse Sicherheit gibt. Das Arbeitsethos wird dadurch gefördert, daß man die Unterstützung auf dem Niveau des Existenzminimums hält und den Arbeitslosen Arbeitsmöglichkeiten schafft. Garantiert wird das Funktionieren des Systems der Sozialfürsorge in Norwich durch eine scharfe Repression, die sich auf die königlichen Gesetze gegen die Landstreicherei beruft, aber von den Kräften des städtischen Apparats sowie von einem speziellen Kontrollapparat ausgeübt wird. Ein Beispiel dafür ist die Institution der Aufseherinnen. Ein sehr wesentlicher Bestandteil des Systems der Sozialfürsorge ist das Haus der Besserungsarbeit, das mit seiner Gefängnisordnung und seinem hohen Durchlauf (es gab nur wenige Plätze, aber im Laufe eines Jahres konnten rund 200 »Insassen« durch dieses Haus geschleust werden) einschüchternd wirkt. Eine besondere Stellung nimmt innerhalb des Systems die Frage der Kinder ein. Sie stellen über 40 Prozent der Armenliste, gehören aber zum überwiegenden Teil noch zu ihren Familien. Man bemuht sich, sie einen Beruf lernen zu lassen, ihnen Beschäftigungsmöglichkeiten zu verschaffen. Um verwahrloste Kinder und Waisen bemüht man sich in ähnlicher Weise, und indem man den Mädchen eine Mitgift gewährt, gibt man ihnen die Möglichkeit, eine Familie zu gründen. Derartige erzieherische Bemühungen sind eine Antwort auf den Bevölkerungszuwachs. Es ist schwerlich zu übersehen, daß diese Erziehungsbemühungen gleichbedeutend sind mit der Ausbeutung der Arbeitskraft von Minderjährigen, wie sie der Kapitalismus entwickelte. Durch die Verbindung einer Politik der produktiven und sozialen Stabilisierung mit repressiver Härte und organisierter Unterstützung konnte die »Bändigung des Elends«

gelingen. Gerade darin besteht der exemplarische Charakter des in Norwich realisierten Systems, dank dessen die Stadt selbst in der Krise der letzten Jahre des 16. Jahrhunderts die Situation unter Kontrolle behielt.

Das elisabethanische Gesetz über die Armen von 1597–1601 brachte keine grundlegenden Änderungen. Was es leistete, war die Kodifizierung der Sozialpolitik, war die rechtliche Festschreibung von örtlichen Erfahrungen; zugleich war es ein fester Bezugspunkt für alle weiteren Initiativen der englischen Städte. Wie schon in Frankreich beobachten wir auch hier, wie sich über eine Reihe von Initiativen hinweg Schritt für Schritt die neuen Institutionen und Prinzipien herausschälen. Das zeigt sich auch an den Maßnahmen der Verwaltung der kleinen Stadt Salisbury.

Das Ende des 16. Jahrhunderts ist für Salisbury wie für viele andere Städte eine schwere Zeit. Mißernten führen zu einem ungeheuren Anstieg der Nahrungsmittelpreise, Unterernährung und Krankheiten bestimmen das Leben der armen Bevölkerung, und mit dem Problem der Bettler zeichnet sich die Gefahr einer Ausbreitung von Epidemien ab. Überdies strömen Scharen von Landstreichern in die Stadt; im Laufe des Jahres 1598 werden an die hundert Landstreicher mit Auspeitschung bestraft, überwiegend Bewohner der umliegenden Dörfer und zur Hälfte Frauen (gewöhnlich sind kaum Frauen unter den Landstreichern). Die Epidemie zieht sich über Jahre hin, so daß die finanzielle Hilfe der Stadt für die armen Familien, die mit Quarantäne belegt sind, erhöht werden muß. Man hat errechnet, daß ein Fünftel der Stadtbevölkerung vom Mai 1604 bis zum Mai 1605 im Zusammenhang mit der Epidemie Unterstützung erhielt.

Nach dem Abklingen der Epidemie bessert sich die Lage nicht. Das Tuchgewerbe der Stadt hat wegen der allgemeinen Depression große Absatzschwierigkeiten. Es wächst die Zahl der Arbeitslosen, die Unterstützung erwarten. Nach Einschätzung der städtischen Behörden ist in den zwanziger Jahren annähernd die Hälfte der Bevölkerung verarmt; die Zahl der Armen wird auf rund 3000 geschätzt. Dies war allerdings eine Zahl, welche die staatlichen Behörden davon überzeugen sollte, daß Salisbury mit ernsten Schwierigkeiten zu ringen hat; Salisbury zählte damals rund 6500 Einwohner. Im Jahre 1625 stellte man bei einer Zählung der Armen 263 Personen fest, davon waren 141 Arbeitslose, die bei Meistern untergebracht werden sollten, 41 waren arme Kinder, die in eine Handwerkslehre gegeben wurden, und 81 waren schließlich Arbeitsunfähige, die ganz auf Unterstützung angewiesen waren. Diese Liste umfaßt jedoch nur einen sehr begrenzten Teil der Armen, nämlich ausschließlich solche, die gleichsam aufgrund ihrer Stellung Anspruch auf Sozialfürsorge hatten: Witwen, Kranke, Kinder. Die Altersstruktur legt davon beredtes Zeugnis ab. Die überwältigende Mehrheit der erwachsenen Bevölkerung bestand aus Witwen. In der Liste von 1625 überwiegen aber die Kinder und Jugendlichen. In der Gruppe bis zu 14 Jahren werden 133, zwischen 15 und 19 Jahren nochmals 20 gezählt. Unter den Kindern und Jugendlichen werden nur vier für arbeitsunfähig erklärt, alle anderen werden zur Arbeit geschickt; von den Kindern bis zu 14 Jahren werden 92 für arbeitsfähig erklärt und in Werkstätten untergebracht (darunter sogar ein Kind unter fünf Jahren), während 20 in eine Handwerkslehre gesteckt werden.

Die Abgrenzung der Armen, die in der Liste von 1622 erfaßt sind, folgt jedoch einer traditionellen Konzeption der Armut. Dabei hatten sich die Formen, in denen Sozialhilfe gewährt wird, geändert, die Stadtgemeinde hatte die hauptsächliche organisatorische Last der Armenhilfe übernommen, die Unterstützung durch Arbeit und Anleitung zur Arbeit war zum Hauptinstrument der Erziehung beziehungsweise Umerziehung der Armen geworden, doch gleichzeitig hatten der traditionelle Begriff und die Kriterien der Armut ihre Geltung behalten. Die Prozesse massenhafter Pauperisierung während der sozialen Dramen im ersten Viertel des 17. Jahrhunderts – Mißernten, Seuchen, Absatzschwierigkeiten der handwerklichen Produkte – ließen den Bereich des Elends erheblich anwachsen und zwangen dazu, den traditionellen Begriff des Armen zu revidieren.

Das geschieht, wie der englische Historiker Paul Slack gezeigt hat, in den zwanziger Jahren des 17. Jahrhunderts. Anhand der Zählung von 1635 läßt sich bereits feststellen, wie sich die Armut, die Unterstützung erhielt, zur wirklichen Armut, wie sich die traditionellen Kennzeichen der Armut zu ihren wirklichen Ausmaßen verhielten. In der Pfarrei St. Martin waren unter ca. 1650 Einwohnern 65 Unterstützungsempfänger, also 3,6 Prozent, und das war auch der Anteil der Unterstützungsempfänger an der Gesamtbevölkerung von Salisbury im Jahre 1625 (durchschnittlich 4 Prozent). In der nämlichen Pfarrei stellt man aber 1635 fest, daß 185 Einwohner zur Kategorie der Armen gehören. Im letzteren Falle wird der Bereich der Armut jedoch schon anders definiert: Er erstreckt sich auf die Masse der Menschen, die sich in den Slums am Rande von Salisbury drängen und ihren Unterhalt, sofern sie dazu die Möglichkeit haben, in der Arbeit finden. Es verwischt sich bereits die Unterscheidung zwischen dem »rechtmäßigen Armen«, der aufgrund seines körperlichen Zustandes (Alter, Gesundheitszustand) Unterstützung beanspruchen kann, und dem gefährlichen Verbrecher am Rande der Gesellschaft, dem Landstreicher. Dieser ist Objekt einer entschiedenen Repression, auch in Salisbury. Angesichts der niedrigen Arbeitslöhne und der Arbeitslosigkeit geraten gerade Arbeiterfamilien scharenweise auf den Markt des Elends. Die Stadtgemeinde hat es mit »eigenen« Leuten zu tun, die zu körperlichen Anstrengungen fähig und bereit sind, eine Arbeit anzunehmen, aber keine Möglichkeit finden, ihren Unterhalt »im Schweiße ihres Angesichts« zu erwerben. In den neunziger Jahren des 16. Jahrhunderts war das System der Sozialfürsorge in Salisbury bereits modernisiert worden. Man hatte die karitativen Institutionen zentralisiert, eine aus Küstern und Laienaufsehern zusammengesetzte Armenkommission gebildet, eine Besserungsanstalt mit Arbeitszwang errichtet (sie konnte im Jahre 1602 sechs Männer und sechs Frauen aufnehmen), und man hatte dafür gesorgt, daß das reformierte System eine finanzielle Grundlage bekam und funktionierte. Um aber mit dem Problem der Arbeitslosigkeit fertig zu werden, bedurfte es einer Politik mit weiterem Horizont, größerer Finanzmittel und eines breiten Spektrums von flexibleren Methoden.

In der Stadt bildet sich eine *pressure group*, bestehend aus einer puritanischen Elite, bei der sich Rigorismus und religiöser Eifer mit Erfahrungen in der Stadtverwaltung und dem Wunsch nach Reformen verbinden, um die soziale Situation zu sanieren. Sie macht sich daran, die bereits seit langem formulierte Beschäftigungspolitik zu verwirklichen. Es werden Frauen angestellt, um den Armen einen Beruf beizubringen, für einige Dutzend arme Jugendliche werden die Kosten der zweijährigen Handwerkslehre übernommen, und man erkundet genau, wieviel Arme bei den Handwerkern Beschäftigung finden können. Das »Arbeitshaus« soll neben seinen repressiven Funktionen auch einer Gruppe von Kindern, die hier einen Beruf erlernen werden, ein Dach bieten.

Eine in Salisbury neuartige Aktivität war die Gründung einer städtischen Brauerei, deren Gewinne die Armenhilfe finanzieren sollten, da sich herausstellte, daß die bisherige Armensteuer nicht ausreichte, um die Kosten des neuen Programms zu decken – eine Lösung, die einen gewissen Widerspruch enthielt. Die puritanischen Politiker der Stadt waren über den besonders im Elendsmilieu sich ausbreitenden Alkoholismus empört und beunruhigt. »Viele Bettler«, schrieb ein zeitgenössischer Beobachter »zögern nicht, alles, was sie besitzen, in den Wirtshäusern auszugeben, die Armen saufen wie verrückt, um die Sorgen zu vertreiben, da sie nichts mehr zu verlieren haben.«[15] Die Zahl der Gasthäuser ist enorm: Eines entfällt auf 65 Einwohner. Man versucht vergebens, die Zahl der Gasthäuser zu verringern. Da die Stadt, die das Herumsitzen in den Kneipen verdammt, die Sauferei auf diese Weise nicht bekämpfen kann, möchte sie zumindest einen Vorteil daraus ziehen. Das Beispiel, das Salisbury in dieser Hinsicht gab, wird von anderen englischen Städten übernommen. Die Behörden planen darüber hinaus, in jedem Gasthaus eine Opferbüchse »für die Armen« aufzustellen, bei der immer zwei Bettler stehen sollen, um auf diese Weise an das Gebot der Nächstenliebe zu erinnern und Mitleid zu erwecken.

Schließlich wurde auch in der traditionellen städtischen Politik der Vorratshaltung ein weiterer Schritt nach vorn getan: Man schuf ein städtisches Vorratsmagazin für die Armen. Darin speicherte man Brot, Butter, Käse, Bier und Brennstoff, und diese Vorräte wurden dann zum Selbstkostenpreis an die Armen verkauft, die auf diese Weise in Zeiten der Teuerung von der Spekulation verschont blieben, die in erster Linie die armen Schichten der städtischen Bevölkerung traf, da diese keine Vorräte besaßen. Die Armen, die regelmäßige Unterstützung empfingen, erhielten jetzt spezielle Marken, die sie im städtischen Magazin gegen Nahrungsmittel und Brennstoff eintauschten. Auf diese Weise erhielt man eine Kontrolle darüber, wie die Armen das Almosen ausgaben.

Diese neue Politik der städtischen Sozialfürsorge wurde jedoch zum Gegenstand politischer Auseinandersetzungen sowohl innerhalb der Stadt als auch auf staatlicher Ebene. Gegen sie erhoben sich die örtlichen Brauer, eine einflußreiche Gruppe in der Stadt, die auf organisierte und rücksichtslose Weise ihre Interessen verteidigten. Zur Opposition gehörte auch das Kapitel und der Klerus, die gegen die wachsende Last der Abgaben zugunsten der Armen protestierten und behaupteten, vor 1612, als sie dem Bischof unterstand, sei die Armenfürsorge besser organisiert worden. Vor allem aber war die Reform den prakti-

[15] Vgl. P. Slack, Poverty and Politics in Salisbury, 1597–1666. In: P. Clarck u. P. Slack (Hg.), Crisis and Order in English Towns, 1500–1700. London 1972, S. 182.

schen Erfordernissen nicht gewachsen. Die Mittel, die den Institutionen der Sozialfürsorge in Salisbury zur Verfügung standen, reichten nur zur Versorgung einer kleinen Zahl von Armen aus; das städtische Vorratsmagazin konnte allenfalls 60 bis 70 Personen den Unterhalt sichern. Als die Zahl der unterstützungsbedürftigen Armen unversehens stieg, konnten diese Einrichtungen nicht mehr helfen. Außerdem waren sie ständig mit der Gefahr von Volksunruhen, von Tumulten und Rebellionen der Armen konfrontiert. Selbst die Einschließung der Armen in gesonderten Lazaretten, den »Häusern der Pestkranken«, löste Rebellionen aus. Im Jahre 1627 verfluchen die Armen den Bürgermeister der Stadt, eine Frau schreit ihn an: »Bist du von einer Frau oder einer Bestie geboren, daß du mit Leuten in dieser Lage so grausam verfährst?« Die Tuchindustrie von Salisbury kommt nicht aus ihren Schwierigkeiten heraus, die Mißernten häufen sich, die Epidemie kommt immer wieder zum Ausbruch; dem waren die Reformen der Sozialfürsorge nicht gewachsen, das Ausmaß des Elends war gewaltig und blieb bedrohlich.

Die Erfahrungen von Salisbury, wo die Behörden alle paar Jahre vor der gleichen Situation standen und immer wieder die gleichen oder auch abgewandelte Maßnahmen ergriffen, belegen die begrenzte Wirksamkeit von Reformen, die die Systeme beseitigen wollten, ohne die Ursache des Elends zu beseitigen. Die moderne Reform der Sozialpolitik, diese neue Medizin gegen die Armut, erwies sich, wie R. H. Tawney schrieb, in Salisbury wie anderswo »als Palliativ, nicht als Heilmittel«[16].

Die Frage nach der Rolle der Puritaner in der Reform der Sozialfürsorge führt uns auf die Spur eines anderen Problems von allgemeinerer Bedeutung. In der englischen Geschichtsschreibung herrscht die Ansicht vor, in jener Zeit, in der der Puritanismus entscheidenden Einfluß auf die Regierung des Landes hatte, sei die Sozialpolitik besonders streng gewesen, und die Puritaner hätten dem Wirken städtischer karitativer Institutionen ablehnend gegenübergestanden. Diese traditionelle Auffassung wird jedoch durch monographische Untersuchungen auf lokaler und regionaler Ebene nicht bestätigt. Die Krise, die das englische System der Armenfürsorge in den Jahren der Revolution durchmachte, hing mit der allgemeinen Situation des Landes zusammen, mit den Schwierigkeiten der städtischen Produktion, mit dem Machtwechsel in der Administration, nicht aber mit der

[16] Ebd., S. 194.

ideologischen Haltung der Puritaner. Gewiß zeigen die Puritaner eine besondere Abneigung gegen die Bettelei, sind sie der Meinung, das öffentliche Betteln sei unverträglich mit der göttlichen Ordnung und der Organisation einer christlichen Gemeinschaft. Doch damit machen sie in der Neuzeit keine Ausnahme; wir haben gesehen, wie weit das – im übrigen recht erfolglose – Bestreben verbreitet ist, das öffentliche Betteln gänzlich zu unterbinden. Was man bei den Puritanern vielmehr beobachten kann, ist die ungewöhnliche Konsequenz, mit der sie diese Politik verwirklichen, und ein Streben nach Effizienz der administrativen Maßnahmen; man kann hier einige Merkmale der neuzeitlichen Mentalität entdecken, denen Max Weber eine fördernde beziehungsweise schöpferische Rolle in der Entwicklung des Kapitalismus zuschrieb. Tatsächlich waren die herrschenden Kreise, die 1640 an die Macht kamen, von einem Geiste des »politischen Aktivismus« beseelt, suchten sie das administrative Handeln zu rationalisieren. In eben diese Richtung zielte die strengere Beachtung der Vorschriften und die unbedingte Einschärfung des Arbeitsethos. Die puritanische Abneigung gegen die Bettelei kann man aber wohl nicht gleichsetzen mit einer Abneigung gegen die Bettler.

Das bestätigen auch die Untersuchungen von William K. Jordan über die englische Philanthropie in der Neuzeit. Daraus geht hervor, daß man bei den Puritanern nicht nur Äußerungen des Mitgefühls für die Armen und für das menschliche Elend, sondern auch eine ganz erhebliche private Wohltätigkeit finden kann, die sich in Vermächtnissen zugunsten der Armen und der karitativen Institutionen äußert. Bei den individuellen Vermächtnissen für wohltätige Zwecke läßt sich ein deutlicher Rückgang der Schenkungen beobachten: Die Summen, die im Jahrzehnt der Revolution von 1641–1650 den Armen hinterlassen werden, belaufen sich auf die Hälfte der Beträge aus den Jahren 1621–1630. Allerdings geht die individuelle Wohltätigkeit schon in dem Jahrzehnt vor der Revolution entschieden zurück, doch zeigt sie im Jahrzehnt der puritanischen Herrschaft von 1651–1660 schon wieder eine steigende Tendenz, und der reale Wert der Beträge (bezogen auf das Preisniveau) ist höher als im Jahrzehnt vor der Revolution. Es ist daher wohl nicht zulässig, gerade die Puritaner für den Rückgang der individuellen Wohltätigkeit und, allgemeiner, für das Schwinden des Geistes der Nächstenliebe in der Politik und in den gesellschaftlichen Einstellungen gegenüber den Armen verantwortlich zu machen.

Da es uns hier darum ging, die Veränderungen zu umreißen, die sich in der Neuzeit in der Organisation der Armenfürsorge vollzogen, haben wir die Kontinuität, mit der die traditionelle, sich in individueller Wohltätigkeit äußernde Haltung christlicher Nächstenliebe gepflegt wird, außer acht gelassen. Dabei wird die individuelle Barmherzigkeit in allen europäischen Ländern des 16. Jahrhunderts, den katholischen wie den protestantischen, ununterbrochen fortgesetzt. W. K. Jordan hat gezeigt, welche bedeutende Rolle die individuelle Barmherzigkeit im modernen England spielte. Ostentative Wohltätigkeit war ein integraler Bestandteil der rituellen Verhaltensweisen gegenüber Leben und Tod, gehörte zu den Feiertags- und Bestattungsriten, war schließlich eine Affirmation von Prestige, Reichtum und Macht. Sie ist jedoch nicht mehr die vorherrschende Form der sozialen Fürsorge. Bürgerliche Testamente aus dem Spätmittelalter lassen bisweilen eine eigentümliche Berechnung erkennen: Das Geld soll die Erlösung kaufen; die Hoffnung auf Vergebung der Sünden bemißt sich nach der Zahl der Seelenmessen für die Verstorbenen, nach der Zahl der beschenkten Bettler. Diese Art von Kaufmannsgesinnung wird in der Neuzeit auf die andere Seite angewandt: die Unterstützung derer, die Almosen erhalten, soll möglichst wirksam sein. Hinter der Entwicklung der Konzeption der Wohltätigkeit kann man daher ähnliche soziopsychologische und soziopolitische Wandlungen erkennen wie hinter der städtischen Reform der Sozialfürsorge. In sechzig bis siebzig Städten Europas wird zumindest zeitweilig eine Reform der Sozialfürsorge durchgeführt, die in der Praxis gleichbedeutend ist mit einer grundlegenden Revision der traditionellen Doktrin der Nächstenliebe. Es war dies eine der machtvollen Wandlungen, in deren Verlauf die moderne Gesellschaft entstanden ist.

3. Kontroversen um die Wohltätigkeit: Von der städtischen Politik zur Staatsräson

Die Sozialpolitik war Gegenstand von Allianzen, Kompromissen und Kontroversen zwischen gesellschaftlichen Milieus und *pressure groups*, zwischen weltlichen Institutionen und kirchlichen Instanzen, zwischen Städten und staatlicher Administration. Ihre Grundlage waren die dramatischen Abläufe der sozialen Konjunktur und die strukturellen Veränderungen der Gesellschaft. Hinter der institutionellen Reform der karitativen Organisationen entdeckten wir tiefgehende Prozesse der Transformation der kollektiven Einstellungen: Transformationen, die sich allmählich, schrittweise, unzusammenhängend vollzogen. Unabhängig davon, wie wirksam die Reform in den einzelnen Ländern, Regionen oder Städten war und wie weit sie tatsächlich reichte, konnten wir in keinem Fall feststellen, daß die moderne Sozialpolitik von der örtlichen Gemeinschaft einhellig akzeptiert wurde, daß die Einstellung gegenüber dem Elend, der Armut und dem Allgemeininteresse einem einheitlichen Muster folgte. Sowohl diese Politik als auch dieses Muster waren Gegenstand von Widersprüchen und Konflikten, bedingt durch unterschiedliche Interessen oder unterschiedliche psychologische Einstellungen. Durch unterschiedliche Interessen: Die Besteuerung zugunsten der Armen rief Widerstände bei den Reichen hervor, die partielle oder vollständige Säkularisierung der Spitäler und karitativen Institutionen stieß auf die Opposition der kirchlichen Instanzen und des Klerus, welche die traditionellen Vorrechte der Kirche, aber auch ihren Besitz verteidigten. Durch unterschiedliche psychologische Einstellungen: Repressive Maßnahmen gegen Bettler und Landstreicher rührten an das Solidaritätsgefühl der örtlichen Gemeinschaft oder der volkstümlichen Schichten, das Verbot des Bettelns und des Almosengebens stand im Widerspruch zu dem Bedürfnis, seine christlichen Empfindungen zu manifestieren, menschliche Solidarität zu üben, Opferbereitschaft und Barmherzigkeit zu zeigen, der eigenen materiellen und sozialen Stellung Ausdruck zu geben. Das alles fand seinen Niederschlag in politischen Auseinandersetzungen auf der Ebene der Zentralregierung und der parlamentarischen Vertretung, in einer widerstrebenden Verwirklichung der neuen Politik auf der Ebene der örtlichen Institutionen, aber auch in ideologischen Streitigkeiten und in einer umfangreichen polemischen Literatur.

Eine bestimmte historiographische Tradition faßt diesen letzteren Bereich als autonom auf, sieht ihn nicht nur losgelöst von der sozialen Wirklichkeit, sondern erkennt ihm darüber hinaus eine Priorität gegenüber den sozialen Realitäten zu, sieht in ihm die eigentliche Triebkraft der neuen Sozialpolitik und der strukturellen Veränderungen der Wohltätigkeit. Die »moderne Reform der Wohltätigkeit«, die »neue Philanthropie« wurde, obwohl der letztere Ausdruck erst in der Terminologie des 18. Jahrhunderts auftauchte, als eine eigentümliche Erfindung betrachtet, deren Schöpfer man in den Protagonisten der Reformationsbewegung sehen wollte. Den ideologischen Kontroversen des 16. Jahrhunderts um Armut und Mildtätigkeit ist eine fundamentale Bedeutung schwerlich abzusprechen. Wir haben in unseren bisherigen Ausführungen zu zeigen versucht, daß der neuen Sozialpolitik und den Veränderungen in der Einstellung gegenüber den Armen Pauperisierungsprozesse in einem bis dahin unbekannten Ausmaß zugrunde lagen. Wir sehen in den ideologischen Streitigkeiten um die Mildtätigkeit vor allem einen Versuch, das Bewußtsein dieser Prozesse zu artikulieren, eine *prise de conscience* der sozialen Probleme der Neuzeit durch die Menschen des 16. Jahrhunderts.

Das Verhältnis zu den Armen war in der Tat Gegenstand einer bedeutenden Polemik während der Reformationszeit. Die häufig einseitige Kritik an der mittelalterlichen Doktrin der Nächstenliebe gehörte zu den Argumenten, mit denen das katholische Modell der Frömmigkeit attackiert wurde. Es bestand hier ein Zusammenhang mit dem Problem der »guten Werke« und der Prädestinationslehre sowie in einem umfassenderen Sinne auch mit den Auseinandersetzungen um die Haltung des Christen im gesellschaftlichen Leben und die richtige Organisation der göttlichen Gemeinschaft auf Erden. Wir wollen hier nicht auf die Problematik der Soziallehre der Reformation oder auf den verwickelten Komplex der Zusammenhänge zwischen der protestantischen Ethik und der Entstehung des Kapitalismus eingehen, der von Max Weber umrissen worden ist und Historikern bis heute Anlaß zu Auseinandersetzungen bietet, sondern lediglich die Haltung Martin Luthers gegenüber den Bettlern beleuchten. Eine gewisse Bedeutung kommt hierbei der Tatsache zu, daß die sozialen Anschauungen Luthers ihren Realitätsbezug vor allem in den deutschen Ländern finden, also in einem Gebiet mit traditionellen agrarischen Strukturen.

Die Unterscheidung zwischen den Pflichten, die der Mensch als Christ und als Mitglied der menschlichen Gemeinschaft hat, so daß im Reich Christi das Evangelium, im Menschenreich dagegen das Naturrecht herrscht, war, wie Ernst Troeltsch gezeigt hat, der Grundstein der von Luther verkündeten Soziallehre. Der weltlichen Obrigkeit und den Rechtsgelehrten gestand Luther eine spezifische Autonomie in der Führung der Menschen im Reich des Naturrechts zu. Das hatte wesentliche Konsequenzen für das protestantische Programm der Armenhilfe. In dem grundlegenden Dokument, das das politische Programm Luthers enthält, seinem Appell ›An den christlichen Adel deutscher Nation von des christlichen Standes Besserung‹ vom August 1520 finden wir einen Artikel, der sich eigens mit dem Problem der Bettler befaßt. Dort wird das allgemeine Programm mit nicht zu überbietender Eindeutigkeit dargelegt: »Es ist wohl eines der größten Bedürfnisse, daß alle Bettelei in der ganzen Christenheit abgeschafft würde. Es sollte jedenfalls kein Christ betteln gehen.«[17] Das Bettelverbot muß einhergehen mit einer entsprechenden Organisation der Fürsorge für die Armen, die nicht imstande sind, sich ihren Unterhalt zu verdienen. Grundlage dieser Organisation soll sein, daß jede Stadt sich um die Versorgung ihrer Armen kümmert und keine fremden Bettler einläßt. Bei der Sorge für die Armen ist jedoch zu bedenken, daß sie nur jenen gilt, die ihrer würdig sind, die also keine Mittel zum Leben besitzen und nicht arbeitsfähig sind. Die Fürsorge soll sich also nicht auf Landstreicher und Übeltäter erstrecken, die Armut lediglich vortäuschen. Um das Schicksal der Armen sollen sich jeweils die örtlichen Behörden kümmern: Eigens ernannte Armenpfleger sollen im Einvernehmen mit den Pfarrern und den Stadträten die Unterstützung der Armen organisieren. Die Frage nach dem Charakter der Verwaltung der Spitäler und karitativen Einrichtungen löst Luther also im Grunde mit einem Kompromiß, indem er die Frage der Säkularisierung, der man grundlegende Bedeutung für die neuzeitliche Reform der städtischen Sozialfürsorge zuzuschreiben pflegt, übergeht.

In dieser Schrift findet sich noch ein weiterer, für Luthers Programm sehr wesentlicher Ratschlag; die Hilfe für die Armen soll in vernünftigen Grenzen bleiben: »Es genügt, daß die Armen ausreichend versorgt sind, daß sie weder Hungers sterben noch erfrieren.« Die Hilfe soll also nicht über das Existenzminimum hinausgehen. Diesem Ratschlag liegt offensichtlich die Verurteilung des Müßiggangs und das Arbeitsethos zugrunde, wie sie sich aus den Geboten der Heiligen Schrift ergeben. Wir finden hier jedoch auch gewisse Merkmale der bürgerlichen Mentalität und Berechnung, die auf die Entwicklung der Reformation einen gewissen Einfluß gehabt haben; Luther erklärt, es wäre ungerecht, wenn die einen von der Arbeit der anderen lebten und obendrein zu Wohlstand gelangten, indem sie von Almosen und

[17] Martin Luther, An den christlichen Adel deutscher Nation von des christlichen Standes Besserung. In: Die reformatorischen Grundschriften in vier Bänden. Neu übertr. u. komm. v. Horst Beintker. München 1983, Bd. 2, S. 122 u. 123 (folgendes Zitat).

im Müßiggang leben. Bei der Kritik an der Bettelei, die wir in Luthers Schriften recht häufig antreffen, ist leicht der innerkirchliche Adressat zu erkennen: die Bettelorden; Luther knüpft hier an die Polemiken der vorangegangenen Jahrhunderte an. Doch das eigentliche Thema Luthers in seinem Aufruf ›An den christlichen Adel‹ sind die gewöhnlichen Bettler; dafür sprechen auch die Entwürfe einer Reform der wohltätigen Institutionen. Die Abneigung gegen die Bettelei als ein Phänomen, das die Harmonie der christlichen Gemeinschaft stört, geht Hand in Hand mit konkreten Forderungen zur Organisation der Sozialfürsorge in den Städten.

Aus dieser Lehre ergaben sich praktische Maßnahmen. Andreas Karlstadt erklärte im Jahre 1522, als er noch eng mit Luther verbunden war, die christliche Gemeinschaft dürfe die Bettelei nicht dulden; im gleichen Jahr erarbeitet er, während Luther abwesend ist, zusammen mit dem Stadtrat von Wittenberg ein neues städtisches Statut, in dem er auf das Problem der Bettler ausführlich eingeht und im Sinne der Anweisungen, die Luther zuvor gegeben hat, Entscheidungen trifft. Hier wird erstmals eine »gemeinsame Kasse« errichtet, an die der säkularisierte Besitz der Klöster überwiesen werden soll; sie soll außerdem die Spital- und Wohltätigkeitsstiftungen der Stadt übernehmen und Schenkungen zugunsten der Armen sammeln. Die Wittenberger Armenverordnung fand übrigens die ungeteilte Zustimmung Luthers. Ein Jahr darauf verfaßte Luther selbst eine ganz ähnlich gehaltene Ordnung über die »Armenkasse« (›Ordnung eines gemeinen Kastens‹) für die sächsische Kleinstadt Leisnig. Darin wird die Verwaltung der Armenfürsorge durch die christliche Gemeinde in allen Einzelheiten festgelegt; eine ernannte Kommission soll unter Aufsicht des Stadtrats die »gemeinsame Kasse« kontrollieren, Bücher führen, in denen Spenden und Spender aufgezeichnet werden, und die Almosenverteilung unter den Armen organisieren. Die »gemeinsame Kasse« soll verarmten Gemeindemitgliedern auch zinslose Darlehen gewähren. Die Konzeption der »gemeinsamen Kasse« ging übrigens über den Bereich der Armenhilfe hinaus, denn sie war als gemeinsamer Fonds der christlichen Gemeinde gedacht, der zu verschiedenen Zwecken im gemeinsamen Interesse genutzt werden konnte (Unterhalt des Pastors, Erhaltung der kirchlichen Gebäude, der Schule); sie sollte aber die Grundlage für die Verwirklichung des Bettelverbots und für die Sicherung einer regelmäßigen Unterstützung der Armen sein. Die Ordnung für Leisnig ließ Luther drucken und verteilen, versehen mit einem Vorwort, in dem er alle Städte ermahnte, sich daran ein Beispiel zu nehmen. Tatsächlich äußerte sich die Ausbreitung des Protestantismus in den deutschen Städten in der massenhaften Verbreitung der »gemeinsamen Kasse«. In der Praxis sicherte sie allerdings nicht das wirksame Funktionieren der Sozialfürsorge, da in den meisten Fällen die städtischen Behörden die Verfügung über die Mittel erlangten und diese für Zwecke bestimmten, die ihnen dringlicher erschienen. Darüber beklagte sich Luther, und er rief dazu auf, die Gebote der christlichen Nächstenliebe zu befolgen.

In den folgenden Jahren lag die Reorganisation der städtischen Armenfürsorge in den Händen von Johannes Bugenhagen, der allerdings die grundlegenden Anweisungen des Meisters befolgte, und zwar im Rahmen einer umfassenderen Arbeit an der Kodifizierung der kirchlichen Organisationsformen des Protestantismus. Luther selbst legte seine Ansichten noch einmal im Vorwort zur deutschen Ausgabe des berühmten Pamphlets gegen die Bettler, des ›Liber vagatorum‹, im Jahre 1523 dar. Aus den Betrügereien der Bettler, die in dem Pamphlet geschildert werden, sollten, wie er sagt, die Fürsten, Grundherren und Stadträte eine Lehre ziehen und verhindern, daß Faulenzer, Betrüger und Landstreicher von der Unterstützung profitieren. In diesem Zusammenhang empfiehlt er, daß die Städte und Dörfer über ihre Armen Listen aufstellen – bezeichnenderweise erwähnt er diesmal neben den Städten auch die Dörfer, auch wenn das praktisch keinerlei Bedeutung hatte, da die Reform der wohltätigen Institutionen sich auf die Städte beschränkte. Ohne Überprüfung der entsprechenden Bescheinigungen, die zum Empfang von Almosen berechtigen, dürfe keine Unterstützung gewährt werden; Unterstützung dürfe nur den eigenen Armen, den Mitgliedern der örtlichen Gemeinde, gewährt werden – auf diese Weise ließe sich die Landstreicherei beseitigen.

Das von Martin Luther entwickelte Programm der Armenhilfe und der Ausschließung der Landstreicher ging auf die mittelalterliche Tradition zurück, sowohl auf die doktrinalen Überlegungen der Kirche als auch auf die gesetzgeberische Praxis. Aus den Schriften und Predigten des Spätmittelalters ließen sich zahlreiche Vorläufer dieses Programms anführen. Dabei geht es nicht nur um die Tradition der Polemik gegen die Bettelorden, die wir schon erwähnten, sondern auch um das Problem des öffentlichen Bettelns. Das Bewußtsein, daß eine Reform der Sozialfürsorge nötig sei, wird besonders in den

Predigten des Johannes Geiler von Kaysersberg und in seinen Appellen an die städtischen Behörden und die Gemeinde von Straßburg deutlich. Der Straßburger Prediger setzte sich vor allem für das Los der Elenden ein; den Reichen rief er ins Gedächtnis, daß die Bedürftigen ein Recht hätten, zur Gewalt zu greifen, um sich die Mittel zum Überleben zu verschaffen, und er rief sogar dazu auf, mit Äxten gegen die Speicher der Reichen vorzugehen. Leidenschaftlich wandte er sich aber auch gegen die »falschen Armen«, die sich, obwohl sie arbeiten könnten, mit Hilfe betrügerischer Praktiken Almosen erschleichen. Die Straßburger Verwaltung ergriff schon in der zweiten Hälfte des 15. Jahrhunderts strenge Maßnahmen gegen die Landstreicher, tat aber nichts, um die Armenpflege zu organisieren. Es ist bezeichnend, daß Geiler es für selbstverständlich hielt, daß die weltlichen Behörden verpflichtet seien, sich um das Schicksal der Armen zu kümmern, indem sie einerseits die Müßiggänger zur Arbeit zwingen und andererseits den Bedürftigen regelmäßige Hilfe gewähren. Man könnte auch auf das Beispiel von Jean Maire verweisen, des Professors an der Sorbonne, der Anfang des 16. Jahrhunderts in einem Kommentar zu den Sentenzen des Petrus Lombardus die Meinung vertritt, die Fürsten und Städte seien vollauf berechtigt, das öffentliche Betteln zu verbieten, sofern sie dafür gesorgt haben, daß den Armen, die wirklich bedürftig sind, wirksam geholfen wird.

Andererseits erwuchsen die Vorschläge, die in dem Aufruf ›An den christlichen Adel‹ wie in der Verordnung für Leisnig enthalten sind, aus den konkreten sozialen Erfahrungen der Städte des Spätmittelalters, die angesichts der Tatsache, daß sich das Elend als soziales Phänomen immer mehr ausbreitete und die öffentliche Ordnung durch die Landstreicherei immer stärker bedroht wurde, sowohl repressive als auch karitative Maßnahmen ergriffen. Gerade diese Erfahrungen waren Maßstab und Grundlage für Luthers Programm bezüglich der Armen, dem im übrigen in den Lehren des deutschen Reformators keine überragende Bedeutung zukommt.

Charakteristisch ist das Interesse, das Luther am ›Liber vagatorum‹ bewies. Dieses Pamphlet gehört – ebenso wie der ›Spiegel der Scharlatane‹ des Teseo Pini und das ›Narrenschiff‹ des Sebastian Brant – zu einer volkstümlichen Strömung der satirischen Literatur, die bissig und mitleidlos die betrügerischen Praktiken der Bettler und Almosensammler aufspießte, welche die traditionellen Empfindungen der Barmherzigkeit, die mittelalterliche

Verehrung der Armut und die schlichte Naivität ausschlachteten. Unter den Gruppen, die dort geschildert werden, nehmen angebliche oder wirkliche Mönche einen großen Raum ein. Luther hat sich des dort gebotenen anekdotischen Materials, das man übrigens auch in den Predigten des Johannes Pauli zu Beginn des 16. Jahrhunderts finden kann, in seiner leidenschaftlichen Demaskierung der Bettelorden wie auch der Oberflächlichkeit der traditionellen Frömmigkeit bedient. Die in dieser satirischen Literatur enthaltenen sozialen Aspekte des Bettlermilieus hatten für Luther somit eine zweitrangige, instrumentelle Bedeutung, als er sein Programm zur Orientierung des kirchlichen Lebens und sein Modell des christlichen Verhaltens entwarf.

Es geht hier aber nicht darum, noch einmal die konfessionelle Problematik aufzugreifen, ob bei den Reformideen dem Protestantismus oder dem Katholizismus die Priorität gebührt. Wir unterstellen, daß sowohl die protestantischen als auch die katholischen Programme den Nöten der Zeit entgegenzutreten versuchten, und wollen nur unterstreichen, wie stark das Bewußtsein der Widersprüche verbreitet war, die in der Doktrin der christlichen Nächstenliebe und in den Praktiken der christlichen Gemeinschaften enthalten waren. Daß sowohl die Reformatoren als auch die Hüter der Orthodoxie sich mit dem Problem der Sozialfürsorge befaßten, hat seine Ursache nicht so sehr in Erfordernissen des doktrinal-religiösen Diskurses als vielmehr in der Sache selbst, welche immer stärker die Gewissen beunruhigte. Die ausgedehnten polemischen Auseinandersetzungen, die es um dieses Problem gab, beruhten nur teilweise auf religiösen Streitfragen der Reformationszeit.

Die Antinomien der christlichen Haltung gegenüber den Armen kann man auch in den Schriften des Erasmus finden. Erasmus wandte sich entschieden gegen die formalisierte Frömmigkeit und verkündete das Lob der *caritas*, die sich aber nicht darin äußert, daß man Gebete rezitiert und häufig zur Kirche geht, sondern vor allem indem man »die Nächsten wie Glieder des eigenen Körpers« behandelt. Im ›Enchiridion militis christiani‹ (Handbüchlein des christlichen Ritters, Antwerpen 1504), wo er Regeln einer christlichen Lebensführung erläutert, sieht Erasmus die grundlegenden Gebote der Nächstenliebe darin, »eine hilfreiche Hand zu reichen, den Irrenden sanft zurechtzuweisen, den Unwissenden zu belehren, den Gefallenen aufzuheben, den Bedrückten zu trösten, dem Mühseligen beizustehen, dem Bedürftigen zu helfen«. Solidarität mit den Bedürftigen und Beistand für die Armen sind somit christliche Empfindungen, während Verschwendung und liederlicher Lebenswandel den Geboten der Nächstenliebe widersprechen. »Wie das? Ein Glied des gleichen Körpers wie Du knirscht mit den Zähnen vor Hunger, und Dir stößt der Genuß von Rebhuhnfleisch auf? Dein nackter Bruder zittert vor Kälte, und bei Dir werden so viele Kleider von Motten und Schimmel zerfressen?« Das Gebot der Nächstenliebe fordert auch, den eigenen Besitz als gesellschaftliches Gut zu betrachten. Ein reicher Mann sollte daher seinen Reichtum als Gemeingut betrachten, das er lediglich verwaltet. Es wäre ein Irrtum zu glauben, das Eigentumsverbot und das Armutsgebot gelte nur für die Mönche – in Wirklichkeit betreffen sie alle Christen.

Das Lob der Arbeit geht in den Schriften des Erasmus einher mit einer moralischen Verurteilung der Habgier. Erasmus tadelt nicht so sehr den Besitz von Reichtum als vielmehr das Streben nach seinem Erwerb; er lobt nicht so sehr die Armut an sich als vielmehr die Verachtung des Reichtums. Es besteht somit kein Widerspruch zwischen dieser Haltung und der beißenden Kritik, die im ›Morias encomion‹ (Lob der Torheit, Basel 1515) an den Bettelmönchen geübt wird, »die ihr schmutziges Bettelelend teuer verkaufen«. Diese Kritik wird in den ›Colloquia familiaria‹ des Erasmus weiterentwickelt: Eines dieser Gespräche gilt gerade dem Problem der Franziskaner. Doch in den ›Colloquia‹, in denen sich die zeitgenössischen Diskussionen und Probleme lebhaft widerspiegeln – in jeder neuen Auflage wurden entsprechend den aktuellen Ereignissen und Debatten neue Themen hinzugefügt –, geht Erasmus überdies direkt auf das Problem der gewöhnlichen Bettler ein.

Im ›Convivium religiosum‹, das bereits in einer der ersten Auflagen der ›Colloquia‹ aus dem Jahre 1522 enthalten ist, wird das Problem der Bettler und des Almosens in einer polemischen Abschweifung vom Hauptthema des ›Gastmahls‹ behandelt. Das Verhältnis zu den Armen wird hier, wie im ›Enchiridion‹, in den Zusammenhang von Überlegungen zur christlichen Lebensführung und von Polemiken gegen oberflächliche und äußerliche Rituale gerückt. Erasmus rühmt die diskrete Hilfe für Arme, die »in unmittelbarer Not« sind, und stellt die Ostentation der traditionell betriebenen Wohltätigkeit in Frage. Er kritisiert hier nicht nur, wie die Klöster den Almosen nachjagen, sondern auch die übertriebene Unterstützung von »öffentlichen Bettlern«. Die

Städte sollten ihre eigenen Armen ernähren, die Landstreicherei nicht dulden und das Betteln nicht gesunden Menschen gestatten, denen »lieber Arbeit als Geld gegeben werden sollte«. Beim Gewähren von Almosen sollte man sich vor allem jenen Armen zuwenden, über deren materielle Lage und moralische Vorzüge man genau Bescheid weiß.

Das Problem der Bettler war wichtig und hat in den Überlegungen der Intellektuellen damals sicherlich großen Raum eingenommen, denn Erasmus beschloß, ihm ein eigenes Gespräch zu widmen. Der nächsten Ausgabe seiner ›Colloquia‹, die im September 1524 erschien, fügte er einen Dialog zwischen den Bettlern Irides und Misoponus an. In diesem Dialog der Bettler werden auch die Kunstgriffe und Tricks beschrieben, derer sich die Vertreter dieses Gewerbes zu bedienen pflegten. Am Ende des Dialogs findet man ein eigentümliches Lob der Armut. Das Elend, so führt Irides aus, sei ein ausgezeichneter Stand, den es nicht mit dem des Königs zu vertauschen lohne: Die Bettler könnten, wie die Könige, tun, was ihnen beliebt, hätten dabei aber keinerlei Sorgen oder öffentliche Verpflichtungen; auch genössen sie die allgemeine Achtung, so als seien sie von Gott geweiht. Darauf erwidert Misoponus, der das Betteln seit einiger Zeit aufgegeben hat und jetzt von der Alchimie lebt, der Freiheit der Bettler werde bald ein Ende gesetzt; die Städte hätten angekündigt, das öffentliche Betteln zu verbieten, und den Grundsatz aufgestellt, jede Stadt solle ihre Armen, soweit sie arbeitsunfähig sind, ernähren und die übrigen zur Arbeit zwingen. Auf die Frage des Irides, weshalb die Städte derartige Pläne schmieden, erwidert Misoponus: »Weil sie bemerkt haben, daß hinter dem Vorwand der Bettelei großes Unrecht begangen wird. Und außerdem: Was für schwere Schäden verursacht Eure Zunft!«

Gemessen an dem zuvor erwähnten Text wird hier ein schärferer Ton angeschlagen; nicht nur die von den Städten bereits ergriffenen konkreten Reformmaßnahmen, sondern auch der Arbeitszwang wird erwähnt. Diese Forderung ist im übrigen nicht neu; sie war in den Schriften des Erasmus schon etliche Jahre früher vorgekommen. Die Forderung nach Einführung der Zwangsarbeit war ja eigentlich schon während der sozialen Krise in der Mitte des 14. Jahrhunderts in der Gesetzgebung vieler europäischer Länder gegen die Landstreicherei aufgetaucht. In der Reform der Armenfürsorge des 16. Jahrhunderts ist sie integrierender Bestandteil des Vorhabens, die Plage der Bettelei aus dem städtischen Leben zu verbannen.

Diese Forderung hing außerdem eng mit den grundlegenden Veränderungen zusammen, die sich damals im Arbeitsethos vollzogen. Das zeigt sich mit aller Deutlichkeit an der ›Utopia‹ des Thomas Morus. In dem idealen Land, dessen Bild der englische Humanist und Freund des Erasmus im Jahre 1515 während eines Aufenthalts in Flandern entwarf, war die Arbeit eine allgemeine Pflicht der Bewohner, während die Hauptaufgabe der Regierung darin bestand, den Müßiggang zu verhindern. Niemand durfte müßig sein, also ohne Arbeit leben; deshalb gab es dort auch nicht jene »kräftigen und gesunden Bettler, die ihre Faulheit durch das Vortäuschen einer Krankheit verschleiern« und in anderen Ländern so zahlreich sind. An einer anderen Stelle fordert Morus, daß als Strafe gegen Diebe und Landstreicher in breitem Umfang die Zwangsarbeit verhängt werde, und mit herben, spöttischen Bemerkungen zieht er über Bettler und Bettelorden her, deren Ausrottung er fordert.

Das Lob oder gar die Glorifizierung der Arbeit war im 16. Jahrhundert ein dominierendes Motiv. Natürlich kann man einen gewissen Unterton der Verachtung gegenüber körperlicher Arbeit und allen Arten von *mechanici* heraushören: Der intellektuelle Aristokratismus des Erasmus ging Hand in Hand mit der Verachtung des Handwerks und der Handwerker. Doch in Morus' Lob der Arbeit spiegeln sich die tieferen Wandlungen im Verhältnis der Menschen dieses Jahrhunderts zur Arbeit wider: Sie wird zum »Grundrecht des Menschen, der darum kämpft, das Schicksal zu meistern und Reichtum zu erwerben«.

Unter dem Eindruck der Auseinandersetzungen in den Städten über die Organisation der Armenfürsorge und beeinflußt durch die Diskussionen der Humanisten über das Verhältnis zur Arbeit, zu den Bettlern, zu Reichtum und Armut, entstand Juan Luis Vives' Abhandlung ›De subventione pauperum‹, das maßgebende Werk des humanistischen Programms einer Reform der Sozialfürsorge. Vives, der seine Abhandlung den Ratsherren von Brügge widmet und die Bemühungen dieser Stadt auf dem Gebiet der Armenhilfe rühmt, gibt an, daß sowohl die Erfahrungen seiner Vaterstadt Valencia als auch Aufforderungen aus Flandern ihn veranlaßt hätten, dieses Werk zu verfassen. Im ersten Buch legt er zunächst die allgemeinen Grundsätze dar, nach denen die Wohltätigkeit betrieben wird; er erklärt das

Bedürfnis, Gutes zu tun, zur Existenzbedingung der Gesellschaft, und er erläutert ausführlich die Gründe, aus denen einige es ablehnen, den Armen Unterstützung zu gewähren (an dieser Stelle schildert er die Missetaten und Verbrechen der falschen Bettler); er gibt an, wie sich die Armen verhalten sollten, und im zweiten Buch legt er ein detailliertes Programm der Reform der städtischen Sozialfürsorge vor.

Die Armenfürsorge ist Sache der politischen Herrschaft. Dies begründet Vives mit Argumenten allgemeiner Natur, etwa mit der Notwendigkeit, die Verwaltung des Gemeinwesens müsse auf soziale Harmonie achten; so könne sich ein Arzt nicht weigern, die Hände und die Füße zu heilen, mit der Ausrede, sie seien zu weit vom Herzen entfernt. Man muß sich um die Armen kümmern, nicht nur, weil sonst ein erheblicher Teil der Bevölkerung ungenutzt bleibt, zum Nachteil des Allgemeinwohls, sondern auch, weil sie Epidemien verbreiten, weil sie Diebstahl, Raub und Prostitution begehen. In seiner negativen Schilderung des Bettlermilieus zählt Vives nicht nur, wie schon erwähnt, die Fälschungen und Missetaten der betrügerischen Bettler auf, sondern er weist auch darauf hin, daß sie ihre christlichen Pflichten schlecht erfüllen: Sie gehen nicht zur Beichte, nehmen nicht an den Predigten teil, führen ein ausschweifendes Leben. Erkennt man schon an der Wahl der Argumente, daß Vives bestrebt ist, die Übereinstimmung seiner Ausführungen mit der christlichen Doktrin zu betonen, so zielt das, was er über die Pflichten der Regierenden sagt, im Grunde doch darauf ab, die Armenfürsorge nicht den kirchlichen, sondern den weltlichen Behörden zu übertragen.

Den städtischen Behörden empfiehlt der spanische Humanist eine strenge Aufsicht über die Spitäler und alle Stiftungen. Die zu diesem Zweck ernannten Kommissäre sollen alle Kategorien von Armen erfassen: die Insassen der Spitäler und Hospize, die Kranken und die Lahmen, die öffentlichen Bettler und die Landstreicher, und schließlich die Armen, die ihre Armut in häuslicher Abgeschiedenheit erdulden. Die nächste Aufgabe ist dann, die arbeitsfähigen Bettler zu beschäftigen, eingedenk des göttlichen Gebots, man solle das Brot essen, das man durch eigene Arbeit und Mühe erworben hat. Sie alle müßten einen anständigen Beruf erlernen. Aus vielen Städten Flanderns kämen Klagen, daß im Handwerk Arbeiter fehlten. Es müsse dafür gesorgt werden, daß es den Betrieben nicht an Arbeitskräften und den Armen nicht an Beschäftigungsmöglichkeiten in den

Betrieben fehle. Vormalige Wüstlinge, Schwindler und Verschwender seien bei den schwersten und schlechter bezahlten Arbeiten zu beschäftigen, um ein abschreckendes Beispiel zu geben. Mit Almosen sollten nur jene unterstützt werden, denen es noch nicht gelungen ist, eine feste Arbeit zu finden, aber auch dann sollte man ihnen kleine Arbeiten verschaffen, damit sie nicht Geschmack am Müßiggang finden.

Auch in den Spitälern und Hospizen, aus denen die gesunden Personen zu entfernen seien, könne man leichtere, der Art der Krankheit oder des Gebrechens entsprechende Arbeiten einführen. Wer geheilt sei, müsse unverzüglich zur Arbeit geschickt werden, um nicht Geschmack daran zu finden, von Almosen zu leben. Hingegen seien Bettler, die aus anderen Städten stammen und von den Kommissären für gesund befunden werden, grundsätzlich an ihren Heimatort zurückzuschicken, lediglich mit einem entsprechenden Reiseproviant versehen. Vives meint, die Einnahmen, über welche die einzelnen Spitäler verfügen, müßten, wenn man sie zusammenfasse, ausreichen, um die Finanzierung der städtischen Institutionen der Sozialfürsorge zu gewährleisten, zumal wenn die Einnahmen aus der Arbeit der Armen hinzukämen. Zu diesem Zweck sollten die städtischen Behörden sämtliche Spitäler ihrer Aufsicht unterstellen. In Ausnahmefällen müsse man auch auf das Sammeln von Almosen in den Opferstöcken der drei oder vier größten Kirchen der Stadt zurückgreifen, doch dürfe dies nur eine zeitweilige Maßnahme sein. Hinsichtlich der Beteiligung der Kirche an der Armenhilfe ist die Abhandlung recht zurückhaltend und erinnert lediglich daran, daß die Kirche sich einst eifrig mit dem Almosensammeln und der Armenhilfe befaßt habe; deshalb müsse sie sich auch jetzt daran beteiligen, Gefühle der Nächstenliebe zu wecken und den Armen zu helfen.

Ein eigenes Kapitel ist der Widerlegung jener Einwände gewidmet, die man gegen die neuen wohltätigen Institutionen und die neue Sozialpolitik der Städte erheben könnte. Vives sieht voraus, daß einige auftreten und die Armen vor der vermeintlich drohenden Verbannung in Schutz nehmen werden; andere würden die Worte des Evangeliums zitieren: »Pauperes semper habebitis vobiscum«; was schließlich die Armen betrifft, so würden sie sich einer Veränderung ihrer Lebensweise und der Arbeitspflicht widersetzen. Diese Einwände und Widerstände müßten jedoch zurückgewiesen werden, um die Plage der Bettelei ein für allemal loszuwerden. Mit der Verwirklichung dieses

Reformprogramms würden sich erhebliche Vorteile für das Gemeinwohl ergeben, sowohl durch eine Hebung der gesundheitlichen Verhältnisse der Stadt als auch dadurch, daß der Zustrom von Menschen zu den kriminellen Milieus unterbunden werde: Eine Stadt ohne Bettler sei bewunderungswürdig, und ihr Ruhm werde wachsen.

Vives war sich also der Gefahr des von ihm aufgegriffenen Themas durchaus bewußt. In einem Brief an Cranevelt schrieb er dazu: »Ich habe keine Vorsichtsmaßnahme außer acht gelassen.« Die Begründung des Bettelverbots ist deshalb sorgfältig abgewogen, während die Frage der Bettelorden gänzlich ausgespart wird: Vives achtet darauf, daß seine Kritik an den Bettlern nicht als versteckter Angriff auf die Bettelorden verstanden werden kann. Dennoch greift schon 1527 der Franziskaner Nicolas de Bureau die These Vives' heftig an und bezeichnet sie als ketzerisch und lutheranisch. Vor ernsteren Konsequenzen bleibt Vives jedoch dank seiner Umsichtigkeit bewahrt. In weiten katholischen Kreisen blieb es jedoch zweifelhaft, ob nicht die städtische Reform der Sozialfürsorge und besonders das Verbot des öffentlichen Bettelns im Widerspruch zu den Geboten der Kirche stünden und ob ihnen nicht ein lutheranischer Makel anhaftete. Die städtischen Behörden von Ypern, deren Reformprogramm von 1525 weitgehende Übereinstimmungen mit der Denkschrift von Vives aufweist, wandten sich denn auch, als ihnen von den Bettelorden vorgeworfen wurde, sie seien lutheranischen Einflüssen erlegen, an die Sorbonne, um die Haltlosigkeit dieser Anschuldigungen feststellen zu lassen. Die Antwort der Pariser Theologen aus dem Jahre 1531 stellte zwar fest, daß das Statut von Ypern bezüglich der Armen ein Ausdruck christlicher Frömmigkeit sei, verwarf aber gleichzeitig das Verbot des öffentlichen Bettelns als eindeutig häretisch und machte den Vorbehalt, daß die traditionellen Rechte der Orden wie auch das Eigentum der Kirche nicht angetastet werden dürften. Als – ebenfalls im Jahre 1531 – der Lyoner Humanist Jean de Vauzelles ein Programm der organisierten Sozialfürsorge vorlegte, erhob der örtliche Inquisitor, der Dominikaner Nicolas Morin, gegen die Reformer der Wohltätigkeit den in die gleiche Richtung zielenden Vorwurf, die katholische Frömmigkeit zu vernichten.

Vives' Abhandlung löste in den folgenden Jahren in katholischen Kreisen Europas unterschiedliche Reaktionen aus. Konrad Wimpina, der theologische Berater Joachims I. von Brandenburg auf dem Augsburger Reichstag von 1530, äußert sich in seinem im gleichen Jahre verfaßten Testament begeistert über die Reform der Sozialfürsorge und verteidigt ihr Programm. Cellarius, Professor der Universität Löwen, wendet sich in einer gelehrten Rede von 21 Hexametern gegen einige der Vorschläge von Vives, aber auch er verteidigt die Reform der Armenfürsorge; der Titel seiner Rede ist bereits Programm: ›Gegen die Bettelei, für eine neue Armenhilfe‹ (Oratio contra mendicitatem pro nova pauperum subventione). Peter Papaus, ein anderer Professor aus Löwen, nimmt Vives' Abhandlung im Jahre 1531 in Schutz. An diesen Verteidigungsreden zugunsten von Vives kann man indirekt ablesen, wie scharf das Programm des spanischen Humanisten angegriffen wurde.

Vives' Doktrin gründet sich auf unterschiedliche und komplexe Erfahrungen. Seinem Werk ging die Reform der Sozialfürsorge in Nürnberg und Straßburg um einige Jahre, die in Ypern um einige Monate voraus. Von der letzteren hatte Vives mit Sicherheit Kenntnis, wahrscheinlich auch von den Erfahrungen der deutschen Städte. Da er sich im Vorwort zu seinem Werk auf die Erfahrungen von Brügge bezieht, muß er die Debatten, die es in der Stadt über die Reform der Armenfürsorge gegeben hat und über die Erasmus schrieb, aus nächster Nähe verfolgt haben. Vives legt sein System der Sozialfürsorge in der Form von Ratschlägen an die städtischen Herrschaftseliten vor und liefert dessen ideologische Rechtfertigung, bringt aber zugleich, wie Marcel Bataillon, der hervorragende Kenner der Renaissancekultur, geschrieben hat, »in außergewöhnlichem Maße den Geist der Städte zum Ausdruck«[18], die gerade damals darangehen, die öffentliche Wohltätigkeit zu organisieren und die verdächtigen Bettler zu bekämpfen. Es ist bezeichnend, daß die führenden Reformatoren jener Zeit und die hervorragendsten Vertreter der »Gelehrtenrepublik« es für notwendig erachten, sich mit der Frage der Bettler zu befassen, in der sie eines der wesentlichsten sozialen Probleme des Augenblicks sehen. Es muß auch auf ein gewisses zeitliches Zusammentreffen zwischen der sozialen Konjunktur und dem geistigen Geschehen hingewiesen werden: Gerade in den zwanziger Jahren, die, wie wir schon sagten, für die Entwicklung der wirtschaftlichen und sozialen Strukturen wie auch der karitativen Institutionen von entscheidender Bedeutung waren, beobachten wir das Auftreten sowohl von reli-

[18] M. Bataillon, J. L. Vives, réformateur de la bienfaisance. In: Bibliothèque d'Humanisme et de Renaissance 19 (1952), S. 142.

giösen Reformatoren als auch – oder vor allem – eines Kreises von christlichen Humanisten.

Man muß aber auch auf die eigentümliche Ungleichzeitigkeit zwischen sozialem Denken und sozialer Wirklichkeit hinweisen, die am Fall Vives deutlich wird. Der spanische Humanist, dem die Niederlande zur Wahlheimat wurden, beruft sich auf die Erfahrungen der spanischen Städte, insbesondere seiner Vaterstadt Valencia; insofern bleibt er sowohl seinem Zugehörigkeitsgefühl zum Heimatland als auch der humanistischen Konzeption des kulturellen Kosmopolitismus treu. Die Städte Kastiliens lassen sich jedoch weder hinsichtlich der Analyse der Situation noch im Hinblick auf die vorgeschlagenen Mittel zur Abhilfe mit den Städten der Niederlande auf einen gemeinsamen Nenner bringen. Ein gemeinsames Element gibt es in der soziopsychologischen Einstellung und der Kommunalpolitik, nämlich der Abneigung des Bürgertums gegen den Müßiggang – einer der Faktoren der Erosion der traditionellen Einstellung zu den Bettlern – und der Entscheidung, die Bettler auszuweisen beziehungsweise das Betteln zu verbieten, die mit den Erfordernissen der Sozialhygiene oder der öffentlichen Sicherheit begründet werden. Im Kern zielen Vives' Überlegungen jedoch darauf, durch Eingliederung marginaler Existenzen in das Wirtschaftsleben der Stadt den wirtschaftlichen Nutzen zu mehren. Und hier wird deutlich, daß die Situation in Spanien eine ganz andere ist als in den Niederlanden. Die freiwillige oder zwangsweise Beschäftigung der Armen setzt ja eine hochgradige Elastizität der städtischen Nachfrage nach Arbeitskraft voraus. Die von Vives angeführten Beispiele betreffen ausschließlich Flandern: Die Tuchmacher von Armentières klagen über den Mangel an Lohnarbeitern, die Seidenweber von Brügge würden jeden jungen Burschen nehmen, und sei es auch nur, um das Spulrad zu drehen, doch fände man für derartige Arbeiten keine Kinder, denn diese brächten den Eltern mehr Geld, wenn sie betteln gehen. Nur für das protoindustrielle Flandern kann gelten, daß der Arbeitsmarkt derart angespannt ist, nicht aber für Spanien.

Die Popularität, derer sich das Werk Vives' sowohl in der lateinischen Version wie in Übersetzungen erfreute, kann auf verschiedene Gründe zurückgeführt werden. Es leistete der Bewegung für die städtische Reform der Wohltätigkeit gute Dienste, indem es ideologische Argumente lieferte und bestimmte Techniken beschrieb, wie mit den Bettlern zu verfahren sei (wie man sie zum Beispiel registrieren könne, wie man zwischen ihnen unterscheiden könne usw.). Das Werk enthält auch einige Leitgedanken, die unabhängig vom Entwicklungsstand des Landes oder der Stadt universale Geltung beanspruchen können: die Abneigung gegen die Bettler, die durchweg sehr streng, bisweilen auch voller Abscheu beschrieben werden; die Forderung, daß die staatlichen und städtischen Zivilbehörden für die Sozialfürsorge verantwortlich sein sollen; die repressiven Vorschläge, unter denen die organisierte beziehungsweise Zwangsarbeit an erster Stelle steht; die Notwendigkeit, das Spitalwesen zu reorganisieren, das über ein so großes Vermögen verfügte, daß daraus die Armenfürsorge nach der Reform finanziert werden könnte. Vives hütete sich jedoch vor Säkularisierungsforderungen im Hinblick auf das Patrimonium der Armen, das die Kirchengüter darstellten. Ein so konzipiertes Programm ließ sich in Ländern von unterschiedlicher Struktur anwenden.

Obwohl sein Programm in manchen Punkten nicht den sozialen Realitäten der Zeit entsprach, fanden Vives' Ideen auch in solchen Ländern ein lebhaftes Echo, auf die sich seine Lehre nicht direkt anwenden ließ. Um die Mitte des Jahrhunderts wurden sie in Spanien aufgenommen und riefen dort heftige polemische Auseinandersetzungen hervor, in Polen wurden sie von dem glänzendsten Vertreter der polnischen Gesellschaftslehre des 16. Jahrhunderts, Andrzej Frycz Modrzewski, vorbehaltlos unterstützt. Befassen wir uns zunächst mit dieser letzteren Frage.

In seinem Traktat ›De Republica emendanda‹ greift Frycz wiederholt das Problem der Bettler auf. Ausgangspunkte seiner Betrachtungen zu diesem Problem sind eine scharfe Verurteilung des Müßiggangs und ein Lob der Arbeit. Schon im ersten Satz spricht Frycz das Grundprinzip des Programms der Sozialfürsorge aus: nicht zulassen, daß Arbeitsfähige betteln, aber den »wirklich Armen« die Bedingungen und Mittel zum Leben sichern. Es muß darauf hingewiesen werden, daß dieses Prinzip der modernen Sozialpolitik sich voll und ganz aus der mittelalterlichen Unterscheidung zwischen »falschen« und »wahren« Bettlern herleitet; man findet sie sowohl in theoretischen Überlegungen als auch in gesetzgeberischen Akten formuliert. Die grundlegende Direktive der Sozialpolitik besteht darin, diejenigen, die sich bösartig einem Leben in Mühsal entziehen, aufzuspüren und ihnen gegenüber den Arbeitszwang anzuwenden, bei Strafe der Ausweisung aus der Stadt; Bettler, die nicht arbeitsfähig sind, sollen dagegen in Hospizen für die Armen eingesperrt werden. In einer behutsamen, beinahe ängstlichen Formulierung äußert Frycz die Ansicht, daß man herumziehende Bettler, die er zuvor als öffentliche Bettler bezeichnet hatte, nicht dulden dürfe, weil sie unter dem Vorwand des Bettelns verschiedenerlei Verbrechen, Diebstähle und Morde begingen.

Organisierte Hospize können nicht aus individuellen Spenden erhalten werden, sie müssen über ein festes Budget verfügen: Diesem Zweck sollten Frycz zufolge die dafür traditionell im Stadthaushalt vorgesehenen Beträge dienen, die außerdem durch freiwillige Spenden aufgestockt werden sollten. Es wird auf die Möglichkeit hingewiesen, individuelle Spenden in den Armenstöcken zu sammeln, die in den Kirchen und an öffentlichen Plätzen aufgestellt sind; in diesem Zusammenhang wird die Wohltätigkeit im allgemeinen gerühmt und an die christlichen Gebote erinnert. Schließlich kommt Frycz auf ein sehr heikles und kontroverses Thema zu sprechen, nämlich auf die Verwendung der kirchlichen Einkünfte oder eines Teils von ihnen zur Finanzierung der Armenhilfe. Frycz äußert sich dazu sehr zurückhaltend: Er erinnert daran, daß früher ein Viertel der Einkünfte der Bischöfe für die Armen bestimmt war; er appelliert aber lediglich an den guten Willen der Kirchenmänner und spricht von einer göttlichen Strafe, fordert aber keinen institutionellen Zwang.

Die von Frycz vorgeschlagene Reform der Wohltätigkeit deckt sich völlig mit der »städtischen« Reform, auch insofern, als er vom weltlichen Charakter der Sozialfürsorge ausgeht. Ihre Organisation soll in den Händen von eigens ernannten »Armenpflegern« *(pauperum curatores)* liegen. Sie haben die Bettler zu kontrollieren und zu entscheiden, wer Unterstützung verdient und wer zur Arbeit geschickt werden soll. Zu ihren Obliegenheiten soll die Organisation der Zwangsarbeit und die Aufsicht über die Hospize der Armen gehören. Schließlich soll es ihnen auch obliegen, die für das Funktionieren der reformierten Sozialfürsorge erforderlichen finanziellen Mittel zu sichern, also auch die Bischöfe an ihre Pflicht zur Unterstützung der Armen zu erinnern, und zwar nicht in Form von Almosen für einzelne Bettler, sondern durch Beteiligung an der Finanzierung der wohltätigen Institutionen weltlichen Charakters. Die Pfleger sollen die Fürsorge für die Armen mit einer Art Polizeiaufsicht über das Elendsmilieu verbinden.

Hinter dem verbalen Lob der christlichen Barmherzigkeit wird bei Frycz eine tiefe Abneigung und ein tiefes Mißtrauen gegenüber den Bettlern deutlich. Er empfiehlt daher, genau zu prüfen, »welches die Ursache der Armut eines jeden Armen ist«, denn danach soll sich richten, wie man mit dem Armen verfährt: Wer aus eigenem Verschulden verarmt ist, soll »bescheidener ernährt werden und eine schwere Arbeit erleiden«, während man denjenigen, die durch Krankheit verarmt sind, größere Rücksicht entgegenbringen kann. Damit soll eine sozialpädagogische Wirkung erreicht werden, die die Pflicht zur Arbeit hervorhebt und den Müßiggang brandmarkt. Deshalb empfiehlt Frycz, die Nahrung, die man den Armen bietet, solle bescheiden sein, aber den Hunger stillen. Dieses Prinzip, das wir in ähnlicher Form auch unter den Ratschlägen Luthers und in der Abhandlung von Vives fanden, soll von einem Leben ohne Arbeit abschrecken. Wenn das Betteln eine vorteilhafte Erwerbsquelle ist, tut das natürlich der Arbeit Abbruch. Die Lebenshaltung der Armen, die von der öffentlichen Sozialfürsorge betreut werden, soll so beschaffen sein, daß sie denjenigen, die sich ein leichtes Leben auf Kosten anderer erhoffen, zur Mahnung dient: deshalb die bescheidene Kost, die das Existenzminimum sichert, und die Pflicht zur Arbeit je nach den individuellen Möglichkeiten. Frycz schlägt nicht, wie Vives es tat, die Schaffung von gemeinsamen Arbeitsstätten in den Hospizen für die Armen vor, und es liegt auch auf der Hand, daß die sozioökonomischen Verhältnisse, auf welche sich die Vorschläge der beiden Humanisten bezogen, sehr verschieden sind. Aus der Forderung, die Armen je nach ihren Möglichkeiten mit einer entlohnten »ehrlichen Arbeit« zu beschäftigen, kann man jedoch die Überlegung herauslesen, in den Hospizen für die Armen handwerkliche oder auch gärtnerische Tätigkeiten zu organisieren. Begründet ist das allerdings nicht durch Erfordernisse des Arbeitsmarktes, sondern durch die moralisch negativen Folgen des Mangels an Arbeit, durch die »Demoralisierung infolge des Müßiggangs«.

Schließlich teilt Frycz die Ansicht, daß fremde Bettler an ihren Heimatort zurückgeschickt werden sollten. Dies ist im übrigen ein herkömmlicher Grundsatz der mittelalterlichen Doktrin, der mit der Pflicht jeder christlichen Gemeinde zusammenhängt, ihre Armen zu unterhalten. Die Ausweisung fremder Bettler wird schon im Spätmittelalter praktiziert. Die Reformer des 16. Jahrhunderts sind der Ansicht, die Armenfürsorge solle sowohl durch Institutionalisierung der Philanthropie als auch durch eine Politik der Repression und der polizeilichen Kontrolle erfolgen; die Ausweisung fremder Bettler ist für sie ein normales Element der Sozialpolitik der Stadt.

Zwischen den Ausführungen und Thesen von Frycz zum Problem der Bettler und der Abhandlung von Vives besteht eine so auffällige Übereinstimmung, daß wir sagen dürfen, der polnische Denker habe das ein Vierteljahrhundert früher entwickelte Programm des letzteren übernommen. Doch gab es für dieses Programm in der polnischen Situation eine Grundlage? Die soziale Situation Polens im 16. Jahrhundert bleibt grundlegend auf das Land bezogen; die Interessen des Adels und der Gutswirtschaft lassen die aus der Mobilität der Menschen erwachsenden Gefahren als das vorrangige Problem erscheinen; der Kampf gegen das Phänomen der »armen Leute« wird damit motiviert, daß sie eine Gefahr für die öffentliche Ordnung darstellen, daß ihr Beispiel ansteckend und gefährlich sein könnte in einer Zeit, in der die feudalen Abhängigkeiten verstärkt werden, einer Zeit der Refeudalisierung.

Das Problem der Bettler trat in Polen allerdings, ähnlich wie in anderen Ländern, auch in den Städten auf. Unter dem Eindruck der Seuchen des 16. Jahrhunderts beschließen die Behörden von Krakau, strenge Maßnahmen gegen die Landstreicherei zu ergreifen und das öffentliche Betteln zu verbieten. In vielen polnischen Städten beobachtet man im Spätmittelalter, daß die weltlichen Behörden im Bereich der Sozialfürsorge aktiv werden: Es werden Provisoren ernannt, die sich um die Spitäler und deren Vermögen kümmern. Die Beschlüsse des Konzils von Trient geben dann einen neuen Anstoß, sich allgemein des Problems der Spitäler und der Bettler in Polen anzunehmen, doch werden in diesem Zusammenhang die Thesen von Frycz durch Hosius, eine der führenden Gestalten des Konzils von Trient, zurückgewiesen. Praktische Erfordernisse veranlassen die polnischen und böhmischen Städte in der zweiten Hälfte des 16. Jahrhunderts, sich vor fremden Bettlern zu verschließen und nur den eigenen Armen zu helfen, von allen Bettlern und Pilgern entsprechende Dokumente zu verlangen (dabei kamen auch politische Motive ins Spiel: Man hielt die Bettler für Spione, insbesondere türkische) und umfassende Repressionsmaßnahmen gegen Landstreicher zu ergreifen. Ein Einfluß des Werkes von Frycz ist hier zwar kaum zu erkennen, doch deutet diese Haltung der polnischen Städte darauf hin, daß das Phänomen der Bettler trotz unterschiedlicher wirtschaftlicher Strukturen überall gewisse Übereinstimmungen aufweist.

Noch vor Frycz werden gewisse Elemente seiner sozialen Theorie in Polen formuliert. In der polnischen politischen Literatur taucht das Problem der Bekämpfung des öffentlichen Bettelns schon im 15. Jahrhundert auf, in Gestalt von repressiven Maßnahmen, die in gesetzgeberischen Quellen und Gerichtsarchiven vermerkt sind. Mit einer überraschenden Schärfe wird es auch von Johannes von Ludzisko formuliert, einem der führenden Vertreter der Krakauer Intellektuellen des 15. Jahrhunderts. Die Ausführungen von Frycz um hundert Jahre vorwegnehmend, verkündet der berühmte Krakauer Rhetor in einer seiner Reden mit humanistischer Brillanz das Lob der Arbeit und die Mißbilligung des Müßiggangs. Voller Verachtung für die Bettelei (wie auch für die Bettelorden), erklärt er, die Bettler seien ihren Begierden ausgeliefert und lebten in tiefer Schande. Mit dem Pragmatismus, der das polnische Denken in jener Zeit auszeichnete, umreißt Johannes von Ludzisko die Grundregeln des gesellschaftlichen Lebens: »Das Vernünftigste wäre, die Elenden, die im Mangel leben, aber voller Kraft stecken, zur Feldbestellung zu zwingen, damit sie Mittel für ihren Unterhalt haben; auch müßte man sie dazu bringen, ein Handwerk auszuüben, damit sie nicht in Untätigkeit verkommen.« An diesem Lob der Arbeit ist, wie ich denke, nichts sonderlich Modernes: Es wurzelt in der christlichen Tradition und macht deutlich, wie stark die Zusammenhänge zwischen dem modernen Arbeitsethos und dieser Tradition sind. Die bürgerliche Kultur und Ideologie griffen dieses Motiv auf und rückten es in den Vordergrund. Die Verurteilung der Bettelei, wie sie Johannes von Ludzisko in einer Rede ausspricht, könnte sich ebenso in dem Werk von Frycz finden: »Weil die Menschen des Arbeitens entwöhnt sind, breiten sich überall die verdammenswerte Bettelei von gesunden Menschen, die Dieberei, die Räuberei und andere Verbrechen aus; in unserem Lande gibt es zwar ausreichend Nahrung und andere lebensnotwendige Dinge, doch gereicht diese nichtswürdige und tadelnswerte Entwöhnung von der Arbeit dem Königreich zum Nachteil und fügt den jüngst zum Glauben bekehrten Landen [Litauen] ungeheuren Schaden zu. Diese Bettelei wird geduldet, obwohl sie den Prinzipien des menschlichen und göttlichen Rechts widerspricht, den rühmenswerten Sitten und den alten und neuen Riten der heiligen Kirche in allen christlichen Staaten und Nationen. Große Schande erwächst daraus und Schaden, denn das einfache Volk denkt, dies sei eine vorteilhafte und noble Sache. (...) Diese Sitte, daß kräftige und lasterhafte

Menschen sich der Arbeit entziehen und betteln, muß entschieden verurteilt und eingedämmt werden.«[19]

Aus den Aussagen, die Johannes von Ludzisko in der Mitte des 15. Jahrhunderts und Frycz hundert Jahre später machen, könnte man auf eine gewisse Eigengesetzlichkeit des Geistes schließen, dessen Geschichte gekennzeichnet ist von einer eigenen Logik, mit der die Thesen und Argumente einander folgen, unabhängig von den tatsächlichen Gegebenheiten. Was insbesondere Frycz betrifft, könnte man sagen, daß der Grund, warum er sich mit dem Problem der Bettler befaßt, schon in der Anlage des Werkes ›De republica emendanda‹ liegt: Das Problem gehört ganz einfach zu dem Kanon von Fragen, die von einem systematischen Entwurf der Organisation der Gesellschaftsordnung beantwortet werden müssen. Nichts deutet darauf hin, daß die soziale Konjunktur in Polen in der Mitte des 16. Jahrhunderts Pauperisierungsprozesse nach sich gezogen hätte, wie wir sie ähnlich in den Ländern Westeuropas beobachtet haben, so daß das Interesse von Frycz (oder vorher das Interesse von Johannes von Ludzisko) damit zu erklären wäre. Man muß hier allerdings auch bedenken, daß das Problem des Elends und der Bettler – abgesehen von den dramatischen Ausmaßen, die es in kurzfristigen Zuspitzungen der Konjunktur wie auch in langwierigen strukturellen Wandlungsprozessen annimmt – zugleich ein Phänomen ist, das sich auf unterschiedlichen Systemebenen äußert: Es berührt die gesellschaftliche Moral, die individuellen und kollektiven zwischenmenschlichen Beziehungen; von ihm sind Individuen, Familien und Klassen ebenso betroffen wie Institutionen, gesellschaftliche Kollektive und Staaten, und es geht dabei ebenso um die soziale Realität, um die Notwendigkeit, auf eine bestimmte Situation zu reagieren, wie auch um die Ideologie.

In Spanien nimmt die Kontroverse über die Bettler nach Vives einen komplizierteren Verlauf. Das hängt zum großen Teil mit dem Charakter des spanischen Imperiums zusammen: Einerseits sorgt der Zustrom von Reichtümern aus den Kolonien der Neuen Welt dafür, daß die iberischen Länder weitgehend in ihren feudalen Strukturen verharren, andererseits umfaßt das Imperium aber auch die Niederlande, das am stärksten urbanisierte, »protoindustrielle« Land des damaligen Europa. Nicht ohne Bedeutung ist auch das starke Gewicht von theokratischen

[19] Johannes de Ludzisko, Orationes. Hg. v. H. S. Bojarski. Breslau 1971, S. 103ff.

Elementen im politischen System Spaniens, das nicht allein darauf beruht, daß die Kirche im politischen Geschehen der Monarchie eine große Rolle spielt, sondern auch auf der programmatischen Orthodoxie der spanischen Monarchie. Dadurch bekommen die spanischen Kontroversen eine ungewöhnliche doktrinale Schärfe.

Der erste Streit fällt in die vierziger Jahre des 16. Jahrhunderts. Die kastilischen Städte wenden sich verstärkt gegen Landstreicher und Bettler: Zamora, Salamanca und Valladolid erlassen Gesetze zur Reform der Sozialfürsorge. Karl V. verkündet 1540 das erwähnte Edikt über die Zentralisierung der Spitäler; alles läuft auf ein Bettelverbot im Sinne der kommunalen Politik der flandrischen Städte und des Vives'schen Programms hinaus. Im Jahre 1545 – es ist auch das Jahr, in dem das Konzil von Trient eröffnet wird – kommt es zu einer bedeutenden ideologischen Auseinandersetzung. In Salamanca erscheint am Jahresanfang eine Abhandlung des Dominikaners und bedeutenden spanischen Spätscholastikers Domingo de Soto aus Segovia, die sich ausschließlich mit dem Problem der Bettler befaßt. Darin wird die traditionelle Auffassung des Almosens vertreten, sowohl unter dem Aspekt des Rechtes der Bedürftigen, Hilfe zu erhalten, als auch unter dem Aspekt der Pflicht des Christen, den Armen zu helfen.

Domingo de Soto gibt zunächst einen Überblick über die staatliche und städtische Gesetzgebung bezüglich der Bettler und führt dann aus, daß die städtischen Verordnungen – er bezieht sich hier namentlich auf die in Zamora und Valladolid erlassenen – sehr viel weiter gehen als im Edikt Karls V. vorgesehen. Er zeigt Verständnis für den Kampf gegen die Landstreicherei, die eine Gefahr für die öffentliche Ordnung sei und dem geltenden Recht zuwiderlaufe; er fordert jedoch, einen Unterschied zu machen zwischen den Landstreichern und jenen Armen, die von Almosen leben und aus diesem Grunde durch das Land ziehen; er sieht keinen Anlaß zur Verfolgung der Armen, die ihren Herkunftsort – ihre *naturaleza* – verlassen, um anderswo Unterstützung zu suchen. Für repressive Maßnahmen gebe es keine rechtlichen oder moralischen Argumente; den Bettlern werde die Verbannung angedroht, eine Strafe, die beinahe so streng sei wie die Todesstrafe, und dabei sei doch Armut kein Verbrechen. Die Wanderungen der Bettler seien etwas Natürliches; das Königreich sei ein einziger Körper, und daher sei es nicht verwunderlich, wenn die Armen aus den ärmeren

Gegenden und Städten in die reicheren ziehen. Sollte es gar zur Anwendung des Prinzips kommen, daß jede Pfarrei ihre Armen zu unterhalten hat, so müsse man bedenken, daß es in manchen Pfarreien mehr Arme gibt als in anderen und daß diese nicht imstande sein werden, ihnen Unterstützung zu gewähren. Der Arme müsse daher das Recht haben umherzuziehen, und er müsse überall mit der evangelischen Tugend der Gastfreundschaft aufgenommen werden. Toledo, Valladolid oder Madrid müßten den aus Asturien eintreffenden Armen Unterstützung gewähren. Der dominikanische Theologe verwirft auch den Hinweis auf das Beispiel Yperns, auf das sich die Anhänger der Reform der Armenhilfe häufig berufen, und stellt es sogar als zweifelhaft hin, ob die Reform von Ypern tatsächlich von der Sorbonne bestätigt wurde.

Soto beschreibt die moralischen Vorzüge des Standes der Armut im traditionellen Geiste. Die Institutionen der Sozialfürsorge sollen gegenüber den Armen Liebe und Barmherzigkeit üben und keinen Haß auf die Elenden zeigen oder gar Repressionen gegenüber bösen Armen ausüben. Soto räumt zwar ein, daß es »wahre« und »falsche« Arme gebe, meint aber, daß man in der Ausübung der Barmherzigkeit gerichtliche Methoden nicht anwenden könne. Die Armen griffen zwar häufig zu betrügerischen Praktiken, um Mitleid zu erwecken, täten das aber nur, um die Verstocktheit der menschlichen Herzen zu überwinden: Sie seien zur Simulation gezwungen. Das Kriterium der Krankheit und der physischen Arbeitsunfähigkeit reiche nicht aus, um die »wahren« Armen von den übrigen zu unterscheiden: Es gebe doch auch andere Hinderungsgründe, eine Arbeit aufzunehmen, zum Beispiel den Verlust der Arbeitsgeräte oder das Fehlen einer Berufsausbildung. Auf jeden Fall, sagt Soto, sei es besser, zwanzig Landstreichern zu helfen, während man vier wahrhaft Armen Unterstützung gewährt, als die Landstreicher fortzujagen und zu riskieren, daß diese vier wahrhaft Armen keine Unterstützung erhalten. Eine Politik der Unterscheidung zwischen guten und bösen Armen sei mit allzu großen moralischen Risiken verbunden, als daß sie mit dem christlichen Gewissen in Einklang zu bringen wäre. Soto betont außerdem, daß die Armenfürsorge aufgrund einer gefestigten Tradition Sache der Kirche und des Klerus sei und nicht in weltliche Hände übergehen dürfe.

Die Kontroverse um das Problem der Armen ist nicht auf die schlichte Konfrontation zwischen einer mittelalterlichen und einer neuzeitlichen Einstellung zu reduzieren. Domingo de Soto, einer der herausragenden Theologen des Konzils von Trient, ist durchaus kein Doktrinär, der der Vergangenheit als einer Quelle von Verhaltensmodellen verfallen ist und sich weigert, die soziale Realität zu verstehen. Sein Lob der Armut ist nicht theologisch verengt, sondern umfaßt die pauperisierten Massen, die zu einem häufigen Anblick in den europäischen Städten werden. Seine Bemerkung, daß das Fehlen von Arbeitsgeräten oder von beruflicher Ausbildung eine Ursache der Arbeitsunfähigkeit sein könne, zeugt von einer scharfsichtigen Beobachtung der Gegenwart, in der die mangelnde soziale Anpassung der vom Lande Zugezogenen, die in der Stadt mit neuen Anforderungen konfrontiert werden, ein fundamentales Problem darstellt. Soto verteidigt die traditionellen Grundsätze der christlichen Ethik, das in den Bettelorden verkörperte Ideal der Armut und die Interessen der Kirche, sieht aber zugleich, wie es bei Konservativen häufig vorkommt, sehr scharfsichtig die soziale Ungerechtigkeit, welche die neue Zeit mit sich bringt.

Einige Monate nach der Abhandlung des Dominikaners aus Segovia erscheint im März 1545, von dem gleichen Drucker verlegt, eine Abhandlung des Abts des Benediktinerklosters San Vicente in Salamanca, Juan de Medina (de Robles), deren Titel bereits verrät, auf welcher Seite der Autor steht: ›Über die Regelung der Armenhilfe, die in einigen spanischen Städten praktiziert wird, um den wahrhaft Armen zu helfen‹. Der Benediktiner spricht sich entschieden für die städtische Reform der Sozialfürsorge und die Bestimmungen der königlichen Verordnung von 1540 aus. Er besitzt im übrigen eine gewisse praktische Erfahrung in den Dingen, über die er schreibt, weil er an der Ausarbeitung der Armenverordnung von Zamora beteiligt war; er erklärt programmatisch, daß man sich an die neuen Zeiten anpassen und nach neuen Lösungen suchen müsse. Er lobt im Geiste von Vives die städtischen Reformen und will darlegen, daß sie mit einer christlichen Haltung und mit wahrer Frömmigkeit im Einklang stehen. Er ist der Ansicht, daß es besser wäre, wenn niemand Almosen verlangen würde, und wendet sich mit einer heftigen Diatribe gegen die Missetaten der Bettler. Weil es keine Kontrolle über die Bettler gebe, weil zwischen den wahren und den falschen Armen nicht unterschieden werde, nehme die Masse der Landstreicher und Müßiggänger zu. Jenen, die wirklich arbeitsunfähig sind, müsse Unterstützung gewährt werden, dafür müßten sie aber am Gottesdienst teilnehmen; alle anderen seien dem Arbeitszwang zu unterwerfen. Das System der Sozialfürsorge müsse aufbauen auf einer Verbindung von Gerechtigkeit und Barmherzigkeit, von Almosen und Wahrheit.

Juan de Medina spricht sich nachdrücklich für eine grundlegende Reorganisation der Verwaltung der Spitäler und der karitativen Einrichtungen aus. Die Verwaltung solle weiterhin zum weltlichen Bereich gehören: Um die Armenpflege habe sich die öffentliche Gewalt zu kümmern, und es sei richtig, wenn die Verwaltung des Vermögens der Spitäler und die Almosenverteilung in weltlichen Händen bleibe; den kirchlichen Instanzen und der Geistlichkeit solle es obliegen, darüber zu wachen, daß die Institutionen richtig funktionieren.

Bezeichnend ist die Aufzählung der Vorteile, die das neue System bringen soll. Erstens werde den Kranken eine angemessene Pflege zuteil, und dadurch werde die Ausbreitung von ansteckenden Krankheiten verhindert; zweitens würden die falschen Bettler, die nicht nach den göttlichen Geboten leben, nicht zur Beichte gehen und weder an Messen noch an Predigten teilnehmen, an einem lasterhaften Lebenswandel gehindert; die Almosen würden zunehmen und besser genutzt; drittens werde schließlich die Zahl der Personen steigen, die bereit sind, eine Arbeit oder einen Dienst anzunehmen.

Soto und Medina stellen zwei Pole dar, sei es in der Interpretation der Lehre von der christlichen Barmherzigkeit, sei es in der Sozialpolitik oder in der psychologischen Einstellung gegenüber den Armen und der Armut. Die Kontroverse der beiden Theologen blieb unentschieden, denn auf keiner dieser drei Ebenen konnte vom Sieg der einen oder anderen Seite die Rede sein: Beide Interpretationen, beide politischen Linien, beide Einstellungen koexistierten miteinander. Die Sozialpolitik verlangte jedoch nach eindeutigen Lösungen, die Reform der Sozialfürsorge ging vom Stadium der ersten städtischen Experimente zum Stadium einer immer weiter verbreiteten Praxis über. In der zweiten Hälfte des 16. Jahrhunderts, bereits nach den Entscheidungen des Konzils von Trient bezüglich der Armenfürsorge, kommt die Auseinandersetzung innerhalb des spanischen Geisteslebens erneut in Schwung.

Sie findet zunächst in Brügge statt. Das Edikt Philipps II. hat den Bettlern eindeutig das Recht zugestanden, ungehindert in der Öffentlichkeit um Unterstützung zu ersuchen. Zwanzig Jahre nach dem Tod von Vives unternimmt Brügge jetzt erneut den Versuch einer Reform. Begründet wird er in einer Abhandlung ›Über die häusliche Unterstützung der Armen und die Regelung des Problems der gesunden Bettler‹, die V. Wyts 1562 in Antwerpen veröffentlicht. Gegen diese Reform tritt Leonardo de Villavicencio in die Schranken. Er weiß, was seine Aufgabe ist: Als spanischer Augustiner und Stadtprediger von Brügge ist er zugleich Geheimagent Philipps II. in den Niederlanden. In einem 1564 erschienenen Text über die Armenfürsorge weist er die Auffassungen von Wyts zurück, und zugleich richtet er einen heftigen Angriff gegen das Werk von Vives, das er für ketzerisch erklärt, da es die traditionellen Rechte der Kirche hinsichtlich der Verwaltung der Spitäler und karitativen Einrichtungen in Frage stelle. Die städtische Reform der Wohltätigkeit grenze, so erklärt er, an Luthertum und Heidentum; entschieden weist er die Ansprüche der Ratsherren zurück, die die Armenfürsorge leiten und die kirchlichen Einkünfte kontrollieren wollen, unter dem Vorwand, ihre Verwendung zugunsten der Armen zu überwachen: Dies widerspreche der Heiligen Schrift und den kanonischen Vorschriften. Die Fehler, die gegenwärtig von der Verwaltung von Brügge begangen würden, entsprängen gerade den Initiativen der Ratsherren und der vier Jahrzehnte zurückliegenden Abhandlung von Vives. Der Augustiner ruft dazu auf, ganz auf die Bischöfe zu vertrauen, die die schwere Last der Armenfürsorge auf sich nähmen, und verweist auf die Situation der Armen in Spanien, an der man erkennen könne, wie lebendig und wirksam das traditionelle System der Wohltätigkeit sei. An den Spitälern von Córdoba, Burgos, Granada und Valencia sollten sich die katholischen Länder ein Beispiel nehmen. In einem Anhang zu seiner Schrift versucht Villavicencio, die Ideen, von denen Brügge sich bei den Beschlüssen zur Armenfrage im Jahre 1564 leiten läßt, detailliert zu widerlegen. Diese theologische Polemik verfolgt also ganz konsequent ein sehr pragmatisch bestimmtes Ziel, nämlich zu zeigen, daß die städtische Reform der Wohltätigkeit mit der Lehre und den Geboten der Kirche nicht im Einklang steht.

Eine derart energische Verteidigung der traditionellen Haltung und Politik gegenüber den Armen sollte es nie wieder geben. Im letzten Viertel des 16. Jahrhunderts verschlechtert sich die soziale Situation Spaniens zusehends, und bei der allgemeinen Suche nach Möglichkeiten der Abhilfe entstehen Denkschriften, die institutionelle Reformen der Wohltätigkeit umreißen und auf die große Auseinandersetzung des 16. Jahrhunderts zurückgreifen. Der Katalane Miguel Giginta, Kanoniker in Elne, legt 1576 den in Madrid versammelten Cortes eine Denkschrift zur Armenfürsorge vor, auf der die 1579 in Coimbra veröffentlichte Abhandlung basiert. In den folgenden Jahren veröffentlicht Giginta drei weitere Schriften über Fragen der Barmherzigkeit und der Wohltätigkeit. Der katalanische Kanoniker geht im Grunde von traditionellen Prämissen aus: Man kann sein Lob der Barmherzigkeit und sein Eintreten für das Recht der Armen, Almosen zu empfangen, als Polemik gegen die Reformbewegung verstehen. Giginta meint, es widerspreche den göttlichen Geboten, fremde Bettler fortzujagen – in dieser Hinsicht hat übrigens selbst ein so glühender Reformanhänger wie Juan de Medina Zweifel geäußert –, und er ist der Ansicht, daß man die persönliche Freiheit der Bettler nicht einschränken dürfe, sondern nach Möglichkeiten suchen müsse, die Existenz der rechtmäßigen Bettler zu sichern. Er schlägt vor, zu diesem Zweck in den Städten Häuser der Barmherzigkeit *(Casas de Misericordia)* zu schaffen, in denen die Armen Unterkunft finden können. Die Mittel für die Häuser sollen aus Almosen kommen, welche die armen Insassen sammeln, aus Schenkungen und Stiftungen sowie aus den Erträgen der Arbeit der Bettler. Der Vorschlag von Giginta hat offenkundig Kompromißcharakter: Er fordert kein Verbot des öffentlichen Bettelns; er sieht vor, daß die Bettler die erhaltenen Almosen in eine gemeinsame Kasse geben; und er enthält nichts, was eindeutig auf eine Säkularisierung der Wohltätigkeit zielen würde (wenngleich er sich scharf gegen die mißbräuchliche Verwendung von Mitteln der Spitäler und der Armenfürsorge für andere Zwecke wendet, was einer Kritik an der bestehenden Administration gleichkommt); gleichwohl beruht allein schon der Plan einer zentralisierten Institution auf den Vorstellungen der städtischen Reform. Die Beschäftigung der Armen denkt sich Giginta im Sinne des Programms von Vives: Im Haus der Barmherzigkeit sollen alle nach ihren Kräften und Möglichkeiten zu einer nützlichen Arbeit herangezogen werden; man soll dort einen Beruf erlernen, vor allem aber sollen die Jugendlichen und Kinder etwas lernen. Zur Rechtfertigung seines Projekts zitiert Giginta einen Beschluß des Konzils von Trient, und er verweist darauf, daß im Kirchenstaat 1563 ein Haus für Bettler geschaffen wurde, in dem die Armen von ihrer eigenen Arbeit und Almosen unterhalten wurden.

Das Projekt Gigintas ist ungemein symptomatisch und bedeutsam. In der angespannten Situation, die durch die Gegenreformation und den Kampf um die Reinheit der Lehre entstanden war, fand er Argumente, die geeignet waren, die Forderungen der kirchlichen Lehre mit den Bedürfnissen der Städte in Einklang zu bringen. Sein Projekt war im weiteren Verlauf der Reform der Wohltätigkeit in den spanischen Städten auch praktisch von Bedeutung. Der Vorschlag der Häuser der Barmherzigkeit ging auf Schriften von Reformbefürwortern aus den zwanziger Jahren zurück, entsprach aber zugleich dem Geist der Reform der Wohltätigkeit im nach-tridentinischen Europa und nahm Programme des 17. Jahrhunderts vorweg. An die Abhandlung Gigintas knüpfte auch Pérez de Herrera an.

Das Werk des Cristobál Pérez de Herrera ›Diskurse über die Armenhilfe‹ (*Amparo de pobres*, Madrid 1598) erscheint im Kontext einer tiefen Krise: Epidemien, Mißernten, Rezession. Der Autor, Arzt und hoher königlicher Beamter, besitzt umfassende praktische Erfahrungen, von denen seine Überlegungen ausgehen: In Ausübung eines hohen staatlichen Amtes – als Oberarzt der spanischen Galeeren – erwarb er gewisse Kenntnisse vom Funktionieren der staatlichen Institutionen, und zugleich hatte er Gelegenheit, das Landstreichermilieu kennenzulernen. Als Hofarzt Philipps II. (seit 1592) erhielt er vom König den Auftrag, eine Studie über das Problem der Landstreicherei und der Bettelei zu verfassen; in diesem Zusammenhang machte er sich mit der gesamten einschlägigen Literatur vertraut, und er führte Untersuchungen über den Zustand der karitativen Institutionen sowie über das Bettlermilieu in Madrid durch. Persönlich leitete er die Arbeiten der Bruderschaft der Barmherzigkeit in einer Madrider Pfarrei, und zusammen mit einem Kreis von Beamten und Notabeln schuf er in Madrid ein Armenhaus, das zum Vorbild für andere spanische Städte wurde. Damit war das Reformprojekt, das er im ›Amparo de pobres‹ beschreibt (Denkschriften, die der Verfasser in den drei vorangegangenen Jahren veröffentlicht hatte, wurden übrigens in das Werk aufgenommen), bereits vor Erscheinen des Werkes realisiert, nunmehr unter wohlwollender Anteilnahme des alten Königs.

Das Projekt, das der Arzt aus Salamanca vorlegte, läßt sich auf zwei Prinzipien zurückführen. Die karitative Tätigkeit soll im wesentlichen von der Pfarrei wahrgenommen werden, die sowohl den »verschämten Armen« als auch den Schwerkranken und Gebrechlichen, die zu Hause liegen, regelmäßige Unterstützung sichert. Eine wesentliche Rolle bei der Erfüllung dieser Aufgabe sollen Bruderschaften der Barmherzigkeit spielen, die sich am Vorbild jener Bruderschaft ausrichten, die Pérez de

Herrera selbst in der St. Martins-Pfarrei in Madrid gegründet hat. Das Gebiet der Pfarrei wird in Viertel aufgeteilt, und für jedes Viertel sind ernannte Deputierte *(diputados)* zuständig, die aus einem Kreis von wohlbekannten, begüterten und besonders mildtätigen Personen auszuwählen sind. Diese lokale Organisation der Armenfürsorge gewährleistet eine genaue Kenntnis der Situation der Betreuten, eine effiziente und wirksame Hilfe und die Erlangung der für die Unterstützung der Armen erforderlichen materiellen Mittel.

Doch im Grunde ging es nicht um diese Organisation der Wohltätigkeit auf der Ebene der Pfarrei, nicht um sie wurden die Auseinandersetzungen geführt, und sie ist auch nicht das eigentliche Instrument der Modernisierung der Sozialfürsorge; es ist denkbar, daß auf dieser Ebene gerade die traditionelle karitative Tätigkeit weitergeführt wird, und daß hier der Almosen-Doktrin im strengsten Sinne ein Zugeständnis gemacht wird. Der eigentliche Schwerpunkt lag beim Projekt der Armenhäuser, die als grundlegende Institutionen der Armenfürsorge gedacht waren. Dies war eine Weiterentwicklung der Idee der Häuser der Barmherzigkeit, die Giginta zwanzig Jahre zuvor vorgetragen hatte und die schon seit einer gewissen Zeit in einigen Städten verwirklicht war. Pérez de Herrera legt für die Verwirklichung seines Planes jedoch nicht den Rahmen der Stadtgemeinde, sondern den staatlichen Rahmen zugrunde. Das ist nicht nur ein Wechsel der Bezugsordnung, darin äußert sich auch das bedeutsame Phänomen, daß das Problem der Sozialfürsorge von der örtlichen oder städtischen Ebene auf die staatliche Ebene verlegt wird. Damit werden die Bedingungen für wirkungsvolle Maßnahmen geschaffen.

War zuvor die Reform in einer einzelnen Stadt durchgeführt worden, so war die Masse der Landstreicher und Bettler, die die städtische Aufsicht über das Almosenwesen ablehnte, einfach in eine andere Stadt gezogen. Der Autor des ›Amparo de pobres‹ sieht dagegen vor, daß nunmehr in allen großen Städten des spanischen Königreiches gleichzeitig eine Prüfung und Zählung aller öffentlichen Bettler – das sind diejenigen, die auf den Straßen und bei den Häusern um Almosen bitten – vorgenommen wird; dazu haben sich die Bettler in den örtlichen Armenhäusern einzufinden. Während der Zählung soll der Gesundheitszustand überprüft werden, um Landstreicher und Arbeitsfähige auszuschließen. Die »rechtmäßigen« Armen erhalten spezielle Märkchen (mit dem Abbild der Muttergottes und dem

Stadtwappen) sowie eine Bescheinigung, die sie zum Empfang von Almosen berechtigt. Der Autor fordert also kein Verbot, sondern eine Regulierung und Kontrolle der Bettelei. Die Hospize sollen den Bettlern als Übernachtungsstätte dienen, nicht aber die Spitäler, damit nicht Kranke und Gesunde durcheinandergemischt werden. Hier wird eine moderne Auffassung von der Funktion des Spitals als »Krankenhaus« im neuzeitlichen Sinn deutlich, von dem man die traditionelle Funktion als Hospiz und Unterkunft abtrennt. Das Armenhaus soll nach der Konzeption von Pérez de Herrera auch die Müßiggänger zur Arbeit anhalten – gerade darin liegt der eigentliche Schwerpunkt der Reform. Die Landstreicher sollen von speziellen Bütteln, den *alguaziles*, aufgespürt und dingfest gemacht werden. Nützliche Arbeit soll in den Armenhäusern oberstes Gesetz sein. Vor allem soll man sich der bettelnden Kinder annehmen, ihnen Erziehung, Schulunterricht und vor allem das Erlernen eines nützlichen Berufs zusichern. Sehr strenge und einschüchternde Maßnahmen sind schließlich gegen Frauen vorgesehen, die ein unstetes oder lasterhaftes Leben führen: unverbesserliche sollen für ein oder mehrere Jahre zur Strafe in spezielle »Arbeitshäuser« *(casa del trabajo y labor)* eingesperrt werden, wo sie verschiedene nützliche Arbeiten zu verrichten haben.

Pérez de Herrera ist kein Theologe, sondern äußert sich vor allem als politischer Schriftsteller, der sich sowohl auf praktische Erfahrungen wie auf umfassende Lektüre berufen kann. Zu den Grundprinzipien des gesellschaftlichen Lebens gehört nach seiner Ansicht, daß die Menschen sich entsprechend ihrem Stand und zum Wohle des Staates nützlich zu machen haben. Die von einer Gruppe spanischer Ökonomen, der sogenannten »Schule von Salamanca«, vertretene Idee, daß die produktive Arbeit einen fundamentalen wirtschaftlichen Wert darstelle, fand in Pérez de Herrera einen glühenden Anhänger: Gerade der produktiven Arbeit soll die gesamte Reorganisation der Wohltätigkeit untergeordnet sein. Pérez ist sich allerdings bewußt, daß er sich in einem Gelände bewegt, auf das die Religion und die Kirche ein scharfes Auge haben, und daher ist er vorsichtig: Die Reform hat eindeutig weltlichen Charakter, doch indem er die Wohltätigkeit der Pfarrei lobt und Vertreter des Klerus in die Verwaltung der von ihm vorgeschlagenen Institutionen einbezieht, sichert er sich dagegen ab, daß man ihm Säkularisierungstendenzen vorwirft. Er weist außerdem auf die geistlichen Vorzüge der Reform hin: sie fördere die Frömmigkeit unter den

Armen und barmherzige Empfindungen, schließlich trage sie zur Hebung der Sitten bei. Das Motto, das er dem vierten, den Frauen gewidmeten Diskurs voranstellt, besagt gerade, daß Arbeit die Sittlichkeit hebe.

Der Tatsache, daß seine Reformprojekte Kontroversen ausgelöst haben, trägt der Autor selbst insofern Rechnung, als er in einem der Diskurse eine systematische Widerlegung der gegnerischen Thesen vornimmt. Die Vorwürfe stammen vor allem von Anhängern der traditionellen Doktrin der Wohltätigkeit; sie verurteilen die Reformprojekte als gefährliche »Neuerungen«, die zu den alten Gesetzen und Gebräuchen in Widerspruch stünden; dagegen beruft sich Pérez de Herrera seinerseits auf antike Gesetze, auf die spanische Gesetzgebung und schließlich auf Konzilsbeschlüsse, die sich gegen die Landstreicher wandten und eine Kontrolle der Bettler forderten. Ein weiterer Einwand – der Autor erwähnt insgesamt elf – verdient Beachtung: Es wird kritisiert, daß die Bettler Erkennungszeichen tragen sollen, denn dadurch würde ihnen ein Schandmal angeheftet. Unser Autor antwortet darauf mit dem recht kasuistischen Argument, es gehe nur um ein Zeichen der Armut, doch die Armut werde in der Heiligen Schrift als ein heiliger Stand bezeichnet; das Zeichen sei daher durchaus ehrenhaft, ein Ausdruck der Würde des Armen und der Achtung, die man ihm entgegenbringen müsse. Die Rhetorik dieser Argumente steht jedoch im Widerspruch zu der strengen und recht erbarmungslosen Schilderung der Schäden, welche die Bettler und Landstreicher dem öffentlichen Wohl zufügen, in den ersten Teilen der Abhandlung.

Man könnte sagen, daß auf diese Weise der große »Streit über die Barmherzigkeit« am Ende des 16. Jahrhunderts versiegt. Das heißt durchaus nicht, daß er beendet wurde: Er geht im nächsten Jahrhundert sowohl in der Praxis der Sozialfürsorge als auch im religiösen und ethischen Schrifttum weiter. Die Reform der Wohltätigkeit ist jedoch nicht mehr eine für die Interessen der Kirche gefährliche »städtische Ketzerei«. Sie wird verknüpft mit der Staatsräson, mit den Prärogativen und der Ideologie des modernen Staates, der seinen Repressionsapparat gerade im Kampf gegen die Landstreicherei und die gesellschaftlichen Gefahren des Elends entwickelt. Man könnte außer den hier behandelten Beispielen eine ganze Reihe weiterer Denker, Polemiker und politischer Schriftsteller aus England, Frankreich und Deutschland anführen. Gerade dieser öffentlich-staatliche Aspekt der Problematik der Reform der Sozialfürsorge wirft ein zusätzliches Licht auf die Universalität des Problems der Haltung zu den Bettlern: Es ist in dem Jahrhundert, das den Begriff und die Doktrin der »Staatsräson« formulieren wird, integraler Bestandteil der Ideologie des modernen Staates.

Innerhalb der Entwicklung des Strafvollzugssystems haben die Gefängnisse ihre eigene Geschichte. Die Ethnologie zeigt, daß das Prinzip, Familien oder gar ganze Gruppen, die gegen die Regeln des Zusammenlebens verstoßen, auszuschließen oder abzusondern, sehr weit verbreitet ist. Jeder, der Macht ausübt, scheint bestrebt zu sein, ein eigenes Gefängnis zu besitzen – ein Keller, ein Gewölbe oder ein Verlies reicht dafür aus. Das Gefängnis kann jedoch auch einen Übergangsort oder eine Art von elitärer Absonderung darstellen. Noch in der Mitte des 18. Jahrhunderts erklärt ein französischer Jurist, das Gefängnis sei keine Strafe, sondern ein Ort, an dem Gefangene zeitweilig zurückgehalten werden. Eine französische Ordonnanz aus dem Jahre 1670, die bis zum Ende des Ancien régime die Strafprozeßordnung bestimmte, zählt die Strafen in der folgenden Reihenfolge auf: Todesstrafe, Folter, lebenslängliche Galeere, lebenslängliche Verbannung, zeitlich befristete Galeere, Auspeitschung, Pranger, zeitlich befristete Verbannung. Das Gefängnis kommt darunter nicht vor. Die kirchliche Gerichtsbarkeit hat Gefängnis als Strafe in breitem Umfang angewandt; von der weltlichen Obrigkeit wurden Greise und Frauen, die wegen Schulden verhaftet worden waren und die man nicht auf die Galeeren schicken konnte, sowie Gotteslästerer, die eine Geldstrafe nicht bezahlen konnten, zu Gefängnis verurteilt. Das Gefängnis warf nämlich das Problem des Lebensunterhalts auf: Ein Gefangener, der nicht über materielle Mittel verfügt, erhielt nichts zu essen. Die Strafe bestand oft nicht in erster Linie im Freiheitsentzug, sondern in Hunger. Zwar findet man seit dem Ende des Mittelalters Urteile, die auf Gefängnis lauten, doch erst seit dem Ende des 19. Jahrhunderts breitet sich in Europa die Auffassung aus – hier sei auf die führende Rolle des englischen und amerikanischen Modells des Strafvollzugs verwiesen –, das Gefängnis sei eine Strafe oder gar die Grundlage des gesamten Systems des Strafvollzugs. Michel Foucault hat in ›Überwachen und Strafen‹ (1975) gezeigt, welche Bedeutung dieser Wandel in der Technologie der Machtausübung und in der Auffassung von »Strafe« und »Besserung« im gesellschaftlichen Bewußtsein hatte.

Ehe das Gefängnis in breitem Umfang zum Mittel der Bestrafung und Besserung von Verbrechern wurde, benutzte das moderne Europa es unter anderem als Instrument der »Sozialpolitik« gegenüber den Bettlern. Nachdem das Mittelalter zunächst die Aussätzigen und dann auch die Pestkranken zwangsweise abgesondert hatte, kamen die Verrückten und dic Bettler an die Reihe. Das »große Einsperren« der Bettler im 16. und 17. Jahrhundert ist die Krönung der neuen Sozialpolitik: Der Wandel der gesellschaftlichen Einstellung gegenüber dem Elend trifft mit der Affirmation des modernen Staates zusammen.

1. Eine römische Prozession

Ansätze zu einer Zentralisierung der Spitäler und der Armenfürsorge gab es in den Ländern der Apenninenhalbinsel bereits in den letzten Jahrhunderten des Mittelalters. Ein Beispiel dafür sind die Entscheidungen, die Gian Galeazzo Visconti Ende des 14. Jahrhunderts in Mailand trifft: Die Spitaleinrichtungen werden einer strengen Kontrolle durch die öffentliche Gewalt unterworfen, und es wird der Grundsatz aufgestellt, daß Bettler sich im Spital aufzuhalten haben. Zu diesem Zweck berief man in Mailand eine Kommission, deren Aufgabe es war, sich ein umfassendes Bild von der Situation zu machen, die Bettler und die »kranken Armen« zu zählen und ihnen einen Platz in den Spitälern zu verschaffen. Das *Officium Pietatis Pauperum*, das im Jahre 1406 in Mailand geschaffen wurde, um die Armenfürsorge zu beaufsichtigen, setzte sich aus Laien und Geistlichen zusammen und unterstand dem Generalvikar der Diözese Mailand.

In der Mitte des 15. Jahrhunderts machen sich Bischöfe und Bernhardiner-Prediger zu Befürwortern einer zentralistisch orientierten Reform der Institutionen der Sozialfürsorge. Zentralisierte »Generalspitäler« entstehen 1447 in Brescia (das erste Spital entstand hier bereits zwanzig Jahre früher), 1448 in Mailand und 1449 in Bergamo. Gleichzeitig kommt es zu mannigfaltigen karitativen Initiativen: »Fromme Banken«, die *Monti di pietà*, sollen die Armen vor den Mißbräuchen der Wucherer bewahren; fromme Bruderschaften wie die »Brüder der göttlichen Liebe« verbinden religiöse Aktivitäten mit einer effektiven Arbeit zugunsten der Armen. Diözesan- und Pfarrverwaltungen verstärken ihre Tätigkeit zugunsten der Armen, und alte wie neue religiöse Orden widmen sich karitativer Tätigkeit. Man kann also in Italien sowohl im traditionellen Bereich als auch bei reformerischen Initiativen eine starke Aktivität der Kirche und ein Zusammenwirken zwischen kirchlichen und weltlichen Instanzen beobachten. Die erwähnte Fülle von wohltätigen Initiativen und das breite Ausmaß der Pilgerbewegung hatten jedoch auch negative Folgen, auf welche die reformerischen Kritiker der traditionellen Doktrin und Politik der christlichen Wohltätigkeit immer wieder hinwiesen. Die Leichtigkeit, mit der man ein Almosen erlangen kann, demoralisiere die Menschen, verleide ein arbeitsames Leben, fördere den Müßiggang.

Wir haben oben am Beispiel Venedig gezeigt, daß die öffentlichen Gewalten in Italien angesichts von krisenhaften Situationen, aus Furcht vor Epidemien oder unter dem Eindruck, die Gesellschaftsordnung sei bedroht, weitgehende Maßnahmen ergriffen. Auch das Zusammenwirken verschiedener ideologischer Faktoren spielt eine Rolle: die Lehre der Religion, die Betonung des christlichen Arbeitsethos und das Bewußtsein, daß das bisherige System der Wohltätigkeit einer Reform bedürfe. Auf dieser Grundlage beruhen die Initiativen des venezianischen Adligen Girolamo Miani, der mit seinen Anregungen und seiner philanthropischen Tätigkeit in ganz Italien ein breites Echo fand. In dem von ihm begründeten Waisenhaus in Venedig wie auch in ähnlichen Häusern, die um 1530 in Verona, Brescia, Bergamo und Mailand entstanden, wurden die Kinder in guten Manieren und den Grundsätzen des katholischen Glaubens unterwiesen, es galt ein absolutes Bettelverbot, und die Kinder wurden in handwerklichen Arbeiten geschult: Zur Unterrichtung in den Produktionstechniken ließ man Handwerksmeister kommen; die erworbene Geschicklichkeit sollte es den Kindern später ermöglichen, von ihrer Arbeit zu leben.

Bei dem enormen Aufschwung der karitativen Kongregationen auf dem Gebiet Italiens macht sich eine neue Einstellung bemerkbar: Die Armenfürsorge verlangt nach einer Neuordnung und Reorganisation, läßt die Gründung von spezialisierten Institutionen notwendig erscheinen. Zu diesem Zweck ernennen die Kongregationen Pfarrvisitatoren, nehmen in den jeweiligen Orten eine Zählung der Armen vor und überprüfen deren materielle Lage. Zur paradoxen Krönung des Aufschwungs der karitativen Tätigkeit wird das Bettelverbot, das Bestreben, die Bettelei abzuschaffen.

Feindselige Einstellungen und eine repressive Politik gegenüber Bettlern und Landstreichern entwickeln sich auf der Apenninenhalbinsel unter dem übermächtigen Einfluß von zwei Faktoren: auf der einen Seite das Programm der Gegenreformation zur Besserung des christlichen Lebens, auf der anderen die Entwicklung des modernen Staates. Das Konzil von Trient hatte die Bewegung zur Reform der Institutionen der Sozialfürsorge in einem gewissen Sinne gezähmt, indem es den Leitungen der Diözesen eine bestimmte Handlungsrichtlinie in diesem Bereich vorgab: Den Bischöfen sollte die vollständige Kontrolle über die Spitäler übertragen werden, der auch die weltlichen Administratoren unterliegen sollten, und sie sollten über die Durchführung von testamentarischen Vermächtnissen zugunsten der Armen wachen. Die Debatten des Konzils über den organisatorischen Zustand der Spitäler führten zu Beschlüssen, die darauf zielten, den Spitälern wieder ihre karitativen Funktionen zurückzugeben und zu verhindern, daß einzelne sich das »Vermögen der Armen« aneigneten oder die Spitäler als lukrative Pfründe betrachteten. Bei der praktischen Umsetzung der Beschlüsse von Trient bezüglich der Spitäler gerieten die kirchlichen Instanzen in einigen Ländern in offenen Konflikt mit den weltlichen Behörden, die von gelegentlichen Eingriffen in die Verwaltung der Spitäler zu einer systematischen Politik der Kontrolle und Beaufsichtigung übergingen. Die Dekrete des Konzils führten im wesentlichen dazu, daß einerseits die kirchlichen Instanzen im karitativen Bereich aktiv wurden und andererseits die Bewegung zur Reform der Sozialfürsorge seitens der katholischen Kirche legitimiert wurde. Eine nicht minder bedeutsame Rolle spielte hier die Herausbildung von modernen staatlichen Strukturen. Die Landstreicherei und die Bettelei verletzten die innere Ordnung der sozialen Rollenverteilung, schufen Bereiche, die sich der »Polizei« entzogen, riefen Unruhe und Ungewißheit hervor und bedrohten die öffentliche Ordnung. Die Bettelei erschien als eine Verletzung des göttlichen Gebots (*in sudore vultus tui vesceris panem*), als ein Stand, der mit einem christlichen Wandel nicht zu vereinbaren war und Gottlosigkeit hervorrief, als eine Verletzung der Normen des gesellschaftlichen Zusammenlebens und der Prinzipien des Gemeinwohls, als eine Gefahr für die Gesellschaft. Das Programm der Gegenreformation und die Staatsräson fanden eine gemeinsame Sprache.

Diese Motive überlagerten sich in einer einzigartigen Weise in der Sozialpolitik der Päpste gegenüber den Bettlern von Rom, denn in der päpstlichen Regierung über die Ewige Stadt verschränkten sich ja die religiösen mit den staatlichen Funktionen.

Die enge Verflechtung zwischen dem gegenreformatorischen Modell der christlichen Ordnung und der Staatsräson konnte nur zu einem Schluß führen: Es mußten radikale Mittel gefunden werden, um das Bettlerproblem zu regeln.

Die besonderen Funktionen Roms wirken sich auf das soziale Erscheinungsbild der Stadt entscheidend aus. Bestrebt, zwischen der christlichen Welt und ihrer geistlichen Hauptstadt dauerhafte Bindungen zu schaffen, erteilten die Päpste für einen Rombesuch den Ablaß. Die Kritik an den Pilgerfahrten nach Rom ist eines der Motive, die in der satirischen Literatur des Spätmittelalters ständig wiederkehren; sie wird in den Schriften und Predigten der Reformation mit allem Nachdruck aufgegriffen. Dennoch wird im Rahmen der Konfrontation zwischen Katholizismus und Protestantismus die Praxis der Ablässe und der Heiligen Jahre ausgebaut. Die Zahl der Pilger, die nach Rom fahren, ist gewaltig: 1575 schätzt man sie auf 400000, im Jahre 1600 auf 536000, im Jahre 1650 auf 700000. Dies übersteigt um ein Vielfaches die Einwohnerzahl der Stadt, die Anfang des 16. Jahrhunderts nicht viel mehr als 50000 und Anfang des nächsten Jahrhunderts an die 100000 Einwohner zählte. Von karitativen Organisationen in Rom wird betont, daß der überwiegende Teil der Pilger aus armen Leuten bestand. Die von Filippo Neri gegründete Bruderschaft der *Santissima Trinità de' convalescenti e pellegrini* empfängt im Jahre 1575 rund 165000 Pilger, im Jahre 1600 etwa 210000 und im Jahre 1650 300000. Man darf annehmen, daß es sich um arme Leute handelte oder um solche, die mit dem Pilgerstab den Bettlerstand akzeptierten. Katholische Kritiker der massenhaften Pilgerfahrten haben darauf hingewiesen, daß diese oft ein Deckmantel waren, um der eigenen Familie zu entfliehen und eine Art von Landstreicherei zu betreiben. Die hier angeführten Zahlen beziehen sich auf Heilige Jahre, in denen der Zustrom von Pilgern außergewöhnlich groß war, doch die steigende Tendenz der Zahlen ist bezeichnend. In normalen Jahren zogen die Pilgerfahrten einen stetigen und ständig wachsenden Strom von Menschen nach Rom; man schätzt, daß die Stadt alljährlich mindestens 30000 Pilger aufnahm.

In dieser Masse von Pilgern gab es Arme, die sich unter die Menge der einheimischen Bettler mischten, aber auch Wohlhabende (manche der Pilger legten die Reise ja in der Kutsche zurück), die durch die Almosenverteilung die frommen Vorsätze ihrer Reise erfüllten. Ob arm oder reich, der Pilgerstrom brachte auf jeden Fall nicht nur eine eigentümliche Belebung in das soziale Bild der Ewigen Stadt, sondern er trug auch dazu bei, daß die Zahl der Bettler stieg.

Montaigne bemerkt in seinem italienischen Reisetagebuch, die Stadt sei ganz Hof und Adel, und jedermann habe seinen Anteil an dem »kirchlichen Müßiggang«; »die Stadt (hat) fast gar keinen Beruf und keine Leute (...), die von der Arbeit ihrer Hände leben«[1]. Jean Delumeau, der Historiker der römischen Renaissancezeit, hat gezeigt, daß diese Worte nur teilweise den Tatsachen entsprechen, denn große Bauvorhaben und der Bedarf an Dienstleistungen und Waren sorgten für eine ansehnliche Beschäftigung. Das ändert jedoch nichts daran, daß die Arbeitenden einen verschwindenden Teil der sozialen Landschaft der Stadt ausmachten; im plebejischen Teil dieser Landschaft nahmen offenbar die Bettler den Vordergrund ein. Pater A. Guevarre, einer der herausragenden Reformer der Wohltätigkeit, schrieb am Ende des 17. Jahrhunderts: »Die Bettelei genießt seit vielen Jahren volle Freiheit und hat in Rom enorme Ausmaße angenommen, so daß sie viel Unordnung hervorruft. Rom ist ja die Hauptstadt und gewissermaßen das Zentrum der christlichen Welt, und so strömen Arme aus allen Nationen hierher und suchen Trost in ihrem Unglück. Viele kommen auch, um hier Geschäfte zu machen, und wenn ihnen die Mittel ausgehen, beginnen sie notgedrungen zu betteln, und dann finden sie Geschmack an diesem Gewerbe.«[2]

Die Fülle der Almosen und der karitativen Institutionen in Rom begünstigte offenkundig die Entwicklung der Bettelei und zog von überallher Bettler an. Sie ließen sich vor den Kirchen und auf den Plätzen der Stadt nieder, strichen in den Straßen und Kirchen umher, störten den Gottesdienst und gingen manchmal so weit, Almosen regelrecht zu erpressen. Der schon erwähnte Autor schreibt darüber: »Befremdlich sind die Mengen von Landstreichern und Müßiggängern, die von Morgen bis Abend durch die Häuser, Kirchen und die ganze Stadt streifen, mal diesen, mal jenen belästigend, um beinahe gewaltsam ein Almosen zu erzwingen, von dem sie dann einen unwürdigen und skandalösen Gebrauch machen.«[3]

Ein ähnliches Bild Roms bietet die Literatur des 16. und

[1] M. de Montaigne, Tagebuch einer Reise durch Italien ... (1580–81). In: Gesammelte Schriften. Hg. v. O. Flake u. W. Weigand. München, Leipzig 1908.

[2] A. Guevarre, La mendicità provveduta nella città di Roma. Rom 1693, S. 19.

[3] Ebd., S. 109.

17. Jahrhunderts, in der man als stereotype Vorstellung immer wieder die Überzeugung antrifft, die Scharen der römischen Bettler seien zu verbrecherischen Zwecken organisiert; dieser Organisation schreibt man zu, sie kontrolliere den »Almosenmarkt«, indem sie den Bettlern die Stellen zuweist, an denen sie um Almosen bitten: eine eigentümliche Institutionalisierung der Betteltechniken. In diesem farbigen, für die Bettler zumeist ungünstigen Bild gibt es ein festes Element: die riesigen Dimensionen des Phänomens.

In der zweiten Hälfte des 16. Jahrhunderts ergreifen die Päpste Maßnahmen zur Sanierung der sozialen Situation in der Ewigen Stadt. Als wenig wirksam hat sich bislang die Ausweisung der Landstreicher erwiesen, eine Augenblicksentscheidung, der zumeist keine Taten folgten. Jetzt erscheint eine Politik des Einsperrens als einzige Erfolg verheißende Lösung.

Unter Pius IV. (1559–65) wurden radikale Beschlüsse gefaßt. Das päpstliche Edikt ›Über die Versorgung der armen Bettler‹ von 1561 verbietet die öffentliche Bettelei in den Straßen Roms und droht bei Zuwiderhandlung mit Gefängnis, Verbannung oder Verschickung auf die Galeere. Die Repression und die Drohung ist jetzt nicht gegen die Landstreicher, sondern ausdrücklich gegen die Bettler gerichtet. Man hat hier lediglich den Begriff ausgetauscht, denn unter den ungenau definierten Begriff des Landstreichers fallen schließlich auch die Bettler; hinter dieser Begriffsvertauschung verbirgt sich aber ein erheblicher Einstellungswandel: Das Edikt von 1561 scheut sich nicht mehr, das bloße öffentliche Betteln als Verbrechen zu bezeichnen. Diese repressive Haltung geht jedoch mit dem Versuch einher, die Sozialfürsorge zu reorganisieren. Ein eigens ernannter Kommissär soll sowohl die Einhaltung des Bettelverbots und die Ausweisung der Landstreicher aus der Stadt überwachen als auch für die Betreuung der Kranken und Gebrechlichen sorgen. Er läßt zu diesem Zweck alle Bettler und Landstreicher sowie alle Menschen ohne Beschäftigung oder eindeutige Einkommensquelle an einem Ort zusammenkommen, um alle jene, die dessen würdig sind, in den Spitälern unterzubringen und die Arbeitsfähigen in nützliche Beschäftigungen zu stecken. Die Wirkung des Edikts muß begrenzt gewesen sein, denn das Problem stellt sich den folgenden Päpsten mit der gleichen Schärfe.

Pius V. leitete karitative Maßnahmen zugunsten der Kranken und verarmten Familien in Rom ein. Diesem Papst wird auch das Projekt zugeschrieben, die Armen und die Bettler in vier abgesonderten Vierteln der Stadt zusammenzufassen. Dieses Vorhaben sollte praktisch die Almosenverteilung und Unterstützung erleichtern und zugleich die Bettler aus den Straßen der Ewigen Stadt fernhalten. Aber hinter dieser Absicht, das Elendsmilieu innerhalb des Stadtgebiets räumlich abzusondern, steckte auch jene charakteristische Haltung, die in der Regel dazu führte, daß ein Ghetto entstand.

Gregor XIII. (1572–85) setzt die Idee einer Absonderung der Bettler systematisch um, ohne jedoch das Projekt eines »Bettlerviertels« aufzugreifen; er knüpft vielmehr an die Maßnahmen Pius' IV. an, indem er anordnet, in der Hauptstadt ein »Generalspital« zu errichten, in dem die Bettler Unterkunft und Nahrung finden sollen. Er überträgt diese Aufgabe der römischen Bruderschaft *Santissima Trinità,* die eine Zählung der Bettler durchführen und sich darum kümmern soll, sie in dem eigens dafür hergerichteten ehemaligen Kloster San Sisto unterzubringen. Die arbeitsfähigen Bettler sollen dort eine Beschäftigung erhalten; das Spital soll zugleich Herberge und eine Art Manufaktur sein. Die Bruderschaft versammelte die Bettler am 27. Februar 1581 und führte sie in einer feierlichen Prozession zu ihrer Herberge; Camillo Fanucci, der Chronist der philanthropischen Tätigkeit Gregors XIII. und Sixtus' V., hat als Augenzeuge eine farbige Schilderung dieser Prozession hinterlassen. An der Spitze des Zuges standen die Prälaten und die Mitglieder der Bruderschaft *Santissima Trinità*, in rote Gewänder gekleidet und Kerzen in der Hand tragend; dahinter folgten die Bettler: In der ersten Gruppe gingen, zu zweit nebeneinander, diejenigen, die sich ungehindert bewegen konnten, nach ihnen kamen die Blinden, dann die Krüppel, auf Wägelchen, die von anderen Bettlern gezogen wurden, und schließlich in vierzehn Kutschen die Schwerkranken. Diesem Bericht zufolge sind mit der Prozession rund 850 Bettler durch die Straßen gezogen, um anschließend in der gerade eröffneten Herberge unterzukommen.

Prozessionen sind eines der prägenden Elemente des öffentlichen Lebens; sie verleihen dem menschlichen Handeln eine sakrale Dimension und sind zugleich ein Instrument, sich die Gnade Gottes zu erwerben, ein Mittel, von dem nach gefestigter Tradition eine magische Wirkung ausgeht. Sie sind aber auch immer eine demonstrative Bekundung sei es der herrschenden, sei es der durch die Prozession geförderten Wertvorstellungen. Wie Fanucci schreibt, scheint die römische Prozession der Bettler ein wahrer Triumphzug gewesen zu sein. Es war in der Tat ein

Triumphzug – ein seltsamer barocker Triumph der christlichen Barmherzigkeit. Dahinter verbarg sich eine komplexe soziale Realität: die geordnete, institutionell organisierte Arbeit der Barmherzigen Erzbruderschaft der *Santissima Trinità de' Pellegrini* und das Bestreben, die individuelle Barmherzigkeit auszuschalten, eine Politik, die den Armen Unterstützung zusicherte, wenn sie bereit waren, das öffentliche Betteln aufzugeben und sich in ein Spital sperren zu lassen.

Vom Erfolg dieses Unternehmens zeugt die Tatsache, daß bei dem Andrang der Armen die zunächst hergerichteten Klosterräume sich als nicht ausreichend erwiesen und auf benachbarte Gebäude zurückgegriffen werden mußte. Die Kosten des Unternehmens und die organisatorischen Schwierigkeiten überstiegen jedoch die Möglichkeit der Bruderschaften der *Santissima Trinità*, und so bat sie den Papst, von der Aufgabe der Armenpflege entbunden zu werden. Die Herberge löste sich auf, die Bettler kehrten in die Straßen der Stadt zurück.

Doch die Zusammenfassung der Bettler an einem abgesonderten Ort und das Verbot des öffentlichen Bettelns blieb gleichwohl ein konstanter Leitgedanke der römischen Sozialfürsorge. Sixtus V. wettert in der Bulle ›Quamvis infirma‹ aus dem Jahre 1587 gegen die Schändlichkeiten der Landstreicher und Bettler, von denen die Straßen und Plätze Roms überquellen. Ihr Rufen und Jammern störe die Gläubigen in den Kirchen. Wie Tiere zögen sie umher auf der Suche nach Nahrung, mit dem einen Gedanken, den Hunger zu stillen und sich die Bäuche vollzuschlagen. Viele unter ihnen täuschten Krankheiten vor, um Almosen zu erschleichen, simulierten Verstümmelungen, nur um sich vor ehrlicher Arbeit zu drücken. Mit diesen Worten wird die Entscheidung begründet, das Betteln in den Straßen Roms zu verbieten, bei Strafe der Verschickung auf die Galeere. Der Papst ließ in der Nähe des Ponte Sisto ein neues Hospiz für die Armen errichten, in dem über tausend Personen untergebracht wurden. Doch auch diese Maßnahme war nicht von langer Dauer: Nach dem Tod Sixtus' V. kehrte alles wieder zum vorherigen Zustand zurück, und in dem Hospiz blieben knapp hundertfünfzig Arme. Im Jahre 1590 fanden sich nach einer schweren Mißernte noch einmal über tausend Bettler in dem Hospiz ein, während in den Straßen der Stadt eine Verordnung bekanntgegeben wurde, nach der Landstreicher, Zigeuner usw. ausgewiesen werden sollten. Das hing jedoch mit der Ausnahmesituation zusammen. Gegen Ende des 17. Jahrhunderts kam die päpstliche Verwaltung auf den Plan zurück, die Bettler aus den Straßen Roms zu entfernen. Innozenz XII. gründete das *Ospizio Generale de' Poveri* und bestimmte für diesen Zweck einen päpstlichen Palast auf dem Lateran. In einer sehr streng formulierten Verordnung wurden das Betteln in den Straßen der Stadt sowie das Gewähren von Almosen an Bettler verboten. Eine spezielle Kongregation sollte sich mit der Durchführung der Reform und der Aufsicht über das Leben im Hospiz befassen. Man führte eine Zählung der Armen durch, versammelte sie, und dann zog noch einmal eine feierliche Prozession durch die Straßen der Ewigen Stadt und geleitete die Bettler in einem Triumphzug zu ihrer Herberge. Dort sollten die Armen arbeiten, soweit es ihre Kräfte erlaubten: weben, Schuhe und Strümpfe anfertigen und Holz bearbeiten. Die Nachfolger Innozenz' XII. bauten die Stiftung aus, indem sie weitere Heime für Waisen und Alte dem *Ospizio Generale* angliederten. Die Umsetzung dieser Politik stieß beständig auf finanzielle wie organisatorische Schwierigkeiten, mußte immer wieder den Widerstand der Bettler und die Disziplinlosigkeit der Almosengeber überwinden. Ein päpstliches Dekret aus dem Jahre 1774 zeigt, daß man trotz der bisherigen Anstrengungen noch immer Bettler und Landstreicher auf den Straßen der Stadt antrifft. Dennoch ist der Gedanke, die Bettler zu konzentrieren, mittlerweile ein fester Bestandteil der päpstlichen Sozialpolitik in Rom.

Das Vorhaben wurde von Anfang an mit gewaltsamen Mitteln durchgeführt, und die römischen Bettler faßten die Einsperrung im Hospiz wie eine Einkerkerung auf. Im Jahre 1581 erzählte man sich in der Stadt, die Bettler hätten dem Papst für die Wiedererlangung der Freiheit und des Rechts zum Betteln die ungeheure Summe von zweitausendfünfhundert Talern angeboten. Mochte dies auch nur ein Gerücht sein, das von den *avvisi*, den Zeitungen jener Epoche, eilfertig als Sensationsmeldung aufgegriffen wurde, so zeigt es doch, daß die Einschließung nach allgemeinem Empfinden als repressive Maßnahme gegen die Bettler aufgefaßt wurde. Um diese Politik zu verwirklichen, bedurfte es übrigens einer ständigen polizeilichen Kontrolle: Die Stadtbüttel fingen die Bettler und Landstreicher auf den Straßen ein. Einer der Orte, an denen sich immer wieder Bettler oder Landstreicher versammelten, war die Umgebung der Piazza Navona. Die Stadtbüttel veranstalteten hier regelmäßig Razzien auf Landstreicher, die in dieser Gegend die Nacht zu verbringen pflegten. Bei diesen Razzien benutzten sie ein ganz einfaches

Verfahren, um zwischen den Landstreichern und den Saisonarbeitern, die sich unter sie gemischt hatten, zu unterscheiden: Alle, die von der Arbeit schwielige Hände hatten, wurden freigelassen, die übrigen ins Gefängnis abgeführt. Der Bischof und Rechtsgelehrte Giambattista Scanaroti, der davon in einem Traktat über die Gefängnisse aus dem Jahre 1655 berichtet, schließt daraus, daß abgearbeitete Hände nunmehr wieder wie in alten Zeiten zu etwas Lobenswertem würden.

Das Schicksal der weiteren päpstlichen Initiativen zum Problem der römischen Bettler belegt, daß es überaus schwierig war, das zentralisierte System der Armenfürsorge laufend aufrechtzuerhalten und das Verbot des öffentlichen Bettelns durchzusetzen. Von grundlegender Bedeutung ist jedoch die Tatsache, daß die Idee, die Bettler einzusperren, in der Hauptstadt der katholischen Welt zu einem selbstverständlichen Mittel der Sozialpolitik wird. Die Sprache der Bulle ›Quamvis infirma‹ und die Praxis der polizeilichen Kontrollmaßnahmen in Rom zeigen unverhüllt, daß die päpstliche Verwaltung eine feindliche Haltung gegenüber den Bettlern einnimmt. Dies stieß im gesamten katholischen Europa auf besondere Resonanz und wurde als Beispiel und Argument angeführt. Die römischen Prozessionen des Triumphs der Barmherzigkeit scheinen vor allem ein Ausdruck des Triumphs über die Bettler zu sein.

2. »Arbeit nährt, Arbeit straft«

Über dem Eingang einer Hamburger Arbeits- und Besserungsanstalt las man die Aufschrift »Labore nutrior, labore plector« (von Arbeit ernähre ich mich, mit Arbeit bin ich bestraft). Eine ähnliche Institution in Dessau trug die Inschrift: »Miseris et Malis« (den Armen und den Bösen). Am Tor des Amsterdamer Arbeitshauses für Frauen brachte man 1667 die Aufschrift an: »Fürchte Dich nicht! Ich räche mich nicht für das Böse, sondern zwinge zum Guten. Schwer ist meine Hand, aber das Herz ist voller Liebe«. Angesichts der düsteren Realität der modernen »Besserungsanstalten« und »Arbeitshäuser« klingen derartige Phrasen zynisch. Sie belegen aber hervorragend die Richtung der modernen Sozialpolitik und den Stand des gesellschaftlichen Bewußtseins. Die »Konzentration« der Bettler und die Einsperrung der Armen hängen sowohl mit einer demonstrativen Betonung des Arbeitsethos in jenen Ländern zusammen, die den Weg der kapitalistischen Entwicklung beschritten, als auch mit der Entwicklung der modernen Doktrin des Strafvollzugs: Der Freiheitsentzug und der Arbeitszwang verbinden sich zum Syndrom einer Sozialisationspolitik und wenden sich sowohl an Delinquenten wie an arbeitslose Arme.

Das Londoner »Bridewell« war eine bahnbrechende Institution für die systematische Umsetzung dieser Art von Politik. Es entstand als Ergebnis der oben beschriebenen Erfahrungen mit der englischen Sozialgesetzgebung, die in die Schlußfolgerung mündeten, die wirksamste Form der Bestrafung der »gesunden Bettler« und Landstreicher bestehe darin, sie zur Arbeit zu schicken. Auf Veranlassung Eduards VI. und des Londoner Bischofs Nicholas Ridley erarbeitete eine Kommission im Jahre 1552 eine Denkschrift über die Formen der Armenfürsorge in London: Für Landstreicher, Müßiggänger und Verschwender sah man die Einschließung im Hospiz vor, wo Zwangsarbeit den Müßiggang und schlechte Neigungen bekämpfen sollte. Dieses Hospiz wurde vor 1557 in Bridewell errichtet, einst Residenz Heinrichs VIII. und anschließend der kaiserlichen Gesandten, aber der Name Bridewell verwuchs dermaßen mit dem Begriff des Arbeitshauses, daß er zu seinem Synonym und zur allgemein gebräuchlichen Bezeichnung wurde. Binnen kurzer Zeit entstanden in ganz England rund zweihundert Arbeitshäuser, die den Namen Bridewell trugen.

Das Londoner Bridewell war als eine straff kontrollierte Manufaktur organisiert. Weil die Arbeitskräfte zwangsweise rekrutiert worden waren, mußte auch die Arbeit beaufsichtigt und nach einem Gefängnisreglement organisiert werden. Durch die Reform von 1552/53 wurde die Repression der Bettler und Landstreicher sowie die Sozialfürsorge in London auf eine Reihe spezialisierter Spitäler aufgeteilt. Jene unter den Landstreichern, die nach Bridewell gebracht wurden und die man als krank anerkannte, wurden in die Spitäler St. Bartholomew oder St. Thomas geschickt. In der Repression arbeiteten die Spitäler zusammen: In St. Thomas wurden die Müßiggänger, sobald sie wieder gesund waren, ausgepeitscht; alle Spitäler wachten über die Einhaltung des Bettelverbots. Bridewell fungierte innerhalb dieses neuen Systems ausschließlich als Ort der Arbeit. Man errichtete hier verschiedene Spezialwerkstätten, die im Einvernehmen mit der jeweiligen Zunft von Fachhandwerkern betreut wurden. Unter der Kontrolle eines der Administratoren des Spitals überwachte ein Tuchmacher die Textilwerkstätten; er sorgte für die Materialbeschaffung, für geeignete Arbeitsgeräte und für den Absatz der Erzeugnisse. Die Zünfte hatten auch ein Vorrecht beim Ankauf der Fertigerzeugnisse des Spitals, was die örtlichen Handwerker vor unlauterem Wettbewerb schützen sollte. Den einzelnen Werkstätten wurden Köche zugeteilt, die sich um die Ernährung der Beschäftigten zu kümmern hatten. Die schlimmsten Landstreicher schickte man in die Mühle und die Bäckerei, wo die Arbeitsbedingungen sehr schwer waren und die Arbeit selbst keine Qualifikation, sondern lediglich physische Kraft erforderte.

Ursprünglich dazu bestimmt, die »gesunden Bettler« zu beschäftigen, stand Bridewell unter einem ständigen Druck, dem es nicht gerecht werden konnte. Die Statistik der Insassen von Bridewell zeigt, daß diese zu einem erheblichen Teil aus der Bevölkerung von London und Umgebung stammten. Es handelte sich überwiegend um junge Leute; aus einer Liste des Jahres 1602 geht hervor, daß unter 37 Personen, bei denen das Alter angegeben ist, nur eine älter war als 21 Jahre. Die Insassen von Bridewell waren zu über 70 Prozent männlichen Geschlechts, in der Mehrheit Handwerksgesellen und Hausdiener verschiedener Art. Das Problem der zwangsweisen Beschäftigung der Bettler hing eng mit der Situation auf dem Arbeitsmarkt, der Arbeitslosigkeit, zusammen.

Die Spitals-Gefängnis-Institution konnte durch die Schaffung neuer Arbeitsplätze an dieser Situation nichts ändern. Bridewell hatte ständig mit finanziellen Schwierigkeiten zu kämpfen: Anfang des 17. Jahrhunderts waren die Administratoren des Londoner Bridewell mit rund 1000 Landstreichern konfrontiert, die sie nicht alle beschäftigen konnten; die Konsequenz war, daß sie sie aburteilten, bestraften und fortschickten. Dadurch bekam dieses »Spital« immer stärker den Charakter einer Strafanstalt.

Ein Administrator eines Londoner Spitals stellt im Jahre 1587 in einer Denkschrift fest, daß »ganz London ein einziges großes Spital« zu sein scheine (»all London is but an hospital«), so groß sei die Zahl der Personen, die Unterstützung erhielten. Besonders kritisch wird die Situation in Bridewell beschrieben, wo Gesellen, ehemalige Soldaten und »sonstige anständige Jugendliche«, die keine Arbeit haben, mit Landstreichern, Bettlern, Dieben und Taugenichtsen zusammengesperrt sind. Auf diese Weise »macht man keinen Unterschied zwischen Gut und Böse, und der Name Bridewell ist in den Ohren des Volkes derart verhaßt geworden, daß man jegliches Vertrauen (in diese Institution) ein für allemal begraben hat«[4]. Der Verfasser betont, er sei nicht gegen eine Bestrafung von Bettlern und Müßiggängern, aber er wende sich dagegen, daß Bridewell, statt ein Ort der Besserung der Sitten und der Lebensweise zu sein, zu einem Ort der Verderbtheit geworden sei.

Vieles deutet darauf hin, daß diese rückhaltlose Beschreibung keine Rhetorik war, sondern der Wahrheit entsprach. Bridewell erfüllte in immer geringerem Maße seine ursprüngliche Aufgabe, Bettler und Prostituierte zur Arbeit zu zwingen und in einer Tätigkeit zu unterweisen. Aus den Listen der Insassen von Bridewell vom Anfang des 17. Jahrhunderts geht hervor, daß der Anteil der Rückfälligen hoch war: Im Jahre 1602 machten sie 22 Prozent der in Bridewell Abgeurteilten aus, im Jahre 1631 bereits 29 Prozent. Einer der festgenommenen Landstreicher gesteht im Jahre 1602, er sei schon vierzigmal verhaftet worden, ein anderer, der gerade zwölf Jahre alt ist, ist bereits acht- oder neunmal in Bridewell gewesen! Es stellte sich heraus, daß die Zwangsarbeit mehr kostete, als sie einbrachte – die Institution konnte sich nicht selbst finanzieren. Aber auch der Vorsatz der moralischen »Besserung« der Gefangenen war nicht leicht zu verwirklichen: Bridewell war – wie jedes andere Gefängnis – ein Ort, an dem eine asoziale Lebensweise sich auf Dauer verfestigte. Der andere Teil des Programms, dem die Häuser der Zwangsarbeit dienen sollten – jene, die sich den geltenden gesellschaftlichen Normen nicht unterwerfen wollten, von der Gesellschaft abzusondern –, konnte auf andere Weise realisiert werden: Beispielsweise dadurch, daß man sie in die Kolonien deportierte. In den Jahren 1618/19 schickten die Administratoren von Bridewell 99 Kinder im Alter von neun bis sechzehn Jahren nach Virginia; diesem Transport folgten weitere sowohl nach Virginia wie auf die Bermudas und nach Barbados.

Erst gegen Ende des 17. Jahrhunderts entsteht in England ein Netz von Arbeitshäusern, die auf wirtschaftlich rationale Weise organisiert sind und nicht nur nach Gesichtspunkten der Bestrafung und Erziehung. Zum Hauptarbeitsbereich in diesen Häusern wird die Textilerzeugung, insbesondere das Spinnen von Wolle. Catherine Lis und Hugo Soly haben zutreffend darauf hingewiesen, daß der wirtschaftliche Nutzen der englischen Arbeitshäuser auf einer strukturellen Disproportion der damali-

[4] Tudor Economic Documents. Hg. v. R. H. Tawney u. E. Power. London 1924, Bd. 3, S. 431 u. 439.

gen Textilerzeugung beruhte: Bis zu den technischen Erfindungen der sechziger Jahre des 18. Jahrhunderts war die Garnerzeugung ein Engpaß dieses Produktionszweiges. Die Unternehmer waren daher an einer Steigerung des Angebots an Garnen interessiert, zumal sie diese zu einem geringen Preis erhielten. Ein Erlaß von 1723 ermächtigte die Pfarreien, den Armen, die nicht ins Arbeitshaus wollten, jegliche Unterstützung zu versagen. In der ersten Hälfte des 18. Jahrhunderts zählte England rund 200 solcher *workhouses*.

Die Tendenz, die Armen durch Arbeit zu bestrafen und zu erziehen, geht auf die moderne Reform der Wohltätigkeit zurück: Ihre Grundgedanken findet man bei Vives, Morus oder Frycz Modrzewski. Realisiert wurde sie allerdings erst im Laufe verschiedener sozialer Experimente, deren Realität von der humanistischen Utopie weit entfernt war. Zu dem Experiment eines Spitals-Gefängnisses wie Bridewell und den Zwangsarbeitshäusern auf den britischen Inseln muß man die »Besserungsanstalten« oder »Arbeitshäuser« hinzurechnen, die in breitem Umfang auf dem europäischen Kontinent entstehen.

Eine besondere Berühmtheit erlangten die holländischen »Besserungsanstalten«. Der holländische Humanist Dirck Volckertsz Coornhert erklärte in einer 1587 erschienenen Abhandlung, in der Sozial- und Strafvollzugspolitik müsse der Freiheitsentzug mit der Zwangsarbeit verknüpft werden. Diese Ideen fanden Anklang bei den Amsterdamer Patriziern, die zunächst ein Arbeitshaus für Männer und dann auch für Frauen gründeten. Im Männerhaus *(Rasphuis)* befaßte man sich vor allem damit, Brasilholz zu entrinden, im Frauenhaus *(Spinhuis)* befaßten sich Frauen und Kinder mit Spinnen und Nähen. Nach dem Vorbild des Amsterdamer Hauses entstanden insbesondere in der industriell entwickelten Provinz Holland weitere Häuser. Sie erwiesen sich als eine vorteilhafte Form der Bereitstellung billiger Arbeitskräfte, und die wohltätigen Motivationen, die zur Gründung dieser Häuser geführt hatten, gerieten langsam in Vergessenheit. Man arbeitete gemeinschaftlich in großen Sälen und wurde dafür entlohnt. Die Arbeitszeit war genau festgelegt, und der ganze Tagesablauf war so geregelt, daß für Gebete und für das Vorlesen erbaulicher Texte noch Zeit blieb. Die Amsterdamer Institution hatte von Anfang an den Charakter einer Strafanstalt; man sperrte dort nicht nur die Armen, sondern auch jugendliche Delinquenten ein; in den Urteilen, die auf Einschließung im *Rasphuis* lauteten, war vorgesehen, daß die Aufenthaltsdauer bei guter Führung verkürzt werden konnte (zum Beispiel von zwölf auf acht Jahre).

Der Kampf gegen den »Müßiggang« der Armen blieb eine der Aufgaben der Arbeitshäuser. Er wurde mit drastischen Mitteln geführt; im Amsterdamer Arbeitshaus bekämpfte man zum Beispiel die Abneigung gegen die Arbeit in der Weise, daß der Arme bei Arbeitsverweigerung in ein Verlies gesperrt wurde, in das man nach und nach Wasser einließ; um sich vor dem Ertrinken zu retten, mußte der Gefangene ohne Unterlaß eine Pumpe betätigen. Das hielt man für eine wirksame Methode, die Faulheit zu überwinden und die Leute an die Arbeit zu gewöhnen.

Nach dem holländischen Vorbild entstehen Arbeitshäuser in Deutschland. Im ersten Jahrzehnt des 17. Jahrhunderts entstehen Arbeitshäuser in Bremen und Lübeck, im folgenden Jahrzehnt in Hamburg. In den letzten drei Jahrzehnten des 17. Jahrhunderts entstehen ähnliche Häuser in Dutzenden weiterer Städte im gesamten Reich (darunter im Jahre 1670 auch in Breslau). Ihre Verwaltung und Finanzierung liegt wie in England in den Händen städtischer Institutionen, oder sie werden direkt an Unternehmer verpachtet. In beiden Fällen sollen die Besserungsanstalten oder Arbeitshäuser neben ihren Funktionen des Strafvollzugs und der Erziehung bestimmten wirtschaftlichen Bedürfnissen entsprechen; das Schicksal dieser Stiftungen (und häufig schon der Entschluß, sie ins Leben zu rufen) hängt von den wirtschaftlichen Möglichkeiten und von den Verhältnissen auf dem Arbeitsmarkt ab.

Es wird gelegentlich betont, für die Aufnahme des Konzepts, nach dem die Arbeitshäuser ein Grundelement der Sozialpolitik sein sollten, sei die konfessionelle Struktur von ausschlaggebender Bedeutung gewesen. Die protestantische Ethik soll für diese Verbindung von Strafe und Sozialfürsorge, von Besserungsanstalt und Manufaktur die Grundlage gewesen sein. So hat denn auch der deutsche Forscher A. Müller-Armack darauf hingewiesen, daß erst im 18. Jahrhundert katholische Arbeitshäuser in Köln, Münster, Paderborn, Würzburg, Bamberg und Passau entstehen. Auf der einen Seite 63 protestantische Häuser, auf der anderen Seite nur diese wenigen katholischen Häuser – ein überraschendes Mißverhältnis.

Nun ist es aber weder eine Erfindung protestantischer Kreise, noch zeichnet sich die Sozialpolitik der protestantischen Länder dadurch aus, daß sie die Arbeit als ein Mittel der Sozialfürsorge betrachtet. Das gleiche Phänomen beobachten wir in den päpstlichen Maßnahmen des 16. Jahrhunderts, in der Entwicklung der Sozialdoktrin des katholischen Bereichs oder in den städtischen Initiativen, die in den katholischen Ländern ergriffen werden. Welche Richtung die Politik der »Einschließung« der Armen einschlug, hing von dem gesellschaftlichen und organisatorischen Kontext ab, in dem sie erfolgte. Das Programm der »Besserung durch Arbeit«, das Programm der Zwangsarbeit, wird offenbar in jenen Zentren und Gebieten bevorzugt, die in der wirtschaftlichen Entwicklung führend sind: Die sozialen Einstellungen, die von der protestantischen Ethik unterstützt werden, kommen den Bedürfnissen der Gesellschaften, die den Weg der industriellen Entwicklung beschreiten, entgegen.

3. Das Hôpital général: Die »große Einschließung« in Frankreich

Die zentralisierten Sozialfürsorgeeinrichtungen der Neuzeit betrachteten die Arbeit als das wesentliche Instrument der Anpassung der Armen an die Erfordernisse des gesellschaftlichen Lebens. Im soziopsychologischen Hintergrund der im 17. Jahrhundert praktizierten Politik der Einschließung wurzelte nicht nur das Bestrafungskonzept der Absonderung, sondern auch, wie Michel Foucault schrieb, ein eigentümlicher »Mythos des sozialen Glücks«, der die polizeiliche Ordnung eng mit den Prinzipien der religiösen Harmonie verknüpfte. Das wird auf überzeugende Weise deutlich an der Geschichte der »großen Einschließung« der Armen im katholischen Frankreich des 17. Jahrhunderts.

Die sozialen Erfahrungen der französischen Städte im Laufe des 16. Jahrhunderts wie auch die in dieser Zeit formulierten sozialpolitischen Pläne führten zu einer Verknüpfung der Absonderung der Armen mit dem Arbeitszwang. Barthélemy de Laffémas, der in den ersten Jahren des 17. Jahrhunderts zum Hofökonomen der französischen Monarchie wurde, befürwortete ein entschiedenes Vorgehen gegen die Bettler und Landstreicher; er sah ihre Einschließung in zwei »öffentlichen Dörfern« (getrennt für Frauen und Männer) vor, wo sie freiwillig oder unter Zwang arbeiten sollten. Eine konsequente Verwirklichung fanden die Pläne zur Absonderung der Armen erst in Gestalt der »Generalspitäler« im 17. Jahrhundert.

Präzedenzcharakter hatte der in der Zeit von Maria von

Medici unternommene Versuch, die Pariser Bettler in drei eigens dazu bestimmten Hospizen einzuschließen, die unter dem gemeinsamen Namen »Spital der eingeschlossenen Armen« *(Hôpital des pauvres enfermez)* zusammengefaßt wurden. Im Herbst 1611 wurde in der Stadt ein Bettelverbot verkündet, Fremden wurde befohlen, die Stadt zu verlassen, während den örtlichen Bettlern verordnet wurde, unverzüglich eine Arbeit aufzunehmen oder sich an einem bestimmten Tag auf der Place Saint Germain zu melden, von wo aus sie zu den Hospizen gebracht werden sollten. In einer sechs Jahre später erschienenen Broschüre, die vom Schicksal des Unternehmens berichtet, lesen wir, daß dieser Befehl »alle besagten Bettler dermaßen erschreckte, daß von über acht- oder zehntausend – soviele mochten in der Stadt sein – gerade 91 sich auf dem besagten Platz einfanden«[5]. Doch in den Straßen von Paris wurde eine strenge Kontrolle durchgeführt, und am Ende zwang die Not die Bettler, sich bei den bezeichneten Spitälern zu melden. Nach sechs Wochen fanden sich bereits 800 Arme eingeschlossen, und im Jahre 1616 erreichte ihre Zahl 2200. Das Gewähren von Almosen wurde mit einer Geldbuße bestraft. Frauen, die in flagranti beim Betteln erwischt wurden, bestrafte man mit öffentlicher Auspeitschung und Kahlscheren des Kopfes, während Männer ins Gefängnis gebracht wurden.

Nach dem Statut der »eingeschlossenen Armen« sollten Männer in einem, Frauen und Kinder beiderlei Geschlechts bis zu acht Jahren in einem anderen Spital untergebracht werden; darüber hinaus war ein gesondertes Spital für die Kranken vorgesehen. In den beiden ersteren galt die Arbeitspflicht vom Morgengrauen bis zum Abend (im Sommer wurden die Armen um fünf, im Winter um sechs Uhr früh geweckt). Die Männer mußten in Mühlen, Brauereien und Sägemühlen arbeiten sowie »andere mühevolle Arbeiten« ausführen, während die Frauen und Kinder mit Spinnen, mit der Herstellung von Strümpfen, Knöpfen und dergleichen beschäftigt wurden. Wer die ihm vom Aufseher zugewiesene Arbeit nicht ausführte, wurde beim ersten Mal mit der Halbierung seiner Essensration bestraft, beim zweiten Mal aus dem Spital gejagt und wie ein fremder Bettler ins Gefängnis geworfen. Über die Ordnung in den Spitälern wachten außer den Administratoren und Aufsehern auch eigens dazu

[5] Vgl. Ch. Paultre, De la répression de la mendacité et du vagabondage en France sous l'Ancien régime. Paris 1906, S. 138.

ernannte Bettler (für jede Gruppe von zwanzig Personen einer). Bauunternehmer konnten sich aus dem Spital Männer zur Arbeit holen, und diese sollten nur ein Viertel des Lohns erhalten, der Rest ging an das Spital. Die Ordnung in den Spitälern und die Einhaltung des Bettelverbots sollte von eigens ernannten Wächtern überwacht werden: Für das Ergreifen von Landstreichern und die Einlieferung ins Gefängnis war eine Prämie ausgesetzt.

Dieser Mikrokosmos der Konzentration wurde jedoch eindeutig als ein wohltätiges Werk aufgefaßt. Es ist offenkundig, daß der Eintritt in das Spital so etwas wie ein Privileg darstellte, von dem fremde Bettler ausgeschlossen waren; in die gleiche Richtung weist auch die Tatsache, daß die Ausweisung aus dem Spital als Strafe betrachtet wurde. Man kann diesen letzteren Fall allerdings als eine einfache Form der Strafabstufung sehen: Aus dem Spital geworfen zu werden bedeutete, aus einem Gefängnis in ein noch schlimmeres zu geraten, denn die festgenommenen Landstreicher wurden in Paris in die Verliese des Châtelet gebracht. Artikel 1 des Statuts der »eingeschlossenen Armen« macht jedoch eindeutig einen fundamentalen Unterschied zwischen jenen, die sich, nachdem sie durch entsprechende Dokumente bewiesen hatten, daß sie in Paris geboren waren, im Spital befanden, und allen anderen, »die zu Fremden erklärt und bestraft werden«. Die erwähnte Broschüre, die über das Schicksal der ersten Pariser Einschließung berichtet, betont, ihr Ziel sei gewesen, den Bettlern Arbeit, eine religiöse Erziehung und eine berufliche Ausbildung zu geben. Daß bei der Initiative der »Einschließungen« ein religiöses und karitatives Element beteiligt war, ist ein wesentlicher Punkt. In unseren bisherigen Ausführungen haben wir darauf hingewiesen, daß hinter den kollektiven religiösen und karitativen Aktivitäten zugunsten der Armen soziale Motive und ein bestimmter Typ von politischen Entscheidungen steckten. Bei der »großen Einsperrung«, wo die strengen und bedrohlichen Maßnahmen eine unverhüllt polizeiliche und repressive Form annehmen, ist hingegen an den anderen Aspekt des Problems zu erinnern: daß der repressiven Politik christliche Empfindungen und ein Bestreben zugrunde lagen, den Armen die Möglichkeit eines würdigen Lebens zu sichern. Es handelte sich um einen Versuch, die Menschen mit Gewalt glücklich zu machen: Die Geschichte der Ideologien und Taten der Menschen liefert dafür viele weitere Beispiele. Wenn man die Intentionen verkennt oder unterschätzt, versteht man nicht, daß die repressive Politik gegenüber der Armut sowohl auf Protest und Ablehnung stößt, in weiten Kreisen der Gesellschaft aber auch auf glühende Unterstützung und Engagement.

Im Frankreich des 17. Jahrhunderts machten gegenreformatorische Strömungen, die nach den Religionskriegen das religiöse Leben des Landes wiederbelebten, die Frage der Mildtätigkeit und der Armenfürsorge zu einem Programmpunkt der Erneuerung des Katholizismus. Die *Compagnie du Saint-Sacrement*, eine in den zwanziger Jahren des 17. Jahrhunderts gebildete, das ganze Land umfassende und im Geheimen arbeitende effiziente politisch-religiöse Vereinigung, erklärte den »Gefahren der Zeit« den heiligen Krieg; unter diesen Gefahren nahmen die Landstreicherei und die Bettelei, als »Unordnung der Armen« bezeichnet, eine herausragende Stellung ein. Seit 1631 machte die *Compagnie du Saint-Sacrement* die Einschließung der Armen in den Generalspitälern zu ihrem Programm. Man wollte dadurch die Wirksamkeit der karitativen Maßnahmen sicherstellen, also den Armen eine reale Unterstützung zu möglichst niedrigen Kosten bieten und zugleich die Gefahr einer sozialen Revolte unterbinden, die in der Zeit der Fronde von der Landstreicherei ausging. »Der Arme, der aufgrund seiner Geburt dem Reichen dienen sollte«, wird, wie es in einer Broschüre heißt, die den Plan für ein Generalspital in Toulouse vorstellt, für immer demoralisiert sein, wenn er seine Jugendzeit mit Bettelei, Müßiggang und Landstreicherei verbringt. Das Motiv der »sozialen Dressur« wird hier klar ausgesprochen, und die in dem Plan vorgesehenen konkreten Maßnahmen, die ab 1647 in Toulouse verwirklicht wurden, dienten diesem Ziel hervorragend. Für praktisch alle Armen war von frühester Jugend an die Arbeit vorgesehen, und zwar auf der Grundlage ihrer Einschließung und der Verhinderung individueller Almosen.

Das bedeutendste Vorhaben der *Compagnie* war die Schaffung eines Generalspitals in der Hauptstadt der Monarchie. Bei früheren Versuchen, eine solche Institution aufzubauen, hatte man beträchtliche Erfahrungen gesammelt. Die veränderte soziale Situation hatte das Problem der Armen verschärft: Henri Sauval, ein Pariser Historiker des 17. Jahrhunderts, schrieb, die Zahl der Bettler in der Stadt sei auf 40000 angewachsen. Die *Compagnie du Saint-Sacrement* organisierte die Verteilung von Almosen in Verbindung mit religiöser Unterweisung, schuf ein mildtätiges Magazin *(Magasin Général Charitable)* und wies die mildtätigen Vereinigungen in den Pfarreien an, sich systematisch der Armen anzunehmen. Im *Hôpital général* von Paris, das durch königliche Verordnung vom 4. Mai 1665 gegründet wurde, nahmen Mitglieder der *Compagnie* fast die Hälfte der 26 Sitze in der Verwaltung des Spitals ein. Eine der ersten Maßnahmen der neuen Verwaltung bestand in der Aufstellung einer speziellen Wachmannschaft zur Verhaftung von Bettlern und Landstreichern. Man gab bekannt, daß auf Bettelei die Auspeitschung und beim Rückfälligwerden die Verschickung auf die Galeere stehe. Das Pariser *Hôpital général* schritt zur nächsten Einschließung der Armen.

Im Jahre 1657 zählte das Spital rund 6000 Insassen, die sich überwiegend freiwillig gemeldet hatten; nur zum geringen Teil waren es gefangene Bettler. Die Strafandrohung und das Ende der individuellen Hilfe übten einen recht wirksamen Druck aus. Emanuel Chill, der das Problem der Einschließung der Bettler untersucht hat, bemerkt zutreffend, daß die traditionelle Mildtätigkeit und Armenfürsorge sich in individuellen Handlungen, in der aufopferungs- und entsagungsvollen Tätigkeit der frommen Mitglieder der *Compagnie du Saint-Sacrement* oder auch in der religiösen Literatur geäußert habe, nicht aber in den strengen, düsteren und bedrohlich erscheinenden Gebäuden des *Hôpital général*. Das Spital konnte nicht alle Armen aufnehmen, aber es sollte alle durch die gefängnisartigen Lebensbedingungen in Schrecken versetzen. Bei Verstößen gegen die Arbeitsdisziplin oder bei Nichterfüllung religiöser Gebote konnten die Administratoren die Insassen zur Auspeitschung, zum Pranger oder zur Kerkerhaft verurteilen. Die in dem Spital eingeschlossenen Armen mußten graue Gewänder mit Kapuze tragen; die Gewänder zeigten das Emblem des Spitals und aufgenäht eine individuelle Nummer.

Das Werk überlebte seine Gründer. Die *Compagnie du Saint-Sacrement*, von ihren Gegnern als »Kabale der Frömmler« bezeichnet, wurde von Mazarin aufgelöst, doch das Pariser *Hôpital général* bestand weiter und dehnte seinen Wirkungsbereich aus.

Die einzelnen Spitäler und Hospize, die zum *Hôpital général* gehörten, spezialisierten sich nach und nach. Das Spital namens *Pitié*, in dem die Verwaltung der gesamten Institution saß, bot hauptsächlich Mädchen und Kindern Unterkunft (im Jahre 1663 befanden sich hier rund 1300 Personen, darunter 236 Schwerkranke, 687, die in den Werkstätten eingesperrt waren, 351 Mädchen und 120 Jungen, die die Schule besuchten). Das Spital der *Salpêtrière* (das heißt »Salpeterwerkstatt«, weil dieses Hospital die Gebäude des einstigen, unter Ludwig XIII. errichteten

Arsenals benutzte) konnte in 463 Betten 628 Bettler unterbringen und war ausschließlich für Frauen bestimmt; später wurden zusätzliche Räume angebaut (darunter eine Besserungsanstalt für Prostituierte), und im Jahre 1666 befanden sich hier bereits über 2300 Arme, im Jahre 1679 annähernd 4000. Bicêtre, einst als Heim für Kriegsinvaliden errichtet, wurde jetzt zu einem Hospiz für Männer, deren Zahl zwischen 1000 und 1400 schwankte. In der Savonnerie richtete man ein Heim für Jungen im Schulalter ein, im sogenannten Haus des Scipio brachte man hochschwangere Frauen und Säuglinge unter. Insgesamt reichte die in den verschiedenen Institutionen des Pariser *Hôpital général* eingeschlossene arme Bevölkerung am Ende des 17. Jahrhunderts an die Zahl von 10000 Menschen heran.

Im Jahre 1666 wurden in den Hospizen des Pariser *Hôpital général* Werkstätten eingerichtet. In der im gleichen Jahr herausgegebenen Broschüre heißt es: »Trotz aller möglichen Widerstände gibt es inzwischen in keinem der Häuser des Spitals Arme, die nicht beschäftigt wären, mit Ausnahme derer, die schwer krank oder ganz gebrechlich sind. Selbst Alte, Krüppel und Lahme werden zur Arbeit gezwungen, und seit diese allgemeine Arbeit eingeführt wurde, gibt es mehr Disziplin, mehr Ordnung und mehr Frömmigkeit unter den Armen.« Gearbeitet wurde sogar in den Kinderheimen und im Haus des Scipio, wo die Wöchnerinnen webten oder strickten.

In den Häusern des Spitals gab es drei Formen der Arbeitsorganisation: Teils wurden die Werkstätten vom Spital auf eigene Rechnung betrieben, teils in Form einer Gesellschaft, teils auch von Kaufleuten, die mit dem Spital einen Vertrag abgeschlossen hatten. In solchen Verträgen war vorgesehen, daß die Kaufleute bestimmte Beträge an das Spital entrichten; ähnlich war es auch in dem Fall, daß Spitalinsassen zu Bauarbeiten oder sonstigen Tätigkeiten »ausgeliehen« wurden: Zwei Drittel ihres Lohns mußten an das Spital überwiesen werden.

Wir kommen hier zu einem Punkt, der für das Phänomen der französischen Generalspitäler besonders bedeutsam ist: Die Arbeit in den Spitalwerkstätten brachte überhaupt keinen Gewinn. »Man darf nicht glauben«, lesen wir in einer 1666 erschienenen Schrift, »daß die Manufakturen jetzt oder irgendwann die Unterhaltung des Spitals sicherstellen oder ihm nennenswerte Einkünfte verschaffen könnten.« Tatsächlich war es nicht nur so, daß die Zwangsarbeit der Armen in den Werkstätten dem *Hôpital général* keinerlei Einkünfte verschaffte – sie war sogar eine zusätzliche Belastung für sein Budget. Aber der Arbeitszwang soll ja auch der sozialen und religiösen Erziehung dienen – und nicht der wirtschaftlichen Ausbeutung der Arbeitskraft. Man wollte die Armen zur Wertschätzung der Arbeit erziehen. Was in diesem Sinne erreicht wurde, beschreibt die erwähnte Broschüre mit den folgenden Worten: »Viele Arme haben die Arbeit liebgewonnen, und man kann sagen, daß alle zur Arbeit fähig sind; ihre faulen und schlechten Gewohnheiten gewinnen jedoch oft die Oberhand über ihre Versprechungen und Beteuerungen wie auch über die Bemühungen der Direktoren und des Personals des Spitals.«[6]

Zweck der Einschließung und des Arbeitszwangs in der Institution des Generalspitals ist also, das Arbeitsethos durchzusetzen und durch Angst, Drohung und Gewalt zu verbreiten. Der spektakulär repressive Charakter, den die Sozialfürsorge in den modernen Zeiten annimmt, hat seine ideologische Funktion.

Sowohl bei der Gründung des *Hôpital général* als auch später rief der unverhüllt an eine Strafanstalt gemahnende Charakter der neuen Institution allgemeinen Unwillen und Besorgnisse hervor. Das schloß sogar den Kreis der unmittelbaren Initiatoren ein. Vinzenz von Paul, der der *Compagnie du Saint-Sacrement* verbunden war, hatte gegen die Politik der Vertreibung der »fremden« Armen aus der Stadt große Vorbehalte. Auch an der Idee des *Hôpital général*, die er anfangs unterstützte (der hl. Vinzenz bestimmte für diesen Zweck die Gebäude zweier Pariser Hospize, über die er die Verfügung hatte: Bicêtre und La Salpêtrière), kamen ihm in dem Maße, wie sie Wirklichkeit wurde, Zweifel. Er lehnte es ab, die Leitung des *Hôpital général* zu übernehmen, weil ihm nicht klar war, ob die Politik der Einschließung der Armen dem Willen Gottes entsprach. Diese Politik wurde übrigens sowohl im 17. wie im 18. Jahrhundert immer wieder von verschiedenen Kreisen der französischen kirchlichen Öffentlichkeit angegriffen. Sie stieß auch auf Ablehnung beim einfachen Volk, das bisweilen aktiv für die Bettler Partei ergriff, die sich der Einschließung widersetzten. In den Gründungsakten der Generalspitäler ist immer wieder davon die Rede, daß es nicht erlaubt sei, die Diener des Spitals zu mißhandeln, denen denn auch bisweilen erlaubt wurde, Waffen zu tragen.

Jean-Pierre Gutton, der die Geschichte der Sozialfürsorge in

[6] Ebd., S. 189.

Frankreich erforscht hat, stellt fest, daß unter jenen, die zur Verteidigung der Armen Tumulte und Unruhen anzetteln, Handwerker, Diener, Lakaien und Arbeiter waren, und er weist auf die unterschiedlichen Motive hin: ein Gefühl der gemeinsamen sozialen Zugehörigkeit, Irritationen angesichts der unlauteren Konkurrenz der Werkstätten in den Spitälern und schließlich die Lust am Ungehorsam und die Abneigung gegen die Repräsentanten der Macht, aber zugleich auch ein weiterbestehendes traditionelles Mitgefühl gegenüber dem Elend und die religiöse Heiligung der Armut. Schließlich muß auch die Arbeitsmarktsituation und die Art der Beschäftigung beachtet werden. Die Masse der Menschen, die von Gelegenheitsarbeiten lebten, litt unter der Unbeständigkeit der Beschäftigung; immer wieder gab es Zeiten, da sie von Unterstützung leben mußten, und so fühlte sich die städtische Arbeiterbevölkerung mit den Bettlern solidarisch. Das wird aus den von Arlette Farge untersuchten Pariser Polizeiakten des 18. Jahrhunderts deutlich, in denen es um Unruhen und Schlägereien geht, die von Polizeimaßnahmen gegen Bettler ausgelöst wurden. Ein Haufen von 250 Pflasterern, die sich ihren Lohn abholen wollen, befreit im Jahre 1758 einen Bettler aus den Händen der Polizei; ein anderes Mal ruft ein festgenommener Bettler um Hilfe: »Maurer, her zu mir!« oder: »Burschen, hierher!« Oder eine Abteilung von Spitalswächtern führt einen sechzigjährigen verkrüppelten Bettler ab, der ertappt wurde, wie er um Almosen bat; da ruft einer der Zeugen dieser Szene, ein Bauhandwerker: »Diese Halunken verhaften einen, der das Pech hatte, bei der Arbeit vom Dach zu fallen, aber anderen Bettlern tun sie nichts.« Für die Menschen bestand zwischen der Einsperrung der Bettler und allen erdenklichen Strafmaßnahmen ein Zusammenhang, denn schließlich waren unter den Verbrechern, die auf die Galeeren geschickt wurden, ja auch Bettler. Im Jahre 1704 wurde zum Beispiel durch ein Gerichtsurteil in Orléans ein Bauer aus Jussy-en-Bourbonnais auf die Galeeren geschickt, »als Landstreicher und gesunder Bettler, der vielen Personen, die ihm kein Almosen oder Nachtlager gewähren wollten, angedroht hat, ihr Haus anzuzünden«: Zu drei Jahren verurteilt, starb er im Jahre 1707 im Spital der Galeerenhäftlinge. Die Ambivalenz der Einschließung von Bettlern, die keine Strafe, sondern im Grunde eine Manifestation barmherziger Gefühle sein sollte, rief offensichtlich spontane Protestäußerungen hervor.

In den Tagen der französischen Revolution Anfang September

1792 stürmten die Pariser Massen in panischer Furcht vor einem Verrat der Revolution die Gefängnisse und verübten an zahlreichen Insassen Lynchjustiz, während sie andere befreiten. Sie drangen auch in die Häuser des *Hôpital général* ein, die offenbar immer noch so düster und kerkerhaft wirkten wie hundert Jahre zuvor. Restif de la Bretonne, ein »nächtlicher Beobachter« des Pariser Lebens, hat uns eine Schilderung der blutigen Szenen der Abrechnung mit dem Personal des Spitals und der Befreiung der Frauen in der Salpêtrière hinterlassen (im Spital befanden sich in diesen Jahren schon annährend 8000 Insassen, hauptsächlich Frauen). Interessant ist, wie er das Mädchenheim in diesem Spital beschreibt: »Diese unglücklichen Wesen führen hier ein trauriges Leben. Immer in der Schule, immer in Reichweite der Peitsche der Aufseherin, zum ewigen Zölibat verdammt, zu einer schlechten und ekelerregenden Kost, können sie nur auf einen glücklichen Zufall hoffen: daß jemand sie in Dienst nimmt oder in die Lehre für einen anstrengenden Beruf. Aber selbst dann, was für ein Leben! Es braucht nur ein ungerechter Arbeitgeber eine kleine Beschwerde zu äußern, schon werden sie ins Spital zurückgebracht und bestraft ... (es sind) beleidigte Wesen, die, selbst wenn ein Zufall sie ins gesellschaftliche Leben schleudern sollte, die geringste Stellung einnehmen werden.«[7]

Das 18. Jahrhundert erhielt diese Einrichtungen aufrecht, nahm aber daneben wesentliche Veränderungen in der Sozialpolitik vor. Die Verbindung von Repression und Barmherzigkeit in den Generalspitälern des 17. Jahrhunderts wurde im folgenden Jahrhundert Gegenstand allgemeiner Kritik. Die humanitäre Reform der Sozialfürsorge sollte die berufsmäßigen Landstreicher, auf die – als Verbrecher – das Gefängnis wartete, von den Armen trennen, die ihrerseits organisierte Unterstützung und Beschäftigung erhalten sollten; die freie Arbeit sollte die Regel sein, im Gegensatz zum Arbeitszwang und den Manufakturen der Spitäler. Die Funktion des Pariser *Hôpital général* wurde jetzt in anderen Teilen des Landes von neuen Institutionen ausgefüllt: den *Dépôts de mendicité*.

Die königliche Gesetzgebung des 18. Jahrhunderts hat in den Generalspitälern über lange Zeit das grundlegende Organisationselement der Sozialpolitik gesehen. Die Deklaration von 1727 faßte die Frage der Arbeit weiterhin als grundlegend auf und gebot den Bettlern, die keine Arbeit hatten, sich bei den

[7] Restif de la Bretonne, Les nuits de Paris. Ausgewählt v. P. Boussel, Paris 1963, S. 287.

Spitälern zu melden, die irgendeine Beschäftigung für sie finden würden (vor allem bei öffentlichen Arbeiten). Das Betteln wurde als ein Verbrechen angesehen: Beim ersten Mal drohte die Einschließung für mindestens zwei Monate im Generalspital, beim zweiten Mal die Einschließung für mindestens drei Monate und die Kennzeichnung mit dem Buchstaben M (für *mendiant*, Bettler); beim dritten Mal drohte Männern eine Galeerenstrafe von fünf Jahren, den Frauen fünf Jahre Einschließung im Generalspital (die Gerichte konnten die Dauer dieser Strafe bis zur lebenslänglichen Einschließung heraufsetzen). Nach den Deklarationen von 1764 und 1767, die sich gegen die Landstreicher richteten, galten diese als Verbrecher; als solcher wurde man angesehen, wenn man sechs Monate lang ohne Arbeit war und kein Führungszeugnis besaß. Als Internierungsort für Landstreicher und »gesunde Bettler« traten an die Stelle der Generalspitäler die *Dépôts de mendicité* (die Generalspitäler sollten die Armen jeglicher Art aufnehmen). Der spätere Finanzminister Necker schätzte in seinem Werk ›Finanzverwaltung Frankreichs‹ im Jahre 1784 die Zahl der Plätze in den 33 *dépôts* auf sieben- bis achttausend. Bis zum Jahre 1773 wurden im Pariser Bezirk (Géneralité de Paris) 18523 Bettler verhaftet, von denen 11895 die Freiheit wiedererlangten, 88 in die Armee eintraten, 3158 in der Einschließung starben und 1963 entflohen. Die Bettler sollten in den *dépôts* nur eine zeitweilige Unterkunft finden, bis sie von ihren Angehörigen oder einem Arbeitgeber reklamiert wurden. Für längere Zeit wurden nur die Landstreicher und die professionellen Bettler festgehalten (nach einer Verordnung von 1785 konnte man zu einer langjährigen Einschließung in den *dépôts* verurteilt werden). Alle Häftlinge hatten vom Sonnenaufgang bis zum Sonnenuntergang zu arbeiten, und zu diesem Zweck waren die *dépôts* mit entsprechenden Werkstätten ausgestattet. Immer wieder kam es in diesen Ansammlungen von Bettlern zu Unruhen und Aufruhr, oft schlugen diese Unruhen (wie in Rennes im Jahre 1782) in eine offene und blutige Revolte um. Zugleich fehlte es an den Mitteln für den Unterhalt der *dépôts*; darüber klagten alle Provinzen. Die Beschwerdehefte *(cahiers de doléances)* der Etats, der Ständeversammlungen, weisen außerdem darauf hin, daß die Institution der *dépôts* im Kampf gegen die Bettlerplage versagte. Der Ausbruch der Revolution bedeutete das Ende der *dépôts*.

Die Erfahrung der »großen Einschließung« hatte eine kaum zu überschätzende Bedeutung in der Herausbildung der modernen

Gesellschaften Europas. Sie sorgte mit ihrer eigentümlichen Mischung von karitativen Absichten und Strenge der Repression für die Durchsetzung des Arbeitsethos. Die Arbeit wurde – unabhängig von unterschiedlichen Formen und zeitlichen Verschiebungen – sowohl in den protestantischen wie den katholischen Ländern, sowohl in den Gebieten fortgeschrittener Industrialisierung wie den agrarischen Gesellschaften, denen die industrielle Revolution noch bevorstand, zu einer Form der Erziehung oder Sozialisierung. Die Verbindung von Gefängnis und Manufaktur in den neuzeitlichen Spitälern wirft ein eigentümliches Licht auf die Anfänge der modernen Fabrik: Ihre Organisation, ihre innere Ordnung, die Normen der Arbeitsdisziplin und schließlich das äußere Erscheinungsbild, von dem einige Spuren in der Landschaft der Industriestädte bis ins 20. Jahrhundert erhalten geblieben sind, haben gewisse Merkmale mit dem Gefängnis gemein.

V. Die moderne Welt und das Elend

Wenn wir uns der Gegenwart nähern, scheint die Vergangenheit dynamischer zu werden, treten die Konturen der Ereignisse, Prozesse und Einstellungen schärfer hervor. Oft hört man, der Ablauf der Geschichte beschleunige sich. Dahinter steckt einerseits die Feststellung, daß der Entwicklungsrhythmus der menschlichen Gesellschaften sich infolge der industriellen Revolution verändert hat, doch andererseits liegt das an der psychologischen Perspektive, in der uns nähere Ereignisse oftmals größer, klarer und bedeutsamer erscheinen als die einer fernen Vergangenheit. Wir haben in diesem Buch zunächst die mittelalterliche Doktrin der Armut mit der sozialen Realität konfrontiert; sodann haben wir die Anfänge der modernen Sozialpolitik und die Wandlungen in den kollektiven Einstellungen gegenüber dem Elend erörtert. Die Prozesse, deren Verlauf wir bisher zu umreißen versuchten, umfassen einen weiten Zeitraum – fast tausend Jahre. Ohne sonderliche Mühe ließe sich zeigen, daß es dem vorindustriellen Europa innerhalb dieses zeitlichen Rahmens bereits gelungen war, all die gesellschaftlichen Einstellungen zu Armut und Reichtum, ja vielleicht sogar auch die grundlegenden sozialpolitischen Programme zu entwickeln, die in der Industriegesellschaft der Gegenwart erscheinen oder nebeneinander existieren. In der Sozialgeschichte der beiden letzten Jahrhunderte verändern sich jedoch die grundlegenden quantitativen Beziehungen zwischen Armut und Reichtum, erweitern oder verändern sich die Bande der Solidarität zwischen den Menschen. Das Problem der Armut gerät in den Kontext der industriellen Entwicklung.

1. Die Pauperisierung und die »Entdeckung der Armut«

Giammaria Ortes, den Marx für einen der bedeutendsten Ökonomen des 18. Jahrhunderts hielt, schrieb im Jahre 1774: »Der Reichtum einer Nation entspricht ihrer Bevölkerung, und ihr Elend entspricht ihrem Reichtum. Der Fleiß der einen ist die Ursache des Müßiggangs der anderen. Die Armen und die Müßiggänger sind ein unausweichliches Produkt der Reichen und der Fleißigen.«[1] Der Kamaldulenser aus Venedig drückt in diesen Worten seine Überzeugung aus, daß das Elend ein Naturphänomen sei, ein integraler Bestandteil der gesellschaftlichen Ordnung. Dieser Standpunkt deckt sich jedoch nicht mit der Auffassung des Mittelalters, das die Stellung der Armen innerhalb der speziellen Funktions- und Aufgabenteilung in der christlichen Gemeinschaft akzeptierte. Er weicht auch von der Literatur über die Armen aus den Anfängen der Neuzeit ab. Die Eigentümlichkeit des Diskurses über die Armen in der zweiten Hälfte des 18. Jahrhunderts rührt daher, daß er neue Fragen behandelt, die sich vorher nicht stellten. Es geht nicht mehr darum, Mittel zu finden, um die gesellschaftliche Plage der Bettler und Landstreicher zu beseitigen, sondern vor allem darum, den Pauperismus als Massenphänomen zu erforschen und zu verstehen, also seine Ursachen und seine Stellung innerhalb des modernen Wirtschaftssystems zu bestimmen. Dieser Wandel in der Denkweise bezüglich der Armen und des Pauperismus ist Bestandteil der Geschichte des gesellschaftlichen Denkens und kann nur im Kontext der geistigen Bewegung jener Zeit untersucht werden. Aber natürlich war auch die Beobachtung der sozialen Realität von Bedeutung: Das Phänomen des Pauperismus änderte sich in seinem Charakter, nahm dramatische Ausmaße an, brachte Unruhe und Ungewißheit in die Reflexion über den historischen Fortschritt hinein.

Die gesellschaftlichen Prozesse verliefen im 18. und 19. Jahrhundert differenzierter als in den Anfängen der Neuzeit. Die Industrialisierung führte zu einer eigentümlichen Beschleunigung der Entwicklungsrhythmen, doch die Ausmaße dieser Beschleunigung hingen von den lokalen Gegebenheiten der Städte, Regionen oder Länder ab. Daher rührt es auch, daß die soziale Konjunktur einen lokal geprägten Charakter hat. Die Entwicklung von Verkehr und Handel, die Binnenwanderungen der Arbeitskräfte, die Entwicklung des Arbeitsmarktes und – zu einem späteren Zeitpunkt – auch das Eingreifen von Institutionen der Solidarität der Arbeitgeber wie der Arbeiter setzen Mechanismen in Gang, durch welche die Niveauunterschiede der Löhne und Preise reguliert und ausgeglichen werden. Hinter den Durchschnittszahlen verbergen sich jedoch immer noch gegensätzliche Sachverhalte: Unverhoffte Aufschwünge und ebenso überraschende Niedergänge von Produktionszentren,

[1] G. Ortes, Della economia nazionale libri sei. Venedig 1774.

Städten, Regionen oder Industriezweigen. Wirtschaftliche Niedergänge ziehen wiederum nicht immer die gleichen sozialen Folgen nach sich; wir haben ja auch in früheren Perioden unabhängig von der »ursprünglichen Akkumulation« das Phänomen der sozialen Kosten des Wachstums beobachtet. Die Armut begünstigte die Urbanisierung und die Niederlassung von Industrien. Das eigentliche Problem ist jedoch die Frage nach der allgemeinen Entwicklungsrichtung des Lebensstandards in den modernen Gesellschaften. Die Frage zielt auf die soziale Bilanz der kapitalistischen Entwicklung, also nicht nur auf den in den vorhergehenden Kapiteln dargelegten Zusammenhang zwischen Elend, Pauperisierungsprozessen und Kapitalismus, sondern auch auf die große Kontroverse darüber, ob die Entwicklungstendenz des Kapitalismus dahin geht, daß die breiten Massen absolut verarmen.

Marx hat die Existenzformen der relativen Überbevölkerung im Kapitalismus untersucht und dabei das Phänomen des Pauperismus zu klären versucht. Abgesehen vom Lumpenproletariat unterscheidet der Verfasser des ›Kapitals‹ drei Kategorien von »Paupers«: Arbeitsfähige, Kinder und Arbeitsunfähige. Er definiert das Elendsmilieu als »das Invalidenhaus der aktiven Arbeiterarmee und das tote Gewicht der industriellen Reservearmee«[2]. Die Erzeugung des Pauperismus betrachtet er als eine Existenzbedingung der kapitalistischen Produktion, als eine Art von *faux frais* dieser kapitalistischen Produktion. Er diskutiert das Problem des Elends im Rahmen einer allgemeinen Analyse der kapitalistischen Akkumulation. Die Beobachtung der Realität des damals führenden Industrielandes, Englands, lieferte ihm Beweise dafür, daß »die Akkumulation von Reichtum auf dem einen Pol (...) also zugleich Akkumulation von Elend, Arbeitsqual, Sklaverei, Unwissenheit, Brutalisierung und moralischer Degradation auf dem Gegenpol (ist)«[3].

Dieser Überzeugung begegnet man auch in den Schriften vieler Beobachter der sozialen Situation in den europäischen Ländern an der Wende vom 18. zum 19. Jahrhundert. »Die Armen im Land sind wie der Schatten im Bild: Sie bilden den unerläßlichen Kontrast«[4], schrieb im Jahre 1740 der französische

[2] K. Marx, Das Kapital. Bd. 1, 23. Kap., 4. In: Ökonomische Schriften. Hg. v. H.-J. Lieber und B. Kautsky. Stuttgart 1962, S. 777.

[3] Ebd., S. 779.

[4] Vgl. J. Kaplow, The Names of Kings. The Parisian Labouring Poor in the Eighteenth Century. New York 1971, S. 27.

Arzt und Moralist Philippe Hecquet. In einer 1786 erschienenen Abhandlung über die Gesetze für die Armen meinte der anglikanische Geistliche Joseph Townsend, das Elend sei eine Garantie für den ständigen Strom von Arbeitskräften zu den schwersten Arbeiten, da der Hunger »nicht nur einen ruhigen, stillen und unablässigen Druck ausübt, sondern auch als das natürlichste Motiv der Eintracht und der Arbeit zu den größten Anstrengungen bereit macht«. Einen ähnlichen Standpunkt nahm bereits zu Anfang des 18. Jahrhunderts Bernard Mandeville in der ›Bienenfabel‹ ein, in der er es als normal betrachtet, daß die Armut eine Garantie für das Anbieten der Arbeitskraft darstellt: »Kein Mensch würde Armut und Mühsal auf sich nehmen, wenn er es nicht seines Lebensunterhalts wegen nötig hätte. Die absolute Unentbehrlichkeit von Speisen und Getränken, im kalten Klima auch von Kleidung und Wohnung, zwingt ihn, alles nur irgend Erträgliche zu erdulden. Wenn niemand Bedürfnisse hätte, würde auch niemand arbeiten ...« Aus seiner Argumentation über die Notwendigkeit der Armut zieht Mandeville den Schluß, daß »in einem freien Volk, wo die Sklaverei verboten ist, der sicherste Reichtum in einer großen Menge schwer arbeitender Armer besteht«.

Das ungeheure Ausmaß des Elends erschien nicht nur als ein hinzunehmendes notwendiges Übel (Mandeville berief sich darauf, daß »ein Fluch auf unserer Erde lastet und wir unser Brot im Schweiße unseres Angesichts essen sollen«) oder schlicht als Folge der gesellschaftlichen Funktionsteilung, sondern auch als Gefahr für die öffentliche Ordnung und als Hindernis für das richtige Funktionieren des gesellschaftlichen Systems. Als der bekannteste Vertreter dieser Tendenz kann Malthus gelten. Er sieht im Pauperismus ein für das gesellschaftliche Gleichgewicht gefahrliches Phänomen, das seine Ursache im absoluten Überschuß der Arbeiterbevölkerung hat. Nach der Auffassung von Malthus wird der Pauperismus stetig und unerbittlich zunehmen, weil er von demographischen Verhaltensweisen abhängt, auf die man kaum Einfluß nehmen kann.

Die Industrialisierung saugte die Massen der Zuwanderer vom Lande, die Hauptursache des Pauperismus in der vorhergehenden Epoche, zum überwiegenden Teil auf. Sie verlieh dem Phänomen jedoch auch einen anderen Charakter. Den sozialen Bereich, in dem das Elend angesiedelt war, bildete vor allem die Masse der Arbeiterbevölkerung, die durch die Proletarisierungsprozesse auf dem Lande wie in der Stadt entstand. Die alltäglichen Lebensbedingungen, die Wohnungssituation, der Gesundheitszustand, die vielköpfigen Familien, der äußere Anblick und die sozialen Verhaltensweisen waren die Grundlage, auf der man die Arbeiter mit den Bedürftigen gleichsetzte. Vom Ausmaß der Proletarisierungsprozesse zeugt die Tatsache, daß in Frankreich um 1790 nicht weniger als 40 Prozent der Landbevölkerung zu den Kategorien des Proletariats und des Halbproletariats zählten. In den Städten machten die Lohnarbeiter zu dieser Zeit 45 bis 60 Prozent der Bevölkerung aus. Wegen der weitgehenden Gleichsetzung von Arbeitern und »Armen« verleiht die Proletarisierung dem Pauperismus eine massenhafte Dimension.

Einer der wichtigsten Gründe für die Verschlechterung der Lebensverhältnisse der Arbeiter ist die Arbeitslosigkeit. Im Jahre 1784 machte der Klerus von Lyon auf die besondere soziale Situation aufmerksam, die im Hauptindustriezweig dieser Stadt herrschte, der Seidenindustrie, deren Schicksal von verschiedensten Faktoren abhing: den Entscheidungen des Königs bezüglich des Außenhandels, der Rohstoffversorgung, den Schwankungen der Konjunktur auf den Absatzmärkten und dem Wechselspiel der Konkurrenz. All das führte zu raschen Änderungen der Beschäftigungslage: »Heute genügen also 60000 Arbeiter, morgen können 20000 zuviel sein.« Jede Konjunkturschwankung zog dramatische soziale Konsequenzen nach sich, die Arbeitslosigkeit wurde zu einem integrierenden Bestandteil des Lebens der Arbeiterklasse. Deshalb tauchten unter den Hilfsempfängern so häufig Arbeiter, besonders deren Frauen und Kinder auf.

Einen bestimmenden Einfluß auf die Lebensverhältnisse der Massen und damit den Pauperisierungsprozeß hatte auch die Preisbewegung. Der polnische Historiker Witold Kula hat gezeigt, daß die Preise der Waren des Grundbedarfs, also im wesentlichen der Nahrungsmittel, stärker stiegen als die Preise von Artikeln des höheren Bedarfs und daß innerhalb der langfristigen konjunkturellen Veränderungen die Perioden des Preisanstiegs in der Regel länger waren als die Perioden des Preisrückgangs. Die Artikel des höheren Bedarfs, bis hin zu Luxusgütern, die im Budget der wohlhabenderen Schichten einen bedeutenden Platz einnahmen, wurden relativ oder absolut billiger, so daß sich die sozialen Ungleichheiten verstärkten. Erst die allmähliche Demokratisierung des Verbrauchs von Artikeln des höheren Bedarfs in den nachfolgenden Phasen der wirtschaftlichen Entwicklung wirkte sich positiv auf eine Hebung des Lebensstandards der breiten Massen aus.

Die Beobachtung der sozialen Realität im Europa des 19. Jahrhunderts führte zu dem Schluß, daß die Verarmung der breiten Masse der Werktätigen eine allgemeine Tendenz sei. Ohne uns hier auf die alte Diskussion über den Charakter der Pauperisierungsprozesse einzulassen, müssen wir doch auf drei Schlußfolgerungen eingehen, wenngleich sie wie Binsenweisheiten klingen. Erste Schlußfolgerung: Die allgemeine Tendenz des 19. und 20. Jahrhunderts geht dahin, daß der Lebensstandard der Arbeiterbevölkerung sich nach und nach bessert und die Gleichsetzung des Arbeiters mit dem Hungerleider brüchig wird. Zweite Schlußfolgerung: Durch dramatische Rückgänge der sozialen Konjunktur, die mehr oder weniger allgemeinen Charakter haben, kommt es zu einer zeitweiligen Verschlechterung der Lebensbedingungen der Arbeiter oder auch nur zur Verarmung einiger Kategorien. Dritte Schlußfolgerung: Der wirtschaftliche Fortschritt hebt die Unterschiede in der Aufteilung des Nationaleinkommens nicht auf, er ebnet nicht die gesellschaftlichen Ungleichheiten ein.

Wenn wir unser Interesse auf jene Kategorien beschränken, die nach dem allgemeinen Empfinden im Elend leben und Unterstützung benötigen, dürfen wir nicht die Tatsache übersehen, daß es bis zur Mitte des 19. Jahrhunderts üblich ist, die Arbeiter als »Arme« zu bezeichnen. Im 19. Jahrhundert besteht zwischen dem Problem des Elends und des Pauperismus und der »Arbeiterfrage« ein enger Zusammenhang; aber auch im 20. Jahrhundert sieht man in den entwickelten Ländern die Probleme der Sozialfürsorge unter dem Aspekt des Arbeitsmarktes, im Rahmen des Dilemmas »Arbeit oder Unterstützung«, im Zusammenhang mit den Pflichten der Gemeinschaft gegenüber jenen, denen sie keine angemessenen Existenzbedingungen zu sichern vermochte. Die Ungewißheit der Zukunft prägte durchweg das Leben der Arbeiter. Die Fabriken waren um die Mitte des 19. Jahrhunderts ein gesundheits- und lebensgefährdender Ort, aber sie boten größere Garantien für eine stetige Beschäftigung; die Arbeiter, die nicht zum »Industrieproletariat« gehörten, waren in dieser Hinsicht schlechter gestellt. Doch in Frankreich waren um 1840 nur 31 000 Arbeiter in mechanischen Spinnereien beschäftigt, eine halbe Million dagegen in der traditionellen, kaum mechanisierten Weberei, in der ständig die Arbeitslosigkeit drohte. In einer unter diesem Aspekt üblen Lage waren auch sämtliche Kategorien von ungelernten und angelernten Arbeitern. Vor dem Ersten Weltkrieg belief sich die Arbeitslosigkeit unter den Londoner Fabrikarbeitern auf 2 Prozent, während an einem normalen Tag bis zu 36 Prozent der Dockarbeiter ohne Arbeit blieben. Das bedeutete, daß die Existenz ihrer Familien häufig von Unterstützung abhing.

Eine grundlegende Frage des industriellen Zeitalters ist der Grad der Beteiligung der einzelnen Klassen und Gruppen an den Vorteilen des Wirtschaftswachstums. Wilhelm Abel hat gezeigt, daß das durchschnittliche Niveau der Arbeitslöhne in Deutschland in der Zeit von 1801 bis 1951 auf das Zwölffache stieg, der Preis des Eisens auf das Doppelte und der Roggenpreis annähernd auf das Dreifache. Dies ist ein vereinfachender und etwas willkürlich gewählter Vergleich, aber die allgemeine Tendenz ist richtig getroffen: Die Realeinkommen der Arbeiter stiegen, und gleichzeitig verkürzte sich die Arbeitszeit, und die Arbeitsbedingungen sowie die Lebensverhältnisse besserten sich. Doch gleichzeitig erreichte die materielle Ungleichheit gewaltige Ausmaße und wurde von immer mehr Menschen als eine Verletzung der natürlichen Ordnung empfunden. Unabhängig von objektiven Indikatoren der Armut und empirischen Verfahren zur Ermittlung der »Armutsschwelle« spielt das subjektive Empfinden der Armut und der Benachteiligung eine ungeheure Rolle. In den großen Untersuchungen, die man im 20. Jahrhundert über die Armut in der Industriegesellschaft durchgeführt hat, wurden sowohl objektive als auch subjektive Indikatoren verwendet.

Im Jahre 1904 veröffentlichte der Amerikaner Robert Hunter, der in philanthropischen und sozialen Organisationen tätig war, ein Buch über die Armut in den USA. Der Untertitel des Buches ›Das soziale Gewissen in der Ära des Fortschritts‹ läßt bereits die Intention des Autors deutlich werden, der seine Arbeit aber dennoch als eine soziologische Untersuchung verstanden wissen will. Für Hunter war die Armut ein Syndrom, in dem materielle Mängel, physische Schwäche und eine durch soziopsychologische Randstellung gekennzeichnete Lebensweise (etwa bei den Landstreichern und den Einwanderern) zusammenkamen. Als Armutsgrenze nahm er ein durchschnittliches jährliches Familieneinkommen von 460 Dollar im Industriegürtel und 300 Dollar im Süden an; der Vorsitzende der Bergarbeitergewerkschaft sah die Armutsgrenze damals bei einem Jahreseinkommen von 600 Dollar. Unter Berücksichtigung der zeitweiligen Arbeitslosigkeit errechnete Hunter, daß von den 82 Millionen Einwohnern der kontinentalen USA mindestens 10 Millionen im Mangel lebten. Innerhalb dieser Masse unterschied Hunter zwischen den »Armen«, denen ihr Einkommen das Existenzminimum sicherte, und den »Paupers«, die nur dank öffentlicher Fürsorge und privater Hilfe das Existenzminimum erreichten. Ungeachtet der statistischen Kennziffern hielt er all jene für arm, die »unter der Unzulänglichkeit der Entlohnung, der Ernährung, der Bekleidung und der Wohnung und einem Übermaß an Arbeit leiden« (»Underpaid, underfed, underclothed, badly housed and overworked«).

Rund 60 Jahre später (1962) wies das schon erwähnte Buch von Michael Harrington über das »andere Amerika« auf die alarmierende Armut in der Überflußgesellschaft hin. Der soziale Kontext der Armut ist allerdings zu Beginn des 20. Jahrhunderts ein ganz anderer als in den sechziger Jahren. Auch die Sozialpolitik und die mentalen Einstellungen, gegen die sich der Alarmruf und die Absage richten, haben sich in den sechzig Jahren verändert. Galt es 1904 vor allem die Ansicht zu bekämpfen, die Armut sei der Preis, den man für einen Mangel an Talenten, ein sündhaftes Leben und moralische Verkommenheit zu entrichten habe, so ist im Jahre 1962 offenkundig, daß die Armut soziologische und ökonomische Ursachen hat, und es geht vor allem darum, die Menschen davon zu überzeugen, daß es möglich ist, die Armut zu bekämpfen, und daß dieser Kampf zu den Pflichten der Gemeinschaft gehört. Hinter der Analyse Hunters tauchte das Gespenst des Hungers auf: Wie im vorindustriellen und protoindustriellen Europa war in den Vereinigten Staaten zu Beginn des Jahrhunderts die Armutsgrenze noch immer geprägt von der Angst vor dem Hunger. In den amerikanischen Untersuchungen aus den sechziger Jahren ist von der Gefahr des Hungers oder auch nur von chronischer Unterernährung nicht mehr die Rede, sondern jetzt geht es um eine Lebensweise, die weit unterhalb der allgemeinen Normen der »Überflußgesellschaft« liegt.

Nach der großen Krise von 1930 erklärte Franklin D. Roosevelt, ein Drittel der Bevölkerung der Vereinigten Staaten sei unzureichend ernährt und gekleidet. Dreißig Jahre später veranschlagte Harrington den Bevölkerungsanteil, der im Mangel lebt, auf 20 bis 25 Prozent. In den amerikanischen Untersuchungen, die auf das Buch Harringtons und die in den USA eingeleiteten Maßnahmen zur Bekämpfung der Armut folgten, hat man statistische Indikatoren festzulegen versucht: 1965 wurde die Armutsgrenze bei einem Jahreseinkommen von 3000 Dollar für eine vierköpfige Familie beziehungsweise 1500 Dollar für eine alleinstehende Person angenommen (M. Orshansky). Zehn Jahre später ergab sich bei einer entsprechenden Heraufsetzung der Einkommensmeßzahl, daß der Anteil der Armenfamilien in den USA leicht zurückgegangen war. Ähnliche Versuche, die Armutsgrenze an der Einkommenshöhe festzumachen, gab es in dieser Zeit auch in England, wo man zu dem Schluß gelangte, daß rund zehn Prozent der Bevölkerung unterhalb der Armutsgrenze leben. Es hat sich indessen als angemessener erwiesen, nicht allein das Einkommen, sondern zusätzlich die Struktur der Ausgaben beziehungsweise des Verbrauchs zum Maßstab zu machen (im Einklang mit der im Jahre 1857 von Engels vorgetragenen These, daß der Anteil der Ausgaben für Nahrungsmittel am Familienbudget sich umgekehrt proportional zum Wohlstand verhält).

Die Verfahren zur Messung der Armut erwiesen sich gleichwohl noch immer als unzuverlässig und ließen auch keinen Vergleich zwischen verschiedenen Zeitpunkten zu. Die Studie von Benjamin S. Rowntree, der die Armut in York in drei zeitlichen Querschnitten – in den Jahren 1901, 1941 und 1951 – untersuchte, führte zu dem Schluß, daß exakte Vergleiche nicht möglich sind, weil sich die Vorstellung vom Mindestbedarf verändert hatte und sowohl die Untersuchungsverfahren als auch der Kenntnisstand der Befragten jeweils andere waren. Kritiker der Methode, die Armut am Einkommensniveau zu messen, haben darauf hingewiesen, daß das Problem der Armut in den Vereinigten Staaten eher mit einem Gefühl des relativen Mangels und der kulturellen Trennung von der übrigen Bevölkerung zusammenhänge. Wenn in den heutigen Industriegesellschaften immer wieder einmal die Armut »entdeckt« wird, so läßt sich das nicht immer auf eine Tendenz zur Pauperisierung zurückführen. Die Ursache liegt vielmehr darin, daß man sich der Einkommensunterschiede und der Ungleichheiten bewußt wird, und es äußert sich darin eine allgemeine Sensibilität für die soziale Frage sowie die Überzeugung, daß eine wirksame Bekämpfung der Armut möglich sei. Man darf jedenfalls nicht glauben, daß die Länder, in denen die Armut noch nicht »entdeckt« wurde, tatsächlich frei von ihr wären.

In der »Entdeckung« der Armut in den Industriegesellschaften äußert sich ein tiefgreifender Wandel in der Orientierung des sozialen Interesses. Es gilt nicht mehr der Situation von Einzelnen und Familien, die keinerlei Unterhaltsmittel besitzen und Unterstützung erwarten, sondern der Lage von Gruppen, Kreisen und Klassen, die in ihrem Lebensstandard und ihrem Anteil am Gesamteinkommen benachteiligt sind, deren Lebensbedingungen unterhalb eines jeweils geltenden Minimums liegen.

2. Die Idee der Philanthropie

Die Vorstellungen über die Armut haben sich im Verlauf der Neuzeit in der Weise entwickelt, daß die Bedeutung von ethischen und religiösen Motiven immer mehr zurückgeht zugunsten einer Analyse in den Begriffen der Sozialpolitik, des Gemeinwohls oder auch der Staatsräson. Das hängt unter anderem auch mit der Verselbständigung der Wirtschaftslehre zusammen, die es als eine ihrer Aufgaben betrachtet, das Ausmaß des Elends zu erforschen und zu berechnen sowie die Ursachen des Pauperismus zu ergründen. Den verschiedenen Ansichten, die über die Armen geäußert wurden und von denen wir einige oben besprochen haben, ist die Überzeugung gemeinsam, daß die Arbeit eine Pflicht für die Armen sei und ihren gesellschaftlichen Status bestimme. Den Armen Arbeitsmöglichkeiten zu geben bedeutet zugleich, ihnen eine Art von Sozialhilfe zu gewähren und den Niedergang der gesellschaftlichen Moral zu bekämpfen. In den utopischen Visionen von einem Umbau der gesellschaftlichen Ordnung, derer es in der Literatur des modernen Europa nicht wenige gibt, ist die Arbeit ein Heilmittel sowohl gegen das Elend wie gegen das Verbrechen. Die Sorge über die moralischen Folgen der Armut geht einher mit der Überzeugung, daß ein Leben im Müßiggang, auf Kosten der Gesellschaft, gefährliche Konsequenzen nach sich ziehe. Auf der Suche nach sozialpolitischen Maßnahmen gegen das Problem der Armut verfällt man daher in der Neuzeit immer wieder auf den Arbeitszwang, der denn auch die grundlegende Form ist, in der der Staat in das System der Sozialfürsorge eingreift. Man braucht nur an die französischen *Dépôts de mendicité* zu erinnern, die von der napoleonischen Administration als ein repressiv-erzieherisches System gegenüber den Bettlern und Armen auch in Italien eingeführt wurden. In England durchbrach der ›Workhouse Test Act‹ von 1723, der den Pfarrgemeinden erlaubte, sich für die Errichtung gemeinsamer Arbeitshäuser zusammenzuschließen, nicht nur das Prinzip der Verantwortung der örtlichen Gemeinschaft für »ihre« Armen, sondern er gab auch der Abneigung der begüterten Schichten gegenüber dem Müßiggang der Armen

Ausdruck: Der Arbeitszwang wurde als ein soziales Heilmittel betrachtet. Von den gleichen Prämissen gingen auch die Arbeitsordnungen in den ersten Fabriken aus.

Die Überzeugung, daß der Staat im Bereich der Sozialfürsorge eingreifen müsse, wurde eindeutig im 18. Jahrhundert formuliert. Montesquieu erklärte, der Staat müsse allen die Mittel zum Leben und angemessene Existenzbedingungen sichern. Das habe sich vor allem darin zu äußern, daß das Recht auf Arbeit verwirklicht wird. »Ein Mensch, der nichts hat und dem man das Betteln verbietet, darf verlangen, daß er von der Arbeit leben kann«, erklärten die französischen Enzyklopädisten. Als man sich der Verantwortung der bürgerlichen Gesellschaft für das Elend bewußt wurde, entwickelte sich eine staatliche Sozialpolitik, die sich teils in dem Bestreben äußerte, ein staatliches Fürsorgesystem aufzubauen, oder auch in dem Bestreben, dem Staat die Kontrolle über die wohltätigen Institutionen zu übertragen. Das Ausmaß der staatlichen Intervention hing im übrigen von vielen Faktoren ab. Wurde sie im 19. Jahrhundert im Namen des Liberalismus beschränkt, so forderte man im 20. Jahrhundert ihre Ausweitung. Große Unterschiede traten auch zwischen einzelnen Ländern auf: In Frankreich griff der Staat während des 18. und 19. Jahrhunderts zweifellos sehr viel stärker ein als in England, wo die zentralstaatlichen Behörden sich vor allem die Bekämpfung der Landstreicherei zur Aufgabe machten und es den örtlichen Behörden, dem Parlament und – in Schottland – der presbyterianischen Kirche überließen, die Sozialfürsorge zu kontrollieren.

Ein im Jahre 1834 vom englischen Parlament beschlossener Akt, der die Bezeichnung ›Neues Gesetz über die Armen‹ erhielt, kann als voller Sieg der Auffassung gelten, die Sozialpolitik müsse den Interessen des Arbeitsmarktes untergeordnet werden: Strenge Repressionsmaßnahmen sollen die Attraktivität der Arbeit erhöhen. Die Unterstützung der Armen wird dann für schädlich gehalten, wenn man von ihr besser leben kann als von der Arbeit. Der Arbeitszwang bekommt auf diese Weise einen ausschließlich ökonomischen Charakter. In den Arbeitshäusern wird eine Gefängnisdisziplin eingeführt, so daß sie zu einem Instrument der Einschüchterung werden. Einen Eindruck von der Wirksamkeit dieser Entscheidungen vermittelt das düstere Bild, das Dickens in seinen Romanen von den Arbeitshäusern zeichnet. Zugleich werden Hindernisse für die Mobilität der Arbeitskräfte aus dem Wege geräumt: Die Angst vor den Armenhäusern trieb die überschüssigen Arbeitskräfte vom Lande in die Stadt. Die öffentliche Sozialfürsorge sollte auf ein Minimum beschränkt werden. Die sozio-ökonomische Entwicklung zwang England jedoch – ebenso wie andere Länder, die ähnliche Beschlüsse faßten – zur Schaffung eines Systems der Sozialfürsorge. Die Gesetze über die Armen verloren ihre Wirkung (in England wurden sie 1929 aufgehoben), und die Regierungen ergriffen Maßnahmen im Hinblick auf die Arbeitslosigkeit, die Fürsorge für Kinder und Alte, die Gesundheitsfürsorge usw.

Hinter allen Doktrinen über die Sozialfürsorge des industriellen Zeitalters lassen sich zwei ganz charakteristische Auffassungen erkennen. Die erste sieht im Pauperismus beziehungsweise in seinen besonders auffälligen Formen ein beunruhigendes Phänomen, das es einer Kontrolle zu unterwerfen und einzudämmen gilt. Die oben angeführten Meinungen, daß das Elend als ein Antrieb zur Arbeit notwendig sei, stehen durchaus nicht im Widerspruch zu dieser Auffassung. Der schon erwähnte französische Arzt Philippe Hecquet, der es für ein Gebot der Klugheit hielt, die Unterschiede in der materiellen Lage und die Existenz der Armen aufrechtzuerhalten, schrieb: »Es ist notwendig, daß es Arme gibt, doch sollten es keine Elenden *(misérables)* sein. Während die ersteren einen integrierenden Bestandteil der politi schen Ökonomie bilden, ist die Existenz der letzteren eine Schande für die Menschheit.«[5] In der Literatur und Publizistik, die sich in der zweiten Hälfte des 18. und der ersten Hälfte des 19. Jahrhunderts mit dem Pauperismus befaßt, trifft man auf die stereotype Ansicht, daß der gesellschaftlich akzeptierte Arme jener sei, der arbeitet, und wenn er keine Arbeit hat, dann nur zeitweilig.

Ebenso verbreitet ist die Ansicht, das Elend gehe Hand in Hand mit dem Verbrechen. Henry Fielding bemerkte 1753 in einer Denkschrift zur wirksamen Unterstützung der Armen: »Die Leiden der Armen springen weniger ins Auge als ihre Verbrechen, deshalb empfinden wir weniger Mitleid mit ihnen. Wenn sie vor Hunger und Kälte sterben, sind sie unter sich, und den Begüterten fallen sie nur auf, wenn sie betteln, stehlen und rauben.«[6] Daß den Armen alle erdenklichen Verbrechen angelastet werden, kann man als ein Stereotyp abtun, doch ist es

[5] Ebd., S. 59f.

[6] H. Fielding, A Proposal for Making an Effectual Provision for the Poor (1753). In: Works. New York 1902, Bd. 13, S. 141.

offenkundig, daß es zwischen dem Elendsmilieu und verbrecherischen Kreisen Verbindungen gab und daß das Elend ein kriminogener Faktor ist. Das Bild, das Balzac, Eugène Sue oder Victor Hugo in ihren Romanen von Paris zeichnen, deckt sich in erstaunlicher Weise mit der Aussage der Kriminalstatistik und gerichtlichen Zeugenaussagen; der französische Demograph und Historiker Louis Chevalier hat gezeigt, daß jene Schichten, die in der ersten Hälfte des 19. Jahrhunderts innerhalb der sozialen Landschaft von Paris als »gefährlich« gelten, eng mit den »arbeitenden« Klassen verflochten sind. Immer wieder wird darüber geklagt, daß die Sozialfürsorge eine ungeheure Zahl von Menschen, die arbeitsfähig seien, sich aber vor der Arbeit drückten, in Müßiggang und Verbrechen festhalte. Diese Ansicht findet in detaillierten Untersuchungen keine Bestätigung. Von denen, die in einer der Regionen Englands zu Beginn des 19. Jahrhunderts Sozialfürsorge erhielten, waren über die Hälfte Kinder unter 15 Jahren, und nur 20 Prozent kann man den Gesunden und Arbeitsfähigen zurechnen. Stereotype sind allerdings nicht auf Unterstützung durch Tatsachen angewiesen.

Die beiden soeben charakterisierten Auffassungen kann man als Grundlage der repressiven Einstellungen gegenüber den Armen betrachten, die dann zum Arbeitszwang, zu gerichtlich-polizeilichen Maßnahmen und zu diskriminierenden Programmen führen. Im Geiste der malthusianischen Analyse schlug Ende des 18. Jahrhunderts ein Professor der Medizinischen Fakultät in Halle vor, die Bettler zu sterilisieren. Doch selbst wenn die Feindseligkeit gegenüber den Armen nicht die Form eines derart drastischen Vorschlags annahm, hielt sich das am Beginn der Neuzeit einsetzende Bestreben, die Sozialpolitik auf Zwang und Repression zu stützen, bis ins 20. Jahrhundert.

Neben dieser Tendenz gab es jedoch in der sozialen Atmosphäre der letzten Jahrhunderte eine Haltung aktiven Mitgefühls mit den Armen. Sie erhielt im 18. Jahrhundert neuen Auftrieb durch die humanitären Ideen. Die Aufklärung sah einen Zusammenhang zwischen dem sozialen Fortschritt und einem das ganze Menschengeschlecht umfassenden Solidaritätsgefühl, und sie schrieb der Bildung eine grundlegende Bedeutung bei der Überwindung der Hindernisse zu, die dem Fortschritt im Wege standen. Das Elend galt ihr deshalb als ein Ergebnis der Unwissenheit der Armen und des mangelnden menschlichen Solidaritätsempfindens der Reichen. Condorcet, Godwin oder Wolff waren der Ansicht, die Hilfe für die Armen sei ein grundlegender

Ausdruck menschlichen Empfindens und repressive Maßnahmen seitens der gesellschaftlichen Institutionen verleugneten das Prinzip der Nächstenliebe. Thomas Paine schrieb dazu: »Etwas stimmt nicht am Regierungssystem, wenn wir sehen, daß die Alten ins Arbeitshaus und die Jungen an den Galgen geschickt werden. Dem äußeren Anschein nach herrscht in diesen Ländern vollendetes Glück, doch dem Auge des durchschnittlichen Beobachters bleibt die Masse der Elenden verborgen, denen nicht viel mehr übrigbleibt, als in Hunger und Schande zu sterben. Die Elenden sind schon von Geburt an durch ihr künftiges Schicksal gezeichnet; man darf sie nicht bestrafen, solange man nichts gegen das Elend unternimmt.«[7]

Die sich ausbreitende fürsorgliche Einstellung äußerte sich insbesondere im Aufschwung der Schulen für arme Kinder. Schon in der Renaissance war dieser Gedanke vorgetragen worden, und er wurde sowohl im katholischen Venedig als auch im calvinistischen Genf von wohltätigen Institutionen in die Praxis umgesetzt. Die Protestanten waren in dieser Hinsicht übrigens sehr viel konsequenter und erfolgreicher als die Katholiken. Das »Philanthropinum«, eine mustergültige Schule, die J. B. Basedow 1774 in Dessau gründete und bis 1785 leitete, war ein Beispiel für die Umsetzung des Programms der Menschenliebe oder Philanthropie. Die philanthropische Bewegung legte den Akzent auf die private Wohltätigkeit und versuchte die Unterhaltung von karitativen schulischen Einrichtungen und anderen Formen der Armenhilfe auf diese zu gründen, weil sie überzeugt war, auf diese Weise kämen höhere Motive zum Tragen als bei der Sozialfürsorge, und dadurch würden dauerhafte Grundlagen für den sozialen Frieden gelegt. Der Humanitarismus und der Philanthropismus versuchten, die Wohltätigkeit auf weltliche Prinzipien zu stutzen, und sie erreichten eine gewisse Laizisierung der Nächstenliebe, so wie die städtische Reform der Spitäler und Hospize in der ersten Hälfte des 16. Jahrhunderts eine Laizisierung der karitativen Institutionen erreicht hatte. In beiden Fällen kam es zu einer gegenseitigen Anpassung und Vermengung von alten und neuen Institutionen und Einstellungen. Die private Wohltätigkeit und die öffentliche Fürsorge ergänzten einander – die eine wie die andere dienten dem Streben nach Glück. Der Aufschwung der laizistischen Philanthropie gab den traditionellen christlichen Haltungen neue Anstöße, die sich

[7] Vgl. B. Inglis, Poverty and the Industrial Revolution. London 1971, S. 36.

sowohl in verstärkter individueller Aktivität als auch im Wirken kirchlicher Institutionen niederschlugen. Die positiven Auswirkungen all dieser Initiativen, die den Bedürftigen wirkliche Unterstützung brachten, sind kaum zu übersehen; sie milderten die Konsequenzen der sich verschlechternden Lebensbedingungen und von Schicksalsschlägen, und sie wirkten der Demoralisierung und dem sozialen Zerfall entgegen. Aber angesichts der massenhaften Dimensionen des Pauperismus schufen sie natürlich keine wirkliche Abhilfe.

Was all diese wohltätigen Initiativen in hohem Maße abstoßend erscheinen ließ, war ihr Paternalismus. Die vielfach wiederholte Äußerung, die Armen hätten ein Anrecht auf Unterstützung durch die begüterten Schichten, blieb reine Rhetorik. Der Zusammenhang zwischen Elend und Arbeitsfrage, der sich im Industriezeitalter ergab, bewirkte, daß den karitativen Aktionen in dem Maße, wie sich das Klassenbewußtsein der Arbeiter entwickelte und gewerkschaftliche Organisationen entstanden, wachsende Feindseligkeit entgegenschlug.

Der Film ›Intolerance‹ (1916) von David W. Griffith, eines der größten Werke des Stummfilms, zeichnet mit beißender Ironie ein Bild der Wohltätigkeit im städtischen Elendsmilieu, der Heuchelei der philanthropischen Aktivisten und Institutionen, der Kluft zwischen den karitativen Programmen und den Erwartungen der Armen. Charakteristisch an der Schilderung von Griffith ist auch, daß mit der sozialen Fürsorge repressive Maßnahmen einhergehen: Die Lebensweise der Armen, ihre Sittlichkeit und ihr Verhalten im Alltagsleben, die Beteiligung an religiösen Veranstaltungen und die persönliche Hygiene werden streng überwacht. Darin hat sich etwas von dem Makel der Schande erhalten, der, wie wir am Anfang dieser Arbeit ausführten, in den kollektiven Vorstellungen den Armen anhaftet. Vergnügungen und Zerstreuungen in jeglicher Form wurden als Anfang des sittlichen Verfalls und als Äußerungen einer verkommenen Lebensweise betrachtet und verurteilt. Deshalb stieß die philanthropische Aktivität ungeachtet der Intentionen ihrer Träger bei den Armen vielfach auf Mißtrauen und Abneigung und rief bei der sozialistischen Bewegung Feindseligkeit hervor.

Die Verbesserung der Lebensbedingungen der Arbeiter in den industrialisierten Ländern und die Entwicklung organisierter Formen der Sozialfürsorge und der Versicherung haben im Laufe des 20. Jahrhunderts das physiologische Elend zurückgedrängt. Die gerechte Verteilung der Einkommen ist jetzt nicht mehr eine Frage der mildtätigen Einstellung, sondern Gegenstand des sozialpolitischen Handelns.

3. Die Armut der Völker

Die karitativen Maßnahmen stützten sich durchweg auf lokale Institutionen und lokale Beziehungen. Durch die wachsende Intervention des Staates wurde der Horizont sowohl dieser Maßnahmen als auch des sozialen Verantwortungsgefühls auf das ganze Land, die ganze nationale Gemeinschaft ausgeweitet. Im wirtschaftspolitischen Denken ist dieser Zusammenhang bereits erkennbar, als man die ersten Überlegungen zur Armut anstellt. In der Mitte des 18. Jahrhunderts schrieb ein philanthropischer Autor über die Wohltätigkeit zugunsten der Seeleute: »Die britische Wohltätigkeit *(benevolence)*, verbunden mit der angeborenen britischen Begeisterung, wird in unseren Reichen den wahren Geist des Patriotismus verbreiten.«[8] Argumente, die in den Debatten häufig vorgetragen wurden, waren: die Stärke des Staates, die Staatsräson, die militärischen Erfordernisse und die Abwehr der Konkurrenz anderer Länder. Die Humanitaristen und Philanthropen beriefen sich zwar auf die menschliche Solidarität und die Einheit des »Menschengeschlechts«, doch waren auch für sie die Grenzen des eigenen Landes der selbstverständliche Horizont. Auf religiösem Gebiet entstanden stärkere Solidaritätsbindungen unter den Glaubensgenossen, und besonders in Minderheiten waren sie sehr wirksam (hier könnte man als Beispiel das karitative Wirken der jüdischen Gemeinden anführen); diese Bindungen reichten natürlich über den lokalen Rahmen wie über die nationalen Grenzen hinaus. Philanthropische Aktivitäten, seien sie religiös oder weltlich inspiriert, haben im 20. Jahrhundert gelegentlich den außereuropäischen Ländern gegolten; mochten diese Initiativen auch kein größeres Gewicht haben, so zeugten sie doch von einer gewissen Sensibilität der Industriegesellschaften für das, was außerhalb ihrer Grenzen geschieht. In der Welt von heute ist die gemeinsame Verantwortung für die soziale Situation auf allen Kontinenten zu einem vornehm-

[8] Vgl. A. W. Coats, The Relief of Poverty. Attitudes to Labour and Economic Change in England, 1660–1782. In: International Review of Social History 21 (1976), S. 111, n. 2.

lich politischen Problem geworden. Die Armut der Völker ist eines der wesentlichen Kennzeichen der sogenannten Dritten Welt.

Die Verfahren, mit denen man in den entwickelten Industrieländern gegenwärtig die Armut mißt, erweisen sich als wenig brauchbar, wenn es um Phänomene des Elends in den Ländern Asiens, Afrikas und Lateinamerikas geht. Wenn man die Armutsschwelle anhand des Pro-Kopf-Einkommens festlegt, wird eine gewaltige Kluft sichtbar: Während in den Vereinigten Staaten die Armutsgrenze bei 1500 Dollar liegt, beläuft sich das Durchschnittseinkommen in den Ländern der Dritten Welt gerade auf 520 Dollar (und belief sich im Jahre 1950 auf weniger als die Hälfte dieses Betrages). Es hat wenig Sinn, hier die Struktur des Konsums zu untersuchen, denn in diesen Ländern wird die Armutsgrenze vom physiologischen Elend bestimmt. Hunger und chronische Unterernährung sind ein Massenphänomen, und nur wenigen Ländern in diesem Bereich ist es gelungen, sich auf Dauer der Hungersgefahr zu entziehen. Immer wieder kommen Meldungen über Hungersnöte in Indien, Kambodscha, Uganda oder Somalia. Man rechnet, daß 25 bis 30 Prozent der Bevölkerung Südasiens und Afrikas in chronischer Unterernährung leben. Trotz der Fortschritte in der wirtschaftlichen Entwicklung und Industrialisierung der Länder der Dritten Welt gehen Hunger und Unterernährung keineswegs zurück, sondern zeigen vielmehr eine steigende Tendenz. Das Bevölkerungswachstum eilt dem Wirtschaftswachstum voraus.

Es sind drastische Zahlen, die von den internationalen Organisationen genannt werden und im alltäglichen Nachrichtenstrom wiederkehren: Über die Hälfte der Weltbevölkerung von mehr als 4 Milliarden lebt in den armen Ländern, deren Nationaleinkommen gering ist. Eine halbe Milliarde Menschen leidet Hunger. Eine halbe Milliarde Menschen kann weder lesen noch schreiben. Über eine Milliarde Menschen hat keinen Zugang zu Trinkwasser und keinerlei ärztliche Versorgung. Nach Bevölkerungsprognosen wird die Menschheit bis zum Jahre 2000 um weitere zwei Milliarden anwachsen – das entspricht der Weltbevölkerung von 1925 –, und dieser massive Zuwachs wird vor allem die ärmsten Länder der Dritten Welt betreffen. In den siebziger Jahren erzeugten 66 Prozent der Weltbevölkerung, die in den Entwicklungsländern lebten, nicht mehr als 12,5 Prozent des Bruttosozialprodukts. Durch Modernisierungsprozesse in den Ländern der Dritten Welt wurde der materielle Abstand zu den entwickelten Industrieländern nur minimal verringert, doch gleichzeitig verstärkten sich die Unterschiede zwischen einzelnen Bevölkerungsgruppen oder Regionen in diesen Ländern. Brasilien, das nach den internationalen Statistiken mit seinem Nationaleinkommen gegenwärtig in einer mittleren Ländergruppe liegt, hat sein Bruttosozialprodukt in den letzten 15 Jahren vervierfacht und sich unter den Entwicklungsländern an die Spitze gekämpft, aber gleichzeitig findet man im Nordosten des Landes, wo ein Drittel der 130 Millionen Brasilianer lebt, ein Elend auf dem Niveau von Bangladesch. Dabei beträgt der höchste Lohn in Brasilien das 500fache des niedrigsten Lohns. Beobachter der Entwicklung der Länder der Dritten Welt weisen häufig auf die Gleichgültigkeit der Eliten dieser Länder gegenüber dem Phänomen des Elends und den internen materiellen Kontrasten hin.

Das Problem der Armut in der Dritten Welt muß man unter dem Blickwinkel von Entwicklungsstrategien und internationalen Zusammenhängen der Hilfe und der Ausbeutung sehen. Seine Ursachen wie die Mittel zur Abhilfe sind von Kontinent zu Kontinent und von Land zu Land verschieden. In der internationalen Politik und bis zu einem gewissen Grade auch im gesellschaftlichen Bewußtsein stellt sich dieses Problem jedoch als eine Frage der »globalen Mehrheit« dar. In den Auseinandersetzungen darüber, welche Politik die entwickelten gegenüber den Entwicklungsländern, die reichen gegenüber den armen Ländern betreiben sollen, entdeckt der Historiker nicht ohne eine gewisse Verwunderung Standpunkte, wie sie ähnlich in der europäischen Debatte der Neuzeit über die Methoden zur Bekämpfung des Pauperismus hervorgetreten sind. Auf einige der Argumente, die in diesen Auseinandersetzungen ständig wiederkehren, sei hier eingegangen.

Es ist fraglich, ob die internationale Hilfe die armen Länder nicht in ihrem Bemühen, mit eigenen Kräften aus dem Zustand des Elends herauszukommen, behindert. Sie verstärkt eine Haltung der Passivität und Apathie. Statt zu versuchen, die eigene Produktivität zu steigern, verläßt sich die Dritte Welt auf die Wohltätigkeit anderer Nationen. Ein amerikanischer Publizist schrieb 1978: »Die Hilfe ist reine Wohltätigkeit – sie stimuliert den örtlichen Arbeitsertrag in keiner Weise. Die Hilfe ist für die armen Völker eine Einladung, gegenüber dem wachsenden menschlichen Leid und der immer größeren Armut gleichgültig zu bleiben.«[9] Die Strategie, die menschlichen Bedürfnisse durch äußere Hilfe zu befriedigen, leistet ihren Kritikern zufolge nichts anderes, als die sozialpsychologischen Grundlagen des Elends zu verfestigen.

Die Befürworter von Hilfsleistungen an die Entwicklungsländer führen gelegentlich das Argument an, die armen Länder hätten ein Recht, Unterstützung zu verlangen. In den mittelalterlichen und neuzeitlichen Debatten stützte sich das Argument der »Rechte der Armen« innerhalb eines theologischen Diskurses auf die Gebote der Heiligen Schrift (im Falle des »Diebstahls aus Not« gelangte es auch in die gerichtliche Praxis). Die »Rechte der Armen« stützen sich, was die Hilfe für die Dritte Welt angeht, auf Argumente, bei denen die mittelalterliche Tradition stillschweigend mit der humanitären Tradition verknüpft wird. Der Präsident der Weltbank, Robert McNamara, hat erklärt, die armen Länder hätten »ein fundamentales Recht auf ein annehmbares Minimum an Ernährung, Gesundheit und Bildung«. Gegner wenden gegen diese Überlegung ein, sie ignoriere die nationalen Interessen der reichen Länder und verkenne die Verantwortung der armen Länder selbst sowohl für ihren gegenwärtigen Zustand wie für ihre Zukunft. Aber kann man von kollektiven Rechten und Pflichten sprechen, ohne sich auf ein bestimmtes Wertsystem und Institutionen zu beziehen, die diese Rechte und Pflichten feststellen, erweitern oder einschränken können? Die Weltgemeinschaft ist ein Begriff, der eher aus der Welt der Wünsche und Absichten als aus der Wirklichkeit stammt; eine Pflicht zur Bekämpfung des Elends haben nur die armen Länder selbst. Auch in dieser Argumentation klingen die großen moralischen Auseinandersetzungen um das Ethos des Reichtums an. So wie die calvinistischen und puritanischen Autoren darauf hinwiesen, daß der Reichtum der einen der Lohn für ihre Verdienste und die Armut der anderen das Resultat ihres Müßiggangs oder eine Strafe für ihre unwürdige Lebensweise sei, so kommt es auch in den gegenwärtigen Auseinandersetzungen zu einer eigentümlichen Rechtfertigung des bestehenden Zustands, sei es nun in Begriffen der politischen Ökonomie oder der sozialethischen Motivation.

In der Politik gegenüber der Dritten Welt ist auch die Sorge gegenwärtig, daß das Elend zu einer Gefahr für die internationale Ordnung werden könnte. In den Ländern des neuzeitlichen

[9] The Washington Post, 27. Juli 1978.

Europa war die Angst vor Bettlern und Elenden bisweilen ein Argument für die Ausweitung der karitativen Tätigkeit, zumeist jedoch für das Ergreifen von Repressions- und Isolationsmaßnahmen. In der gegenwärtigen Situation der Welt ist das Elend ein bedrohliches Phänomen, und die Furcht vor ihm wird durch den Trend der Bevölkerungsentwicklung verstärkt. Die »große Angst« ist ein wesentliches Motiv für das Interesse der reichen Länder an der Situation der armen Länder, für die Suche nach Mechanismen zur Überwindung der Rückständigkeit und die Bereitstellung von Hilfe. Eine Politik der Isolation und Repression ist in diesem Falle nicht nur kaum zu verwirklichen – sie ist auch kaum denkbar.

Haltungen und Meinungen zum Problem der Armut der Völker betreffen die internationale Politik, die Politik der Staaten und Blöcke, die Position der internationalen Institutionen und Organisationen. Ein Gefühl für die Einheit der gegenwärtigen Welt dringt jedoch auch ins Alltagsbewußtsein ein. Die Argumente der Gegner einer Hilfe für die Dritte Welt finden gelegentlich massenhaften Anklang und prägen kollektive Einstellungen; man braucht nur an den sogenannten »Cartierismus« im Frankreich der sechziger Jahre zu denken (nach dem Namen eines einflußreichen Journalisten des Wochenblattes ›Paris Match‹, der sich gegen die Hilfe für die Länder der Dritten Welt wandte). Auf der anderen Seite entstanden aus dem Wissen um das Elend außerhalb der Grenzen des eigenen Landes oder Kontinents ein emotionales Engagement der öffentlichen Meinung sowie soziale und politische Bewegungen, Gruppen oder Organisationen, die die Armut im Weltmaßstab bekämpfen wollen.

Bemerkenswert ist, daß man das Problem der Armut in der Welt gleichsam personifiziert und vom »weltweiten Armen« *(global poor)* spricht. Das ist ein Begriff, dessen Bedeutung über die Terminologie der Strategien zur sozio-ökonomischen Entwicklung der Welt hinausgeht, weil er im allgemeinen Bewußtsein gewisse sozialethische Bezüge herstellt und ein Gefühl der Brüderlichkeit oder der solidarischen Verantwortung der Menschen für das Schicksal aller ausdrückt.

Dieser Begriff belegt darüber hinaus, daß die Welt der Armut eine Welt für sich ist, eine Tatsache, die dazu führt, daß die Armen sich ihrer Identität bewußt werden. Man muß sich darüber im klaren sein, daß unter den Haltungen, welche die Armen selbst gegenüber der Armut einnehmen können, das

Gefühl des Unrechts und die Revolte gegen die Ungleichheit einigend wirkt. Ähnlich wie in den großen Paroxysmen der sozialen Bewegungen der Geschichte findet auch in den Ideologien oder Bewegungen innerhalb der Dritten Welt die Überzeugung Ausdruck, daß die Ausbeutung die Ursache der Armut sei und daß die »Verdammten der Erde«, von denen Frantz Fanon schrieb, sich in der Revolte gegen den Rest der Welt vom Elend befreien können.

Schluß
Geschichte des Mitleids

Haben Gefühle eine Geschichte? Der französische Historiker Lucien Febvre hat entgegen der Ansicht der positivistischen Historiographie gefordert, das Schweigen um die Geschichte der Gefühle zu brechen, weil er der Ansicht war, sie könnten Gegenstand der historischen Analyse sein. In der Ideengeschichte, der Literatur- und der Kulturgeschichte hat man sich nach und nach dieser Problematik angenommen. So befaßte man sich mit der Geschichte der Liebesvorstellung, der Idee des Glücks, des Lachens und schließlich – in erschöpfender Weise – der Geschichte der Angst. Die Bedeutung dieser Arbeiten für die Geschichte der Gesellschaft und der Kultur ist kaum zu überschätzen. Allerdings ist in diesem Bereich das Risiko der Beliebigkeit besonders groß. Man kann ja die Ansicht vertreten, eine wirkliche Geschichte der Gefühle müsse bis zur biologischen Dimension der menschlichen Geschichte vordringen und daher Evolutionsprozesse berücksichtigen, die so langsam ablaufen, daß sie sich der Beobachtung des Historikers entziehen, weil die spezifischen Forschungsverfahren des historischen Metiers nicht an sie heranreichen. Wenn er dagegen die Motivationen menschlicher Verhaltensweisen und Gefühlsäußerungen (nicht aber die Gefühle selbst) erforscht, kann der Historiker feststellen, daß bestimmte Verhaltensweisen und Gefühle in dieser oder jener Epoche auf breitere Zustimmung stoßen als andere, daß es, was die Intensität von Gefühlsäußerungen betrifft, Phasen der »Fülle« und solche der »Dürre« gibt. Auf sicherstem Grund fühlt sich der Historiker, wenn er Verhaltensmuster, Handlungsprämissen oder schließlich den Diskurs einer Epoche untersucht. Will er jedoch die gesellschaftliche Reichweite dieser Ideen, Meinungen und Verhaltensmuster abschätzen, wird seine Aufgabe schon schwieriger; einer der Gründe ist, daß die ethischen und kulturellen Verhaltensmuster außerordentlich langlebig sind. So kommt es, daß man menschliche Handlungen auf Motive bezieht, zu denen sie im Widerspruch stehen. Auch in Zeiten der »großen Angst« schätzt man weiterhin den Mut; während der Ehevertrag immer stärker unter materiellem Aspekt gesehen wird, feiert man die Gefühlsbeziehung; man verhehlt egoistische Handlungsmotive, weil Selbstlosigkeit allgemein als

Tugend gilt. Die Gefühle oder zumindest einige von ihnen unterliegen einer Bewertung, die innerhalb der jeweiligen Zivilisation und damit über lange Zeiträume sehr konstant ist. Das Gefühl der Barmherzigkeit, des Beistands für die Schwachen, des Mitleids gegenüber Benachteiligten und Bedürftigen scheint in der europäischen Zivilisation durchgehend positiv bewertet zu werden. Dennoch warf an der Schwelle der Neuzeit der Galgen einen Schatten auf diese Haltung.

Es gibt in der Geschichte der europäischen Literatur nur wenige Schriftsteller, die in der Enthüllung der menschlichen Heuchelei so weit gegangen sind wie Mandeville, und nicht ohne Grund haben seine Zeitgenossen ihn als einen Zyniker verabscheut. Seine Gedanken über das Mitleid sind ein unverhüllter Angriff auf »geheiligte Vorstellungen«. In der Barmherzigkeit sieht der Autor der ›Bienenfabel‹ eine der höchsten Tugenden, vorausgesetzt, wir übertragen »einen Teil unserer aufrichtigen Liebe zu uns selbst« vollkommen uneigennützig auf Menschen, mit denen uns keinerlei Bande verknüpfen. Das Mitleid dagegen ist eine falsche Tugend, die nur scheinbar der Barmherzigkeit ähnelt. Es ist, wie die Angst oder der Zorn, ein plötzliches, spontanes Gefühl, das vom menschlichen Willen unabhängig ist: Es ist eine Leidenschaft, wenn auch eine ganz und gar gutartige – vorausgesetzt, sie verletzt nicht die offenkundigen Pflichten. Doch gerade das Mitleid führt – im Verein mit dem Stolz und der Eitelkeit – zu unvernünftigen Stiftungen, Schenkungen und Vermächtnissen. Solchem Tun muß daher Einhalt geboten werden: »es (wäre) kein Schade für die Allgemeinheit, wenn man die Leute daran hinderte, zuviel Geld als totes Kapital in unserem Königreiche aufzuhäufen«. Selbst die Barmherzigkeit kann schädlich sein, wenn sie die Prinzipien des Gemeinschaftslebens verletzt, den Müßiggang begünstigt, von der Arbeit abhält, die Vorsorge zunichte macht: In diesem Fall muß man das Gemeinwohl über die eigenen Gefühle und Antriebe und Wünsche nach Tugendhaftigkeit stellen. Man muß zugeben können, daß das Glück der Nation die Existenz einer großen Zahl von Bettlern erfordert, und das Mitleid mit den Armen kann gleichbedeutend sein mit einer Grausamkeit gegenüber den Reichen. Sollte daher nicht »eine weise Gesetzgebung ihre (d. h. der Armen) Aufzucht mit aller erdenklichen Sorgfalt betreiben und gegen ihren Mangel Vorkehrungen treffen, wie gegen den Mangel an Lebensmitteln selbst?« Sowohl das Gefühl der Barmherzigkeit als auch seine Ausübung kann also fragwürdig sein: Bezugspunkt der Wertung von Gefühlen und Verhaltensweisen müssen einerseits die psychologischen Motive des einzelnen, andererseits die Interessen der Gemeinschaft sein.

Die Haltung zur Armut wird grundlegend geprägt vom Konzept gegenseitiger Hilfe, zunächst unter Verwandten und Nachbarn, dann auch unter Berufskollegen; die Berufsgruppen pflegten denjenigen unter ihren Mitgliedern, die außerstande waren, für sich selbst zu sorgen, zu Hilfe zu kommen. Auch wenn der Pauperismus bedeutende Dimensionen annimmt, behält dieses Prinzip der lokalen Verantwortung seine Gültigkeit, sowohl in der Reform der karitativen Institutionen des 16. Jahrhunderts wie in gewissen Einstellungen zum Elend in der Dritten Welt. Die Hilfe für die Armen kann, wie wir feststellen, auf drei Motiven beruhen: auf gegenseitiger Solidarität, auf dem Schenkungsverhältnis mit seinen anthropologischen Hintergründen oder auf der Hoffnung, die Hilfeleistung möge dem Seelenheil dienen. Dies bringt uns zu einem weiteren Aspekt der Unterstützung: Das Almosen wird im Hinblick auf die Beziehung des Menschen zu übernatürlichen Kräften als Opfer dargebracht. Um der begrifflichen Klarheit willen müßte man sagen, daß der Akt der Barmherzigkeit – im eigentlichen Verständnis der *caritas* als Liebe – erst dann beginnt, wenn wir diese Elemente der Eigennützigkeit ausschließen. In den sozialen Verhaltensweisen verquicken sich notorisch Elemente der »Eigennützigkeit« und der schlichten Nächstenliebe, des verächtlichen Mitleids und der wirklichen Hilfe. Das Almosen, das einem Bettler gewährt wird, der in auffallender Weise seine Gebrechlichkeit und Armut zur Schau stellt, ist sowohl eine Äußerung des Mitleids im Sinne einer momentanen Gemütsregung als auch des Mitgefühls für die unmittelbar wahrgenommene Armut und schließlich auch der Hoffnung auf Verdienst und Lohn im eschatologischen Sinne.

In der philanthropischen Tätigkeit verbinden sich humanitäre Motive mit der Affirmation des eigenen Reichtums, dem Bestreben, sein Prestige öffentlich zu zeigen, und der »Menschenliebe«. Barmherzigkeit ist ein komplexes Gefühl und ein komplexes Verhalten.

Wir haben in unserer Untersuchung der barmherzigen Einstellungen über ein Jahrtausend der europäischen Geschichte hinweg die Geschichte der Institutionen, der Sozialpolitik, des Diskurses über die Armen und bis zu einem gewissen Grade auch der Verhaltensweisen gegenüber der Armut ständig mit der Geschichte der Armut als einem sozialen Phänomen konfrontiert. So entstand das Bild einer Evolution, in der sich der Wandel der moralischen und gesellschaftlichen Verhaltensmuster als eine Antwort auf die Herausforderung der Zeit, auf die Erfordernisse der sozialen Realität darstellte. Diese Verhaltensmuster besitzen indes eine gewisse Autonomie. Es zeigte sich, daß die Protagonisten der neuen Sozialpolitik an einer überaus traditionellen karitativen Einstellung festhalten. In den Perioden der großen Repression gegenüber Landstreichern und Armen kam die individuelle Barmherzigkeit durchaus nicht zum Erliegen. Die Beständigkeit der barmherzigen Verhaltensweisen hängt wahrscheinlich damit zusammen, daß diese in menschlichen Gefühlen wurzeln; darum muß man sich auch dessen bewußt sein, daß der Horizont der »Geschichte der Gefühle« für das Verständnis der Geschichte der Einstellungen gegenüber dem Elend bedeutsam ist.

Dies ist eine der Ursachen dafür, daß das Problem der Armut sich in unterschiedlichen Epochen in ähnlichen Formen artikuliert, in ähnlichen ideologischen Argumentationen und Auseinandersetzungen wie auch in ähnlichen Verhaltensweisen seinen Ausdruck findet. Das mittelalterliche Ethos der Armut verblaßt oder zerfällt an der Schwelle der Neuzeit, aber dennoch prägt es der christlichen Zivilisation einen gewichtigen Stempel auf und ist dadurch in der europäischen Kultur als eine unter verschiedenen Möglichkeiten, als eines von verschiedenen Konzepten, gegenwärtig. In den sechziger und siebziger Jahren war der Verzicht auf materielle Güter und das Lob der Armut eine der Antworten auf die ideologische Krise der »Zivilisation des Überflusses«. Diese Haltung findet vereinzelt Anerkennung, erlangt jedoch niemals institutionelle Gültigkeit: Mit ihr entscheidet man sich für eine ganz und gar marginale Lebensweise. Es scheint, als sei die Welt unverändert – unabhängig von der Zeit – bevölkert von Anhängern der freiwilligen Armut und von Verkündern des Lobs der Voraussicht, der Sparsamkeit und der Bereicherung, von Lobrednern der Arbeit und von Sängern der Entsagung, von Anhängern einer Politik der Repression oder der Gleichgültigkeit gegenüber den Armen und von Meistern der Barmherzigkeit. Was sich jedoch ändert, sind die Proportionen.

Die Geburt der modernen Gesellschaft war begleitet von einer Verschlechterung der zwischenmenschlichen Beziehungen: nach Ansicht der Sozial- und Wirtschaftshistoriker bestanden darin die sozialen Kosten der ursprünglichen Akkumulation des Kapitals. Es wäre sinnlos, heute zu fragen, ob dieser Preis gezahlt werden mußte, oder aus der Sicht des 20. Jahrhunderts die Frage nach seiner ethischen Rechtfertigung aufzuwerfen. Dieser Preis ist eben bezahlt worden. Bemerkenswert ist jedoch, daß die an der Schwelle der Neuzeit entstehende Sozialpolitik der »Heilmittel der Reichen« bei den Menschen jener Zeit weitgehende Unterstützung fand und daß der Primat des Galgens und des Gefängnisses gegenüber der Barmherzigkeit nur wenige empörte. Die als höchste menschliche Tugenden verkündeten Werte und Gefühle schlagen sich nur dann in konkreten Handlungen und Verhaltensweisen nieder, wenn die Realität es zuläßt. Dann auch fällt der Schatten der Verdammung auf das, was diese Werte und Gefühle verletzt oder vergewaltigt, denn die historische Notwendigkeit vermag nicht im geringsten zu rechtfertigen, daß Menschen und Kollektive ihrer natürlichen Rechte beraubt werden.

Bibliographie

Die Literatur zur Geschichte der Armut und Sozialfürsorge ist nahezu unübersehbar. Der Autor sah sich gezwungen, nur die Titel anzuführen, die die Grundlage seiner 1978 verfaßten Arbeit bilden. Später erschienene Werke werden nur insoweit angeführt, als sie zur letzten Textredaktion des Buches herangezogen werden konnten. Mehrere nur einmal erwähnte Arbeiten betreffen auch andere Kapitel.

Einführung

Abel, W.: Massenarmut und Hungerkrisen im vorindustriellen Europa. Versuch einer Synopsis. Hamburg 1974

Bendix, R.: Work and Authority in Industry. Berkeley 1974

Clark, K. B. u. J. Hopkins: A Relevant War against Poverty. New York 1970

The Concept of Poverty. Hg. v. P. Townsend. London 1970

Contemporary Social Problems. Hg. v. R. K. Merton u. R. A. Nisbet. New York 1966

Ehrle, F.: Beiträge zur Geschichte und Reform der Armenpflege. Freiburg i. Breisgau 1881

Galbraith, J. K., The Affluent Society. Boston 1958; dt. Gesellschaft im Überfluß. München, Zürich 1959

Geremek, Br.: La réforme de l'assistance publique au XVIe siècle et ses controverses idéologiques. Domanda e consumi. Atti della sesta settimana di studi. Florenz 1978, S. 187–204

Geremek, Br.: Povertà. In: Enciclopedia Einaudi. Bd. X, Turin 1980, S. 1054–1082

Harrington, M.: The Other America. Poverty in the United States. New York 1962; dt. Das andere Amerika. Die Armut in den Vereinigten Staaten. München 1964

Kincaird, J. C.: Poverty and Equality in Britain. London 1973

Lewis, O.: La cultura della povertà et altri saggi di antropologia. Bologna 1973

Lis, C. u. H. Soly: Poverty and Capitalism in Pre-Industrial Europe. Hassocks 1979

Mencher, S.: The Problem of Measuring Poverty. In: British Journal of Sociology, 18 (1967), S. 1–12

On Understanding Poverty. Hg. v. D. P. Moynihan. New York 1968

Polanyi, K.: The Great Transformation. Boston 1971; dt. The Great Transformation. Politische und ökonomische Ursprünge von Gesellschaften und Wirtschaftssystemen. Wien 1977

Rowntree, B. S.: Poverty. A Study of Town Life. London 1901

Rowntree, B. S.: Poverty and Progress. A Second Social Survey of York. London 1942

Rowntree, B. S. u. G. R. Lavers: Poverty and the Walfare State. A Third Social Survey of York. London 1951
Titmuss, R. M.: Income Distribution and Social Change. London 1962
Valentine, Ch. A.: Culture and Poverty. Chicago 1968
Waxman, Ch. L.: The Stigma of Poverty. A Critique of Poverty. Theories and Policies. New York 1976
Weaver, T. u. A. Magid: Poverty. New Interdisciplinary Perspectives. San Francisco 1969
Weber, M.: Die protestantische Ethik und der Geist des Kapitalismus. In: Gesammelte Aufsätze zur Religionssoziologie. Bd. 1, Tübingen 1922

I. Kapitel

Batany, J.: Les pauvres et la pauvreté dans les revues des »estats du monde«. In: Études sur l'histoire de la pauvreté. Hg. v. M. Mollat. Paris 1974, S. 469–486
Bienvenu, J.-M.: Pauvreté, misères et charité en Anjou aux XIe et XIIe siècles. In: Moyen Âge 72 (1966), S. 389–424; 73 (1967), S. 5–34 u. 189–216
Bosl, K.: *Potens* und *Pauper*. Begriffsgeschichtliche Studien zur gesellschaftlichen Differenzierung im frühen Mittelalter und zum »Pauperismus« des Hochmittelalters. In: Alteuropa und die moderne Gesellschaft. Festschrift für Otto Brunner. Göttingen 1963, S. 60–87
Brandt, A. von: Die gesellschaftliche Struktur des mittelalterlichen Leipzig. In: Untersuchungen zur gesellschaftlichen Struktur der mittelalterlichen Städte in Europa. Konstanz, Stuttgart 1966
Carabellese, F.: Le condizioni dei poveri a Firenze nel secolo XIV. In: Rivista Storica Italiana 12 (1895), S. 401–418
Charewiczowa, L.: Klęski zaraz w dawnyn Lwowie. Lwów 1930
Cipolla, C. M.: Clocks and Culture, 1300–1700. London 1967
Cohen, G.: Le thème de l'aveugle et du paralytique dans la littérature française. In: Mélanges Émile Picot. Paris 1913, Bd. 2, S. 393–404
Congar, Y.: Les laïcs et l'ecclésiologie des ordres. In: I laici nella societas christiana dei secoli XI e XII. Mailand 1968
Courtenay, W. J.: The King and the Leaden Coin. In: Traditio 27 (1972), S. 188–203
Courtenay, W. J.: Token Coinage and the Administration of Poor Relief during the Late Middle Ages. In: Journal of Interdisciplinary History 3 (1972–1973), S. 275–289
Couvreur, G.: Les pauvres ont-ils des droits? Recherches sur le vol en cas d'extrême nécessité depuis la Concordia de Gratien (1140) jusqu'à Guillaume d'Auxerre († 1231). Rom 1961
Curschmann, F.: Hungersnöte im Mittelalter. Leipzig 1900
De la Roncière, Ch.: Pauvres et pauvreté à Florence au XIVe siècle. In: Études sur l'histoire de la pauvreté. Hg. v. M. Mollat. Paris 1974, S. 661–745

Devisse, J.: »Pauperes« et »paupertas« dans le monde carolingien: ce qu'en dit Hincmar de Reims. In: Revue du Nord 48 (1966), S. 273–289
Duby, G.: Les campagnes françaises à la fin du XIIIe siècle. In: Bolletino dell'Instituto Storico Italiano per il Medio Evo 74, S. 161–173
Duby, G.: Les pauvres des campagnes dans l'occident médiéval jusqu'au XIIIe siècle. In: Revue d'Histoire de l'Église de France 52 (1966), S. 25–32
Fossier, R.: La terre et les hommes en Picardie jusqu'à la fin du XIIIe siècle. Paris 1968
Gaier-Ihoest, J.: L'Évolution topographique de la ville de Dinant au moyen âge. Brüssel 1964
Génicot, L.: Sur le nombre des pauvres dans les campagnes médiévales. L'exemple de Namur. In: Revue historique 257 (1977), S. 273–288
Geremek, Br.: I salari e il salariato nelle città del Basso Medio Evo. In: Rivista Storica Italiana 72 (1966), S. 368–386
Geremek, Br.: Le salariat dans l'artisanat parisien aux XIIe–XVe siècles. Paris 1968
Geremek, Br.: Les marginaux parisiens aux XIVe et XVe siècles. Paris 1976
Gieysztor, A.: La légende de saint Alexis en Occident: un idéal de pauvreté. In: Études sur l'histoire de la pauvreté. Hg. v. M. Mollat. Paris 1974, S. 125–139
Gonagle, S. H.: The Poor in Gregory of Tours. A Study of the Attitude of Merovingian Society towards the Poor. New York 1936
Graus, F.: Au bas moyen âge, pauvres des villes et pauvres des campagnes. In: Annales E. S. C. 16 (1961), S. 1053–1065
Hartung, F.: Die Augsburger Zuschlagsteuer von 1475. In: Jahrbuch für Gesetzgebung, Verwaltung und Volkswirtschaft im Deutschen Reich 19 (1895), S. 95–136
Hobsbawm, E.: Poverty. In: International Encyclopedia of Social Sciences. Bd. 12, New York 1968
Holzapfel, H.: Die sittliche Wertung der körperlichen Arbeit im christlichen Altertum. Würzburg 1941
Kuske, B.: Die städtischen Handels- und Verkehrsarbeiter und die Anfänge städtischer Sozialpolitik in Köln bis zum Ende des 18. Jahrhunderts. Bonn 1911
Lallemand, L.: Histoire de la charité. Bd. 3: Le moyen âge. Paris 1906
Lambert, M. D.: Franciscan Poverty (1210–1223). The Doctrine of the Absolute Poverty of Christ and the Apostles in the Franciscan Poverty. London 1961
Laslett, P.: Mean Household Size in England since the Sixteenth Century. In: Household and Family in Past Time. Hg. v. P. Laslett. Cambridge 1972, S. 125–158
Lazzarino del Grosso, A. M.: Società e potere nella Germania del XIII secolo. Gerhoch di Reichersberg. Florenz 1974
Leclercq, J.: Pour l'histoire du vocabulaire de la pauvreté. In: Mélange Dieb. Beirut 1967, S. 293–308
Leclercq, J.: Aux origines bibliques du vocabulaire de la pauvreté. In: Études sur l'historie de la pauvreté. Hg. v. M. Mollat. Paris 1974, S. 35–43

Le Goff, J.: Les paysans et le monde rural dans la littérature du haut moyen âge (V^e^–VIe siècle). In: Settimane di Studio del Centro Italiano di Studi sull'Alto Medioevo. Bd. 13, Spoleto 1966, S. 723–741
Little, L. K.: Religious Poverty and the Profit Economy in Medieval Europe. Ithaca 1978
Manselli, R.: Evangelismo e povertà. In: Povertà e ricchezza nella spiritualità dei secoli XI et XII (Convegni del Centro di Studi sulla Spiritualità Medievale. Bd. 13). Todi 1969 S. 11–41
Martin, H.: Les religieux mendiants de Bretagne et l'assistance aux pauvres au Moyen Âge. In: Actes du 97e Congrès national des sociétés savantes, Nantes 1972. Philologie et Histoire, S. 347–357
Maschke, E.: Die Unterschichten der mittelalterlichen Städte Deutschlands. In: Gesellschaftliche Unterschichten in den süd-westdeutschen Städten. Stuttgart 1967
May, A. N.: An Index of 13th Century Peasant Impoverishment. In: Economic History Review 2, 26 (1973), S. 389–402
Miccoli, G.: Ecclesiae primitivae forma. In: Studi Medievali 3, 1 (1960), S. 470–498
Mollat, M.: Les pauvres au moyen âge. Étude sociale. Paris 1977; dt.: Die Armen im Mittelalter. München 1984
Page, F. M.: The Customary Poor Law of Three Cambridgeshire Manors. In: Cambridge Historical Journal 3 (1929–1931), S. 125–133
Patlagean, E.: La pauvreté à Byzance au temps de Justinien. Les origines d'un modèle politique. In: Études sur l'histoire de la pauvreté. Hg. v. M. Mollat. Paris 1974, S. 59–81
Phelps Brown, E. H. u. S. V. Hopkins: Seven Centuries of the Prices of Consumables Compared with Builders Wage-rates. In: Economica (1956), S. 296–314
Pirenne, H.: Un prétendu drapier milanais en 926. In: Studi Medievali, Neue Serie 1 (1928), S. 131–133
Poverty in the Middle Ages. Hg. v. D. Flood. Werl 1975
Rapp, F.: L'Église et les pauvres à la fin du moyen âge. L'exemple de Geiler de Kaysersberg. In: Revue d'histoire de l'église en France 52 (1966), S. 39–46
Rouche, M.: La faim à l'époque carolingienne. In: Revue historique 253 (1973), S. 295–320
Ruger, W.: Mittelalterliches Almosenwesen. Die Almosenordnungen der Reichsstadt Nürnberg. Nürnberg 1932
Sapori, A.: La beneficenza delle compagnie mercantili del Trecento. In: Studi di storia economica. Florenz 1955, S. 839–858
Schmitt, J.-Cl.: Mort d'une hérésie. L'Église et les clercs face aux béguines et aux béghards du Rhin supérieur du XIVe au XVe siècle. Paris 1978
Schönberg, G.: Finanzverhältnisse der Stadt Basel im XIV. und XV. Jh. Tübingen 1879
Sudeck, E., Bettlerdarstellungen vom Ende des XV. Jahrhunderts bis zu Rembrandt. Straßburg 1931

Tierney, B.: Medieval Poor Law. A Sketch of Canonical Theory and its Application in England. Berkeley 1959
Tierney, B.: The Decretists and the »Deserving Poor«. In: Comparative Studies in Society and History 1 (1959), S. 360–373
Toubert, P.: Les structures du Latium médiéval. Rom, Paris 1973
Trexler, R. C.: Charity and Defence of Urban Elites in the Italian Communes. In: The Rich, The Well-born and Powerful. Hg. v. F. C. Jaher. Urbana 1974, S. 64–109
Uhlhorn, G.: Die christliche Liebestätigkeit. 3 Bde, Stuttgart 1882–1890

II. Kapitel

Abel, W.: Agrarkrisen und Agrarkonjunktur. Eine Geschichte der Land- und Ernährungswirtschaft Mitteleuropas seit dem hohen Mittelalter. 3., neubearb. u. erw. Aufl. Hamburg/Berlin 1978
The Agrarian History of England and Wales. Hg. v. J. Thirsk. London 1967
Anderson, P.: Lineages of the Absolutist State. London 1974
Bairoch, P.: Écarts internationaux des niveaux de vie avant la révolution industrielle. In: Annales E.S.C. 34 (1979), S. 145–171
Beier, A. L.: Vagrants and the Social Order in Elizabethan England. Past and Present 64 (1974), S. 3–29
Blockmans, W. P. u. W. Prevenier: Armoede in de Nederlanden van de 14ᵉ tot het midden van de 16ᵉ eeuw. In: Tijdschrift voor Geschiedenis 88 (1975), S. 501–538
Bois, G.: Crise du féodalisme. Paris 1976
Braudel, F.: Civilisation matérielle, économie et capitalisme, XVᵉ–XVIIIᵉ siècle. Paris 1979; dt. Die Geschichte der Zivilisation. 15.–18. Jahrhundert. München 1971
Brenner, R.: Agrarian Class Structure and Economic Development in Preindustriel Europe. In: Past and Present 70 (1976), S. 30–75
Chambers, J. D.: Enclosures and Labour supply in the Industrial Revolution. In: Economic History Review 5 (1953), S. 119ff.
Cipolla, C.: Money, Prices and Civilization in the Mediterranean World, 5th to 17th century. Princeton 1956
Coornaert, É.: La Draperie-sayetterie d'Handschoote (XIVᵉ–XVIIIᵉ siècle). Paris 1931
De Maddalena, A.: Rural Europe 1500–1750. In: Fontana Economic History of Europe. Bd. 2, Glasgow 1974
Fourastié, J.: Osservazioni sui prezzi salariali dei cereali e la produttività del lavoro agricolo in Europa dal XV al XX secolo. In: Rivista Storica Italiana 78 (1966), S. 422–430
Fourquin, G.: Les campagnes de la région parisienne à la fin du moyen âge. Paris 1964
Gascon, R.: Économie et pauvreté aux XVIᵉ et XVIIᵉ siècles. Lyon, ville exemplaire et prophétique. In: Études sur l'histoire de la pauvreté. Hg. v. M. Mollat. Paris 1974, S. 747–760

Geremek, Br.: La popolazione marginale tra il Medioevo e l'èra moderna. In: Studi storici 9 (1968), S. 623–640
Geremek, Br.: La lutte contre le vagabondage à Paris aux XIVe et XVe siècles. In: Ricerche storiche ed economiche in memoria di Corrado Barbagallo. Neapel 1970, Bd. 2, S. 211–236
Hamilton, E. J.: American Treasure and the Price Revolution in Spain. Cambridge, Mass. 1934
Helleiner, K. F.: The Population of Europe from the Black Death to the Eve of the Vital Revolution. In: Cambridge Economic History of Europe. Bd. 4, hg. v. E. E. Rich u. C. H. Wilson. Cambridge 1967, S. 1–95
Kula, W.: Théorie économique du système féodal. Paris 1970; Originaltitel: Teoria ekonomiczna ustroju feudalnego
Laslett, P.: The World we have lost. London o. J., dann New York 1966; dt.: Verlorene Lebenswelten. Geschichte der vorindustriellen Gesellschaft. Wien 1988
Leadam, I. S.: The Domesday of Inclosures, 1517–1518. London 1897
Le Roy Ladurie, E.: Les paysans de Languedoc. Paris 1966; dt. Die Bauern des Languedoc. Stuttgart 1983 u. München 1990
Małowist, M.: Studia z dziejów rzemiosła w okresie feudalizmu w zachodniej Europie w XIV i XV wieku. Warschau 1954
Neveux, H.: Les grains de Cambrésis (fin du XIVe – début du XVIIe siècle). Lille 1974
Postan, M. M.: The Medieval Economy and Society. An Economic History of Britain in the Middle Ages. London 1972
Pounds, N. J. G.: Overpopulation in France and the Low Countries in the later Middle Ages. In: Journal of Social History 3 (1970), S. 225–247
Procacci, G.: Classi sociali e monarchia assoluta nell Francia della prima meta del secolo XVI. Turin 1955
Putnam, B. H.: The Enforcement of the Statutes of Laborers. New York 1908
Rau, V.: Sesmarias portuguesas. Lissabon 1946
Raveau, P.: L'agriculture et les classes paysannes dans le Haut-Poitou au XVIe siècle. Paris 1926
Raveau, P.: Essai sur la situation économique en Poitou au XVIe siècle. Paris 1931
Ribton-Turner, C. J.: A History of Vagrancy and Beggars and Begging. London 1887
Rogers, T.: A History of Agriculture and Prices in England. Oxford 1866–1902
Romano, R.: Tra due crisi: l'Italia del Rinascimento. Turin 1971
Sauvy, A.: Théorie générale de la population. Bd. 1: Économie et population. Paris 1956
Schmoller, G.: Die Einkommensverteilung in alter und neuer Zeit. In: Jahrbuch für Gesetzgebung, Verwaltung und Volkswirtschaft im Deutschen Reich 19 (1895), S. 1067–1094
Simiand, Fr.: Le salaire, l'évolution sociale et la monnaie. Paris 1932

Slicher van Bath, B. H.: De agrarische geschiedenis van West-Europa (500–1850). Utrecht 1962

Sosson, J.-P.: Les travaux publics de la ville de Bruges. XIVe–XVe siècle. Brüssel 1977

Tawney, R. H.: The Agrarian Problem in the Sixteenth Century. London 1912

Thirsk, J.: Tudor Enclosures. London 1959

Topolski, J.: Narodziny kapitalizmu w Europie XIV–XVII wieku. Warschau 1965

Van der Wee, H.: The Growth of the Antwerp Market and the European Economy. Den Haag 1963

III. Kapitel

Bataillon, M.: J. L. Vives, réformateur de la bienfaisance. In: Bibliothèque d'Humanisme et de Renaissance 19 (1952), S. 140–159

Bennassar, B.: Valladolid au siècle d'or. Paris 1967

Bonenfant, P.: Le problème du paupérisme en Belgique à la fin de l'Ancien régime. Brüssel 1934

Cavillac, M.: Introduction. In: C. Pérez de Herrera: Amparo de pobres. Madrid 1975, S. VII–CCIV

Coyecque, É.: L'assistance publique à Paris au milieu du XVIe siècle. In: Bulletin de la Société de l'histoire de Paris et de l'Île-de-France 15 (1888)

Darivas, B.: Étude sur la crise économique de 1593–1597 en Angleterre et la loi des pauvres. In: Revue d'histoire économique et sociale 30 (1952), S. 382–398

Davis, N.: Les Cultures du peuple. Rituels, savoirs et résistances au XVIe siècle. Paris 1979; dt.: Humanismus, Narrenherrschaft und die Riten der Gewalt. Gesellschaft und Kultur im frühneuzeitlichen Frankreich. Frankfurt a. M. 1987

Delumeau, J.: Vie économique et sociale de Rome dans la seconde moitié du XVIe siècle. Paris 1957–1959

Fosseyeux, M.: Les premiers budgets municipaux d'assistance. La taxe des pauvres au XVIe siècle. In: Revue d'histoire de l'église de France 20 (1934), S. 407–432

Grimm, H. J.: Luther's Contribution to Sixteenth-Century Organisation of Poor-Relief. In: Archiv für Reformationsgeschichte 61 (1970), S. 222–234

Gutton, J.-P.: La société et les pauvres en Europe. XVIe–XVIIIe siècle. Paris 1974

Gutton, J.-P.: La société et les pauvres. L'exemple de la généralité de Lyon, 1534–1789. Paris 1971

Hamilton, E. J.: The History of Prices before 1750. In: XIe Congrès international des sciences historiques. Rapports I, Stockholm 1960

Hill, J. E. C.: Society and Puritanism in Pre-Revolutionary England. London 1964

Jiménez Salas, M.: Historia de la asistencia social en España en la edad moderna. Madrid 1958
Jordan, W. K.: Philanthropy in England. London 1959
Jordan, W. K.: The Rural Charities of England. London 1961
Kamen, H.: The Iron Century. Social Change in Europe, 1550–1660. London 1971
Leonard, E. M.: The Early History of English Poor Relief. London 1900 (Reprint 1965)
Meuvret, J.: Les crises de subsistance et la démographie de l'Ancien Régime. In: Population 1 (1946), S. 643–650
Muller, A.: La querelle des fondations charitables en Belgique. Brüssel 1909
Nolf, J.: La réforme de la bienfaisance à Ypres au XVIe siècle. Gent 1915
Pike, R.: Aristocrats and Traders. Sevillan Society in the Sixteenth Century. Ithaca 1972
Pirenne, H.: Histoire économique de l'occident médiéval. Brüssel 1951; dt.: Sozial- und Wirtschaftsgeschichte Europas im Mittelalter. Stuttgart ⁵1982
Pirenne, H.: Histoire de Belgique des origines à nos jours. 4 Bde, Brüssel 1927
Pound, H. F.: An Elizabethian Census of the Poor. In: Historical Journal 8 (1962), S. 135–161
Pound, J.: Poverty and Vagrancy in Tudor England. London 1971
Pullan, B.: The Famine in Venice and the Poor Law, 1527–1529. In: Bolletino dell'Istituto di Storia della Società e dello Stato Veneziano 5/6 (1963–64), S. 141–202
Pullan, B.: Rich and Poor in Renaissance Venice. The Social Institutions of a Catholic State to 1620. Oxford 1971
Pullan, B.: Catholics and the Poor in Early Modern Europe. In: Transactions of the Royal Historical Society 25, 26 (1976), S. 15–34
Rumeau de Armas, A.: Historia de la previsión social en España. Madrid 1944
Salter, F. R.: Some Early Tracts on Poor Relief. London 1926
Scholiers, E.: De Levensstandaard in de XVe en XVIe eeuw te Antwerpen. Antwerpen 1960
Slack, P.: Poverty and Politics in Salisbury, 1597–1666. In: Crisis and Order in English Towns, 1500–1700. Hg. v. P. Clark u. P. Slack. London 1972, S. 164–203
Soly, H.: Economische ontwikkeling en sociale politiek in Europa tijdens de overgang van middeleewen naar nieuwe tijden. In: Tijdschrift voor Geschiedenis 88 (1975), S. 584–597
Steinbicker, C. R.: Poor Relief in the Sixteenth Century. Washington 1937
Tawney, R. H.: Religion and the Rise of Capitalism. London 1936; dt.: Religion und Frühkapitalismus. Bern 1946
Troeltsch, E.: Die Sozialphilosophie des Christentums. Zürich 1922
Venard, M.: Les œuvres de charité en Avignon à l'aube du XVIIe siècle. In: XVIIe siècle 90–91 (1971), S. 127–146
Vilar, P.: Les primitifs espagnols de la pensée économique. In: Mélanges Marcel Bataillon. Paris 1962, S. 261–294

Webb, S. u. B. Webb: English Poor Law History. 1. Teil: The Old Poor Law. London 1927
Winckelmann, O.: Über die ältesten Armenordnungen der Reformationszeit. In: Historische Vierteljahresschrift (1914), S. 187–228 u. 361–400

IV. Kapitel

Aydelotte, F.: Elizabethan Rogues and Vagabonds. Oxford 1913
Bloch, C.: L'Assistance et l'état en France à la veille de la Révolution. Paris 1908
Chill, E.: Religion and Mendicity in Seventeenth-Century, France. In: International Review of Social History 8 (1962), S. 400–425
Coats, A. W.: The Relief of Poverty. Attitudes to Labour and Economic Change in England, 1660–1782. In: International Review of Social History 21 (1976), S. 98–115
Deyon, P.: Amiens, capitale provinciale. Étude sur la société urbaine au XVIIe siècle. Paris 1967
Deyon, P.: Le temps des prisons. Essai sur l'histoire de la délinquence et les origines du système pénitentiaire. Paris 1975
Fairchilds, C. C.: Poverty and Charity in Aix-en-Provence. 1640–1789. Baltimore 1976
Farge, A.: Le mendiant, un marginal? Les résistances aux archers de l'Hôpital dans le Paris du XVIIIe siècle. In: Les Marginaux et les exclus dans l'histoire. Paris 1979, S. 312–329
Foucoult, M.: Folie et déraison. Histoire de la folie à l'âge classique. Paris 1961; dt. Wahnsinn und Gesellschaft. Eine Geschichte des Wahns im Zeitalter der Vernunft. Frankfurt a. M. 1969
Foucoult, M.: Surveiller et punir. Naissance de la prison. Paris 1975; dt. Überwachen und Strafen. Die Geburt des Gefängnisses. Frankfurt a. M. 1976
Grendi, E.: Pauperismo e albergo dei poveri nella Genova del seicento. In: Rivista Storica Italiana 86 (1975), S. 621–665
Gutton, J.-P.: À l'aube du XVIIe siècle. Idées nouvelles sur les pauvres. In: Cahiers d'histoire 10 (1965), S. 87–97
Hufton, O. H.: The Poor of Eighteenth-Century France, 1750–1789. Oxford 1974
Kaplow, J.: The Names of Kings. The Parisian Labouring Poor in the Eighteenth Century. New York 1972
Müller-Armack, A.: Religion und Wirtschaft. Geistesgeschichtliche Hintergründe unserer europäischen Lebensform. Stuttgart 1959
O'Donoghue, E. G.: The Story of Bethlehem Hospital from its Foundation in 1247. London 1914
Paschini, P.: La beneficenza in Italia e la »Compagnia del Divino Amore« nei primi decenni del Cinquecento. Rom 1925
Paultre, Chr.: De la répression de la mendicité et du vagabondage en France sous l'Ancien Régime. Paris 1906

Romani, M.: Pellegrini e viaggiatori nell'economia di Roma del XIV al XVII secolo. Mailand 1948
Sellin, Th.: Pioneering in Penology. The Amsterdam Houses of Correction in the 16th and 17th Centuries. Philadelphia 1944
Sothmann, M.: Das Armen-, Zucht- und Werkhaus in Nürnberg. Nürnberg 1970
Tacchi-Venturi, P.: Storia della Compagnia di Gesù in Italia. Rom 1910–1951
Taylor, G.: The Problem of Poverty 1600–1834. London 1969
Zysberg, A.: La société des galériens au XVIIIe siècle. In: Annales E.S.C. 30 (1975), S. 43–56
Zysberg, A.: Galères et galériens en France de l'âge classique aux Lumières. In: Les marginaux et les exclus dans l'histoire. Paris 1979, S. 354–386

V. Kapitel

Chevalier, L.: Classes laborieuses et classes dangereuses à Paris pendant la première moitié du XIXe siècle. Paris 1969
Conherd, G.: Political Economists and the English Poor Laws. Athen 1977
The Economics of Poverty. An American Paradox. Hg. v. B. A. Weisbrod. New York 1965
Elliott, Ch.: Patterns of Poverty in the Third World. A Study of Social and Economic Stratification. New York 1975
Hunter, R.: Poverty. Social Conscience in the Progressive Era. New York 1904
Inglis, B.: Poverty and the Industrial Revolution. London 1971
Koch, L.: Wandlungen der Wohlfahrtspflege im Zeitalter der Aufklärung. Erlangen 1933
Kula, W.: »O pewnym aspekcie postępu gospodarczego«. In: Roczniki Dziejów Społeznych i Gospodarczych 10 (1948), S. 173–183
Marshall, J. D.: The Old Poor Law. London 1968
Mohl, R. A.: Poverty in New York, 1783–1825. New York 1971
Muratori, L.: Della carità cristiana in quanto essa è amore del prossimo. Modena 1723
Orshansky, M.: How Poverty is Measured. In: Monthly Labor Review 92 (1969), S. 37–41
Owen, D.: English Philanthropy. 1660–1960. London 1965
Plum, W.: Diskussionen über Massenarmut in der Frühindustrialisierung. Bonn 1977
Poni, C.: All'origine del sistema di fabbrica. Tecnologia e organizzazione produttiva dei mulini da seta nell'Italia settentrionale (sec. XVII– XVIII). In: Rivista Storica Italiana 88 (1976), S. 444–497
Poverty. Selected Reading. Hg. v. J. C. Roach u. J. K. Roach. London 1972
Steams, P.: European Society in Upheaval. New York 1975
Thompson, E. P.: The Making of the English Working Class. London 1970; dt.: Die Enstehung der englischen Arbeiterklasse. Frankfurt a. M. 1987

Wilkinson, R.: Poverty and Progress. An Ecological Model of Economic Development. London 1973
Woolf, S. J.: The Treatment of the Poor in Napoleonic Tuscany, 1808–1814. In: Annuario dell'Istituo Storico Italiano per l'Età Moderna e Contemporanea 23/24 (1971–1972)
Woolf, S. J.: La formazione del proletario (secoli XVIII–XIX). In: Storia d'Italia. Annali I. Turin 1978, S. 1049–1078